中国职工状况研究报告
(2017)

ANNUAL REPORT ON THE STATUS OF CHINESE WORKERS (2017)

顾　问 / 屈增国　刘向兵　彭恒军
主　编 / 燕晓飞
副主编 / 信卫平

社会科学文献出版社
SOCIAL SCIENCES ACADEMIC PRESS (CHINA)

《中国职工状况研究报告(2017)》编写委员会

顾　　　　问　屈增国　刘向兵　彭恒军

主　　　　编　燕晓飞

副　主　　编　信卫平

编写组成员　（按姓氏笔画排序）

王　潇　叶鹏飞　张　勇　李洪坚
信卫平　柯希嘉　赵明霏　闻效仪
张艳华　郭宇强　郭　鹏　唱　斗
谢　琦　窦学伟　颜　峻　潘泰萍
燕晓飞

前　言

《中国职工状况研究报告（2017）》是由中国劳动关系学院中国职工状况研究课题组承担的一项重点校级科研项目，历经3年多的时间最终完成。中国职工在改革开放近40年的伟大历史进程中做出了巨大的贡献，职工队伍结构也发生了重大变化。在经济进入新常态下，准确了解、认识中国职工队伍的现状，把握中国职工状况的发展变化趋势，对于全面认识新形势下工人阶级的地位作用，对于新时期产业工人队伍建设改革，对于构建和谐劳动关系，推动经济社会可持续发展，具有重要的理论和实践意义。

《中国职工状况研究报告（2017）》全书分为四个部分。

第一部分是"中国职工状况指数"体系的创立和测算，并在此基础上形成了总报告。中国职工状况涉及的领域非常广泛，包括社会学、经济学、管理学、政治学、法学、心理学等。多年来，一些部门、机构和学者从不同学科的视角对中国职工状况问题进行了长期研究。市场化改革以来，职工就业、收入分配、家庭消费、安全卫生、劳资关系、集体维权等众多问题逐渐成为中国职工状况研究领域的重点课题。但是，以往的研究多局限于某一个领域，研究成果只反映了职工状况某一方面的变化，且在研究的过程中都假设其他领域没有发生变化。这一研究方法在一定程度上限制了研究的深入，研究成果也无法从总体上解释中国职工状况发生的变化，因此中国职工状况研究亟待在研究方法上有所突破。

中国职工状况研究课题组在汲取以往研究成果的基础上，通过构建系统性的指标体系从总体性、增长性、均衡性三个方面反映中国职工总体状况，这样不仅可以从多领域综合考察中国职工状况发展变化情况和未来演化趋势，而且可以发现影响及阻碍中国职工状况进一步改善的因素，为中国劳动关系问题的研究提供了新视角。这种研究方法上的创新，不是一般意义上的量化分析，而是从多元化的角度对中国职工状况进行综合量化分析。从这个意义上讲，由中国劳动关系学院中国职工状况研究课题组在国内首次推出的"中国职工状况指数"填补了该领域的研究空白。

中国职工状况研究课题组为保证"中国职工状况指数"的科学性和准确性，首先保证数据来源的权威性和准确性，本研究用于进行指数测算的数据均来自国家统计局及各部委发布的官方数据。课题组经过反复的测算、检验，最终从职工就业、收入分配、家庭消费、养老保险、安全与卫生等方面选择了16个指标，由此构成一个指标体系，从而对中国职工状况进行量化分析。

中国职工状况指数包括三个维度：一是总体性指标，反映职工在就业、收入分配、家庭消费、社会保障等方面的总体水平；二是增长性指标，反映职工在就业、工资和养老金等方面的增长水平；三是均衡性指标，反映职工在各个方面的差异程度。中国职工状况指数采用逐级等权法的编制方法，在对所选三类指标进行统一量化汇总后，最终得出2005～2015年中国职工状况的指数数据，形成了本报告的总报告。

第二部分是与"中国职工状况指数"相关的职工收入分配、就业、养老保险、职业安全、职业卫生、集体劳动争议、职工家庭消费的专题研究报告。

第三部分为案例分析，对东北地区和大连市金晋区的职工状况进行专题研究。

第四部分为重要文献选编，是近几年国家出台的有关职工状况的政策性文件，希望这些政策、文件能够对读者了解中国职工状况有所帮助。

2017年6月，中共中央、国务院印发的《新时期产业工人队伍建设改革方案》明确指出：产业工人是工人阶级中发挥支撑作用的主体力量，是创造社会财富的中坚力量，是创新驱动发展的骨干力量，是实施制造强国战略的有生力量。改革开放近40年来，党和国家各项事业取得的新成就，全面建成小康社会取得的新进展，都离不开全国广大职工的奋力拼搏和忠诚

前 言

奉献。

中国劳动关系学院是中华全国总工会直属的唯一一所普通本科院校。学校立足工会，面向劳动者合法权益保障与和谐劳动关系建设，服务国家经济社会发展。研究中国职工状况是时代赋予学校和课题组的历史使命。中国职工状况研究课题组的全体成员是中国劳动关系学院的教师，每位成员都在自己的学科领域经过多年的研究，取得了丰硕的研究成果，此次齐聚中国职工状况研究课题组，经过几年的共同努力，终于完成了中国职工状况指数的体系构建和测算，将劳动关系研究推上了一个新的台阶。当然，若要更加系统、全面、准确地反映出3.3亿中国职工的现状及发展变化趋势，需要多年的数据积累。从这个意义上讲，《中国职工状况研究报告（2017）》仅仅是这个研究过程的一个截面，还不能展现出中国职工的发展"动态"，只能将其看作一个起点。但起点上的收获已经是令人欣喜又充满期待的，我们相信，经过持之以恒的努力，年复一年，中国职工状况的研究会取得更加丰硕的成果。

在本书写作过程中，中国劳动关系学院党委书记屈增国、中国劳动关系学院校长刘向兵、中华全国总工会网络工作部副部长彭恒军作为课题顾问对课题组的工作给予了全面指导和鼎力支持。中国劳动关系学院科研处李冰之、张楠、陈邓海协助主编做了大量的组织协调工作，在此一并表示衷心感谢！

感谢社会科学文献出版社的编辑及相关工作人员的大力支持及其为本书的出版付出的努力！

由于水平和资料有限，本书难免会有一些缺憾和不足，我们会在今后的研究中加以总结和改进，也恳请广大同仁、读者给予批评指正。

《中国职工状况研究报告》编写委员会
2017年6月25日

目　录

总报告

中国职工状况指数及2016年趋势分析 …… 燕晓飞　信卫平　柯希嘉 / 001

专题报告

中国职工收入分配状况研究 …………… 信卫平　柯希嘉　张　勇 / 037
中国职工就业状况研究 ………………………………………… 李洪坚 / 091
中国职工养老保险状况研究 …………………………………… 郭　鹏 / 116
中国职工职业安全状况研究 …………………………………… 颜　峻 / 137
中国职工职业卫生状况研究 …………………………………… 唱　斗 / 162
中国集体劳动争议状况研究 …………………………… 王　潇　闻效仪 / 183
中国职工家庭消费状况研究 …………………………… 谢　琦　赵明霏 / 194

案例分析

东北地区职工状况调研报告 …………… 潘泰萍　郭宇强　张艳华 / 230
大连市金普新区职工状况调研报告 …………………… 窦学伟　叶鹏飞 / 263

重要文献选编

国务院及各部委有关职工状况的政策文件 ……………………………… / 294

总 报 告

中国职工状况指数及2016年趋势分析

燕晓飞　信卫平　柯希嘉*

摘　要： 2005~2015年中国职工状况指数显示，自2005年以来，中国职工状况呈现总体平稳、小幅波动的态势，2015年中国职工状况指数为100.63。对中国职工状况指数的进一步分析表明，中国职工状况以2009年为界分为两个阶段。第一阶段为2005~2009年，中国经济经历了2008年国际金融危机爆发的外部冲击，中国职工状况指数从2006年的105.88回落到2009年的99.29，下降了6.59；第二阶段为2010~2015年，2012年中国职工状况指数逐步回升到101.68，2014年和2015年又呈现出缓慢下降的态势。课题组通过对中国职工状况指数三个维度的分析可知，中国职工状况的增长性指标和总体性指标始终保持着持续增长，表明职工状况的各方面得到了切实的

---

* 燕晓飞，中国劳动关系学院科研处处长、经济管理系主任、教授，主要研究领域为劳动收入、劳动就业和劳动者教育培训；信卫平，中国劳动关系学院教授，主要研究领域为收入分配理论、劳动关系与职工状况等；柯希嘉，中国劳动关系学院讲师，主要研究领域为公司治理、劳动经济学。

改善和提高。但从均衡性指标角度来看，中国职工状况改善的程度与中国经济社会发展的速度不相匹配，与此同时，中国职工群体内部在收入分配中也出现了一些不均衡。

关键词： 中国职工　职工状况指数　总体性指标　增长性指标　均衡性指标

一　中国职工状况指数的内涵及编制方法

中国职工状况研究涉及领域非常广泛，包括经济学、管理学、政治学、法学、社会学等学科，从不同视角对中国职工状况问题给予了长期关注。职工就业、收入分配、家庭消费、安全与卫生、劳资关系、工会发展等众多问题都是中国职工状况研究领域的重点课题。但通过构建系统性的指标体系来全面和系统地反映中国职工状况，迄今为止还没有学者进行过相关研究。由中国劳动关系学院"中国职工状况研究"课题组推出的"中国职工状况指数"填补了该领域的研究空白，并对用指数化方法研究中国职工状况进行了一次积极尝试。构建中国职工状况指数，不仅有助于考察中国职工状况发展变化情况和未来演化趋势，而且可以发现影响及阻碍中国职工状况进一步改善的因素。这种研究方法上的创新不是一般意义上的量化分析，而是从多元化的角度对中国职工状况进行综合的量化分析。这为中国劳动关系问题研究提供了新的视角，也为劳动立法和相关的政策制定提供了新的借鉴。

（一）本课题使用的职工概念等同于现实经济活动中城镇单位就业人员

研究中国职工状况问题，就是研究当今中国社会中一个庞大群体的生存与发展问题，这不仅关系着改革发展、社会稳定的大局，也对各级工会组织进行科学、理性维权具有重要意义,为此,首先要对职工这一概念有一个比较准确的把握。

2009年以前,国家统计局从全社会的角度将城镇就业人员分为单位就业人员、职工、城镇私营和个体就业人员。

其中职工是指在国有、城镇集体、联营、股份制、外商和港澳台投资和其他单位及其附属机构工作,并由其支付工资的各类人员。不包括下列人员:乡镇企业就业人员,私营企业就业人员,城镇个体劳动者,离休、退休、退职人员,再就业的离、退休人员,民办教师,在城镇单位中工作的外方及港澳台人员和其他按有关规定不列入职工统计范围的人员。职工的工资指标主要是职工工资总额和职工平均工资。

单位就业人员是指在各级政党机关、社会团体及企业、事业单位中工作,取得工资或其他形式的劳动报酬的全部人员。包括在岗职工、再就业的离退休人员、民办教师以及在各单位中工作的外方人员和港澳台人员、兼职人员、借用的外单位人员和第二职业者。不包括离开本单位仍保留劳动关系的职工。单位就业人员工资指标主要是劳动报酬总额和平均劳动报酬。

可见,两者测算的都是在城镇就业的人员,但单位就业人员要比职工的范围更广,它不仅包括了全体职工,还包括了职工之外的一些人员。

各单位的就业人员反映了各单位实际参加生产或工作的全部劳动力,因此国家统计局自2009年开始就不再使用以职工名义的各项收入指标,而是将原有的职工工资总额、职工平均工资、按行业分职工平均工资等指标,用城镇单位就业人员工资总额、城镇单位就业人员平均工资等指标来替代。

目前,在现实经济活动中,城镇单位就业人员就等同于职工。从当前的统计口径看,我国的职工队伍主要由两部分人员构成,即城镇非私营单位就业人员和城镇私营单位就业人员。根据国家统计局提供的数据,2005~2015年我国城镇单位职工人数从14862.5万人增长到29242.2万人(见图1),年均增长7.0%。

在这一期间,城镇私营单位职工人数增长迅速,从2005年的3458.4万人增加到2015年的11179.7万人,增加了7721.3万人,年均增长12.45%。

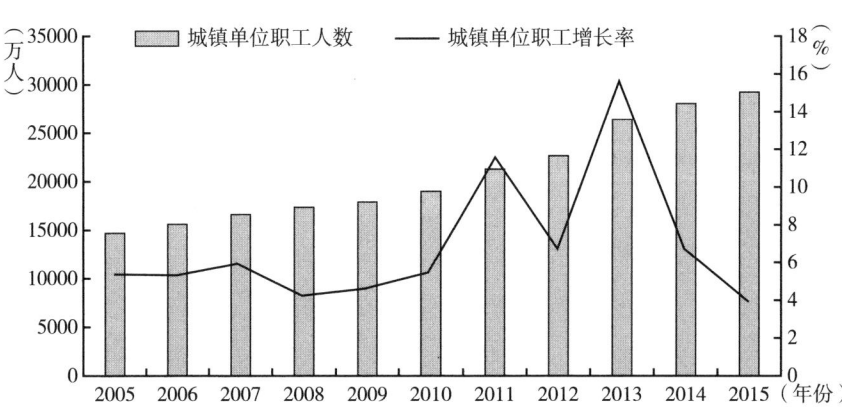

图1　2005~2015年我国城镇单位职工人数及年增长情况

数据来源：国家统计局，2006~2016年《中国统计年鉴》，中国统计出版社。

城镇非私营单位职工人数增长相对较慢，从2005年的11404.1万人增加到2015年的18062.5万人，增加了6658.5万人，年均增长4.71%。值得注意的是，2015年城镇单位职工人数首次出现了1.18%的负增长，职工人数比上年减少215.3万人（见图2）。

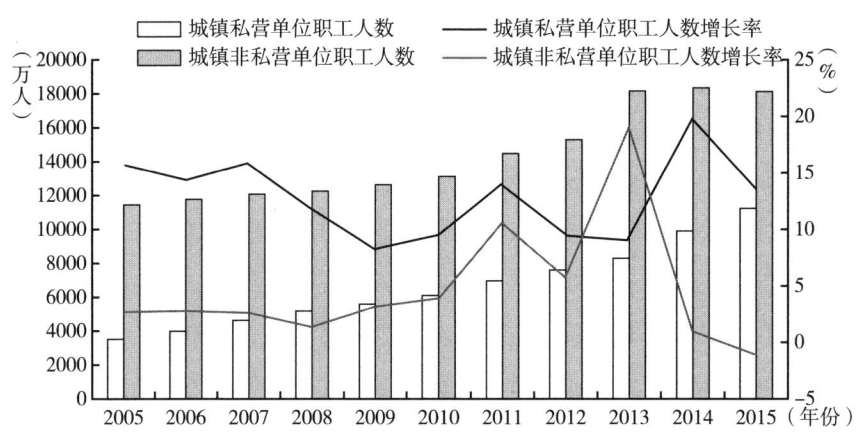

图2　2005~2015年我国城镇单位及私营企业职工人数及年增长情况

数据来源：国家统计局，2006~2016年《中国统计年鉴》，中国统计出版社。

2015年我国城镇单位就业人员为18062.5万人,私营单位就业人员为11179.7万人。我们通常所说的城镇职工的概念大体就是指这29242.2万人。

农民工已成为我国产业工人的主体,是国家现代化建设的重要力量。党的十八大以来,习近平总书记多次强调工会要着力做好农民工工作,使农民工在工业化、城镇化的过程中成为工人阶级坚定可靠的新生力量,成为我们党执政的社会基础。中共中央政治局委员、中华全国总工会主席李建国反复强调,要最大限度地把农民工组织到工会中来。

农民工是指户籍仍在农村,在本地从事非农产业或外出从业6个月及以上的劳动者。根据国家统计局抽样调查结果,2015年全国农民工总量为27747万人,比上年增加352万人,增长1.3%。其中,外出农民工16884万人,比上年增加63万人,增长0.4%;本地农民工10863万人,增加289万人,增长2.7%。[①] 由于城乡户籍制度的存在,外出农民工尽管工作在城镇,但很少享有相应的权益保障,也无法享有因为城市经济发展带来的社会福利,"农民工"成为当今户籍制度之下的特殊群体,同时也是中国职工队伍中人数最多的群体。

2015年,我国城镇全部就业人员为40410万人,扣除个体就业人数7800万人,剩余的32610万人就是我们通常所说的城镇职工人数[②],其中包括城镇单位就业人员18062.5万人,城镇私营单位就业人员11179.7万人,外出农民工16884万人(与上述两类就业人员有重叠交叉)。

(二)中国职工状况指数编制方法和指标体系

中国职工状况指数编制方法采用逐级等权法,即从总体性、增长性和均

[①] 国家统计局:《2015年农民工监测调查报告》,国家统计局网站,http://www.stats.gov.cn/tjsj/zxfb/201604/t20160428_1349713.html,2016年4月28日。

[②] 外出农民工进城务工后,大部分人员进入城镇非私营单位和私营单位就业。因此,按照目前的统计口径,这部分农民工被计入当年度城镇非私营单位和私营单位就业的就业人员。也就是说本页第一段第二行的29242.2万名城镇职工中包含有部分农民工。外出农民工还有部分人员在城镇个体就业人员处打工,或从事家政服务如保姆的工作,或组成包工队打零工等等。这些人员的就业无法从就业单位的统计数据反映出来,但却在统计外出农民工口径中反映出来并构成城镇职工的一部分。

衡性三个等权重维度考察涉及中国职工状况的收入分配、就业、消费、保险、安全卫生和劳动争议等方面的相关信息。在对众多反映中国职工状况的指标进行量化的过程中，首先，根据指标性质剔除指标所含有的时间序列趋势性；然后根据指标数据情况选择各个指标统一的起始年份，将起始年份设定为100；再将已经剔除时间序列趋势性的各年度指标数据统一量化汇总，再通过系统性的评价和筛选方法构建指标体系，最终得出2005~2015年的指标数据。

课题组根据逐级等权原则赋权并统一汇总统计，即总体性、增长性和均衡性三大维度各占最终指数的1/3权重。三类指标涉及的指标个数分别为7个、5个和4个，① 将三类指标的总分数加总后，得到中国职工状况指数的总数值为100。将统一量化的数据赋权后汇总统计即得到反映中国职工状况指数的各年度数据。

2005~2015年中国职工状况指数显示，自2005年以来，中国职工状况呈现总体平稳、小幅波动的态势，2015年中国职工状况指数为100.63。

二 中国职工状况指数相关性分析

（一）中国职工状况呈现出两个相似的运行周期

2005~2015年，中国职工状况呈现出两个明显的变化区间。第一个区间为2005~2009年，这一时期的后3年中国经济经历了国际金融危机爆发初期所带来的强烈的外部冲击，中国职工状况指数从2006年的105.88下降到2009年的99.29，下降了6.59。同期，我国的经济增长率也从2007年的14.7%下降到2009年的8.4%，下降了6.3个百分点。第二个区间为2010~

---

① 三类指标如下：总体性指标包括登记失业、就业、企业部门劳动报酬初次分配、职工恩格尔系数、职业病累积患病、基本养老保险人均养老金占城镇居民人均可支配收入和城镇职工基本养老保险制度赡养7项指标；增长性指标包括就业人员增长、城镇新增就业人数、职工平均工资、职工最低工资和人均养老金增长5项指标；均衡性指标包括各地区城镇登记失业率离散系数、各地区职工平均工资离散系数、最低工资对平均工资比值和各地区城镇职工基本养老保险制度赡养离散系数4项指标。

2015年，在此期间受政府救市政策措施的影响，中国职工状况指数逐步回升，2012年达到101.68，近几年受国民经济下行的影响又呈现出小幅下降的趋势，但整体平稳（见图3）。同期，我国的经济增长率也呈现出一个先回升然后又继续下降的变动趋势。

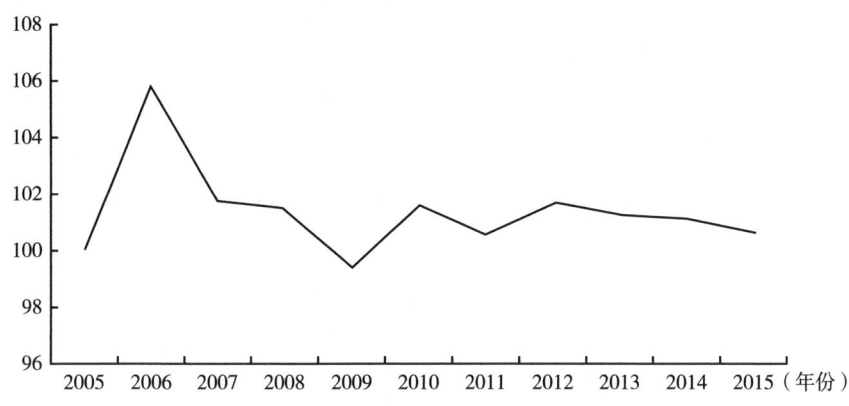

图3　2005～2015年中国职工状况指数

中国职工状况指数之所以会在2005～2015年有如此变化，一方面与外部环境变化等因素相关，2008年国际金融危机对国内经济的影响最终传导到职工状况的方方面面，表现为2009年职工状况指数达到近十年来的最低值。另一方面，特别是近两年，中国职工状况的变化更多是与国内经济结构转型、经济增长速度减缓相关。

中国职工状况仅从增长性方面难以解释清楚，为此需要从构成中国职工状况指数的指标体系来分析。中国职工状况指数由总体性指标、增长性指标和均衡性指标三个维度构成，每个维度指标又包含若干具体指标，这些指标综合反映了中国职工状况。

1. 总体性指标

从总体性指标看，2005～2015年，中国职工状况基本保持稳定，总体性指数从2005年的100微涨至2015年的102.88，其间虽有波动，但整体波动不大。其中就业、职业病累积患病两个指标数值均比2005年高，显示这两方面呈现稳步改善的局面；而登记失业、企业部门劳动报酬初次分配、职工恩格尔系数、基本养老保险人均养老金占城镇居民人均可支配收入、城镇职工基本养老保险制度赡养5个指标有部分年份低于2005年的水平。进一步分析发现，企业部门劳动报酬初次分配指标下降幅度最大，2005年以来一直呈现波动下行的态势，到2011年达到10年间的最低值93.26。从2012年开始回升且上升的幅度最大，2015年的指数为102.73，比2011年的指数增加了9.47；基本养老保险人均养老金占城镇居民人均可支配收入指标低于2005年水平的年份最多，而城镇职工基本养老保险制度赡养指标是唯一的2015年指数数值水平低于2005年指数数值的指标（见图4）。

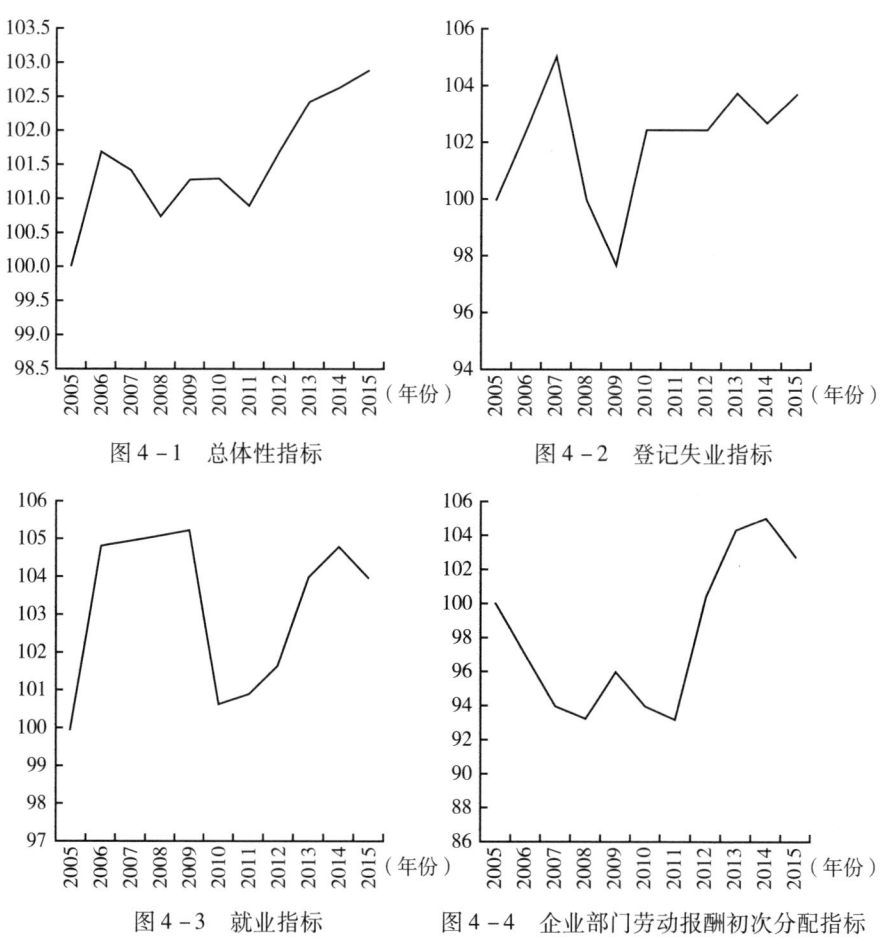

图4-1　总体性指标　　　　图4-2　登记失业指标

图4-3　就业指标　　　　图4-4　企业部门劳动报酬初次分配指标

中国职工状况指数及2016年趋势分析

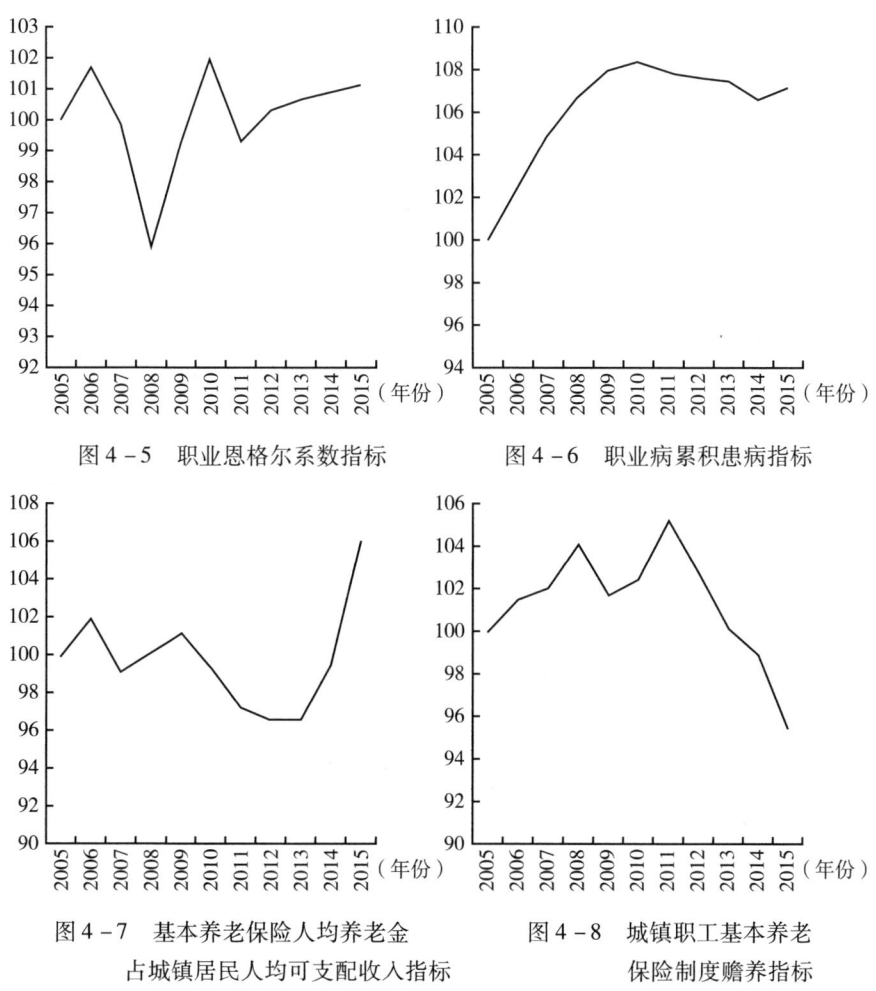

图4-5 职业恩格尔系数指标　　　　图4-6 职业病累积患病指标

图4-7 基本养老保险人均养老金　　图4-8 城镇职工基本养老
占城镇居民人均可支配收入指标　　　保险制度赡养指标

图4　2005~2015年各总体性指标运行趋势

2.增长性指标

从增长性指标看，2005~2015年增长性指标呈波动上升状态，从2005年的100上升到2015年的108.59，是三类指标中上升幅度最大的指标。其中最高值为2015年的108.59，除2005年外，最低值为2009年的101.90。与总体性指标相比，增长性指标波动较大。增长性指标在这期间分为两个阶段，第一阶段为2005~2010年，这一阶段增长性指标指数从2005年的100

上升到2006年的107.97,此后两年保持在106~107的较高位上,受2008年国际金融危机的冲击,2009年下降到101.90。具体来看,中国职工状况指数的5个增长性指标中就业人员增长、城镇新增就业人数、人均养老金增长3个指标有所上升。职工平均工资和职工最低工资两个指标有所下降,分别为97.60和92.86;从2010年开始,这两项指标开始回升,特别是职工最低工资指数,2010年上升到120.71,一年提高了27.85,这种调整是对前两年国际金融危机期间多数地区暂停对最低工资标准调整的补偿。而职工平均工资指标数值低于100的年份最多,近三年均低于100,体现出职工平均工资增长情况令人担忧。第二阶段为2011~2015年,增长性指标呈平稳波动状态,指标值始终在107.00~109.00区间波动(见图5)。分析表明,职工状况的增长性指标最易受到外部冲击的影响。

3. 均衡性指标

从均衡性指标看,2005~2015年均衡性指标总体呈波动下降的趋势。均衡性指标从2005年的100下降到2015年的90.42,其间除2006年为107.98外,其余年份均在100以下。在4个均衡性指标中有2个指标上升,均与职工收入有关,各地区城镇职工平均工资离散系数、最低工资与平均工资比值指标分别为110.05和105.63,表明全国各地区间的城镇单位职工的收入差距在缩小,而最低工资与平均工资比值指标在经历了2009年最低的

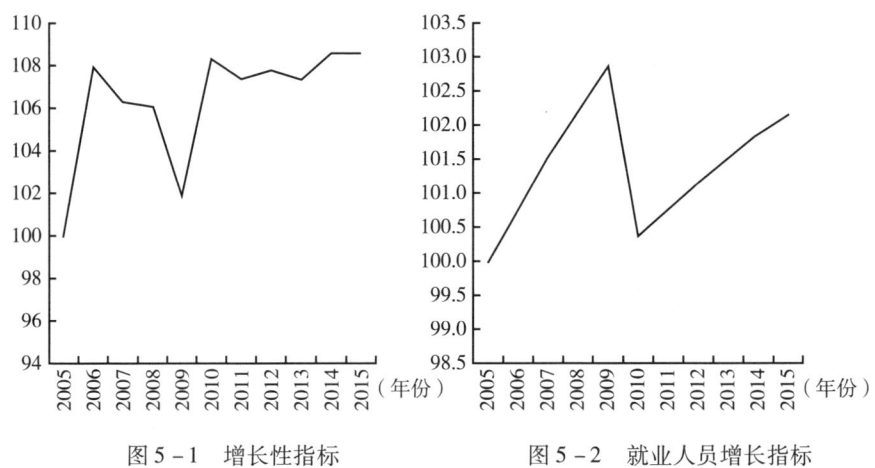

图5-1 增长性指标　　　　　图5-2 就业人员增长指标

中国职工状况指数及2016年趋势分析

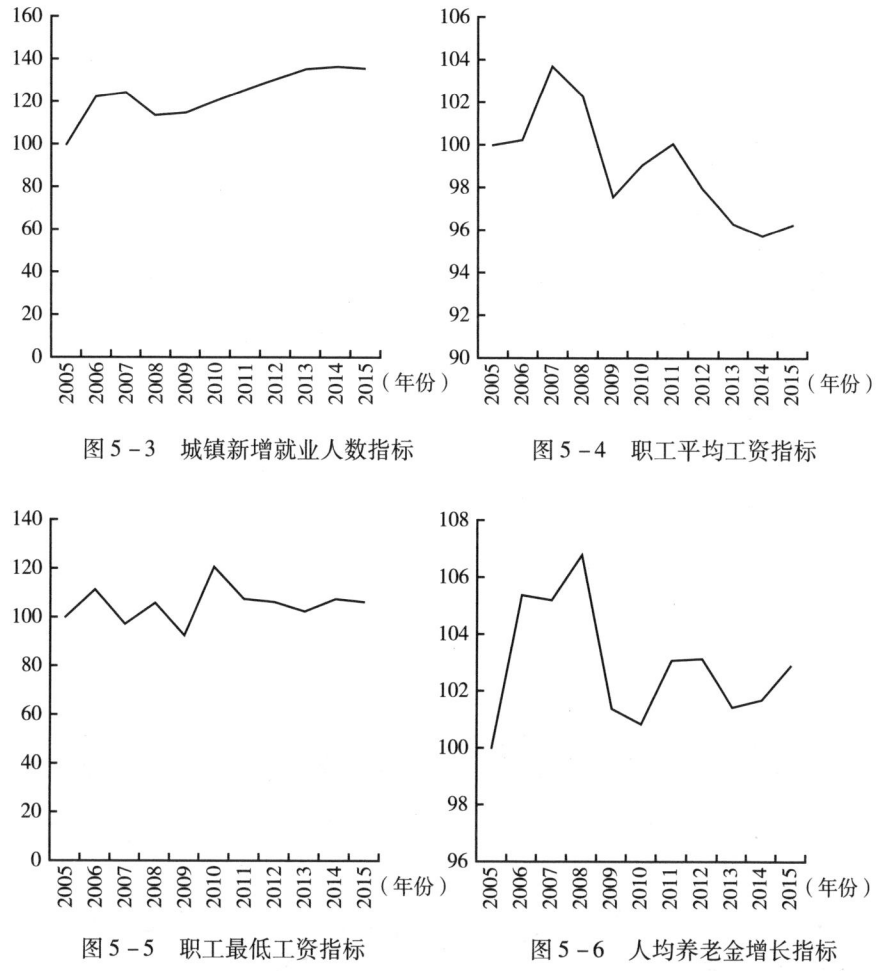

图5-3 城镇新增就业人数指标　　图5-4 职工平均工资指标

图5-5 职工最低工资指标　　图5-6 人均养老金增长指标

图5　2005~2015年各增长性指标运行趋势

80.64后,又回升到2015年的105.63。表明最低工资在经历了2008年国际金融危机期间的停滞后,又重新回到正常增长的轨道上。2个下降指标为各地区城镇登记失业离散系数和各地区城镇职工基本养老保险制度赡养离散系数。各地区城镇登记失业率离散系数在经历2006年的短暂上升后便逐年下降,从2006年的132.00下降到2015年的83.1,表明10年来全国各地区的失业率差距在不断拉大,这与各省份的经济发展不平衡直接相关;而全国各地区城镇职工基本养老保险制度赡养离散系数下降幅度最大,从 2006 年开始逐年下降,到 2015 年为 62.99,该指标对反映职工状况的均衡性指标总体下降影响最大,应该引起各方面的高度重视(见图6)。

(二)导致中国职工状况指数波动的原因主要是增长性指标和均衡性指标的相互作用

从构成中国职工状况指数的三个维度来看,中国职工状况的增长性指标和总体性指标始终保持着持续增长,职工状况的各个方面都得到切实的改善

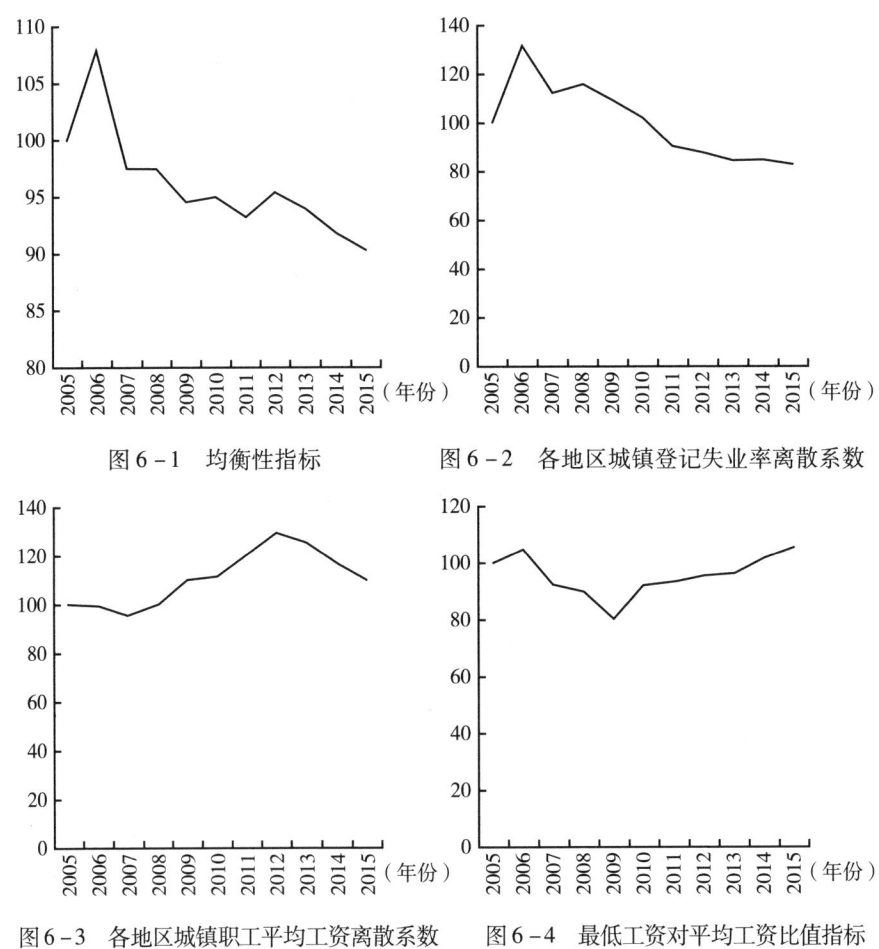

图 6-1　均衡性指标　　图 6-2　各地区城镇登记失业率离散系数

图 6-3　各地区城镇职工平均工资离散系数　　图 6-4　最低工资对平均工资比值指标

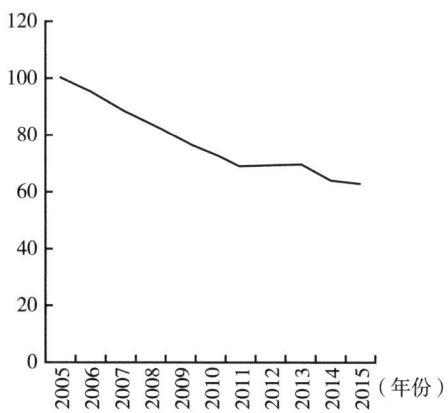

图6-5 各地区城镇职工基本养老保险制度赡养离散系数

图6 2005~2015年各均衡性指标运行趋势

和提高。2005~2015年的经济社会发展,实现了习近平总书记提出的改革要给广大职工群众带来"实实在在的获得感"[①]。但从均衡性指标角度来看,与2005年相比,呈现出比较明显的下降趋势(见图7),增长性指标和总体性指标受均衡性指标的拖累,最终导致中国职工状况指数在2009年以后呈

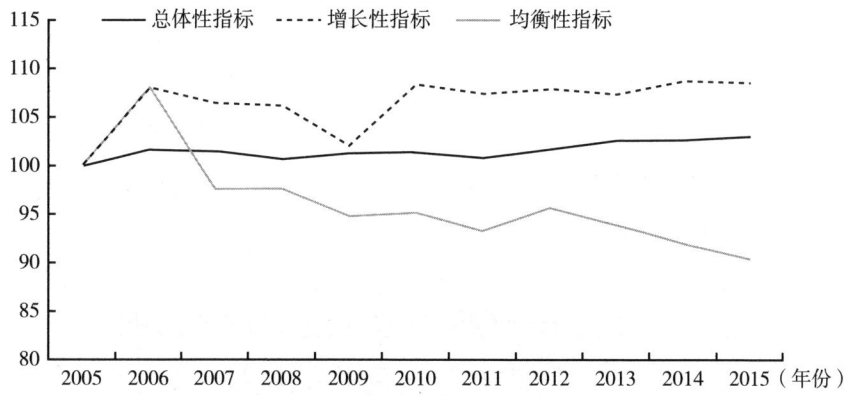

图7 2005~2015年中国职工状况指数中总体性、增长性和均衡性指标运行趋势

---

① 《习近平在中央全面深化改革领导小组第二十一次会议上的讲话》,中国网,http://news.china.com.cn/2016-02/29/content_37893058_3.htm,2016年2月29日。

现出震荡波动的走势，课题组判断：导致 2005～2016 年中国职工状况指数波动的原因主要是增长性指标和均衡性指标的相互作用，"十三五"期间，在国民经济运行下行压力较大的环境下，中国职工状况指数将会保持波动上升的趋势。

上述情况充分说明，均衡性指标对中国职工状况的影响需要引起社会的足够重视，从反映中国职工状况的统计数据看，近 11 年来，反映中国职工状况的多数指标都在改善，但中国职工群体的整体感受并没有达到统计数据显示的改善水平。其原因在于以往大多数统计数据主要强调增长性指标，而忽略了总体性指标特别是均衡性指标。

客观地讲，在全国总工会和政府相关部门的努力下，近 11 年来中国职工状况确实取得了明显的改善，相关的统计数据也确实能够说明这一点。但这似乎与中国职工队伍对自身整体境遇改善的期望还存在一定差距，导致在部分职工群体中存在一定程度的"被增长"心态。

通过对中国职工状况指数三个维度的考察我们可以看到，改善中国职工状况的增长性指标确实保持着较快增长，这说明中国职工状况得到切实改善是不争的事实。但从总体性和均衡性角度来看，中国职工状况的改善程度与中国经济社会发展的速度不匹配，中国职工队伍在改革红利分配中的份额占比是下降的，而且中国职工队伍内部在就业、分配、养老保险等方面也出现了严重的不均衡。

未来中国职工状况改善的重点在于两个方面，一是职工状况的改善程度要与经济和社会发展的程度相匹配，二是职工队伍内部不断消除地区、行业、所有制之间的不均衡。

三 "十三五"期间中国职工状况发展的最新趋势与面临的挑战

（一）保持职工收入水平的稳定增长和缩小职工内部收入差距是"十三五"时期面临的最大挑战

从中国职工收入分配状况指数看，2015 年中国职工的收入增长达到与经济增长同步，但职工群体内部收入分配方面的差距变化较大。

就城镇单位职工、私营企业职工和外出农民工这三大群体之间的收入差距而言，2015年城镇单位职工的年平均工资为62029元，分别是私营企业职工和外出农民工的1.57倍和1.54倍，与2010年的1.76倍和1.80倍相比较，三大群体的收入差距在逐步缩小。值得关注的是，外出农民工的年平均工资，继2011年之后又一次超过了城镇私营单位就业人员的年平均工资。

就城镇单位职工群体而言，2015年各地区间的城镇单位就业人员的年平均工资的差距在缩小，根据课题组对全国各地城镇单位职工年均收入数据的统计分析，其离散系数呈波动下降趋势，2015年全国各地区之间城镇单位职工年均收入的离散系数为0.258，比2004年的0.339减少了0.081，这表明2004年以来我国地区间城镇单位职工的年均收入差距在逐步缩小，各地区城镇单位职工收入状况更趋于均衡。值得注意的是，各地区之间城镇单位职工年均收入的离散系数在2012年达到0.233后，连续3年开始小幅上升到2015年的0.258。

就城镇私营单位职工群体而言，2015年各地区间的城镇私营单位就业人员的年平均工资的差距在扩大。根据课题组对全国各地城镇私营单位职工年均收入数据的统计分析，其离散系数呈波动上升的趋势，2015年全国各地区之间城镇私营单位职工年均收入的离散系数为0.175，比2004年提高了0.031，这表明我国地区间城镇私营单位职工的年均收入差距呈不断扩大的趋势。

课题组对数据的进一步分析发现，全国各省、区、市内部的城镇单位职工的收入远高于私营单位职工的收入，2015年两者之比最高的是上海市，为2.61倍；最低的是山东省，为1.31倍，这一差距已构成各地区城镇职工间收入差距不断扩大的主要原因。

就不同行业间的城镇职工群体而言，收入差距状况更为复杂，既有垄断行业与竞争性行业间的收入差距问题，又有行业内部垄断造成的城镇单位和私营单位职工收入差距的问题，两者交织在一起构成了行业之间职工收入差距的主要原因。

无论是从地区还是从行业的视角观察，私营企业职工、外出农民工的收入水平在整个职工收入序列中均位于末端，低收入职工多集中在私营企业中。当前中国城镇私营单位与城镇非私营单位就业人员之间的收入差距，已经成为职工群体内部收入分配差距不断扩大的一个重要原因。同时，根据现有数据分析，今后一段时期这一差距没有明显缩小的趋势。

近年来，随着中国经济下行压力增大，关于企业职工工资水平高低的争论也在持续升温，具有代表性的观点是企业职工劳动报酬增长不能过快、过高。对此，课题组认为，仅就名义工资而言，职工的平均工资水平也是偏低的。目前以城镇非私营单位职工的年平均工资水平来代表城镇全体职工收入水平的统计方法，高估了全体职工的平均工资水平。

2015年，中国城镇非私营单位职工仅占全体职工的55.39%，如果继续用其平均工资来代表城镇全体职工的人均收入水平，会导致城镇全体职工的人均收入水平被高估，也容易引起不必要的争论。仅就城镇非私营单位和私营单位职工的平均工资加权计算，目前的城镇单位职工平均工资水平就要下降13.83%（若考虑到外出农民工的因素，降幅为16.02%）。通过运用2012年全国总工会对6个省、区、市的城镇单位就业人员收入水平的调查数据检验，课题组发现，用城镇单位职工加权平均工资来代替城镇单位就业人员平均工资，更能反映并接近城镇全体职工的平均收入水平。

课题组认为，目前中国职工整体收入水平偏低的状况与企业部门初次分配直接相关。根据对资金流量表近15年的数据分析，2000~2011年，中国企业部门劳动报酬在初次分配中的比重变动呈现明显的下降趋势，从2000年的44.89%下降到2011年的35.58%，下降了9.31个百分点；同期，企业盈利占比上升了7.06个百分点，生产税净值占比上升了2.26个百分点。2012~2014年企业部门劳动报酬在初次分配中的比重呈逐年上升，从2011年的35.58%上升到2014年的40.07%，上升了4.49个百分点，扭转了企业部门劳动者报酬占比自2000年以来持续下降的势头，这一现象是"十二五"期间职工收入分配领域的新变化。劳动者报酬在初次分配中的占比逐年上升是企业部门收入分配制度改革以及政府对企业减税降费改革的反映。劳动者报酬在初次分配中的比重提高，在一定程度上抵消了同期由于职工工资增长率下降给职工状况带来的影响。

中国最低工资标准实施了22年，基本上起到了"工资锚"的作用。

1993～2015年，各省、区、市根据各地方实际情况，对最低工资标准不断进行调整，但无论是频率和幅度都存在着较大差异。2010年，世界各个国家（地区）最低工资与全职劳动者平均收入比值维持在35%～60%。[①] 按照这一标准，可以从三个口径进行测算，一是测算2015年全国31个省区市的最低工资标准与城镇非私营单位就业人员平均工资的比值，测算结果均未达到35%的下限。二是测算2015年全国31个省区市的最低工资标准与非私营单位就业人员和私营单位就业人员加权平均工资的比值，只有吉林省（36.06%）和河南省（36.80%）达到了35%的下限。三是测算1995～2015年最低工资标准全国各省区市中位数值与城镇职工月平均工资占比，二十多年间最低工资标准占社会平均工资的比重一直震荡向下，从1995年的33.10%下降到2014年的23.42%，特别是2003～2015年，占比始终低于25%。

　　过低的最低工资标准会失去其应有的社会功能。中华全国总工会在2006年曾提出用3～5年的时间，逐步使最低工资标准达到各地平均工资的40%～60%的水平的目标。[②] 2013年国务院转发国家发改委、财政部、人社部《关于深化收入分配制度改革的若干意见》中提出，要"根据经济发展、物价变动等因素，适时调整最低工资标准，到2015年绝大多数地区最低工资标准达到当地城镇从业人员平均工资的40%以上"[③]。时至今日全国最低工资标准还未达到其下限。因此，课题组认为改变目前最低工资标准的制定方法，才有可能实现中国最低工资标准接近或达到国际通行的60%的水平。

　　课题组认为，2016年中国职工收入分配面临的最大挑战就是在延续中国职工整体工资水平稳定上升的同时，缩小城镇非私营单位职工和私营单位职工、农民工的收入差距。在初次分配中继续保持企业职工劳动报酬占比稳步回升的趋势是提高职工收入重要且可行的途径。

---

① 国际劳工组织：《2010/2011全球工资报告》。
② 中华全国总工会办公厅：《关于推动提高和落实最低工资标准的指导意见》，2006年5月19日。
③ 国家发改委、财政部、人社部：《关于深化收入分配制度改革的若干意见》，2013年2月3日。

(二)结构性失业正成为我国劳动力市场"十三五"时期的主要特征

目前,城镇登记失业率仍然是国家统计局公布的唯一失业率指标。由于城镇登记失业率的统计对象仅限于城镇户籍居民,使得占城镇就业1/3以上的农民工就业情况不在统计之列,因此城镇登记失业率无法反映出劳动力市场的实际变动情况。2011年以来,我国城镇登记失业率波动较小,城镇登记失业率稳定在4.05%~4.10%,不定期公布的全国31个大城市的城镇调查失业率基本稳定在5.1%左右。2015年中国城镇登记失业率为4.05%,城镇登记失业人数为966万人,与调查失业率相比较,城镇登记失业率指标在一定程度上低估了失业情况。课题组依据调查失业率指标大致可以得出以下判断:城镇登记失业率比现实失业率低估了1个百分点以上,以2015年为例,城镇失业人数低估了约250万人。

自2011年以来,我国15~59周岁的劳动年龄人口逐年下降,从根本上改变了我国劳动力市场的供求状况,"人口红利"逐渐消失,部分地区和行业出现用工短缺,用工成本上升,一些企业显然还没有做好应对劳动力市场变化的这种新常态的准备。

从劳动力市场供给方面看,2011年我国15~59周岁劳动年龄人口达到近10年最高的94017万人后,从2012年开始呈逐年下降的趋势,5年累计减少1415万人。对比"十一五"期间累计新增劳动年龄人口3376万人,"十二五"期间劳动年龄人口迅速下降到了非常低的水平,根据中国社科院的一项预测,"十三五"期间的大部分年份劳动年龄人口处于零增长或负增长状态。

从劳动力的需求方面看,中国人力资源市场信息监测中心对100多个城市的公共就业服务机构市场供求信息进行统计分析的数据显示,自2010年以来,劳动力市场中的求人倍率①呈现稳步上升态势,求人倍率均大于1,

---

① 求人倍率是劳动力市场上岗位空缺的数量与求职者人数的比值;它反映劳动力市场供求关系的对比情况。若求人倍率大于1,则意味着劳动力市场的岗位数量大于求职的人数。

2015年为1.09。分区域看，东部地区、中部地区、西部地区劳动力市场的求人倍率均大于1，这表明，现阶段我国劳动力市场上的劳动力短缺的特征具有普遍性。需要引起注意的是，劳动力短缺发生在国民经济下行，经济增长率连续下降的时期，这种情况在我国改革开放以来还是首次出现。

据中国社会科学院的测算，"十二五"期间我国非农部门就业弹性为0.27（非农部门的GDP每增加1个百分点，可增加就业0.27个百分点），且波动很小。[①] 若以此计算，按照政府工作报告提出的经济增长率为6.5%~7.0%的目标，可以产生潜在的就业岗位882万~950万个。

劳动力市场上的这种变化，也可以通过"十二五"期间外出农民工数量稳步上升得到证实。2010~2015年外出农民工总量增加了1549万人，外出农民工数量的增加，一方面反映出劳动力市场总体上的根本转变，另一方面也反映出城镇劳动力市场上的劳动力短缺现状。这与2008年受到国际金融危机冲击而导致经济增长率下降、大量外出农民工返乡的情况形成了明显的反差。在劳动力市场供求总量发生根本性转变的同时，"十三五"期间劳动力市场的结构性失业风险也在增大。根据20世纪80年代西方发达国家的经验，由劳动力成本上升导致的资本收益与劳动报酬的相对关系发生变化，将会诱发偏向型的技术进步。这种变化使得劳动力市场对高技能劳动者的需求不断增加，低技能的普通岗位需求则增长缓慢。接受过更高教育的劳动者由于人力资本投资而获得更高的回报。美国自20世纪70年代以来，技能工人供给增加非常迅速，然而并未导致技能工人的工资下降，反而有上升的趋势。学术界将这种与传统供给需求理论相悖的现象称为"技能溢价之谜"，是指伴随着技能工人供给的增加，技能偏向型技术进步加快，从而导致对技能工人的需求增加和技能溢价的发生。

目前，我国职工队伍受教育程度普遍偏低，这种情况如果不予以重视，待供给侧结构性改革完成后，我国将会面临技能型人才大量短缺的局面，劳动力市场的结构性失业风险将会进一步增大。与此同时，产业结构调整步伐

---

① 都阳：《"十三五"时期劳动力市场转型对策研究》，社会科学文献出版社，2016。

加快,增加了职工结构性失业的风险。据测算,未来两年在化解过剩产能过程中,仅煤炭和钢铁行业就需分流安置职工180多万人。① 求人倍率的逐步提高与城镇登记失业率没有明显下降的矛盾表明,结构性失业问题已经逐渐成为我国劳动力市场失业的主要原因。

近年来,我国农民工就业情况有以下几个特点:一是农民工总量增加,但增速呈持续下降趋势,表明随着城镇化进程的推进,可以向城镇转移的农村富余劳动力逐渐减少。二是农民工就近就业趋势明显,本地农民工无论是数量还是增长速度都超过外出农民工,且占农民工总量的比重不断提高。三是随着东部地区部分企业向中西部地区转移,以及中西部地区经济发展加快,中西部地区农民工跨省流动的比例不断下降。其中,中部地区跨省流动比例从2008年的71%下降到2015年的61.1%,西部地区跨省流动比例则从63%下降到53.5%。四是外出农民工与本地农民工的收入差距在缩小,再加上外出务工生活成本增加,导致外出就业的农民工减少。农民工在关注收入增长的同时,越来越重视家庭生活质量、子女教育等问题,选择就近就业趋势较为明显。

我国地域广阔,区域经济和劳动力市场发展不均衡,不同地区的城镇登记失业率存在差异。进入21世纪以来,我国城镇登记失业率地区间离散系数呈U形曲线走势。考虑到登记失业率波动范围较小和灵敏度不高的特点,地区间失业率的实际差距会更大。

在经济增速下行的背后,隐藏着就业质量下降的风险。虽然城镇职工和农民工名义工资收入有所增加,高于同期经济增长率,但是从2011年起其增速持续下降。不同单位类型、不同职工群体之间的工资水平存在差距。职工加班现象突出,并且在一定程度上呈现增加的趋势,2014年有33.7%的城镇就业职工每周工作时间在48小时以上。② 外出农民工职工群体的加班现象更为突出,2015年平均为每月工作25.20天,比2014年减少0.10天,

---

① 尹蔚民于2016年2月29日在国务院新闻办公室举办的新闻发布会答记者问。
② 国家统计局人口和就业统计司、人力资源和社会保障部规划财务司:《中国劳动统计年鉴(2015)》,中国统计出版社,2015。

高出国家规定标准天数（每月 21.75 天）3.45 天，考虑到其每天超时工作 0.7 小时，因此实际高出国家规定 5.66 天，以此计算，外出农民工的月工资水平应为其月名义工资水平 3359 元的 77.54%，即 2605 元，其余的 754 元则是靠超时工作取得的。

综合以上分析，课题组认为在劳动年龄人口递减、就业弹性相对稳定、偏向型技术进步以及去产能、产业结构调整等因素的共同作用下，劳动力短缺和结构性失业将成为"十三五"期间劳动力市场运行的常态。2016 年中国职工就业面临的最大挑战就是在稳定就业数量的同时，改善部分劳动者就业质量偏低的状况，以及工作贫困的现状。加强对职工的教育和培训工作，以降低其求职过程中的结构性失业风险。

（三）建立更加可持续的养老保险体系是"十三五"时期的主要任务

从中国职工养老保险状况指数看，2015 年我国城镇职工基本养老保险参保人数为 3.54 亿人，比上年增加了 3.6%。其中，城镇在职职工参加基本养老保险人数为 2.62 亿人，比上年增加了 2.70%，离退休人员参保人数为 9142 万人。2015 年城镇就业人员为 4.04 亿人，城镇职工基本养老保险参保率为 64.85%，城镇在职职工参保人数占总参保人数的 74.01%；与 2014 年相比，城镇职工参保人数占参保总人数比例降低了 0.81 个百分点，参保率降低了 0.06 个百分点。我国城镇职工基本养老保险参保率自 2002 年以来逐年提高，从 2002 年的 44.78% 提高至 2014 年的 64.95%，2015 年参保率首次出现下降，比 2014 年降低 0.06 个百分点。

由于大多数能够被纳入城镇职工养老保险制度的正规就业人员已经参保，继续扩大城镇职工基本养老保险覆盖面将面临较大困难。下一步重点是如何鼓励非正规就业人员参保。

从各地区的情况看，2015 年全国有 13 个省、区、市参保率超过全国水平，有 18 个省、区、市参保率低于全国水平。东部及中部省份养老保险参保率普遍较高；西部地区参保率普遍较低，在 12 个省、区、市中有 10 个省份低于全国水平。2015年全国共有20个省、区、市参保率较2014年有不同程度的下降。在我国着力推进全国统筹、建立全国调剂金制度的背景下，各省份为避免增加调剂金负担，都在努力剔除原有参保数据中的"僵尸"数据。

2015年底，全国农民工总量达到27747万人，比上年增加352万人，其中外出农民工16884万人。参加城镇职工基本养老保险的农民工人数为5585万人，比上年末增加113万人。虽然农民工参加养老保险的比例逐年增长，但总体参保率仍然过低。农民工参保意愿不高，主要原因是我国没有建立合理的转移接续制度，对于流动性较高的农民工群体，参保的正向激励不够。

在职职工参保人数逐年增长，但由于增长率低于参保离退休人员增长率，导致全国城镇职工基本养老保险制度赡养率不断提高，且各地区养老保险制度赡养率差异较大。2015年全国城镇职工基本养老保险制度赡养率为34.87%。自2005年以来，在职职工参保人数与离退休人员参保人数的比值一直维持在3以上，但2014年这一比值下降到2.97，2015年抚养比继续下降至2.87。从地区来看，差异很大。2015年养老保险制度赡养率高于全国平均水平的有21个省份，与2014年保持一致，只有10个省份的养老保险制度赡养率低于全国平均水平。四川、甘肃、重庆等劳务输出大省以及东北老工业基地养老保险制度赡养率过高，在职职工负担沉重，其中最为严重的是黑龙江、吉林和辽宁。东北三省成为养老保险制度赡养率最高的地区。相反，广东、浙江等劳务输入大省情况普遍较好。由于基本养老保险缴费率偏高，西部和东北老工业基地困难企业负担沉重，难以负担缴费成本。

2015年，我国城镇职工基本养老保险基金支出比上年增长8.39%，占GDP的3.81%。与OECD国家公共养老金支出占GDP的7.8%相比，我国公共养老金支出占GDP的比重低于OECD国家这一平均水平。

自2005年开始，我国人均养老金以年均10%的速度增长，改善了退休人员的生活水平。但是，人均养老金占城镇居民家庭可支配收入的比重自2001年以来一直呈下降趋势。需要注意的是，虽然企业职工人均养老金以年均10%的速度增长，但由于我国没有形成正常的待遇调整机制，每次都是依靠政府行政指令的方式完成，这种待遇调整方式是不可持续的。为此课题组认为应尽快建立适应市场经济的规范的养老金待遇调整办法，尽快建立自动平衡机制。

课题组认为，2016年中国职工养老保险面临的主要挑战包括降低基本养老保险缴费率，以减轻企业缴费负担；通过划拨国有资产的方式弥补当年制度转型形成的养老保险资金的欠账；尽快建立合理有效的转移接续制度，激励农民工等高流动性群体积极参保；通过中央财政的倾斜政策，解决养老保险制度赡养率地区差距较大、东北老工业基地及劳务输出大省负担沉重的问题；应建立合理的养老保险待遇调整方式，避免行政化调整。

（四）防范重点高危行业重大事故是"十三五"时期安全生产领域的重点

从涉及中国职工职业安全生产的主要指标来看，2015年全国事故总量、较大及以上事故，以及重点行业领域和大部分地区事故数量下降，而少数行业领域和地区重特大事故出现上升，全国安全生产在取得较大成绩的同时，所面临的形势也不容乐观。

2015年，全国共发生各类事故281576起，死亡66182人，同比减少24112起、1894人，分别下降7.9%和2.8%。经测算，2015年我国亿元GDP生产安全事故死亡率为0.098，比上年下降8.4%，与2005年的亿元GDP生产安全事故死亡率0.697相比，下降了85.94%，年均降幅达17.7%。

2015年，全国工矿商贸共发生各类事故4854起，死亡5982人，同比下降16.1%和17.1%。2015年我国工矿商贸就业人员10万人生产安全事故死亡率为1.071，比上年下降了19.4%，与2005年相比，年均降幅达11.5%。农林牧渔业、采矿业、制造业等14个行业事故数量和死亡人数同比呈现"双下降"；信息传输、计算机服务和软件业、金融业等5个行业事故数量和死亡人数同比呈现"双上升"。

2015年，在各行业的事故中，道路交通事故数量和死亡人数均居第一位，分别占66.7%和87.7%，因此道路交通中的重特大事故需要引起特别重视。2015年全国共发生道路交通事故187781起，死亡58022人，同比分别下降4.6%和0.9%。道路交通事故万车死亡率为2.08，比上年下降6.3%，与2005年相比，年均降幅达13%。

2015年，全国煤矿共发生各类事故352起，死亡598人，同比分别下降32.3%和36.8%。煤矿百万吨死亡率是安全生产相对指标中年平均降幅最大的，但煤矿同时也是重特大事故多发行业。2015年我国煤矿百万吨死亡率为0.162，比上年下降36.5%。与2005年相比，年均降幅达23.1%。国有重点、国有地方和乡镇煤矿事故数量和死亡人数同比均实现"双下降"。在三类煤矿事故中，事故数量和死亡人数居第一位的均是乡镇煤矿，分别占46.9%和52.7%；居第二位的均是国有重点煤矿，分别占33.0%和33.9%。

2015年，全国事故总量保持继续下降态势。大部分地区和重点行业的安全状况基本稳定，有11个省级单位未发生重特大事故，煤矿事故数量和死亡人数同比大幅下降，多数行业的事故实现"双下降"。但安全生产形势依然不容乐观。

安全生产状况在地区之间仍存在较大的差异性。大部分省级统计单位的事故数量和死亡人数同比下降，但部分地区重特大、较大事故上升。2015年，在全国32个省级统计单位（包括新疆生产建设兵团）中，有25个单位事故数量和死亡人数同比分别下降；有5个省级统计单位事故起数同比下降，但死亡人数同比上升；有2个省级统计单位事故数量和死亡人数同比"双上升"。

安全生产状况在行业之间也存在较大的差异性。2015年绝大多数行业的事故数量和死亡人数"双下降"。工矿商贸生产经营性火灾、道路交通、水上交通、铁路交通和农业机械等行业领域事故起数和死亡人数同比"双下降"，民航飞行和其他行业事故起数与死亡人数同比"双上升"，渔业船舶事故数量同比下降，但死亡人数同比上升。

2015年，我国在重点行业职业安全状况控制方面取得了一定成效。其中，在工矿商贸事故控制方面，总体情况较好，未出现超出控制指标的情况。2015年全国工矿商贸事故共死亡5982人，同比下降17.1%，占全年控制指标的74.0%。自2005年开始，事故控制率总体上表现为逐渐下降的趋势，实际发生事故死亡人数占当年控制指标比例不断减少，反映出该行业对事故预防、控制工作效果明显。在生产经营性火灾事故控制方面，2015年控制情况较好，生产经营性火灾死亡249人，占全年控制指标的70.1%。在生产经营性道路交通事故控制方面，控制情况较为平稳，事故一直处于控制指标范围内并呈现下降的趋势。2015年，生产经营性道路交通事故死亡18919人，同比减少1044人，下降5.2%，占全年控制指标的83.2%。

（五）防控职业性尘肺病是"十三五"时期职工职业卫生领域的重点工作

根据全国30个省、区、市（不包括西藏）和新疆生产建设兵团职工职业病报告，2014年共报告职业病29972例。其中，尘肺病26873例，急性职业中毒486例，慢性职业中毒795例，其他类职业病1818例。从行业分布看，煤炭开采和洗选业、有色金属矿采选业和开采辅助活动行业的职业病病例数较多，共占全国报告职业病病例数的60%以上。2005~2014年，我国职业病新发病例总人数不断上升。2005~2009年新发职业病人数在2万人以下；2010年新发职业病病例首次突破2万人，为27240人。2011~2014年均在2万人以上，其中2011年和2014年接近3万人。截至2014年底，全国累计报告职业病80多万例，其中尘肺病为70多万例，占总报告病例的90%左右，尘肺病多发于煤矿企业，煤矿企业病例数占尘肺病总数的60%以上。从2005~2014年的年发病率可以看出，职业病总体发病情况仍比较严重，年发病率为每万人0.3888~0.8320人。

从地区和行业间的职业安全与卫生状况看，部分行业领域和地区重特大事故、较大事故数量上升。2014年，按行业统计，绝大多数行业的事故数量和死亡人数同比"双下降"。工矿商贸、生产经营性火灾、道路交通、水上交通、铁路交通、民航飞行和渔业船舶7类事故数量和死亡人数同比下降，农业机械事故数量和死亡人数同比上升。在各行业的事故中，道路交通事故数量和死亡人数均居第一位,分别占64.4%和86.1%;事故数量居第二位的是火灾,占32.4%,死亡人数居第二位的是工矿商贸,占10.6%。

我国职业病和工伤主要集中在矿山开采、建筑施工、危化3个行业,全国职工每年职业病新发病例呈现逐年上升的趋势。职业病新发病例构成比以职业性尘肺病和职业中毒为主。2005~2014年我国职业病构成中职业性尘肺病病例所占的比例呈现逐年上升的趋势,最低时为每万人0.75例,最高时为每万人0.90例。职业性尘肺病所占比例的不断增加,决定了职业病的发病趋势。职业中毒是指作业人员在生产劳动过程中由于接触生产性毒物引起的中毒。数据显示,2005~2014年职业中毒比例占职业病新发病例比例呈现下降趋势,这表明我国近几年在加强职业中毒的防控措施方面取得了一定的效果。但课题组认为这应该与职业病人数激增相关。

需要引起全社会注意的是,农民工是职业病的主要受害群体,尘肺病、职业中毒、噪声聋是危害我国农民工健康的最主要职业病。农民工是社会弱势群体,面临着对各种职业病鉴定、诊断、维权的困境。因此,职业病防控工作面临的形势非常严峻,尚未取得显著效果,未来职业病防控工作任务仍然十分艰巨。当前职业卫生方面仍存在许多亟待解决的问题,需要引起足够重视。

1. 存在的问题

(1)职业病预防控制工作亟待加强。截至2014年,已对全国134个县(市)的3600多家企业重点职业病进行了监测,覆盖近17万名职工。如果能将医疗机构医用辐射防护监测由17个省份扩大到全国,则医疗机构医用辐射安全管理、科学防护水平将得到进一步提升。

(2)职业病涉及面广且在群体间不断转移。在各个行业中的中小企业所占比例较高,职业病危害突出地反映在中小企业,尤其是一些个体私营企业。职业危害普遍存在向农村转移、向欠发达地区转移、向中小型企业转移的情况。

(3)职业病危害容易被忽视。慢性职业病潜伏期较长,一旦发病往往难以治疗，病死率高。职业病是影响职工健康、造成职工过早失去劳动能力的主要因素，往往导致恶劣的社会影响。因职业病致贫、返贫的现象大量存在，职业病危害问题已经成为影响公共卫生的重要问题。

（4）职业卫生投入有待加强。由于基数较低，各级政府人均职业卫生投入明显不足，职业卫生监督与技术服务无法保证。我国虽然已初步形成职业卫生监督与技术服务网络，但依然存在服务人员比例较低和后备力量不足等问题。

2. 加强职业卫生工作的建议

（1）加强一级预防。各级安全监管部门应会同能源等行业管理部门开展特定行业领域的专项治理。加大监督检查力度，对工艺落后、整改无望的企业，依法予以关闭。加大对职业病工作的查处力度，对出现群体性职业病的企业，依法追究相关责任人的责任。

（2）推进职工职业健康检查工作。各级卫生计生部门要统一规划、科学布局、合理设立职业健康检查机构。职业健康检查机构要优化检查流程，加强质量控制，为用人单位和职工提供方便高效的服务，并根据需要，在登记机关管辖区域范围内开展职业健康检查工作。

（3）做好诊断、鉴定和医疗救治。各级相关部门要针对当前存在的问题，研究制订办法，简化程序，切实解决职工职业病诊断的实际困难。积极优化职业病定点医疗机构设置，将职业病治疗药品列入医疗保险药品目录。加强对医务人员的培训，规范救治工作，提高职业病治疗水平。

（4）解决农民工面临的问题。一方面要加大对农民工职业培训的财政投入，加大对农民工职业教育的支持力度，完善农民工的职业培训体系；另一方面要帮助农民工走出维权困境，健全相关法律，加强政府监督，增强农民工自我保护意识，切实保障农民工职业病患者的合法权益。

（5）要通过工会组织维护职工权益。各级工会组织要依法对职工职业病防治工作进行监督，协调劳动关系三方机制，反映职工职业病防治诉求，切实解决职工职业病突出的问题。推动劳动安全卫生专项集体合同的签订，督促企业保障职工职业卫生的权利。

（6）落实政府责任。各级政府应将职业卫生工作纳入本地经济社会发展规划，明确各级部门相关责任，建立部门之间的协调机制，使各个部门职责分工明确，密切配合，确保各项防治措施落实到位。

（六）工会组织主动维权是"十三五"时期化解集体劳动争议风险的关键

近年来，国内劳资矛盾逐渐进入高发期，集体劳动争议数量快速增长，以集体停工事件为主的重大劳资纠纷时有发生。大量实际发生的集体劳动争议由于没有进入相应的法律程序，因此没有被统计在集体劳动争议的相关数据中，而恰恰是这些事件构成了目前中国集体劳动争议数量的主体。课题组根据2015年国内新闻报道的集体劳动争议事件，分析和梳理了本年度集体劳动争议的基本特征。

从发生区域看，随着经济转型，传统产业及其产业资本向西部迁移的速度加快，集体劳动争议事件从沿海发达地区开始向内地扩散，同时劳动争议事件的行业连锁反应也日益明显。从经济圈来看，劳动争议事件主要分布在珠三角、长三角、环渤海三大经济圈，三大经济圈内由于企业数量和用工规模的原因，往往是集体劳动争议产生密集的地区。内陆省份的集体劳动争议数量出现上升，究其原因主要与劳动密集型企业内迁和出租车行业、公共交通系集体劳动争议事件高发有关。

从持续时间看，由于担心长期停工而导致巨大经济损失和社会影响，集体争议事件往往持续时间较短，经过企业方的安抚和承诺后，工人一般会及时返回工作岗位复工生产。

从行业类型看，制造业、出租车行业和公共交通运输等行业是集体劳动争议的多发区。2015年发生集体劳动争议事件数量排在第一位的是制造业。由于企业利润逐年降低，制造业劳动者的平均工资水平较其他行业不断降低，且制造业劳动者掌握更多的技术和知识，维权意识和对生活水平要求比较高。出租车行业排在第二位，出租车司机主要针对黑车司机、出租车公司和地方政府管理存在诸多诉求。公共交通运输行业排在第三位，集体劳动争议主要集中在严苛的处罚性条款、超时加班、劳动报酬过低等。

从所有制类型看，集体劳动争议事件发生在私营企业和外资企业较多，国有企业也有显著增加。私营企业中集体劳动争议的诱因多为拖欠工资、社保费，无理由解雇等；外企多为裁员和加班费等；国有企业的集体劳动争议事件主要出现在公交客运、矿业和机械重工行业中，其原因与经济下行和社会转型导致职工收入下降、行业不景气等有关。

从诉求类型看，集体劳动争议事件以权利性诉求和利益性诉求为主。权利性诉求主要反映在工资拖欠、任意解雇、拖欠加班费、拖欠社会保险等方面，利益性诉求主要反映在工资、奖金及补偿金额度等方面。

从具体行动方式看，集体劳动争议事件中的集体行动理性守法。当前集体劳动争议中的行动方式更加理性平和，事件往往在工厂内或企业内解决，诉求对象直接对准企业，尽量避免劳资矛盾升级。

此外，课题组通过对公开报道的集体劳动事件的梳理还发现，部分劳动密集型企业在搬迁、转型、股权变更过程中，因新旧企业变更、企业性质变化、经营生产变动而引发工人集体要求追缴社保公积金、经济补偿金、买断工龄、提高工资福利待遇等诉求，由此引发的集体停工事件频繁发生。在集体劳动争议事件中，工人的组织性不断增强，善于利用网络和手机等新媒体手段动员和号召工人参与，要求建立工会和重整工会的诉求愈发普遍。在停工现场，工人普遍通过选出工人代表与资方或企业管理层进行谈判的方式来平息事件。规模以上企业的集体劳动争议事件的处置却愈发困难，频繁出现工人冲击谈判现场或者要求撤换工人代表的情况，事件调解难度不断加大。

1. 国内集体劳动争议的控制和解决面对的诸多问题与挑战

（1）随着新生代工人成为中国产业工人的主体，工人权力意识和法律意识正在不断成熟，诉求也在发生深刻变化，工人已经不满足最低工资标准，而是要求法定标准以上更多利益的增长，要求与企业分享发展成果。目前，企业落后的劳动关系形态无法适应经济发展的新常态，不但无法满足新生代工人的需求，反而在工人与资方的博弈过程中加剧了工人的负面情绪，使劳动关系进一步紧张，直至爆发大量的集体劳动争议事件。

（2）经济增速减缓和结构调整的新常态对工人的就业和收入产生较大影响，部分企业经营困难并向工人转嫁危机的苗头日益明显，加大了集体劳动争议事件发生的风险。

（3）部分基层工会职能缺失，无法真正发挥作用，存在雇主化和形式化的倾向，导致劳资之间缺乏制度性沟通渠道，不能起到预防集体劳动争议事件发生和源头治理劳资矛盾的作用。工会的工作重心没有放到组织职工、教育职工和引导职工上，工人甚至不知道企业建立了工会。企业工会的缺失导致工会组织发生了上下断层，上级工会没有制度性的渠道了解工人的想法和诉求，也无法追踪工人群体的动态，因而只能在集体劳动争议事件发生之后被动地扮演"消防员"的角色。

（4）我国集体劳动争议的调整和处置机制尚不健全，"一裁二审"的争议解决机制存在诸多缺陷，其冗长的处理过程不仅耗费大量维权成本，还加剧集体劳动争议爆发的风险。

（5）在经济下行的环境中，企业经营压力会持续加大，人工成本不断上升，企业经营困难甚至倒闭的情况会不断出现，拖欠工人工资的现象有重新抬头的迹象，企业雇主突然"跑路"带来的群体性事件风险也在不断加大。课题组据此判断，未来群体性劳动争议事件发生的规模会呈现扩大化的趋势，这对地方政府的现场处置能力提出了挑战，而处置时间和处置成本将会再攀新高。随着劳工非政府组织（NGO）对停工事件的不断介入，事件处置会面临更加复杂敏感的局面。

2. 相关部门和各级工会组织面对集体劳动争议的应对措施

（1）重视政策制定和制度建设中的社会稳定风险评估。在重大决策、重要政策和重大改革等事项上，有关部门应对可能影响社会稳定的因素展开系统评估，控制可能产生的社会稳定风险。

（2）重视工会组织建设。应当认真落实企业建会入会工作，做好职工维权工作。做好集体合同的签订和履约工作，通过监督检查规范企业的行为，促进企业劳动关系的和谐，及时解决职工在就业、工资和社会保障等方面的突出问题。

（3）重视企业民主管理。要切实发挥职代会作用，对涉及职工切身利益的改革，必须提交职代会讨论后方可实施。积极拓宽职工表达诉求的渠道，使职工可以表达自己的意见和主张，从而避免集体劳动争议的发生。

（4）重视困难职工帮扶和再就业工作。应当积极帮扶和救助困难职工，对突发情况启动帮扶应急机制。积极开展技能帮扶和下岗再就业工作，采用送出去培训和内部培训相结合的方式，帮助困难职工解决再就业问题。

（七）改善职工家庭消费结构是"十三五"时期提升中国职工消费水平的关键

中国职工家庭消费水平在很大程度上受职工家庭人均可支配收入的影响。根据课题组测算，2003～2015年，中国城镇职工家庭人均可支配收入呈现不断上升的趋势。城镇职工家庭人均名义可支配收入年均增速为12.1%，实际可支配收入年均增速为9.5%，明显快于年均经济增长速度。值得注意的是，自2013年开始，城镇职工家庭人均可支配收入增速有所减缓，年均增长速度由2013年的14.18%回落到2015年的11.69%。外出农民工人均年收入从2009年至2015年增长了1.17倍，其间的增长速度呈现先上升后下降的趋势。2009～2011年，外出农民工的收入增速从5.7%上升到21.2%，而2011年之后，收入增速出现了较为明显的下滑，外出农民工人均收入水平大体相当于城镇较低收入组的人均收入水平。

中国职工家庭的消费支出结构和消费整体水平在很大程度上取决于职工家庭人均可支配收入水平。根据占中国城镇职工家庭消费支出比重的大小排序，食品类支出仍排在首位，之后依次为交通通信、文教娱乐、衣着、居住、家庭设备及用品、医疗保健。食品类支出在2015年占职工家庭消费支出的比重为36.51%。由此可见，中国城镇职工家庭人均可支配收入仍然较低，导致很大一部分收入用于食品类支出，虽然其他各类消费整体保持较高增长速度，但受到可支配收入水平较低的拖累，很难形成大幅度增长的态势。而外出农民工的消费占据比例最大的是居住方面的支出，2015年外出农民工在居住方面的消费支出占全部收入的46.37%，如此之高的居住类消费势必导致农民工家庭消费中其他类别的消费遭到挤压。由城镇职工和外出农民工构成的中国职工队伍在全国人口构成中占十分重要的地位，而在职工及其家庭可支配收入水平尚不高的情况下，食品和居住占据其家庭可支配收入的很大比例必然会导致职工家庭生活水平提高的难度加大，同时也严重限制了未来中国消费经济的增长和中国内需的扩大。

根据课题组测算，不同组别的职工家庭消费情况存在着较大差异。一是不同地区的城镇非私营单位职工可支配收入与消费支出的差额存在较大差别，2015年全国城镇非私营单位职工的可支配收入与消费支出差额的中位数为34210元，其中西部地区为38203.2元，东部地区为34049.2元，东北地区为32335.7元，中部地区为31385.4元。最高的西部地区比最低的中部地区多出6817.8元。二是各地城镇私营单位职工的可支配收入与城镇非私营单位职工的可支配收入相比总体偏低。2015年城镇非私营单位职工比城镇私营单位职工的收支差额高出了20754.42元。三是城镇非私营单位职工收入与消费支出几乎持平，甚至有部分地区出现收入低于消费支出的情况。

课题组结合物价因素考察职工家庭消费情况发现，城镇居民消费价格指数的波动会对城镇职工的消费产生不利的影响，特别是食品、居住、水电燃料、交通、医疗保健服务等绝大多数涉及城镇职工家庭日常消费类别的价格上涨，会对部分低收入城镇职工的生活水平产生较大的影响。

附录1 逐级等权法在编制与统计中国职工状况指数中的应用

逐级等权法是指数编制中一种十分重要的方法。运用逐级等权法编制和统计中国职工状况指数可以避免构成指数的相关因素无法确定权重的问题，打破了传统的按照各个研究因素分类的方法，建立一整套包含不同维度的考察体系，将不同相关因素按照不同的考察维度重新整合，按照同一级别赋予相等权重的原则，形成最终指数。

运用逐级等权法编制和统计中国职工状况指数，首先将反映中国职工状况的信息划分为总体性、增长性和均衡性三大维度。然后对涉及中国职工状况的相关因素进行分析整理并分类纳入总体性、增长性和均衡性这三大维度当中，成为最终构成中国职工状况指数的指标体系。

在对中国职工状况指数各个指标的量化过程中，首先根据指标性质剔除指标所含有的时间序列趋势性，然后根据指标数据情况选择各个指标统一的起始年份，将起始年份设定为100，再将已经剔除掉时间序列趋势性的各年度指标数据统一量化。在这一过程中还要结合各个指标在反映职工收入状况中的作用，将其划分为正向指标和逆向指标，正向指标表示指标数值越大越能反映职工状况的改善，逆向指标表示指标数值越小越能反映职工状况的改善。在统一量化时，正向指标为年度数据除以起始年份数据再乘以100，逆向指标为起始年份数据除以年度数据再乘以100。最后根据逐级等权原则赋权并统一汇总统计，即总体性、增长性和均衡性三大维度各占最终指数的1/3权重。将统一量化的数据赋权后汇总统计，即得到反映中国职工状况的各年度数据。

附录2　中国职工状况指数指标选取要求

中国职工状况指数依据逐级等权法进行编制和统计。在编制和统计过程中需要从所涉及的相关因素中严格筛选和提炼出能够最终纳入指数的各个指标，并将其按照总体性、增长性和均衡性三个维度分类赋权汇总，最终纳入指标体系的指标必须符合具有代表性、全面性和各异性，年度数据的合理波动性、数据无理论上的长期趋势性等要求。

指标必须具有代表性

中国职工状况指数在选取指标时需要选择反映中国职工状况相关因素中具有代表性的指标。按照逐级等权法的要求，所选择指标必须是反映中国职工状况一个特点因素方面的指标，且这个指标最能反映这方面因素在职工状况中的作用。在选择过程中如果出现同一类相关因素可以被若干指标体现时，就必须对这些指标进行筛选，保留最能够反映相关因素信息的指标作为主指标，剔除与主指标类似，但不如主指标更具有代表性的次要指标。通过筛选，纳入中国职工状况指数总体性、增长性和均衡性三个维度的指标既能够充分反映信息，又可以使指标体系简洁清晰。

指标必须具有全面性与各异性

在中国职工状况指数的编制中，指标必须能够将所有与中国职工状况相关的因素充分体现出来，既要保持体系简洁清晰，也要使指标具有全面性和各异性。也就是说，每一个重要的且能够反映中国职工状况的相关因素必须有相关的指标予以体现，同时指标与指标之间还要存在明显的差异，即各个指标之间不能出现理论和现实上的相关性，各个指标之间不能相互替代，相互影响。

指标必须具有数据的合理波动性

纳入中国职工状况指数的指标除了具有代表性、全面性与各异性之外，为了避免出现异常值，或者出现异常指标干扰最终指数数值的平滑性，防止个别指标或者个别指标中个别年份的数值造成指数的剧烈波动，必须使数据具有合理的波动性。数据合理的波动性就是允许指标数据年度与年度之间有一定的差异，但这种差异不能明显大于其他指标数据，如果出现了类似情况要么对指标内容进行修正，要么运用其他指标予以替代。此外，也要防止选择数据不波动或者微小波动的指标，如果指标数据不波动或者波动太小，将丧失选择该指标的意义。总之，在指标选取过程中，剔除或替换数据不波动、波动太小或者波动太大的指标，保留波动程度大体一致的指标为最终中国职工状况指数的统计和数据分析奠定基础。

指标必须无理论上的长期趋势性

在现实统计数据中，有的数据存在时间序列上的长期趋势性，并且这种长期趋势性在理论上就存在。如果将这类指标不经过处理就纳入指标体系必然会导致中国职工状况指数也出现长期趋势性的问题，这将导致最终的数据无法用于重要的理论研究和分析。因此，在编制和统计中国职工状况指数指标时必须对具有理论上长期趋势性的指标进行必要的剔除或处理。在对具有理论上长期趋势性指标的处理中，可以通过考察年度数据之间变化率的方法去掉其具有的趋势性，从而最终得到指标体系要求的具有代表性、全面性、各异性、合理波动性和无理论上的长期趋势性指标。

附　表

附表1　中国职工状况指数指标体系

指标大类	具体指标
1. 总体性指标	1.1 登记失业指标
	1.2 就业指标
	1.3 企业部门劳动报酬在初次分配中指标
	1.4 职工恩格尔系数指标
	1.5 职业病累积患病指标
	1.6 基本养老保险人均养老金占城镇居民人均可支配收入指标
	1.7 城镇职工基本养老保险制度赡养指标
2. 增长性指标	2.1 就业人员增长指标
	2.2 城镇新增就业人数指标
	2.3 职工平均工资指标
	2.4 职工最低工资指标
	2.5 人均养老金增长指标

续表

指标大类	具体指标
3. 均衡性指标	3.1 各地区城镇登记失业率离散系数
	3.2 各地区城镇职工平均工资离散系数
	3.3 最低工资与平均工资比值指标
	3.4 各地区城镇职工基本养老保险制度赡养离散系数

附表2 2005～2015年中国职工状况指数

年份	总体性指标	增长性指标	均衡性指标	中国职工状况指数
2005	100.00	100.00	100.00	100.00
2006	101.69	107.97	107.98	105.88
2007	101.41	106.36	97.51	101.76
2008	100.74	106.07	97.58	101.46
2009	101.28	101.90	94.68	99.29
2010	101.30	108.29	95.11	101.57
2011	100.89	107.39	93.35	100.54
2012	101.68	107.83	95.52	101.68
2013	102.42	107.37	93.96	101.25
2014	102.64	108.63	91.89	100.63
2015	102.88	108.59	90.42	100.63

专题报告

中国职工收入分配状况研究

信卫平 柯希嘉 张 勇[*]

摘　要： 职工收入分配问题直接关系中国3.2亿职工的切身利益，多年来一直是社会关注的重点。近年来随着我国经济增长减速，下行压力增大，有关职工收入水平的争论再起。为此，课题组在对2015年中国职工收入分配的总体状况分析的基础上，明确提出一直沿用至今的城镇单位就业人员平均工资目前已经不能准确反映全体职工的收入水平，建议用城镇单位职工加权平均工资来代替职工收入。课题组在对2015年各地区、各行业之间的职工收入分配状况分析的基础上，测算了2015年各地区城镇职工加权平均工资。并依据中华全国总工会2012年对全国一线职工工资收入调查数据进行了检验。

---

[*] 信卫平，中国劳动关系学院教授，主要研究领域为收入分配理论、劳动关系与职工状况等；柯希嘉，中国劳动关系学院讲师，主要研究领域为公司治理、劳动经济学；张勇，中国劳动关系学院讲师，主要研究领域为产业经济规划与布局、财政理论与实践、劳动经济学。

关键词： 职工收入　职工加权平均工资　最低工资标准　初次分配
　　　　　劳动报酬占比

一　2015年全国职工收入分配的总体状况

目前，国家统计局主要从三个口径公布全国职工的年均收入水平，即城镇单位就业人员平均工资、城镇私营单位就业人员平均工资和农民工人均月收入。

根据国家统计局提供的数据，2015年全国城镇单位就业人员年平均工资为62029元，与2014年的56360元相比，增加了5669元，同比名义增长10.06%，增速比2014年提高0.6个百分点，剔除物价因素，实际增长8.6%。其中，城镇单位在岗职工年平均工资63241元，同比名义增长10.3%，增速提高0.8个百分点，剔除物价因素，实际增长8.5%；全国城镇私营单位就业人员年平均工资为39589元，与2014年的36390元相比，增加了3199元，同比名义增长8.79%，增速比2014年回落2.5个百分点，剔除物价因素，实际增长7.3%；[①] 全国外出农民工年平均工资为40308元，与2014年的34368元相比，增加了5940元，同比名义增长17.28%，增速比上年提高了7.5个百分点，剔除物价因素，实际增长15.7%（见图1）。[②] 外出农民工的年平均工资又一次超过了城镇私营单位就业人员的年平均工资。

近年来，尽管城镇私营单位就业人员和外出农民工的年平均工资增长率均为高于城镇非私营单位就业人员，但前两者与后者平均工资水平仍相差悬殊。以城镇私营单位就业人员为例，2008~2015年城镇私营单位就业人员年

[①] 国家统计局：《中国统计年鉴（2016）》，中国统计出版社，2016。
[②] 国家统计局：《2015年农民工监测调查报告》，http://www.stats.gov.cn/tjsj/zxfb/201604/t20160428_1349713.html，2016年4月28日。因国家统计局在《2014年全国农民工监测调查报告》中没有公布外出农民工月收入，只公布了农民工月收入，因而造成2015年外出农民工的月收入年均增长率出现了非正常增长。

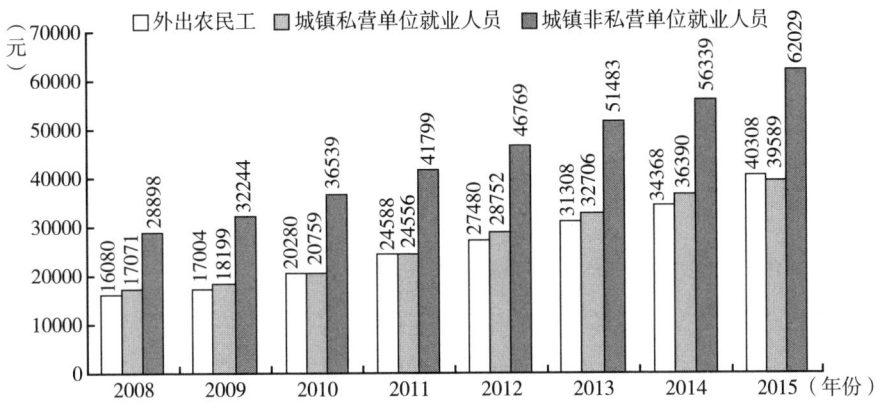

图 1　2008～2015 年全国职工年平均工资水平

数据来源：国家统计局，《中国统计年鉴（2016）》，中国统计出版社，2016；国家统计局网站，http：//www.stats.gov.cn/tjsj/zxfb/201604/t20160428_ 1349713.html，2016 年 4 月 28 日。

平均工资从只有城镇单位就业人员年平均工资水平的 58.40% 增长到 63.82%。

自 2011 年之后，中国城镇职工年均工资增长率总体呈下降趋势（见图 2）。

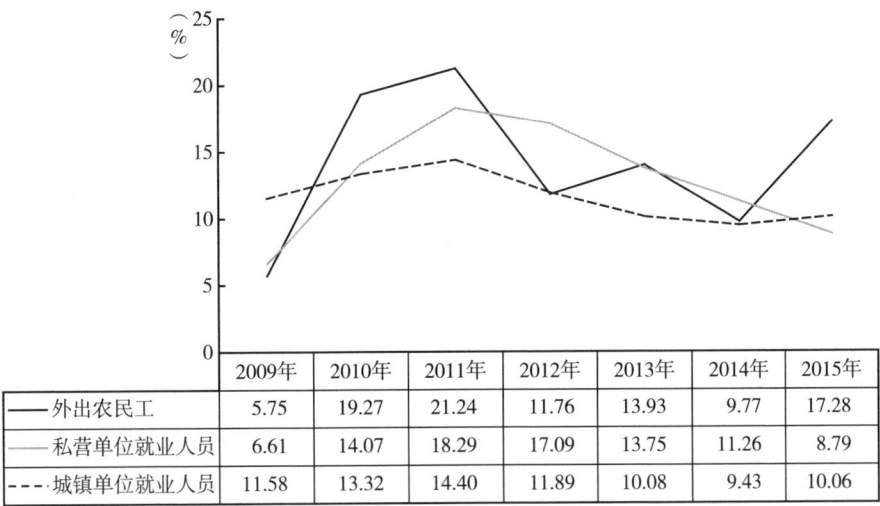

	2009年	2010年	2011年	2012年	2013年	2014年	2015年
—— 外出农民工	5.75	19.27	21.24	11.76	13.93	9.77	17.28
—— 私营单位就业人员	6.61	14.07	18.29	17.09	13.75	11.26	8.79
---- 城镇单位就业人员	11.58	13.32	14.40	11.89	10.08	9.43	10.06

图 2　2009～2015 年全国职工年平均工资名义增长率

数据来源：国家统计局，《中国统计年鉴（2016）》，中国统计出版社，2016；国家统计局网站，http：//www.stats.gov.cn/tjsj/zxfb/201604/t20160428_ 1349713.html，2016 年 4 月 28 日。

由于不同的职工群体平均收入差距较大，用什么指标来衡量全体职工的收入水平就显得非常重要。目前，国家统计局以城镇单位就业人员的年平均工资代替全体职工的收入，这种做法在私营单位就业人员以及外出农民工人数不多的年代尚可行，在今天再沿用这一标准就难以准确反映全体职工的年平均收入水平了。

以2015年为例，2015年我国城镇全部就业人员为40410万人，扣除个体就业人数7800万人，剩余的32610万人就是我们通常所说的城镇职工人数，其中包括城镇单位就业人员18062.5万人、城镇私营单位就业人员11179.7万人和进城务工的外出农民工。由此可见，统计口径中的城镇单位就业人员只占城镇职工人数的55.39%。①

受历史因素的影响，我国城镇私营单位就业人员及外出农民工年平均工资与城镇单位就业人员年平均工资相比一直明显偏低。2015年城镇私营单位就业人员的年平均工资39589元，仅为城镇单位就业人员年平均工资的63.82%；外出农民工的年平均工资40308元，仅为城镇单位就业人员年平均工资的64.98%。显然，如果还沿用以城镇单位就业人员的平均工资来代表全体职工的人均收入，则全体职工的人均收入水平就会被高估。这就是为什么当国家统计局公布城镇单位职工人均工资收入时，有不少人认为自己的收入"被增长"的原因。②

由于城镇单位就业人员平均工资不能准确地反映全体职工的收入水平，因此，笔者建议用城镇单位职工加权平均工资来反映城镇职工的真实收入。由于外出农民工年平均工资与城镇私营单位就业人员的年平均工资很接近，笔者就以城镇私营单位就业人员的年平均工资代替外出农民工的收入水

---

① 国家统计局：《中国统计年鉴（2016）》，中国统计出版社，2016。
② 如果考虑到农民工的因素，以2015年为例，我国城镇就业人员为32610万人，其中城镇单位就业人员18062.5万人，其余为城镇私营单位就业人员与外出农民工，若以城镇私营单位就业人员收入水平进行加权平均，则我国城镇单位就业人员年平均工资应为52019元，加权后下降了16.14%。

平。① 运用国家统计局提供的数据，笔者计算了2008~2015年的城镇单位职工加权平均工资（见表1）。

表1 2008~2015年的城镇单位职工加权年平均工资

单位：元，%

年份	城镇单位就业人员年平均工资	城镇私营单位就业人员年平均工资	城镇单位职工加权年平均工资	城镇单位就业人员年平均工资加权后下降幅度
2008	28898	17071	25399	12.11
2009	32244	18199	27946	13.33
2010	36539	20759	31529	13.71
2011	41799	24556	36210	13.37
2012	46769	28752	40795	12.77
2013	51483	32706	45610	11.41
2014	56360	36390	49363	12.41
2015	62029	39589	53450	13.83

注：本表测算数据只就城镇单位就业人员和城镇私营单位就业人员的年平均工资进行加权平均，不包括外出农民工。
数据来源：2009~2016年《中国统计年鉴》。

城镇单位就业人员年平均工资加权后，平均下降12.87%，加权后的职工平均工资基本上可以反映当年度全体职工的平均收入水平。

为了验证以上的判断，笔者依据2012年全国总工会对6个省份的城镇单位就业人员收入水平的调查数据，② 计算了2012年这6个省份的城镇单位职工的加权平均工资，并与全国总工会的调查数据做了比较（见表2和图3）。

---

① 考虑到外出农民工与城镇单位、城镇私营单位就业人员数据统计有交叉重叠，课题组仅就后两类就业人员的平均工资进行加权平均。
② 全国总工会的调查报告中的此组数据没有将城镇单位就业人员划分为私营单位和非私营单位两类。

表2　2012年6省份的城镇单位就业人员月平均工资

单位：元

省份	全国总工会调查的平均工资	依据国家统计局数据测算的加权平均工资	国家统计局公布的城镇单位就业人员平均工资
浙江	3207	3664	4183
广东	3138	3544	4190
新疆	2852	3368	3715
山西	2614	3365	3686
广西	2322	2771	3032
吉林	2092	2751	3201
6省份平均	2915	3409	3904

数据来源：根据中华全国总工会劳动关系研究中心一线职工收入课题组的《当前企业一线职工工资收入调查》和国家统计局的《中国统计年鉴（2012）》的数据计算所得。

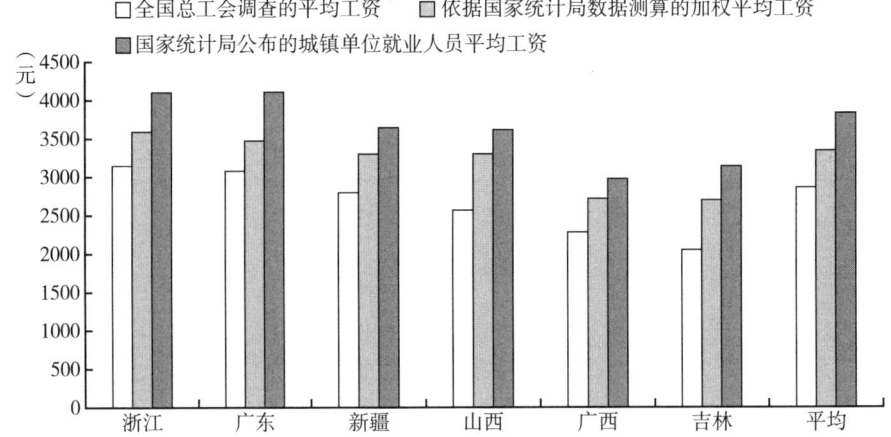

图3　2012年全国6省份城镇单位就业人员月平均工资

数据来源：根据国家统计局《中国统计年鉴（2012）》的数据计算所得。

表2和图3中的全国总工会调查的平均工资是2012年前三季度基于外商投资企业、国有企业、港澳台投资企业、股份制企业、私营企业和集体企业的平均值；后两组数据分别是课题组依据国家统计局数据测算的加权平均工资和国家统计局公布的各地城镇单位就业人员平均工资。笔者注意到，全国总工会的调查数据与课题组测算的6个省份2012年的加权平均工资相比较，仅为同地区加权平均值的76.1%~88.5%，国家统计局公布的各地职工收入水平的65.4%~

84.7%。可见,按加权平均计算的加权平均工资与全国总工会的调查数据更接近。因此,运用加权平均工资可以更真实地反映出职工的实际收入水平。

为此,笔者认为在经济活动中,改用加权平均工资来代表城镇单位就业人员的平均工资水平,可以更准确地衡量城镇单位全体就业人员实际收入水平。这对于国家宏观经济政策的制定、各级工会的维权工作都是很重要的经济参数。

二 2015年地区间、行业间的职工收入分配状况

(一)2015年全国各地区的城镇单位职工的收入状况

2015年,全国31个省、区、市城镇单位就业人员年平均工资为62029元,名义平均工资增长10.1%,各地区年平均工资的中位数为57270元。东、中、西部及东北地区的发展仍不均衡,依据波士顿矩阵图分析方法,笔者将2015年各地区的城镇单位职工年平均工资状况做了一个基本定位(见表3)。

表3 2015年地区间平均工资水平波士顿矩阵

	2015年城镇单位就业人员年平均工资增长速度高于全国平均水平	2015年城镇单位就业人员年平均工资增长速度低于全国平均水平
2015年城镇单位就业人员年平均工资高于全国平均工资	双高区 广东、西藏	基高增低 北京、上海、天津、江苏、浙江
2015年城镇单位就业人员年平均工资低于全国平均工资	基低增高区 山东、新疆、江西、吉林、海南、云南、湖南、黑龙江、河北、四川、贵州、甘肃、广西	双低区 福建、内蒙古、山西、辽宁、宁夏、安徽、重庆、河南、陕西、湖北、青海

表3将2015年各地区城镇单位就业人员年平均工资增长速度设为横轴,将2015年各地区城镇单位就业人员年平均工资水平设为纵轴,按各地区的情况分别放入表中的四个区域,双高区的省份表示工资水平及其增长速度均高于全国平均水平的地区;基高增低区的省份表示工资水平高于全国平均水平,但其增长速度均低于全国平均水平的地区;基低增高区的省份表示工资

水平低于全国平均水平,但其增长速度高于全国平均水平的地区;双低区的省份表示工资水平及其增长速度均低于全国平均水平的地区。

2015年与2014年相比,2014年,位于双高区的北京、上海于2015年到了基高增低区,而双高区的省、区、市由3个减少到2个。2015年基高增低区的5个省、区、市均位于东部地区。基低增高区的省份较多,其中西部地区有6个,东部地区有3个,中部和东北地区各有2个,这些省、区、市虽然工资水平低于全国平均水平,但2015年增长速度较快,有利于缩小与高收入地区的差距。双低区有11个省份,除福建为东部地区外,其余均为中部、西部和东北地区的省份,2015年这些地区的工资水平及其增长速度均低于全国平均水平,尽管每年的情况都有所变动,但其中有些省份多年位于这一区域,这一情况应引起社会的高度关注。

2015年,有24个省份城镇单位职工年平均收入水平低于全国平均工资水平(62029元),7个省、区、市城镇单位职工年平均收入水平高于全国平均工资水平。收入最高的为北京(111390元),最低的为河南(45403元),北京是河南的2.45倍,大部分省、区、市城镇单位职工年平均工资在50000~60000元(见图4)。

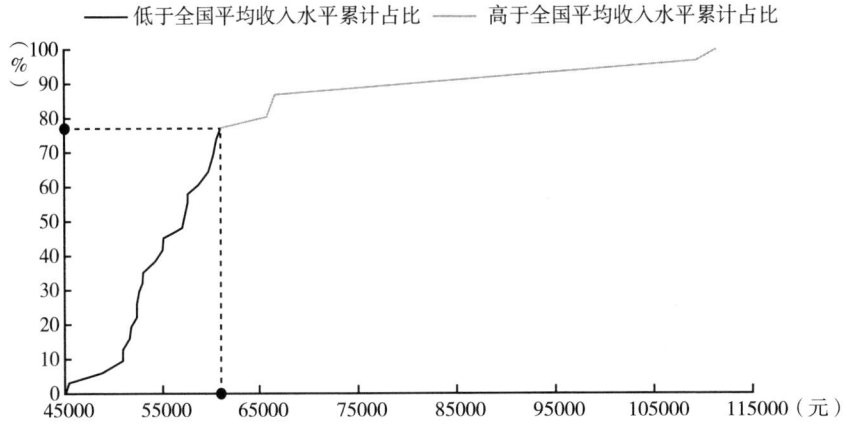

图4 2015年31个省、区、市城镇单位职工年平均工资水平累计占比

数据来源:根据国家统计局《中国统计年鉴(2016)》的数据绘制。

从职工年均收入的增速来看，2014年有24个省、区、市职工的名义平均工资增长率超过了同年全国GDP的名义增长率（7.3%）。2015年有29个省、区、市职工的名义平均工资增长率超过了同年我国GDP的名义增长率（6.9%）。

从职工年均收入的增加额来看，2015年比上年度增加额最多的是西藏，人均增加36614元；其后依次是北京和上海，分别为9122元和8923元；最少的是山西，人均增加2834元，这是该省连续两年增长最少。

从各地区职工年均收入的排序看，有12个省、区、市的位置没有变化，8个省、区、市的位置上升，11个省、区、市的位置下降，其中上升最快的地区为广西，比上年度上升了7位，这是该省连续第2年上升；有10个下降的地区分别比上年度下降了1~6位。总体来看，各地区的位置变化幅度比2014年大。

2015年全国各地城镇单位职工年均收入的离散系数为0.2580（见图5）。笔者对2004年以来数据进行统计分析，2004~2012年全国各地城镇单位职工年均收入离散系数呈波动下降趋势，2013~2015年该离散系数呈缓慢上升趋势，地区间职工年均收入倍数也从2004年的2.86倍下降到2015年的2.45倍。2004~2015年，我国地区间城镇单位职工的年均收入差距总体呈下降趋势。

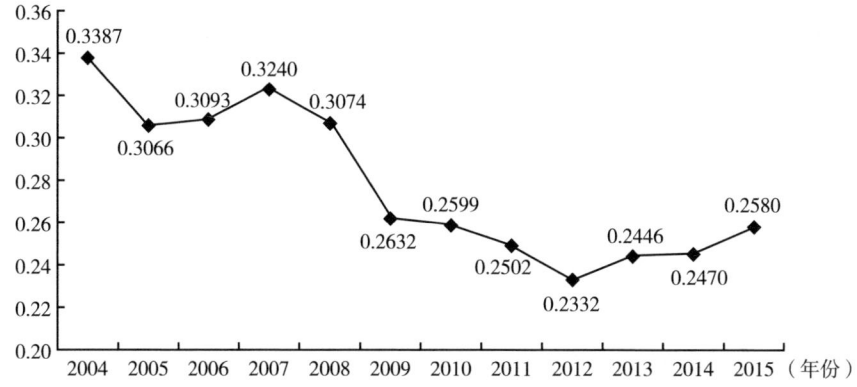

图5　2004~2015年全国各地区城镇单位职工年均收入的离散系数变化情况

数据来源：根据国家统计局2005~2016年《中国统计年鉴》数据计算所得。

(二)2015年全国各地区城镇私营单位职工的收入状况

2015年全国城镇私营单位就业人员的年平均工资为39589元;与2014年的36390元相比,增加了3199元,同比名义增长8.8%,各地区年平均工资的中位数为35320元。

2015年,有21个省、区、市城镇私营单位职工年平均收入水平低于全国平均工资水平(39589元),9个省、区、市城镇私营单位职工年平均收入水平高于全国平均工资水平。① 收入最高的为北京58689元,最低的为吉林27774元,北京是吉林的2.11倍。有19个省、区、市城镇私营单位职工年平均收入集中在30000~37600元(见图6)。

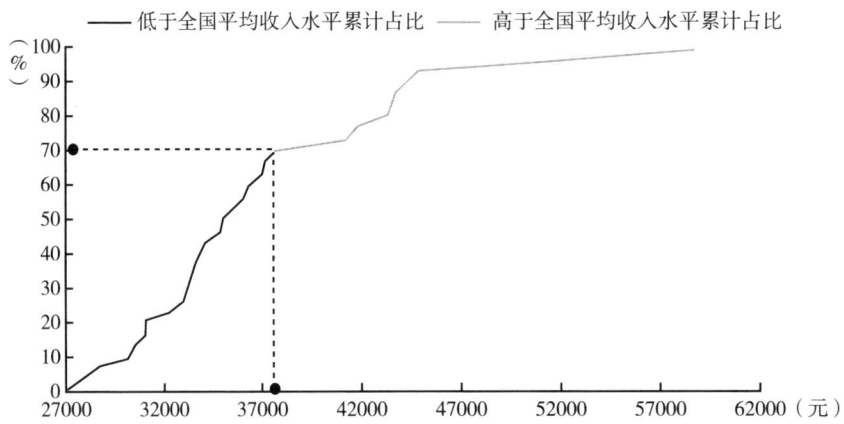

图6 2015年31个省、区、市城镇私营单位职工年平均工资水平累计占比

数据来源:国家统计局,《中国统计年鉴(2016)》,中国统计出版社,2016。

从城镇私营单位职工年均收入的增速来看,2015年有19个省、区、市职工的名义平均工资增长率超过了当年我国GDP的名义增长率(6.9%)。其中最高的甘肃为14.00%,最低的内蒙古为2.11%,值得注意的是有25个省、区、市职工的名义平均工资增长率低于2014年。

---

① 迄今为止,国家统计局在每年公布的各省份城镇私营单位就业人员平均工资时,缺少西藏的数据。

从私营单位职工年均收入的增加额来看，2013年比2012年增加额最多的是北京，人均增加5781元，名义增长率为10.94%；最少的是内蒙古，人均增加734元，名义增长率为2.11%，北京收入增加额是内蒙古的7.88倍。

从各地区职工年均收入的排序看，有13个省、区、市的位置没有变化，有9个省、区、市的位置上升，有8个省、区、市的位置下降，其中上升最快的省份有江西、海南、甘肃，分别比上年度上升了3位；下降较快的地区有山西、内蒙古、福建，分别比上年度下降了3位。

城镇私营单位就业人员收入水平普遍偏低，因此各地区城镇私营单位就业人员收入差距小于城镇单位就业人员的收入差距。

2015年，全国各地城镇私营单位职工年均收入的离散系数为0.1751（见图6）。根据对2009～2015年全国各地城镇私营单位职工年均收入数据的统计分析，其离散系数呈波动上升的趋势，这表明2009～2015年，我国地区间城镇私营单位职工的年均收入差距呈不断扩大的趋势（见图7）。

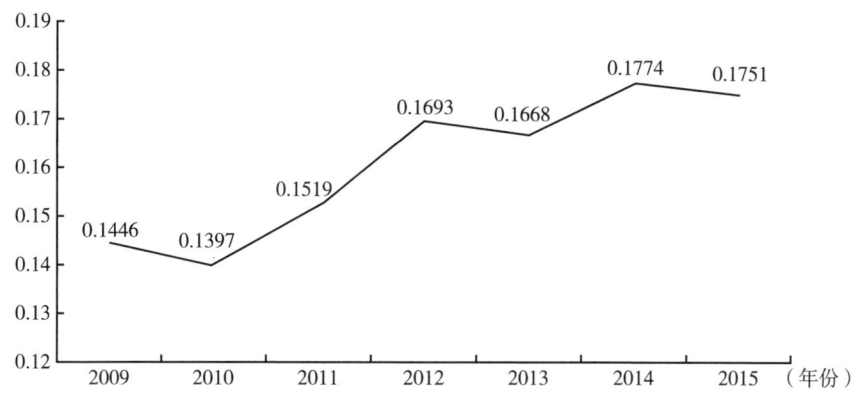

图7 2009～2015年全国各地区私营单位职工年均收入的离散系数变化情况

数据来源：根据国家统计局2009～2016年《中国统计年鉴》的数据计算所得。

私营单位职工收入差距在扩大的现状表明，各地区私营经济发展出现了不平衡，从而导致地区间私营单位职工收入差距不断扩大。

各省、区、市城镇单位职工和城镇私营单位职工的收入差距需要引起社

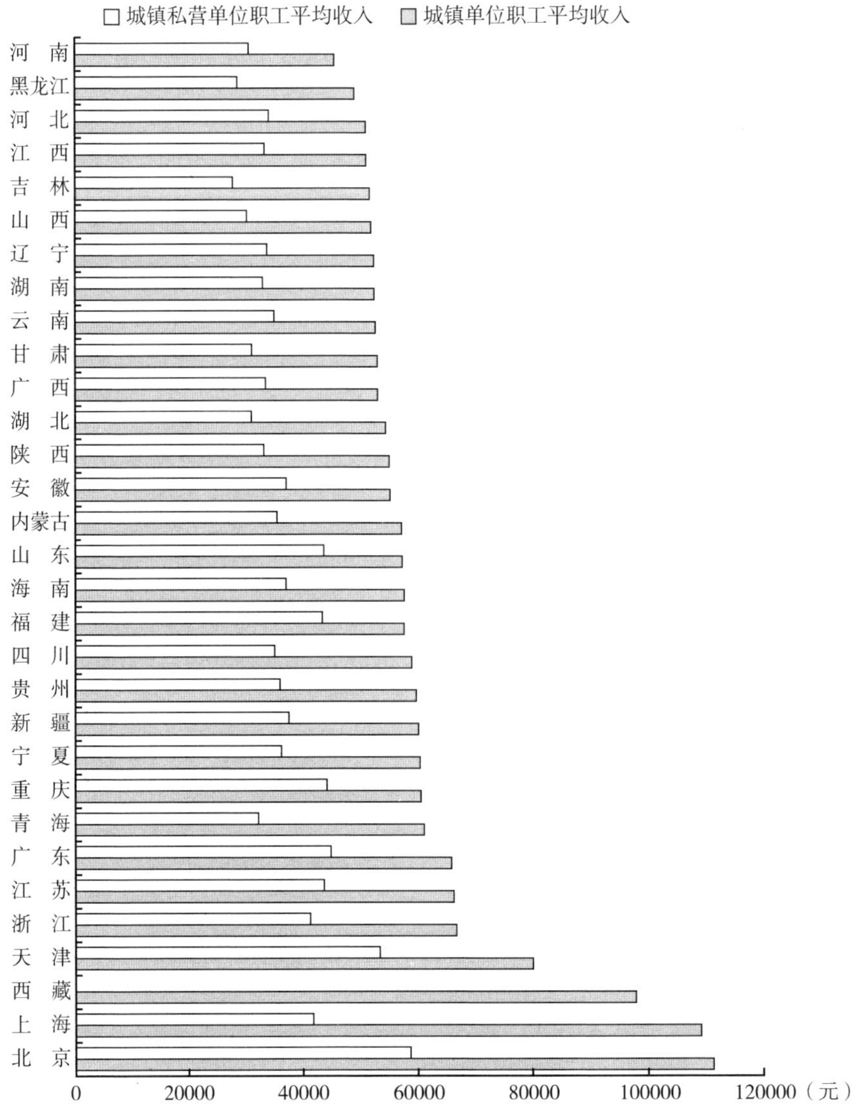

图8 2015年各省、区、市城镇单位和城镇私营单位职工年平均工资

数据来源：国家统计局，《中国统计年鉴（2016）》，中国统计出版社，2016。

会的高度重视，2015年，城镇单位职工和城镇私营单位职工收入差额最大的是上海，为67412元，前者是后者的3.68倍；差额最小的是福建，为12613元，前者是后者的2.31倍。

（三）2015年全国各行业城镇职工收入状况

各行业的城镇职工收入差距更为复杂，既有垄断行业与竞争性行业间的收入差距问题，又有行业内部垄断造成的城镇单位和私营单位职工收入差距的问题，两者交织在一起构成了职工内部收入差距的主要原因。

第一，从2015年各行业总体收入水平看，城镇单位在国民经济19个大行业中，年收入在4万元以下的行业有1个，4万~5万元有4个，5万~6万元有2个，6万~7万元有5个，7万元以上有7个。同期，城镇私营单位18个行业[①]中，年收入在4万元以下的行业有10个，4万~5万元有6个，5万~6万元有2个（见图9）。

第二，从平均收入看，2015年城镇单位职工的平均收入水平为62029元，城镇私营单位职工的平均收入水平为39589元，两者相差22440元，前者是后者的1.57倍。两者差距最大的是金融业，其倍数为2.56倍；差距最小的是农、林、牧、渔业，其倍数为1.11倍。平均收入由于会受到个别高收入或低收入行业变化的影响，笔者又计算了19个城镇单位和8个城镇私营单位19个行业的中位数。中位数具有相对的稳定性，个别高收入或低收入行业收入的变化对其影响不大。从中位数来看，城镇单位职工的平均收入中位数为62323元，城镇私营单位职工的平均收入中位数为38570元，两者相差23753元，前者是后者的1.62倍。[②]

第三，2015年城镇单位19个行业职工平均年收入的离散系数为

[①] 2012年国家统计局取消了对城镇私营单位的公共管理、社会保障和社会组织就业人员年平均工资数据的发布，原因是这一行业中主要是一些小的区域性行业协会，如寺庙管理委员会、种植养殖协会等，调查样本量小，代表性不足。

[②] 城镇私营单位职工的平均收入若与国企职工的平均收入相比较，差距更大。据《新京报》记者对2012年10家国有上市公司职工薪酬粗略计算，国企普通职工年平均收入为16.6万元，是同年城镇私营单位职工年平均收入的5.8倍。按行业比较，有些行业职工的年平均收入有10倍以上的差距（参见《新京报》2013年8月22日）。如果考虑到"工资外收入"，差别会更大，央企的高工资、高福利已是全社会的"公开秘密"，公众对此深为诟病，以致2013年8月国资委下发《关于做好2013年国资委系统监管的企业职工薪酬调查工作的通知》，将央企职工"工资外收入情况"纳入调查范围。

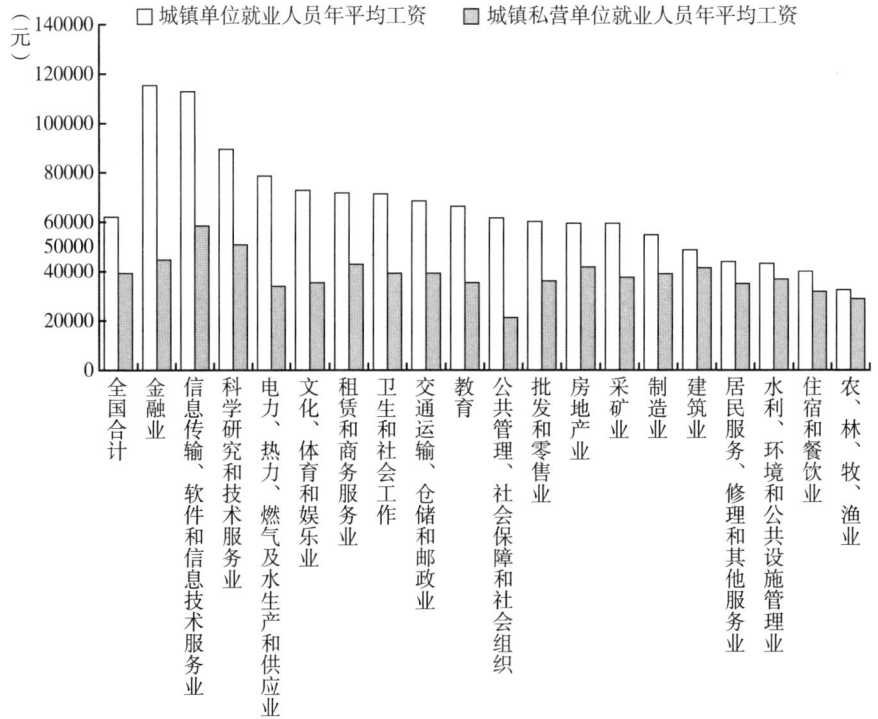

图9　2015年按行业分城镇单位及私营单位就业人员年平均工资

数据来源：国家统计局，《中国统计年鉴（2016）》，中国统计出版社，2016。

0.3434，城镇私营单位18个行业职工平均年收入的离散系数为0.1671，表明城镇单位各行业的职工年均收入远多于城镇私营单位各行业的职工年均收入。

第四，2015年城镇单位行业间的职工平均年收入的离散系数为0.3434，大于同年地区间城镇单位职工平均年收入的离散系数0.2580，表明行业间的收入差距大于地区间的收入差距。而同年城镇私营单位行业间的职工平均年收入的离散系数为0.1671，小于同年地区间城镇私营单位职工平均年收入的离散系数0.1751，表明城镇私营单位行业间的收入差距小于地区间的收入差距。

第五，如果将城镇单位的19个行业与私营单位的18个行业的职工年平均工资收入混合排名，排在前 13 位的均为城镇单位。城镇私营单位职工收入最高的信息传输、软件和信息技术服务业在总排名中只排在第 14 位，低于城镇单位的采矿业，高于城镇单位的制造业。城镇私营单位职工的收入水平普遍低于城镇单位职工的收入水平的状况表明，行业内部由于所有制类型不同导致的收入差距非常大。

（四）加权平均工资下的城镇单位职工的年均收入状况

由于城镇单位就业人员平均工资不能准确反映城镇单位全体职工收入水平，因此课题组认为当前应尽快使用城镇单位职工加权平均工资来代替城镇单位全体就业人员平均工资，以更准确地反映全国及各地区的职工收入水平。

为此课题组将 2015 年各省、区、市的城镇单位就业人员年平均工资与城镇私营单位就业人员年平均工资进行了加权平均，得出各省、区、市加权后的城镇单位就业人员的年平均工资（见图 10）。

经过测算，使用加权平均的城镇单位就业人员年平均工资可以更客观地描述各地区职工的年均收入水平。

第一，将 2015 年各省、区、市的城镇单位就业人员年平均工资与城镇私营单位就业人员年平均工资进行加权平均后，得出各地职工的年平均收入水平均有所下降。2015 年全国城镇单位职工的加权平均工资为 53450 元，比统计局公布的全国城镇职工的年平均工资水平 62029 元下降了 8579 元，降幅为 13.83%。从各省份看，降幅最大的地区是上海，从 109174 元下降到 77912 元，减少了 31262 元，降幅为 28.64%；降幅最小的地区是黑龙江，从 48881 元下降到 47218 元，减少了 1663 元，降幅为 3.40%。进行加权平均后的城镇单位职工年平均工资最高的地区是北京（88827 元），最低的是河南省（42394 元），北京是河南的 2.10 倍。

第二，加权平均后，与原来的标准（城镇单位就业人员年平均工资）相比较，2015 年 50000 元及以下的省份由原来的 2 个增加到 16 个，50001~60000 元的省份由原来的 18 个减少到 11 个，60001~100000 元的省份由原

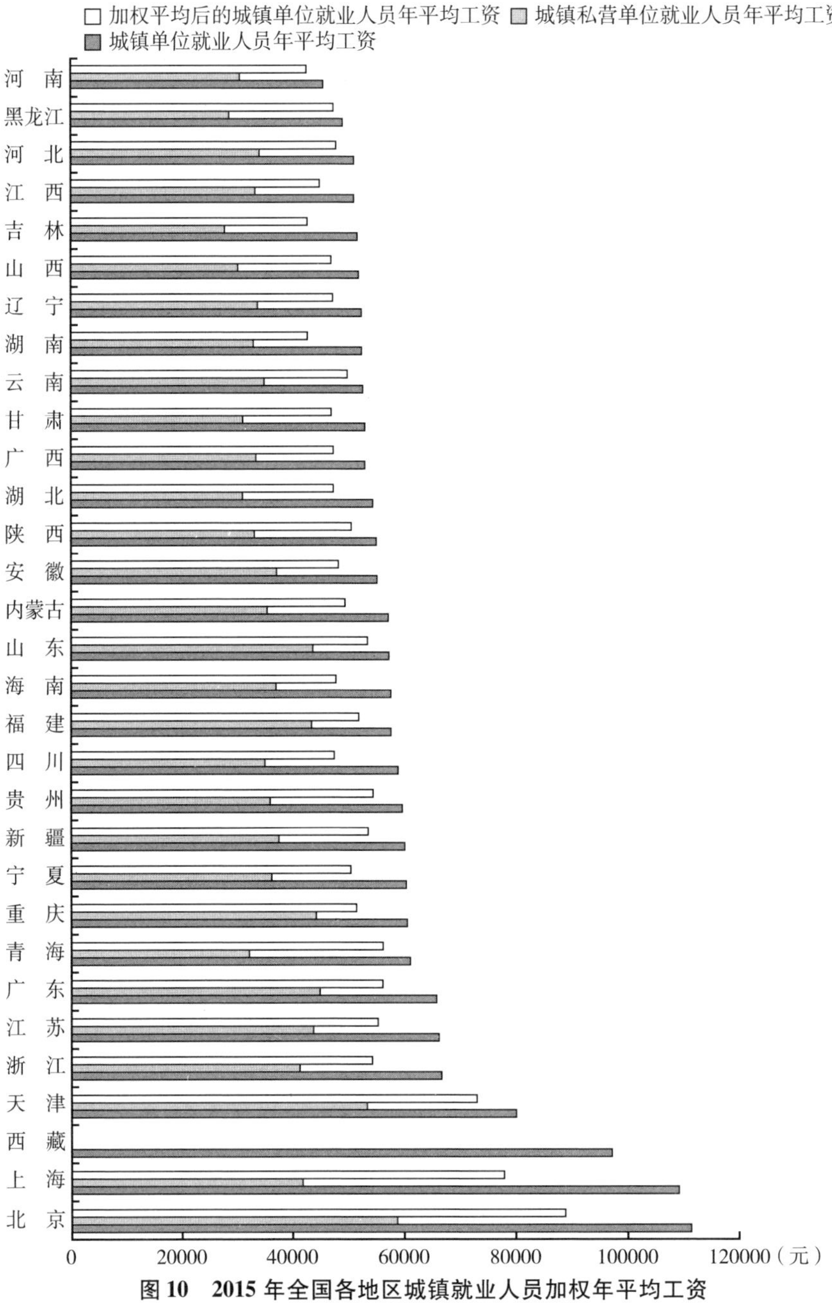

图10 2015年全国各地区城镇就业人员加权年平均工资

注：西藏数据不全。
数据来源：国家统计局，《中国统计年鉴（2016）》，中国统计出版社，2016。

来的9个减少到3个，100001元以上的省份由原来的2个减少到0个。①

第三，从中位数的变化看，2015年各省、区、市的城镇单位就业人员年平均工资的中位数为57270元，加权平均后的平均工资中位数为49555元，减少了7715元，降幅为13.47%。由于中位数是从各地收入水平排序的位置上确定，个别地区的高收入不会对此产生影响。因此，中位数更能准确反映实际城镇职工整体的收入水平。

第四，从标准差的变化看，2015年各省、区、市的城镇单位就业人员年平均工资的标准差为16000.75元，加权平均后的平均工资的标准差为10135.59元。各地区的平均工资加权平均后其离散程度有所下降，表明各地区城镇单位就业人员的平均工资在考虑私营单位就业人员的平均收入水平后的差距小于没有考虑到私营单位就业人员的平均收入水平。

第五，城镇单位就业人员的年均工资经过加权平均后，各地区职工的年平均收入水平下降幅度取决于两个因素。

一是各地区城镇私营单位职工年平均工资与城镇单位职工年平均工资的倍数关系。倍数越大，表明当地城镇私营单位职工年平均工资与城镇单位职工年平均工资差距越大。以上海与北京为例，2015年上海城镇单位就业人员年平均工资为109174元，而城镇私营单位就业人员年平均工资为41762元，后者只有前者年平均工资的38.25%，两者的倍数为2.61；同年，北京城镇单位就业人员年平均工资为111390元，高于上海2216元，而城镇私营单位就业人员年平均工资为58689元，后者只有前者年平均工资的52.69%，两者的倍数为1.90。经过加权平均后，北京的城镇单位就业人员的加权年平均工资为88827元，上海的城镇单位就业人员的加权年平均工资为77912元，两地相差10915元；而上海城镇单位职工的年加权平均工资为年平均工资的28.64%，北京则为20.26%。因此，笔者认为，使用年加权平均工资更能准确地反映各地区城镇职工的平均收入水平。

二是各地区城镇单位就业人数与城镇私营单位就业人数在城镇单位总就

---

① 2015年西藏的数据不全。

业人数中的比例。例如，2015年江苏和浙江两个劳动力大省的城镇单位就业人数与城镇私营单位就业人数的比值分别为51.54∶48.46和51.30∶48.70，由于城镇私营单位就业人数比重较大，因此两省的职工工资加权平均后的工资水平变动也比较大，分别下降了16.48%和18.55%，分别排在当年降序的第9位和第5位。同年，黑龙江省和云南省的上述比例分别为91.80∶8.20和84.06∶15.94，因此两省的职工工资加权平均后的工资水平变动就比较小，分别只下降了3.40%和5.32%，分别排在当年降序的第30位和第29位。

当然，使用加权平均工资并不能改变城镇私营单位就业人员的工资收入，而是使各地区职工的平均收入水平得到更加客观、真实的反映，消除目前计算方法中高估职工收入水平的状况。同时说明城镇私营单位就业人员低收入水平的状况应该引起全社会，特别是各地政府及工会组织的重视。

三 2015年全国最低工资状况

（一）我国实施最低工资基本状况

1993年，原劳动部发布《企业最低工资规定》，提出我国将实施最低工资标准制度。1994年《中华人民共和国劳动法》确立了最低工资的法律地位，最低工资制度在我国正式实施，1995年全国约130个城市采用该政策。2004年劳动和社会保障部又通过了《最低工资规定》，以取代1993年的《企业最低工资规定》。《最低工资规定》明确指出，最低工资标准一般采取月最低工资和小时最低工资两种形式，其中月最低工资适用于全日制劳动者，小时最低工资适用于非全日制劳动者。最低工资的调整频率被设定为每两年不少于一次，与1993年的《企业最低工资规定》中的每年不超过一次相比较，有了较大的改变。1993～2015年，中国各地区根据本地的实际情况，对最低工资标准不断进行调整，但无论是调整次数还是调整幅度各地都存在较大差异。

综合各省、区、市数据情况，在20多年的最低工资标准制度执行中，调整次数最多的是北京和上海,而调整次数最少的是西藏。调整次数相对较多的省份主要集中在中东部地区,而中西部和东北地区的省份调整次数相对较少(见图11)。

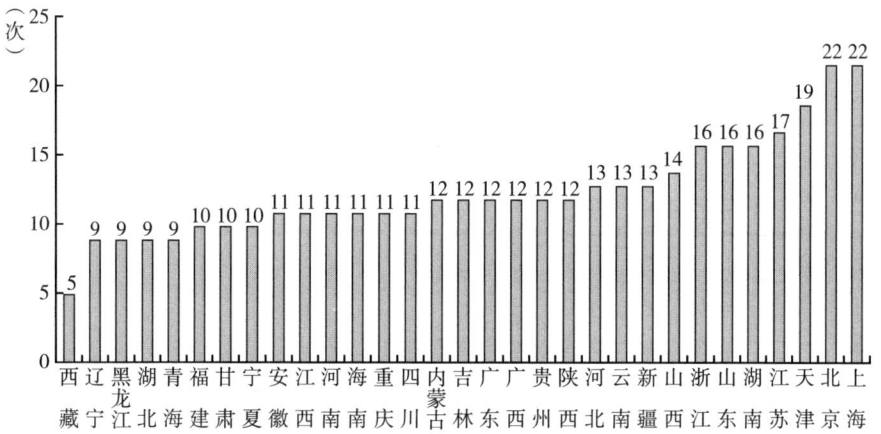

图11　1993~2015年各地区最低工资标准调整次数

2013~2015年,各地区根据本地实际情况对职工月最低工资进行了调整。三年均进行调整的地区有北京、天津、山西、内蒙古、上海、浙江、江西、山东、河南、四川、贵州、云南、山西、甘肃。有些省份三年里只调整了一次,如河北、辽宁、黑龙江、重庆、西藏、青海和宁夏,其中辽宁仅于2013年对最低工资标准进行调整。

2015年,从全国范围来看,最低工资标准与城镇单位就业人员平均工资占比最低的是北京,其月最低工资标准为1720元,仅为城镇单位就业人员月平均工资(9282.5元)的18.53%。最低工资占城镇单位就业人员平均工资比例最高的是河南,其月最低工资标准为1300元,城镇职工月平均工资为3783.58元,最低工资占平均工资的比重为34.35%(见图12)。

目前,以城镇单位就业人员平均工资来代表城镇就业职工的收入水平,据此计算出来的各地区最低工资标准对城镇单位平均工资占比则会被低估。为此,本课题组计算了各地区最低工资标准与该地区城镇单位就业人员加权

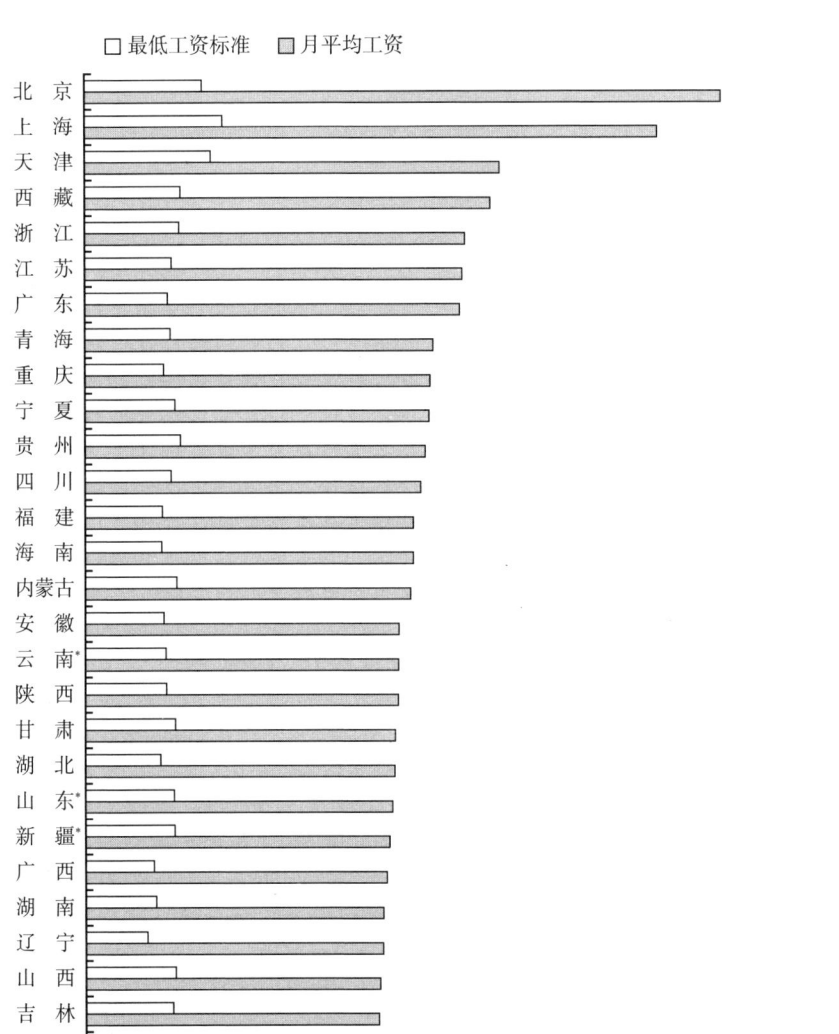

图 12　2015 年各地区最低工资标准和城镇单位职工月平均工资情况

注：＊为在岗职工数据。

平均工资的比值，结果显示，各地区最低工资标准与该地区城镇单位就业人员加权平均工资比值从 25.6% 增加到 29.5%，增加了 3.9 个百分点。如果再考虑到农民工和非正规部门就业人员的工资水平，最低工资标准占比还会提高。

虽然最低工资标准与加权平均工资占比的比值略高于最低工资标准与城镇非私营单位就业人员平均工资比值。但即使是这样的修正，中国最低工资标准仍旧偏低，不仅与国际上较为通行的 40%~60% 标准仍存在较为显著的差距，与国家发展改革委等部门在 2013 年《关于深化收入分配制度改革的若干意见》中提出"根据经济发展、物价变动等因素，适时调整最低工资标准，到 2015 年绝大多数地区最低工资标准达到当地城镇从业人员平均工资的 40% 以上"的要求还有不小的差距。

为了分析全国最低工资标准实施以来的情况，笔者以全国各省份历年最低工资标准中位数值代表全国最低工资标准，计算了 1995~2015 年全国最低工资标准与城镇职工月平均工资的比值，1995~2009 年最低工资标准与城镇职工月平均工资的比值持续下降，从 1995 年的 33.10% 下降到 2009 年的 18.61%，减少了 14.49 个百分点，2009~2015 年全国最低工资标准与城镇职工月平均工资的比值呈上升趋势，到 2015 年升至 24.38%，比 2009 年增加了 5.77 个百分点（见图 13）。

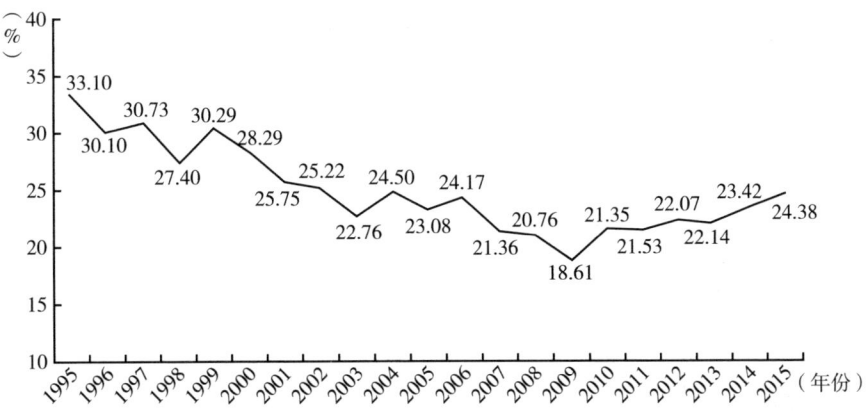

图 13　1995~2015 年全国最低工资标准与城镇职工月平均工资的比值变化情况

（二）实施最低工资制度的作用

最低工资制度在19世纪末由新西兰最早建立，之后世界上越来越多的国家根据本国国情纷纷建立起各自的最低工资制度。我国自1993年开始实施最低工资制度，20多年来最低工资制度对于我国经济发展和社会稳定，以及促进公平正义的社会环境和劳动者体面劳动等均发挥了积极作用。

1. 保障收入公平性的作用

改革开放以来，随着我国产业结构的调整，大量第一产业就业人员向第二、第三产业转移，使我国劳动力市场，特别是劳动力低端市场在很长一段时间内处于供大于求的状态。最低工资制度在维护劳动力市场竞争的公平性，抑制劳动力市场买方的过度垄断，保障劳动者在劳动力市场上获得公平的工资方面起到了重要作用。

2. 对弱势群体的保护作用

中国劳动力市场上的弱势群体通常是指在某些行业、部门从事劳动的劳动者，他们流动性大，缺乏集体谈判能力，如建筑业、服务业等。目前，在这些行业、部门从业的劳动者以外出农民工为主体，受户籍制度、文化程度、工作经验的影响，他们在劳动力市场上处于弱势地位，最低工资制度为他们提供了一个无须与资方谈判而得到的工资水平。

3. 稳定整个工资体系的作用

随着市场化的推进，中国职工工资越来越受到市场波动的影响，表现为社会工资结构的不稳定。在这个工资结构底部的最低工资由于不是由市场供求决定，因此最低工资在整个社会工资结构中的基础作用就如同用于停泊船只的锚的作用。所以，最低工资常常被比喻为"工资锚"。在社会工资结构遇到外部冲击时，最低工资发挥出来的稳定作用在历次经济波动及国际金融危机中表现得非常明显。

4. 宏观经济调控手段的作用

从理论上讲，最低工资标准是由政府制定的，因此最低工资标准作为政府宏观经济政策体系中的一个政策工具，可以对职工工资水平产生直接或间接的影响,以达到社会收入分配公平化的目标。政府为劳动力市场上的弱势群体确定一个最低的工资水平,从制度上杜绝血汗工资的出现。这样既可以减少劳资纠纷,又可以保证体面劳动在中国实现。[①]

(三) 我国实行最低工资标准存在的问题

从我国最低工资标准实施的 20 多年的情况看,最低工资标准能否起到稳定社会工资结构的基础作用,主要取决于以下两点。

1. 政府制定的最低工资标准总体水平偏低

由人社部、国家发改委等七个部委制定的《促进就业规划(2011~2015)》于 2011 年发布,明确提出"十二五"时期我国最低工资标准年均增长 13% 以上,绝大多数地区最低工资标准要达到当地城镇从业人员平均工资的 40% 以上,这一目标定位对新时期最低工资标准提出了新的要求。

2010 年,世界各国最低工资与全职劳动者平均收入比值维持在 35%~60% 的水平。按照这一标准,可以从三个口径进行测算。一是将 2015 年全国 31 个省份的最低工资标准同城镇非私营单位就业人员平均工资进行比对,结果均未达到 35% 的下限。二是将 2015 年全国 31 个省份的最低工资标准同城镇非私营单位就业人员和私营单位就业人员的加权平均工资进行比对,只有吉林省(36.06%)和河南省(36.80%)达到了 35% 的下限。三是将 1995~2015 年全国各省份最低工资标准中位数值同城镇职工月平均工资进行比较,均低于 25%。笔者认为,我国实行的最低工资标准偏低,过低的最低工资标准会失去其应有的社会功能。

2. 各省在执行最低工资政策时存在较大的差异

根据笔者的统计,1993~2016 年,各省份对最低工资标准的调整,无论是频率和幅度都存在较大的差异。调整次数相对较多的省份主要集中在中、东部地区,而中西部和东北地区的省份调整次数相对较少。研究表明,相比简单提高最低工资标准而言,最低工资标准的严格执行对低收入的职工

[①] 信卫平:《国际金融危机与中国最低工资标准》,《中国劳动关系学院学报》2010 年第 1 期。

而言更为重要。我国目前在最低工资的调整和操作过程中存在较大的随意性，常常因经济环境变化随意停止执行最低工资标准，2016年全国只有9个省份调整了最低工资标准。上述问题的出现，与最低工资标准的制定程序有关。

四 2015年中国企业工资指导线动向分析

工资指导线是我国政府对企业工资分配进行规范与调控，使企业工资增长符合经济和社会发展要求，促进生产力持续稳健发展的企业年度货币工资水平增长标准线。工资指导线在其诞生后的十多年间，对引导工资水平合理增长、维护职工利益发挥了一定的积极作用。但近两年，国民经济增速明显下滑，相当一部分企业生产经营面临前所未有的困难，工资指导线调整也遇到了一系列新情况，引发了诸多关于工资指导线存废的争议，成为劳动经济领域亟须认真对待的焦点问题。

（一）中国历年工资指导线变动趋势及新特征

1994年颁布的《中华人民共和国劳动法》规定："用人单位根据本单位的生产经营特点和经济效益，依法自主确定本单位的工资分配方式和工资水平。"为了避免工资水平增长滞后于经济增长损害职工利益、工资水平大起大落影响经济发展的持续性和稳定性，中国参考借鉴新加坡等国的有益经验，于1997年制定和实施了工资指导线制度，工资指导线并无全国统一标准，由各地根据区域产业发展水平、企业经营效益和劳动力供求状况分别确定。

1. 全国工资指导线的历史均值呈现先上升后回落的趋势

我国的企业工资指导线由基准线、上线（又称为预警线）和下线三部分构成，其中，基准线是年度货币工资平均增长目标，适用于生产经营正常、有经济效益的企业，合理的工资增长直接反映该年度国民经济整体运行和职工平均收入变动状态；工资指导上线（又称为预警线）适用于经济效益有较快增长的企业，它是政府允许企业工资增长的最高限额，所有企业必须自觉遵守、不得突破；工资指导下线适用于经济效益下降或亏损企业，但企业必须严格遵守国家有关最低工资规定。国家统计局提供的数据显示，1999年的工资指导上线、基准线和下线平均值年均增长分别为12.59%、7.81%和1.69%，在亚洲金融危机后财政和货币政策扩张效应逐步显现，3条工资指导线年均增长幅度开始震荡上升，并分别于2011、2012、2013年达到历史峰值的20.35%、14.27%和4.57%，之后增长幅度出现缓慢下滑，截至2016年，3条工资指导线比最高值时分别回落了6.15个、4.78个和1.28个百分点（见图14）。

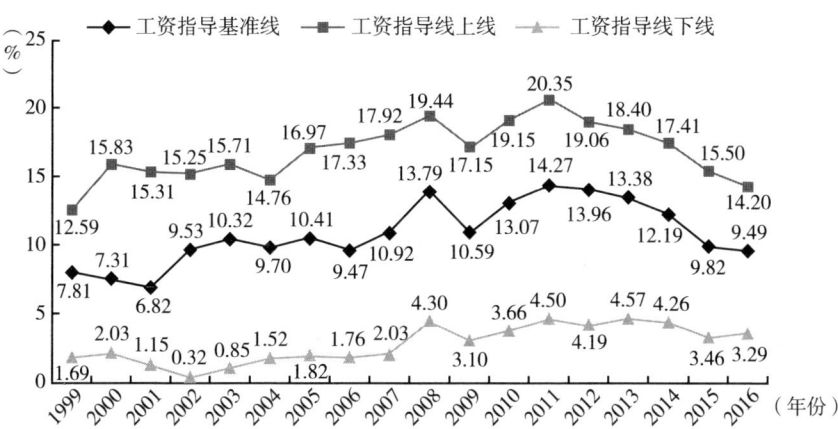

图14　1999~2016年全国工资指导基准线、工资指导上线、工资指导下线变动情况

2. 我国分区域工资指导线平均水平的差距仍比较明显

非均衡的改革路径和经济发展模式使我国长期存在区域上的经济差异，跨区域人口流动逐步放松并未有效改变这种状况，但大区域间的反哺政策和欠发达地区的振兴战略正在弱化马太效应的影响。国家统计局提供的数据显示，1999~2016年，我国华北、华东、西南三大地区工资指导线年平均增长幅度保持在11.5%以上，而东北和华南地区相对低一些，年平均增幅不足11%（见图15）。究其原因，自2000年中央实施西部大开发战略以来，西部地区经济进入快速增长阶段，工资指导线平均水平快速跃升，尤其西南地区产业提升更为迅速，工资指导线最高，以11.83%的增幅引领全国；而华南地区则由于改革初期波峰效应导致基数偏高，工资指导线制度实施后反而处于增幅偏小的水平,以年均增长10.65%处于下风,比西南地区低1.18个百分点。我国省际经济发展水平差异更为明显,整体水平和分散程度并不完全一致,以工资指导下线所反映的地区差异呈现出多样化的复杂特征。根据1999~2016年全国各省份工资指导下线出现零增长或负增长的年份个数可划分为三大阵营,处于第一阵营工资指导下线明显偏低,有7~10个年份出现零增长或负增长,包括宁夏、贵州等10个省份;第二阵营有2~5个年份出现零增长或负增长包括河北、安徽等15个省份;第三阵营没有出现零增长或负增长的年份,包括吉林、上海等6个省份(见图16)。

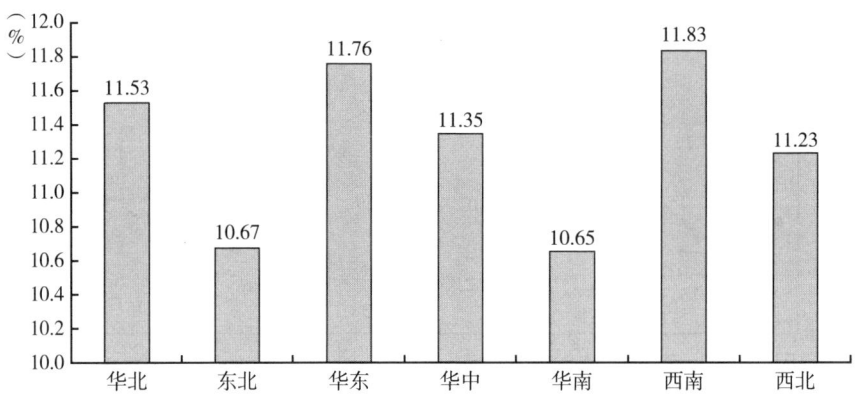

图15 1999~2016年中国各地区工资指导基准线平均增长幅度

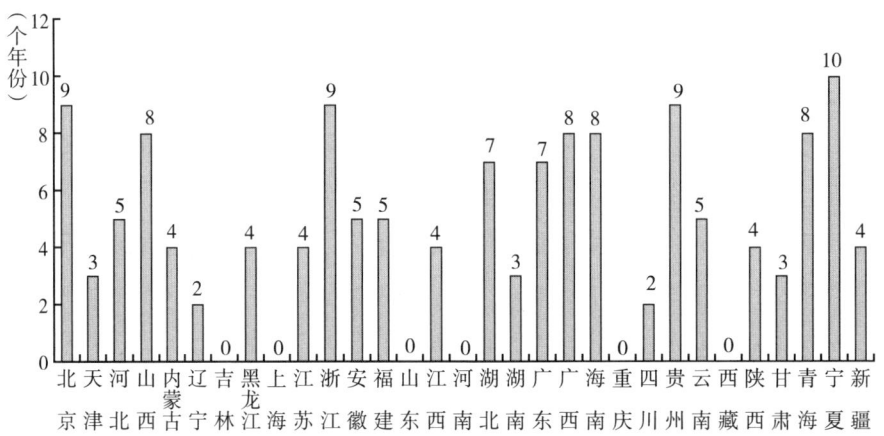

图16 1999~2016年全国各省份工资指导下线零增长或负增长情况

(二)近年来我国工资指导基准线出现新特征

随着经济新常态的到来,我国企业经营效益平均水平趋于下降,各地工资指导基准线也于2014年开始向下滑落,长期保持高位运行的势头被打破,并在刚刚过去的2015年和2016年加速走低,明显呈现出一些新特征。

1. 近两年工资指导基准线降至10%以下,连续下调的省份明显增多

一直以来,在许多学者眼里,保持10%以上的工资增长率既是国民经济长期高速增长带来的直接结果,也是经济持续健康发展和民众分享改革成果的基本要求。2011～2013年所有省份的工资指导基准线增速在10%以上,2014年广东省将工资指导基准线确定为9%,首次打破低于10%的市场预期。到了2016年,工资指导基准线在10%以下的省份已经达到17个(见表4),其中陕西和山西制定了7%的工资指导基准线也创造了"十二五"以来的低点纪录。此外,不少省份的工资指导线出现连续大幅下调的新情况,如果这一趋势持续下去,市场有可能形成工资水平增长持续减速的预期,进而对劳动力跨区域流动带来一定的不利影响。2014～2016年,共有15个省份连续下调工资指导基准线,其中新疆连续两年下调幅度高达7%,辽宁和吉林在2015年一次性下调幅度达到4%。

表4 2011～2016年工资指导基准线在10%以下的省份数量

年份	2011	2012	2013	2014	2015	2016
数量	0	0	0	1	5	17

2. 2011～2015年全国各地工资指导基准线下调幅度明显增大

2011年以前除北京和重庆以外,各省份工资指导基准线均保持不变或上涨,从2012年开始,工资指导基准线下调省份的数量和下调幅度均出现增加趋势。从简单求和后的数值比较来看,2012年和2013年的调整幅度总和仅为 -0.045 和 -0.064,2014～2016年调整幅度之和分别达到 -0.261、-0.376 和 -0.291,2016年下调幅度是2012年的6.5倍左右。笔者观察各

个省份近年工资指导基准线变化情况发现,辽宁下降幅度最小,6年仅下降了0.04;江苏省下调幅度最大,从2010~2011年的上涨0.03到2015~2016年下降0.04。

(三)我国工资指导基准线与实际工资变化趋势基本一致

1. 工资指导基准线与职工工资实际增长率变化趋势相同

从历史数据来看,我国职工工资实际增长率与工资指导基准线平均水平变化趋势基本一致。1999~2012年均呈现缓慢上行的态势,2012年后则出现同步下调特征,且首次出现职工工资实际增长率下降幅度大于工资指导基准线的下降幅度(见图17)。值得注意的是,由于企业工资在年初确定,工资指导基准线需要各地区将本地当年企业工资指导基准线方案报人社部审核后,经地方政府审批,由地方政府颁布,人社行政部门组织实施,流程较多,时间较长,一般延后发布,导致职工工资实际增长率变化滞后于工资指导基准线。

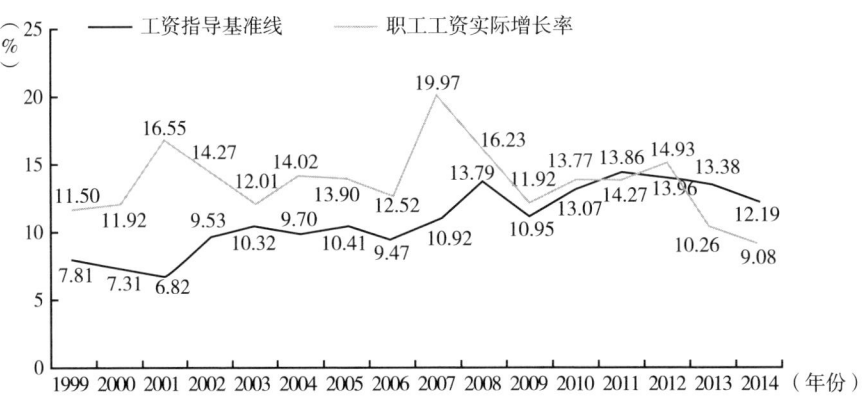

图17　1999~2014年全国职工工资实际增长率与工资指导基准线走势

2. 职工工资实际增幅与工资指导基准线的差值波动下降

集体协商决定工资水平,政府公布的工资指导基准线是试点企业与职工双方集体协商确定工资水平的主要依据,职工工资实际增长率与工资指导基准线理应大体相同。然而,除了2001年和2007年出现两次极端峰值以外,我国工资指导基准线与职工工资实际增长率的差值总体上呈现下降的趋势。1999~2006年大致维持在4个百分点的水平上下波动；之后开始缓慢走低，并在2009~2012年保持在1个百分点以内；2013年职工工资实际增长率开始低于工资指导基准线3.12个百分点，2014年低于3.11个百分点（见图18）。

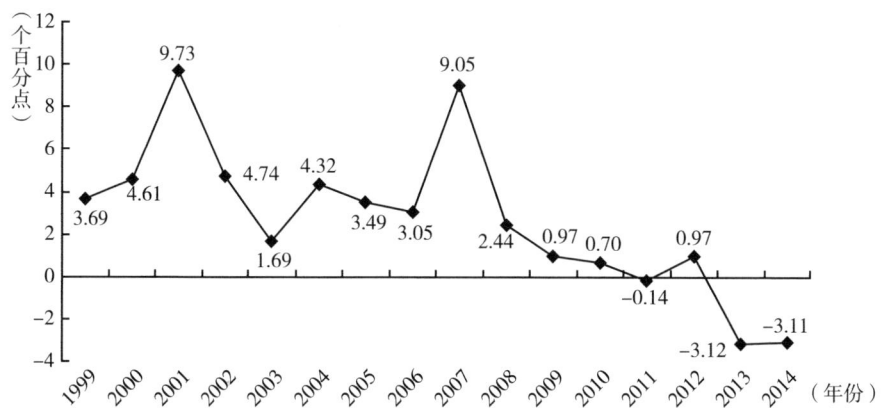

图18 1999~2014年全国职工工资实际增长率与工资指导基准线差值

五 国民收入初次分配中职工收入占比的变化趋势

近年来，关于企业职工工资水平高低的争论一直在持续，企业职工工资水平的高低主要看其在初次分配中的占比情况。为此，本研究对2000~2014年的资金流量表数据进行了分析和计算。①

本研究的分析思路是，将资金流量表中两个部门即非金融企业部门和金融机构部门归并为企业部门，通过测算该部门劳动者报酬在初次分配中的占

---

① 2012年国家统计局根据财政部提供的全口径财政收支详细资料、国家外汇管理局修订后的国际收支平衡表数据，以及部分交易项目编制方法的调整，对2000~2009年实物交易资金流量表进行了系统修订。由于1992~1999年资金流量表仍在修订之中，本研究的分析暂不包括这些年份。

比变化,来考察企业职工相对收入水平的变化。① 2000~2014年企业部门职工劳动报酬在初次分配中的占比情况大体分3个阶段。

第一阶段为2000~2008年,这一时期劳动报酬在初次分配中的占比从44.89%下降到35.58%,下降了9.31个百分点;企业营业盈余从37.10%上升到46.00%,上升了8.9个百分点(见图19)。企业部门中要素报酬的这种此消彼长的变化,反映了这一时期收入分配中强资本、弱劳动的格局已经形成。2004年是这一时期的重要转折点,企业营业盈余(资本要素报酬)

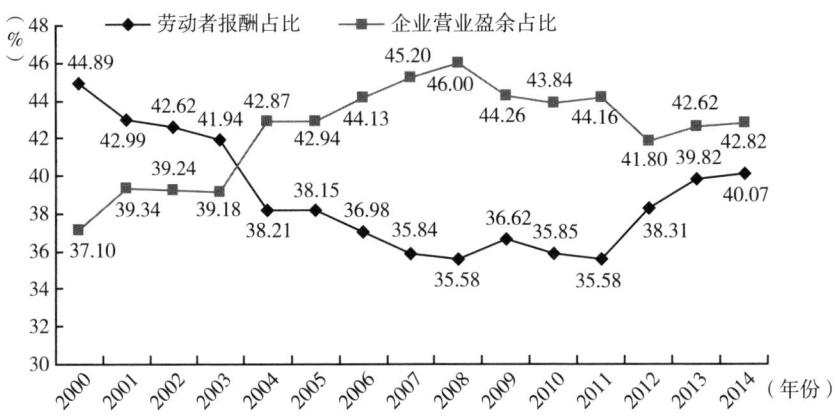

图19 2000~2014年企业部门劳动报酬与资本要素收入
(企业营业盈余)占增加值的比重

---

① 我国国民收入分配主体的划分是依据联合国国民经济核算体系(SNA)标准,将收入分配主体分为企业部门(包括非金融企业部门和金融机构部门)、政府部门、住户部门和国外部门。企业部门是市场生产者,以营利为目的。各部门的活动创造出本部门的增加值,各部门一年创造的增加值之和就是我国当年度的GDP。一个国家国民收入分配的起点就是该国的GDP。在资金流量表中,各机构部门的增加值记在各自的收入项下。
国民收入初次分配是与生产活动直接相关的分配,初次分配首先是在各个部门内完成,主要是对参与生产活动的生产要素进行分配。初次分配主要涉及劳动者报酬、生产税净额和财产收入三个分配项目,将各部门创造的增加值减去这三项后的余额,就是各部门的初次分配收入。其中,劳动者报酬是在本部门劳动者的收入;生产税净额是政府部门的收入;财产收入可以看作财产净收入,等于该部门财产的收入项减去支出项。就企业部门而言,初次分配收入=企业部门的增加值-企业部门劳动者报酬-生产税净额+企业部门财产收入(收入项)-企业部门财产收入(支出项)。企业部门初次分配收入也就是其营业盈余。

占比首次超过劳动报酬占比，这一情况是改革开放以来第一次出现的，值得我们深入思考。

第二阶段为2009~2011年，这一时期的劳动报酬占比在35%~37%范围内徘徊，企业营业盈余占比则从2008年的46.00%下降到44.16%。这一时期值得重视的是，劳动报酬占比处于2000年以来的最低区域，而企业营业盈余占比则处于2000年以来的最高区域。

第三阶段为2012~2014年，这一时期劳动报酬占比开始回升，从2011年的35.58%上升到2014年的40.07%，上升了4.49个百分点，扭转了企业部门劳动者报酬占比自2000年以来持续下降的势头；企业营业盈余占比从2011年的44.16%缓慢下降到42.82%。劳动报酬占比与企业营业盈余占比的差额从2008年的10.42个百分点逐渐缩小到2014年的2.75个百分点。这种变化实际上是党和政府提出"提高劳动报酬在初次分配中的比重"的政策以来，经过多年努力实施的结果，同时也是近年来劳动力市场供求关系变化的反映。

六 "十三五"期间职工收入状况变化趋势判断及建议

"十二五"期间，在国民经济下行压力持续加大、结构调整深入推进的背景下，我国职工收入分配水平总体保持平稳上升，基本实现了党在"十二五"规划建议中提出的"努力提高居民收入在国民收入分配中的比重，提高劳动报酬在初次分配中的比重"。结合上述分析，本研究对"十三五"期间我国职工收入分配状况的变化趋势形成以下判断。

（一）职工收入将保持持续增长，但增长率缓慢下降

从职工收入水平的增长情况看，"十二五"期间，我国城镇单位职工年均工资实际增长率为8.12%，城镇私营单位职工年均工资实际增长率为10.74%，外出农民工年均工资实际增长率为9.85%，城镇单位职工加权年均工资实际增长率为8.26%，均高于同期国内生产总值7.69%的年均实际

增长率。根据国际劳工局估算，在 2011~2015 年期间，由于中国工资规模巨大且实际工资增长较快，带动了全球的工资增长（见图20）①。

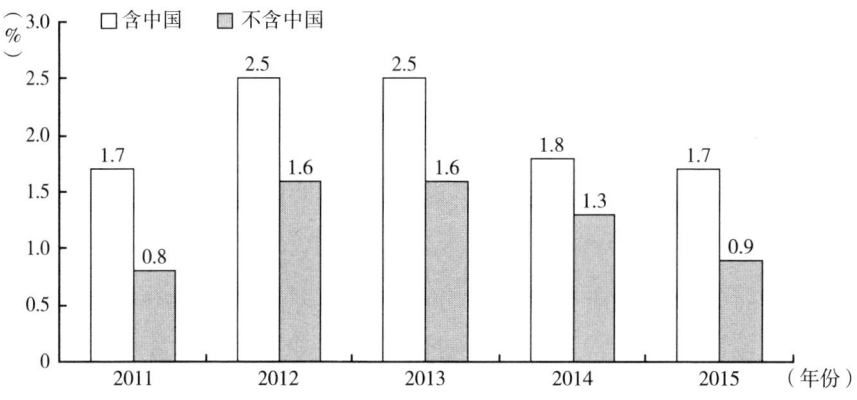

图 20　2011~2015 年全球实际工资年均增长率

从职工平均工资增长率的变动趋势看，"十二五"期间，各类职工平均工资增长率均呈下降趋势，与同期经济增长率变动趋势相同。根据课题组的测算，2005 年以来我国职工工资增长率与经济增长率的相关性为 83.84%。按照"十三五"发展规划，在经济发展新常态下，我国经济增长速度要从高速转向中高速，2016 年我国的经济增长率为 6.7%，比 2015 年下降 0.2 个百分点，2017 年和 2018 年我国经济增长率预测分别为 6.5% 和 6.3%。②可以预期"十三五"期间，我国城镇单位职工的工资增长率仍会继续呈现缓慢下降的趋势。

（二）稳定提升职工劳动报酬占比任重道远

从职工劳动报酬占比看，西方经济学界普遍认为稳定的劳动收入份额是经济增长的自然结果。随着工业化国家变得日益富裕，劳动者和资本所有者

---

① ILD, *Global Wage Report 2016/17—Wage Inequality in the Workplace*, 2016.
② 朱旌：《2017 年世界经济形势与展望：全球经济预计增长 2.7%》，中国网，http://www.china.com.cn/opinion/think/2017-01/19/content_40135396.htm，2017 年 1 月 19 日。

的总收入同时以近乎一致的速度增长,因而国民收入中劳动和资本的分配比例,除了小幅波动外,在相当长的时间内都保持一个相对常量,即劳动和资本均等地从经济发展过程中获益。然而,国际劳工局近年来的研究表明,这个长期以来的普遍共识受到了挑战。大量的文献资料表明,自20世纪80年代以来,大多数经济合作与发展组织(OECD)国家劳动份额都在下降,劳动份额下降的现象在许多新兴经济体和发展中国家更为突出。劳动份额下降的重要原因就是劳动生产率的增长超过了实际平均工资的增长,劳动份额下降对应着资本份额的上升。"即使是在中国,虽然过去十年中工资增长了两倍左右,但GDP的增速也依然高于工资总额的增长速度,因而造成劳动收入份额下降。"①

在我国,"十二五"期间企业部门劳动者报酬在初次分配中的占比呈逐年上升趋势,从2011年的35.58%上升到2014年的40.07%,上升了4.49个百分点,扭转了企业部门劳动者报酬占比自2000年以来持续下降的势头。这一现象是"十二五"期间职工收入分配领域的新变化,企业部门劳动者报酬在初次分配中的占比逐年上升标志着党的十八届五中全会提出的使全体人民"在共建共享发展中有更多获得感"的收入分配政策调控初见成效。②

劳动报酬占比出现这种变化实属不易。"十二五"期间,在经济增长率与职工工资增长率均呈下降趋势时,政府对企业减税降费措施可缓解职工工资增长率下降的情况,对企业部门劳动报酬占比不断提高起到了重要作用。劳动者报酬在初次分配中所占比重的提高,在一定程度上抵消了同期由于职工工资增长率下降给职工收入带来的影响。因此,在"十三五"期间,企业部门劳动报酬占比的变动趋势与政府对企业减税降费的政策及政策惠及面密切相关。为此,建议政府在"十三五"期间继续保持对企业部门的减税力度,以稳定企业部门劳动报酬占比的变化趋势。

---

① ILD, *Global Wage Report 2012/13—Wage Inequality in the Workplace*, 2013.
② 2014年我国企业部门GDP总值占全社会的68%,因此企业部门劳动报酬在初次分配中的比重变化会直接影响全社会劳动报酬在初次分配中的比重的变动趋势。

(三)最低工资制仍将发挥积极作用

从最低工资标准方面看,在最低工资标准实施的 20 多年时间里,尽管始终存在争议,但最低工资标准在稳定社会工资结构中的基础作用也是有目共睹的,为了更好地发挥最低工资标准的作用,针对目前最低工资标准实施中存在的问题,本文提出如下建议。

第一,设立全国和各省级地方单位的最低工资委员会,委员会由各级工会和劳动者代表、企业代表以及独立的专家代表组成,委员会每年定期对本地区的最低工资标准的调整幅度进行协商,在协商谈判的过程中,劳资双方的利益都可以得到保障,从而避免目前由政府部门主导测算和制定的最低工资标准出现过高或过低的失误。

第二,最低工资标准计算的标准要全国统一,各地均以城镇 20% 低收入户的人均消费水平为依据,或以当地职工平均工资水平的百分比为依据。同时,可制定不同低收入群体的最低工资标准,如行业最低工资标准、实习生最低工资标准等。

第三,最低工资标准实施以来一直争议不断,其关键在于会对就业产生负面影响,目前缺少权威可信的调查研究,建议全国总工会对此进行专项研究,弄清楚最低工资政策对我国就业的影响及影响程度和范围。

第四,建立由政府主导的最低工资标准实施评估机制,对已经实施的最低工资标准效果进行客观的评估,以促进最低工资标准适度、规范地发展。

(四)改革工资指导基准线制度,有效发挥其平衡分配收入的作用

从工资指导基准线看,我国的工资指导基准线是一种建议性的工资增长水平,并不具有强制约束力,很容易使企业产生选择性执行,这一天然缺陷导致工资指导线制度从诞生之初就存在争议。早在金融危机爆发之前,就有学者积极关注工资指导基准线的改革话题,随着经济社会形势的不断变化,简单制定工资指导基准线的做法已经难以适应新的情况,其发挥作用的空间

正在受到压缩，工资指导基准线只有不断改进计算方法、发布方法和执行监控方法，真实反映劳动生产率的实际水平，才能与其他收入分配制度形成合力，发挥维护职工利益的作用。

第一，现有工资指导基准线是按地区发布的，在行业间还存在明显的一刀切问题，不能很好体现劳动生产率的行业差异，因此有必要建立行业工资指导基准线，改善现有工资水平宏观调控政策，将最低工资制度与人工成本指导制度结合起来进一步完善工资指导基准线制度。

第二，通过对工资指导基准线制度实施后工资增长的比较分析可以看出，职工实际工资增长仍然与经济增长存在不相适应的地方，有必要按照"职工工资总额增长与经济发展同步，职工平均工资增长与劳动生产率提高同步"的原则重新设定计算方法。

第三，政府应该建立企业收入分配监测网络体系，加强对国有及国有控股企业经济增加值的考核。

第四，需要研究解决关于工资指导基准线发布时滞性的问题，提高相关部门对企业经营效益的预测性判断能力，增强工资指导基准线的前瞻性。

附表1 2014年和2015年各省份城镇单位就业人员人均收入及排序

省份	城镇单位就业人员年平均工资(元)			名义平均工资增长率(%)		各省份在全国的排序		
	2015年	2014年	比上年度增加	2015年	2014年	2015年	2014年	变动情况
北 京	111390	102268	9122	8.92	9.96	1	1	0
天 津	80090	72773	7317	10.05	7.38	4	3	-1
河 北	50921	45114	5807	12.87	8.71	29	29	0
山 西	51803	48969	2834	5.79	5.52	26	21	-5
内蒙古	57135	53748	3387	6.30	5.96	17	11	-6
辽 宁	52332	48190	4142	8.60	5.90	25	22	-3
吉 林	51558	46516	5042	10.84	8.57	27	25	-2
黑龙江	48881	44036	4845	11.00	7.95	30	30	0
上 海	109174	100251	8923	8.90	10.28	2	2	0
江 苏	66196	60867	5329	8.76	6.45	6	6	0
浙 江	66668	61572	5096	8.28	8.84	5	4	-1

续表

省份	城镇单位就业人员年平均工资（元）			名义平均工资增长率（%）		各省份在全国的排序		
	2015年	2014年	比上年度增加	2015年	2014年	2015年	2014年	变动情况
安 徽	55139	50894	4245	8.34	6.46	18	17	-1
福 建	57628	53426	4202	7.87	10.07	14	13	-1
江 西	50932	46218	4714	10.20	8.82	28	26	-2
山 东	57270	51825	5445	10.51	10.27	16	16	0
河 南	45403	42179	3224	7.64	10.13	31	31	0
湖 北	54367	49838	4529	9.09	13.53	20	20	0
湖 南	52357	47117	5240	11.12	10.28	24	23	-1
广 东	65788	59481	6307	10.60	11.56	7	7	0
广 西	52982	45424	7558	16.64	9.74	21	28	7
海 南	57600	49882	7718	15.47	10.92	15	19	4
重 庆	60543	55588	4955	8.91	11.16	9	9	0
四 川	58915	52555	6360	12.10	9.57	13	15	2
贵 州	59701	52772	6929	13.13	11.42	12	14	2
云 南	52564	46101	6463	14.02	8.61	23	27	4
西 藏	97849	61235	36614	59.79	5.99	3	5	2
陕 西	54994	50535	4459	8.82	6.51	19	18	-1
甘 肃	52942	46960	5982	12.74	9.64	22	24	2
青 海	61090	57084	4006	7.02	11.07	8	8	0
宁 夏	60380	54858	5522	10.07	8.68	10	10	0
新 疆	60117	53471	6646	12.43	8.98	11	12	1

附表2　2014年和2015年各省份城镇私营单位就业人员人均收入及排序

省份	城镇私营单位就业人员年平均工资（元）			名义平均工资增长率（%）		各省份在全国的排序		
	2015年	2014年	比上年度增加	2015年	2014年	2015年	2014年	变动情况
北 京	58689	52902	5787	10.94	10.15	1	1	0
天 津	53352	47838	5514	11.53	13.97	2	2	0
河 北	34084	31459	2625	8.34	11.81	18	20	2
山 西	30195	29203	992	3.40	5.88	28	25	-3
内蒙古	35512	34778	734	2.11	4.61	15	12	-3
辽 宁	33812	32123	1689	5.26	6.25	19	17	-2
吉 林	27774	26140	1634	6.25	7.82	30	30	0

续表

省份	城镇私营单位就业人员年平均工资(元)			名义平均工资增长率(%)		各省份在全国的排序		
	2015年	2014年	比上年度增加	2015年	2014年	2015年	2014年	变动情况
黑龙江	28586	26960	1626	6.03	8.93	29	29	0
上海	41762	37377	4385	11.73	13.86	8	9	1
江苏	43689	39975	3714	9.29	10.10	5	6	1
浙江	41272	38689	2583	6.68	9.59	9	8	-1
安徽	37148	35268	1880	5.33	14.24	11	11	0
福建	43385	40813	2572	6.30	11.34	7	4	-3
江西	33329	30149	3180	10.55	8.38	21	24	3
山东	43608	38911	4697	12.07	13.39	6	7	1
河南	30546	27414	3132	11.42	14.53	27	27	0
湖北	31051	28534	2517	8.82	10.18	26	26	0
湖南	33033	30568	2465	8.06	10.61	23	21	-2
广东	44838	41295	3543	8.58	11.78	3	3	0
广西	33519	31638	1881	5.95	10.98	20	19	-1
海南	37093	32707	4386	13.41	9.02	12	15	3
重庆	44213	40139	4074	10.15	12.54	4	5	1
四川	35127	32671	2456	7.52	9.52	16	16	0
贵州	36044	32785	3259	9.94	11.63	14	14	0
云南	35015	32055	2960	9.23	19.89	17	18	1
陕西	33220	30483	2737	8.98	15.23	22	22	0
甘肃	31091	27273	3818	14.00	12.08	25	28	3
青海	32248	30337	1911	6.30	15.68	24	23	-1
宁夏	36322	33229	3093	9.31	3.53	13	13	0
新疆	37598	36199	1399	3.86	8.35	10	10	0

附表3　2015年城镇单位和城镇私营单位就业人员分行业年平均工资差额

单位：元

行业	城镇单位	城镇私营单位	差额
农、林、牧、渔业	31947	28869	3078
采矿业	59404	38192	21212
制造业	55324	38948	16376
电力、热力、燃气及水的生产和供应业	78886	34631	44255
建筑业	48886	41710	7176

续表

行业	城镇单位	城镇私营单位	差额
批发和零售业	60328	36635	23693
交通运输、仓储和邮政业	68822	40495	28327
住宿和餐饮业	40806	31889	8917
信息传输、软件和信息技术服务业	112042	57719	54323
金融业	114777	44898	69879
房地产业	60244	41767	18477
租赁和商务服务业	72489	43770	28719
科学研究和技术服务业	89410	50441	38969
水利、环境和公共设施管理业	43528	37222	6306
居民服务、修理和其他服务业	44802	34778	10024
教育	66592	34635	31957
卫生和社会工作	71624	40558	31066
文化、体育和娱乐业	72764	34974	37790
公共管理、社会保障和社会组织	62323	—	—
平均	62029	39589	22440
中位数	62323.00	38570.00	23753
标准差	21298.35	6614.74	—

附表4　2015年各省份城镇单位就业人员加权年平均工资

单位：元，%

省份	城镇单位就业人员平均工资	城镇私营单位就业人员平均工资	城镇单位和私营单位就业人员加权平均工资	城镇单位就业人员平均工资加权后下降幅度
北京	111390	58689	88826.84	20.26
上海	109174	41762	77911.60	28.64
西藏	97849	—	—	—
天津	80090	53352	73026.55	8.82
浙江	66668	41272	54300.21	18.55
江苏	66196	43689	55288.97	16.48

续表

省份	城镇单位就业人员平均工资	城镇私营单位就业人员平均工资	城镇单位和私营单位就业人员加权平均工资	城镇单位就业人员平均工资加权后下降幅度
广 东	65788	44838	56166.25	14.63
青 海	61090	32248	56198.86	8.01
重 庆	60543	44213	51416.57	15.07
宁 夏	60380	36322	50405.89	16.52
新 疆	60117	37598	53546.67	10.93
贵 州	59701	36044	54443.86	8.81
四 川	58915	35127	47419.31	19.51
福 建	57628	43385	51839.16	10.05
海 南	57600	37093	47727.75	17.14
山 东	57270	43608	53439.36	6.69
内蒙古	57135	35512	49341.56	13.64
安 徽	55139	37148	48143.68	12.69
陕 西	54994	33220	50496.95	8.18
湖 北	54367	31051	47244.62	13.10
广 西	52982	33519	47278.03	10.77
甘 肃	52942	31091	46893.49	11.42
云 南	52564	35015	49767.54	5.32
湖 南	52357	33033	42632.95	18.57
辽 宁	52332	33812	47146.92	9.91
山 西	51803	30195	46829.75	9.60
吉 林	51558	27774	42589.87	17.39
江 西	50932	33329	44727.94	12.18
河 北	50921	34084	47665.23	6.39
黑龙江	48881	28586	47217.62	3.40
河 南	45403	30546	42394.45	6.63
平均数	62029	39589	52410.95	15.51
中位数	57270.00	35319.50	49554.55	13.47
标准差	16000.75	6933.33	10135.59	36.65

附表5 2013～2015年各省份职工月最低工资标准调整情况

单位：元

省份	2013年	2014年	2015年
北京	1400	1560	1720
天津	1500	1680	1850
河北	—	1210 - 1310 - 1420	—
山西	990 - 1090 - 1190 - 1290	1150 - 1250 - 1350 - 1450	1320 - 1420 - 1520 - 1620
内蒙古	1050 - 1350	1200 - 1300 - 1400 - 1500	1340 - 1440 - 1540 - 1640
辽宁	900 - 1050 - 1300	—	—
吉林	1120 - 1220 - 1320	—	1280 - 1380 - 1480
黑龙江	—	—	1030 - 1120 - 1270 - 1450 - 1480
上海	1620	1820	2020
江苏	1100 - 1280 - 1480	1270 - 1460 - 1630	
浙江	1080 - 1200 - 1310 - 1470	1220 - 1350 - 1470 - 1650	1380 - 1530 - 1660 - 1860
安徽	860 - 930 - 1040 - 1260	—	1150 - 1250 - 1350 - 1520
福建	950 - 1050 - 1170 - 1320	—	1130 - 1230 - 13501500
江西	900 - 980 - 1070 - 1150 - 1230	1060 - 1210 - 1300 - 1390	1180 - 1340 - 1430 - 1530
山东	1080 - 1220 - 1380	1200 - 1350 - 1500	1300 - 145 - 1600
河南	960 - 1100 - 1240	1100 - 1250 - 1400	1300 - 1450 - 1600
湖北	900 - 1020 - 1300	—	1100 - 1225 - 1320 - 1550
湖南	945 - 1035 - 1145 - 1265	—	1030 - 1130 - 1250 - 1390
广东	1010 - 1130 - 1310 - 1550	—	1210 - 1350 - 1510 - 1895
广西	830 - 936 - 1045 - 1200	—	1000 - 1085 - 1210 - 1400
海南	970 - 1020 - 1120	—	1120 - 1170 - 1270
重庆	—	1150 - 1250	—
四川	1000 - 1070 - 1140 - 1200	1100 - 1140 - 1200 - 1400	1260 - 1380 - 1500
贵州	850 - 950 - 1030	1000 - 1100 - 1250	1400 - 1500 - 1600
云南	955 - 1130 - 1265	1070 - 1270 - 1420	1180 - 1400 - 1570
西藏	—	—	1400
陕西	870 - 950 - 1050 - 1150	970 - 1060 - 1170 - 1280	1190 - 1260 - 1370 - 1480
甘肃	1020 - 1080 - 1140 - 1200	1200 - 1250 - 1300 - 1350	1320 - 1370 - 1420 - 1470
青海	—	1250 - 1260 - 1270	—
宁夏	—	—	1320 - 1390 - 1480
新疆	1160 - 1240 - 1320 - 1520	—	1310 - 1390 - 1470 - 1670

注：无数据表示当年最低工资标准未调整。

附表6 2015年各省份职工月最低工资与城镇单位就业人员月平均工资及加权平均工资占比等情况

单位：元，%

省份	最低工资标准	城镇单位就业人员月平均工资	最低工资与城镇单位就业人员月平均工资比值	城镇单位和城镇私营单位就业人员加权平均工资	最低工资与城镇全体职工加权平均工资的比值
北 京	1720	9282.50	18.53	7402.24	23.24
天 津	1850	6674.17	27.72	6085.55	30.40
河 北	1210	4243.42	28.51	3972.10	30.46
山 西	1320	4316.92	30.58	3902.48	33.82
内蒙古	1340	4761.25	28.14	4111.80	32.59
辽 宁	900	4361.00	20.64	3928.91	22.91
吉 林	1280	4296.50	29.79	3549.16	36.06
黑龙江	1030	4073.40	25.29	3934.80	26.18
上 海	2020	9097.83	22.20	6492.63	31.11
江 苏	1270	5516.33	23.02	4607.41	27.56
浙 江	1380	5555.66	24.83	4525.02	30.50
安 徽	1150	4594.91	25.03	4011.97	28.66
福 建	1130	4802.33	23.53	4319.93	26.16
江 西	1180	4244.33	27.80	3727.33	31.66
山 东	1300	4772.50	27.24	4453.28	29.19
河 南	1300	3783.58	34.35	3532.87	36.80
湖 北	1100	4530.58	24.28	3937.05	27.94
湖 南	1030	4363.08	23.61	3552.75	28.99
广 东	1210	5482.33	22.07	4680.52	25.85
广 西	1000	4415.17	22.65	3939.84	25.38
海 南	1120	4800.00	23.33	3977.31	28.16
重 庆	1150	5045.25	22.79	4284.71	26.84
四 川	1260	4909.58	25.66	3951.61	31.89
贵 州	1400	4975.08	28.14	4536.99	30.86
云 南	1180	4380.33	26.94	4147.30	28.45

续表

省份	最低工资标准	城镇单位就业人员月平均工资	最低工资与城镇单位就业人员月平均工资比值	城镇单位和城镇私营单位就业人员加权平均工资	最低工资与城镇全体职工加权平均工资的比值
西藏	1400	5929.00	23.61	4195.50	33.37
陕西	1190	4582.83	25.97	4208.08	28.28
甘肃	1320	4537.83	29.09	3907.79	33.78
青海	1250	5090.83	24.55	4683.24	26.69
宁夏	1320	5031.67	26.23	4200.49	31.42
新疆	1310	5009.75	26.15	4462.22	29.36

附表7 近几年部分省份工资指导基准线变化情况

省份\年度	2016/2015	2015/2014	2014/2013	2013/2012	2012/2011	2011/2010
北京	-0.015	-0.015	—	0.005	0.01	-0.005
天津	-0.01	-0.03	-0.03	—	—	0.01
河北	-0.03	-0.03	-0.02	—	-0.01	0.01
内蒙古	-0.016	-0.009	-0.01	-0.02	-0.02	0.01
辽宁	—	-0.04	—	—	—	—
吉林	—	-0.04	-0.03	—	—	0.02
黑龙江	-0.01	-0.02	—	—	-0.01	—
江苏	-0.04	0.02	-0.02	-0.01	0.01	0.03
浙江	—	-0.02	-0.01	0.04	-0.015	0.015
江西	-0.04	-0.02	0.01	0.01	-0.02	0.02
山东	-0.02	-0.02	-0.03	—	—	—
河南	—	-0.005	-0.015	-0.015	-0.03	0.03
广西	—	-0.017	-0.016	-0.004	-0.03	0.03
重庆	-0.03	—	-0.03	-0.06	0.07	-0.01
贵州	-0.02	-0.02	-0.02	0.01	—	0.01
西藏	-0.03	-0.03	—	-0.02	—	—
甘肃	0.01	-0.04	-0.03	0.02	0.01	—
青海	—	-0.01	—	—	-0.01	0.03
宁夏	-0.04	-0.03	-0.01	—	—	0.02
总计	-0.291	-0.376	-0.261	-0.064	-0.045	0.27

附表 8 1993~2015 中国各地区最低工资标准及调整情况

单位：元

省份	年份	1993	1994	1995	1996	1997	1998	1999	2000	2001	2002	2003	2004
北京	标准		210	240	270	290	310	320–400	412	435	465	495	545
	实施时间		12月1日	7月1日	7月1日	6月1日	7月1日	5月1日至9月1日	7月1日	7月1日	7月1日	7月1日	7月1日
天津	标准			210–240	270	290		350		412	450	480	530
	实施时间			1月1日至7月1日	7月1日	7月1日		7月1日		3月1日	7月1日	9月1日	7月1日
河北	标准			140–160–180		160–180–210	180–210–240	210–250–290			250–300–350		420–470–520
	实施时间			6月6日		3月18日	7月9日	7月1日			3月1日		7月1日
山西	标准			120–140–160–180–200		140–170–200–230		180–220–260–300			220–260–300–340		400–440–480–520
	实施时间			5月1日		7月1日		7月1日			1月1日		7月1日
内蒙古	标准			140–160–180		170–190–210		230–250–270			290–310–330		380–400–420
	实施时间			7月1日		10月1日		7月1日			10月1日		7月1日
辽宁	标准			150–180–210	180–210–240			240–280–320					350–400–450
	实施时间			1月1日	11月1日			7月1日					11月9日

续表

省份		2005	2006	2007	2008	2009	2010	2011	2012	2013	2014	2015
北京	标准	580	640	730	800		960	1160	1260	1400	1560	1720
北京	实施时间	7月1日	7月1日	7月1日	7月1日		7月1日	1月1日	1月1日	1月1日	4月1日	4月1日
天津	标准	590	670	740	820		920	1160	1310	1500	1680	1850
天津	实施时间	7月1日	4月1日	4月1日	4月1日		4月1日	4月1日	4月1日	4月1日	4月1日	4月1日
河北	标准		440-480-540-580		510-560-620-680 540-600-680-750		690-760-840-900	860-960-1040-1100	1040-1150-1260-1320		1210-1310-1420	
河北	实施时间		10月1日		2月1日至7月1日		7月1日	7月1日	12月1日		12月1日	
山西	标准		430-470-510-550	490-530-570-610	570-620-670-720		640-710-780-850	740-820-900-980	855-945-1035-1125	990-1090-1190-1290	1150-1250-1350-1450	1320-1420-1520-1620
山西	实施时间		10月1日	10月1日	10月1日		4月1日	4月1日	4月1日	4月1日	4月1日	5月1日
内蒙古	标准		400-460-520-560	500-580-700	500-560-620-680		680-750-820-900	820-900-980-1050	900-1000-1100-1200		1200-1300-1400-1500	1340-1440-1540-1640
内蒙古	实施时间		10月1日	12月20日	1月1日		7月1日	11月1日	11月1日		7月1日	7月1日
辽宁	标准		420-480-590				650-750-900	780-900-1100		900-1050-1300		
辽宁	实施时间		8月1日				7月1日	7月1日		7月1日		

续表

省份	年份	1993	1994	1995	1996	1997	1998	1999	2000	2001	2002	2003	2004
吉林	标准			150-170-190	175-195-215	195-220-245		210-240-270			240-275-310	300-330-360	
	实施时间			1月1日	5月1日	5月1日		5月1日			5月1日	9月1日	
黑龙江	标准			150-160-170-180-200		170-180-200-220-230-250			221-234-260-286-299-325				235-250-280-305-325-360-390
	实施时间			7月12日		11月28日			1月1日				2月3日
上海	标准	210	220	270	300	315	325	370-423	445	490	535	570	635
	实施时间	6月1日	7月1日	4月1日	4月1日	4月1日	4月1日	4月1日至7月1日	12月1日	7月1日	7月1日	7月1日	7月1日
江苏	标准			140-175-210	200-240	210-250-280		210-250-290-320	240-290-340-390	250-300-360-430	260-320-370-460	320-390-450-540	360-440-500-620
	实施时间			7月1日	7月1日	7月1日		7月1日	7月1日	7月1日	7月1日	7月1日	7月1日
浙江	标准		200-210	230-245		230-250-270		320-350-380		340-380-410-440		390-430-480-520	440-510-560-620
	实施时间		7月28日	10月1日		1月1日		7月1日		4月1日		9月1日	10月1日
安徽	标准			135-150-165-180-198			165-180-195-200-220-240		220-240-260-280-290-310	240-260-290-310-320-340	270-290-320-340-350-370	290-310-320-330-340-350-360-370-390-410	
	实施时间			1月1日			1月1日		7月1日	1月1日	7月1日	10月1日	

续表

省份	年份	2005	2006	2007	2008	2009	2010	2011	2012	2013	2014	2015
吉林	标准		410-460-510		550-600-650		680-730-780-820	830-890-950-1000	950-1050-1150			1280-1380-1480
	实施时间		5月1日		1月1日		5月1日	5月1日	10月1日			12月1日
黑龙江	标准		380-400-420-450-475-590-620	420-440-460-500-525-650-680			600-600-620-700-700-840-880		850-900-1050-1160			1030-1120-1270-1450-1480
	实施时间		5月1日	1月1日			7月1日		12月1日			10月1日
上海	标准	690	720	840	960		1120	1280	1450	1620	1820	2020
	实施时间	7月1日	9月1日	9月1日	4月1日		4月1日	4月1日	4月1日	4月1日	4月1日	
江苏	标准	400-480-550-690	520-620-750	590-700-850			670-790-960	800-930-1140	950-1100-1320	1100-1280-1480	1270-1460-1630	
	实施时间	11月1日	10月1日	10月1日			2月1日	2月1日	6月1日	7月1日	11月1日	
浙江	标准	490-560-610-670	540-620-670-750	620-700-750-850	690-780-850-960		800-900-980-1100	950-1060-1160-1310		1080-1200-1310-1470	1220-1350-1470-1650	1380-1530-1660-1860
	实施时间	12月1日	9月1日	9月1日	9月1日		4月1日	4月1日		1月1日	8月1日	11月1日
安徽	标准		360-390-430-460-500-520	390-420-460-500-540-560			500-530-580-630-680-720	680-720-750-800-900-1010				1150-1250-1350-1520
	实施时间		10月1日	10月1日			7月1日	7月1日				11月1日

续表

省份	年份	1993	1994	1995	1996	1997	1998	1999	2000	2001	2002	2003	2004
福建	标准		170–190–210	180–200–225	185–210–235	190–240–260		300	220–260–300–350	235–280–325–380		300–350–400	
	实施时间		10月1日	7月1日	7月1日	7月1日		7月1日		10月1日		11月1日	
江西	标准			140–150–170–190		160–180–200–220			190–210–230–250				270–300–330–360
	实施时间			5月1日		9月1日			3月1日				9月1日
山东	标准		170（±20%）	150–170–180	180–200–220	160–180–200–240		220–240–260–290–320		260–380–310–340–370	290–310–340–380–410		
	实施时间		10月31日	5月22日	9月1日	1月1日		7月1日		7月1日	10月1日		
河南	标准			140–200（七档）		160–180–200–220–240		190–220–240–260–290				240–300–380	
	实施时间			7月1日		7月1日		7月1日				10月1日	
湖北	标准			140–160–180–200				180–210–235–260			240–280–310–340–400		
	实施时间			7月1日				7月1日			1月1日		
湖南	标准			145–160–175–190		220	210–230	250	225–325		280–300–320–340–360	300–320–340–360–400	320–360–380–400–420–460
	实施时间			7月1日				10月19日	7月1日		7月1日	7月1日	7月1日

续表

省份	年份	2005	2006	2007	2008	2009	2010	2011	2012	2013	2014	2015
福建	标准	320-350-400-430-470	400-480-550-570-650	480-570-650-700-750			650-750-850-900	750-850-950-1100	830-930-1050-1200			1130-1230-1350-1500
福建	实施时间	7月1日	8月1日	8月1日			3月1日	3月1日	8月1日			8月1日
江西	标准		390-420-450-480-510	420-450-480-520-580			500-550-600-660-720		610-670-730-800-870	900-980-1070-1150-1230	1060-1210-1300-1390	1180-1340-1430-1530
江西	实施时间		12月17日	12月31日			7月1日		1月1日	4月1日	7月1日	10月1日
山东	标准	350-420-470-530	390-430-480-540-610		500-620-760		600-760-920	800-950-1100	950-1100-1240	1080-1220-1380	1200-1350-1500	1300-145-1600
山东	实施时间	1月1日	10月1日		1月1日		5月1日	3月1日	3月1日	3月1日	3月1日	3月1日
河南	标准	320-400-480		450-550-650			600-700-800	820-950-1080		960-1100-1240	1100-1250-1400	1300-1450-1600
河南	实施时间	10月1日		10月1日			7月1日	10月1日		1月1日	7月1日	7月1日
湖北	标准	280-320-360-400-460		380-420-460-500-580	450-520-600-700		600-670-750-900	750-900-1100				1100-1225-1320-1550
湖北	实施时间	3月1日		3月1日	8月1日		5月1日	12月1日				9月1日
湖南	标准	350-380-400-420-440-480	400-420-450-480-500-600	440-460-480-500-530-635	500-530-560-580-610-665		600-650-725-800-850	770-840-930-1020	870-950-1050-1160			1030-1130-1250-1390
湖南	实施时间	7月1日	7月1日	7月1日	7月1日		7月1日	7月1日	7月1日			1月1日

续表

省份	年份	1993	1994	1995	1996	1997	1998	1999	2000	2001	2002	2003	2004
广 东	标准			190-220 250-280 320	220-235 250-280 320-350 380			250-270 290-320 360-400 450		270-290 310-340 380-430 480	280-300 330-360 400-450 510		352-377 410-446 494-574 684
	实施时间			1月1日	10月1日			10月1日		9月1日	11月1日		12月1日
广 西	标准			150-170 190-200		160-180 200-210				210-235 260-275 305-315 335-340			320-360 400-460
	实施时间			4月20日		9月1日				5月28日 9月19日			10月25日
海 南	标准		180-230- 280			200-250- 300		250-300- 350		300-350- 400			350-400- 500
	实施时间		12月23日			7月1日		7月1日		7月1日			7月1日
重 庆	标准				150-170- 190	150-170- 190-210		210-230- 250-270	230-250- 270-290		260-280- 300-320		330-350- 380-400
	实施时间				7月1日	7月1日		10月1日	10月1日		5月1日		5月1日
四 川	标准			125-140- 160-180					190-215- 240-270		230-270- 310-340		280-340- 400-450
	实施时间			7月1日					7月1日		7月1日		7月1日
贵 州	标准			130-150- 170-190		140-160- 180-200		182-208- 234-260			260-290- 320-350		320-360- 400
	实施时间			1月1日		1月1日		7月1日			9月1日		10月1日

续表

省份	年份	2005	2006	2007	2008	2009	2010	2011	2012	2013	2014	2015
广东	标准		450-500-600-690-780		530-580-670-770-860		660-710-810-920-1030	850-950-1100-1300		1010-1130-1310-1550		1210-1350-1510-1895
	实施时间		9月1日		4月1日		5月1日	3月1日		5月1日		5月1日
广西	标准		345-390-435-500	400-450-500-580	460-520-580-670		565-635-710-820		690-780-870-1000	830-936-1045-1200		1000-1085-1210-1400
	实施时间		9月11日	11月1日	8月1日		9月1日		1月1日	2月1日		3月1日
海南	标准		430-480-580	480-530-630			680-730-830		900-950-1050			1120-1170-1270
	实施时间		7月1日	12月1日			7月1日		9月1日			1月1日
重庆	标准		440-480-580		520-560-680			710-750-870	950-1050		1150-1250	
	实施时间		9月1日		1月1日			1月1日	5月1日		1月1日	
四川	标准		400-450-510-580	450-550-650			650-710-780-850		800-880-960-1050	1000-1070-1140-1200	1100-1140-1200-1400	1260-1380-1500
	实施时间		9月11日	12月26日			8月1日		1月1日	7月1日	7月1日	7月1日
贵州	标准		450-500-550	550-600-650			650-730-830	740-830-930		850-950-1030	1000-1100-1250	1400-1500-1600
	实施时间		10月1日	11月1日			10月1日	9月1日		1月1日	7月1日	10月1日

续表

省份	年份	1993	1994	1995	1996	1997	1998	1999	2000	2001	2002	2003	2004
云南	标准			135-160-185	170-200-230			220-260-300			270-310-360		350-405-470
	实施时间			1月1日	7月1日			7月1日			7月1日		10月1日
西藏	标准												445-470-495
	实施时间												11月1日
陕西	标准			125-150-175-200		145-170-195-220				245-270-290-320			
	实施时间			1月1日		7月1日				10月1日			
甘肃	标准				140-160-180				240-260-280				300-320-340
	实施时间				9月1日				3月1日				1月1日
青海	标准			170-180-190-200				220-230-250-260					330-340-360-370
	实施时间			9月4日				7月1日					10月1日
宁夏	标准			140-160-180		160-180-200				290-320-350			320-350-380
	实施时间			2月20日		11月1日				12月1日			2月1日

续表

省份	年份	2005	2006	2007	2008	2009	2010	2011	2012	2013	2014	2015
云 南	标准		420-480-540		520-610-680		630-740-830	720-845-950	830-980-1100	955-1130-1265	1070-1270-1420	1180-1400-1570
	实施时间		7月1日		1月1日		7月1日	9月1日	5月1日	5月1日	5月1日	9月1日
西 藏	标准				630-680-730		850-900-950		1150-1200			1400
	实施时间				1月1日		8月1日		9月1日			1月1日
陕 西	标准	400-430-460-490	420-460-500-540		480-520-560-600		580-630-680-760	680-730-780-860	790-850-910-1000	870-950-1050-1150	970-1060-1170-1280	1190-1260-1370-1480
	实施时间	7月1日	10月1日		1月1日		7月1日	1月1日	1月1日	1月1日	2月1日	5月1日
甘 肃	标准		320-360-400-430		500-540-580-620		630-670-710-760		860-900-940-980	1020-1080-1140-1200	1200-1250-1300-1350	1320-1370-1420-1470
	实施时间		8月25日		5月3日		10月1日		4月1日	4月1日	4月1日	4月1日
青 海	标准		440-450-460		580-590-600		750-760-770	900-910-920	1050-1060-1070		1250-1260-1270	
	实施时间		7月1日		5月1日		9月1日	12月1日	12月1日		5月1日	
宁 夏	标准		380-420-450	490-530-560			605-660-710	750-820-900	950-1020-1100			1320-1390-1480
	实施时间		4月1日	10月1日			5月1日	4月1日	4月1日			7月1日

续表

省	年份	1993	1994	1995	1996	1997	1998	1999	2000	2001	2002	2003	2004
新疆	标准			150–160 165–170 175–180	160–170 180–190 200–210 215–240 245		170–180 190–200 210–215 220–230 260–300	230–234 247–260 273–280 286–300 338–390		260–280 300–320 330–350 400–420 460			300–320 330–350 360–370 380–440 480
	实施时间			1月27日	5月29日		7月1日	10月1日		10月1日			5月1日

省	年份	2005	2006	2007	2008	2009	2010	2011	2012	2013	2014	2015
新疆	标准		340–360 380–400 420–440 480–520 560 440–460 480–500 520–550 580–620 670		400–430 460–490 550–670 （不含险） 520–550 580–610 670–800 （含险）		500–530 570–660 800 （不含险） 640–680 720–800 960 （含险）	620–690 770–960 （不含险） 800– 880– 960–1160 （含险）	745–820 895–1085 （不含险） 980– 1060– 1140–1340 （含险）	865–940 1020–1210 （不含险） 1160– 1240– 1320–1520 （含险）		1310– 1390– 1470–1670
	实施时间		5月1日		1月1日		6月1日	6月1日	6月1日	6月1日		7月1日

参考文献

1. 国家统计局：《中国统计年鉴（2016）》，中国统计出版社，2016。
2. 中华全国工商业联合会：《中国私营企业大型调查（1993~2006）》，中华工商联合出版社，2007。
3. 中华全国总工会劳动关系研究中心一线职工收入课题组：《当前企业一线职工工资收入调查》，《经济学动态》2012年第5期。
4. 信卫平：《私营企业职工收入问题研究——基于工会的视角》，《中国劳动关系学院学报》2013年第6期。
5. 信卫平：《国际金融危机与中国最低工资标准》，《中国劳动关系学院学报》2010年第1期。
6. 国际劳工组织：《2013年世界劳工报告——重塑经济和社会结构》，中国财政经济出版社，2014。
7. 国家统计局：《中国统计摘要（2015）》，中国统计出版社，2015。
8. 国家发改委：《中国居民收入分配年度报告》，经济科学出版社，中国财政经济出版社，2004~2013。
9. 信卫平：《探究劳动报酬之谜》，光明日报出版社，2014。
10. ILD, *Global Wage Report 2016/17—Wage Inequality in the Workplace*, 2016.
11. 朱旌：《2017年世界经济形势与展望：全球经济预测增长2.7%》，中国网，http：//www.china.com.cn/opinion/think/2017-01/19/content_40135396.htm，2017年1月19日。
12. ILD, *Global Wage Report 2012/13—Wage Inequality in the Workplace*, 2013.

中国职工就业状况研究

李洪坚*

摘　要： 2015年是"十二五"规划的收官之年。本年度登记失业率继续保持稳定，就业率有所上升，劳动力市场求职压力有所上升，平均每位就业人员需要抚养的人口数在持续增加和城镇化中就业规模的非可逆性，使得保障职工就业的重要性和迫切性更为突出。与此同时，城镇登记失业率在区域间存在差异，离散系数加大，职工就业质量仍有待提高。展望未来，就业结构性矛盾突出，部分职工群体就业压力较大，新兴非典型就业增多对传统劳动关系带来挑战。为此应提升各方参与人力资本投资的回报率，推动职工终身学习；合理把握产业升级、新技术应用节奏，对政策项目进行"就业影响评价"；大力提升劳动力市场的灵活性和安全性。

关键词： 职工　就业　就业质量

近年来，我国经济增速持续下行，化解过剩产能压力加大，产业转型升级加快，职工失业风险增加。2015年是全面深化改革的关键之年，"十二五"规划的收官之年和谋划"十三五"蓝图的重要之年，在转型时期如何稳定职工就业，提升职工就业质量，成为社会经济发展的重要挑战。

---

* 李洪坚，中国劳动关系学院讲师，主要研究领域为就业和劳动力市场政策、人力资源管理。

一 2015年度中国职工就业情况

（一）登记失业率保持稳定，就业率有所上升

人力资源和社会保障部数据显示，2013～2015年我国城镇登记失业人数分别为926万、952万和966万人，登记失业率稳定在4.1%左右的较低水平（见图1）。2015年前三季度的登记失业率分别为4.05%、4.04%、4.05%，年末为4.05%，较2014年有所下降。登记失业率以劳动者失业登记为基础，作为失业保险金的领取条件之一，受到失业保险金缴纳期限和户籍等方面的限制，相当一部分失业劳动者并不符合失业保险金的领取条件，因此登记失业率存在一定偏差。由于失业保险金存在一定的结余，为进一步减轻企业负担，增强企业活力，促进就业稳定，人社部与财政部于2017年2月初印发了《关于阶段性降低失业保险费率有关问题的通知》，要求阶段性降低失业保险费率。

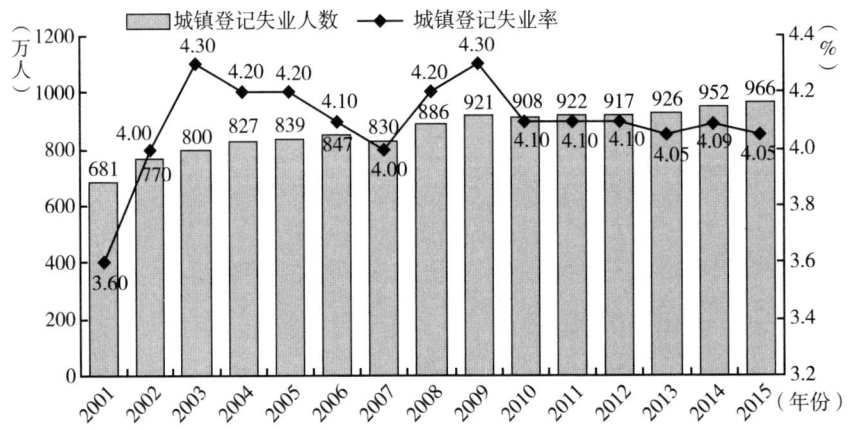

图1 2001～2015年城镇登记失业人数及登记失业率变化情况

数据来源：人力资源和社会保障部。

《2015年国民经济和社会发展统计公报》显示，2015年末全国人口137462万人，比上年末增加680万人；其中15~59周岁的劳动年龄人口92547万人，就业人员77451万人，占劳动年龄人口的比重是83.69%。在"十二五"期间，全国就业率总体保持上升趋势（见图2）。

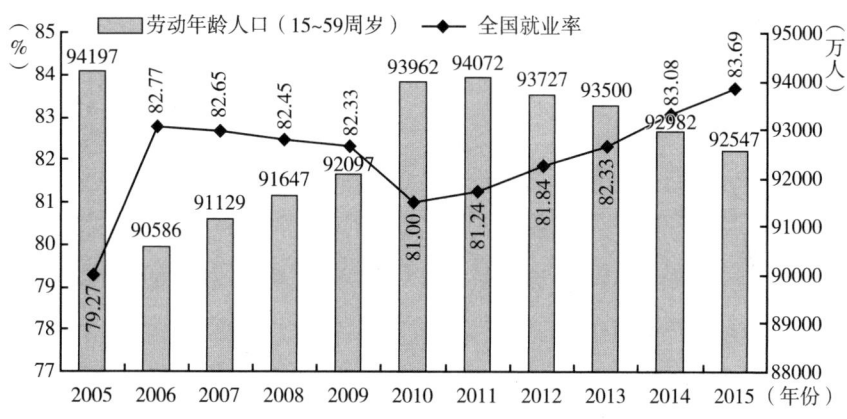

图2　2005~2015年全国劳动年龄人口、就业率的变化情况

数据来源：根据国家统计局2005~2015年《国民经济和社会发展统计公报》相关数据整理计算所得。

通过分析可以发现，近年来就业率上升主要受到两个方面因素的影响，一方面是全国就业人数有所增加，另一方面是劳动年龄人口绝对数量下降。这在一定程度上表明，我国的劳动参与率有所上升，对绝对数量已经开始下降的劳动力资源的利用更加充分。

（二）求人倍率略有下降，总体求职难度有所上升

中国人力资源市场信息监测中心对100多个城市公共就业服务机构市场供求信息的统计分析数据显示，近年劳动力市场中的求人倍率（岗位空缺与求职人数的比率）总体呈现稳步上升态势。自2010年以来，我国就业市场总体的求人倍率均大于1（见图3），这说明目前我国的劳动力市场形势总体上是求大于供。劳动力供求关系的转变，受到了劳动力需求和供给变动的双重影响，一方面是我国经济总量不断增加，产业结构变化，创造了更多

的就业岗位和机会，带动了对劳动力的需求增长；另一方面是适龄劳动人口比例降低，使得劳动力供给有所下降。2015年和2016年求人倍率分别为1.08和1.09，比2014年有一定下降，这表明劳动力市场求职难度比2014年有所上升，也表明受经济"新常态"和去产能等多重因素的影响，劳动力市场供求关系出现了一定的波动。

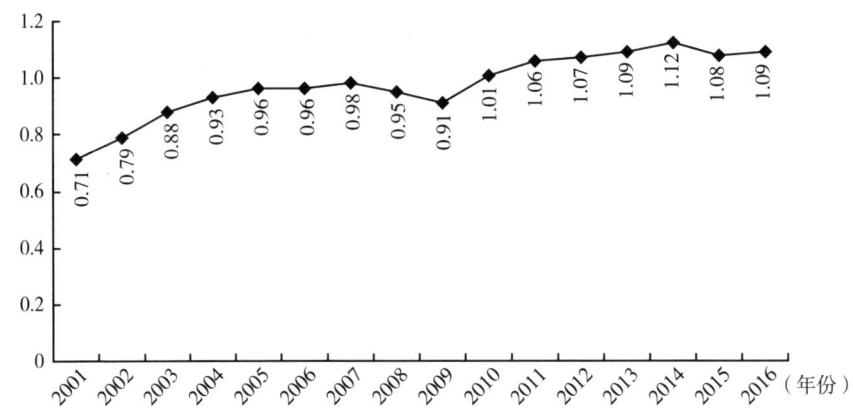

图3 2001~2016年劳动力市场求人倍率变化情况

数据来源：中国人力资源市场信息监测中心。

（三）就业规模持续扩大，但增速下降

2015年末全国就业人员77451万人，总体规模比上年末增加198万人，同比增速从2014年的0.36%下滑至2015年的0.26%，相对于2014年下降幅度增大；与此同时，全国就业人员占人口比重从2004年开始持续下降，从2004年的57.13%下降至2015年的56.34%（见图4）。这显示，虽然我国创造财富的就业者规模近年来仍有所增加，但是其增速出现下降趋势，平均每位就业人员需要抚养的人口数在持续增加。

上述现象与我国人口结构变化有关，一方面我国人口总量仍然保持增长，2010~2015年，我国人口自然增长率分别为4.79‰、4.79‰、4.95‰、4.92‰、5.21‰、4.96‰，人口基数不断扩大；另一方面我国劳动年龄人口

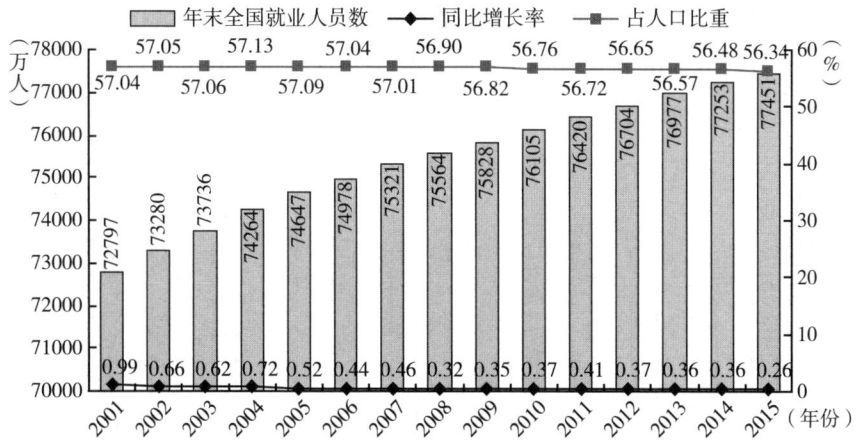

图 4 2001~2015 年全国就业人员数、增速及占人口比重

数据来源：根据国家统计局《中国统计年鉴（2016）》相关数据整理计算所得。

总量及占比双双下降，2015年末15~59周岁人口为92547万人，比2014年末下降435万人，在全国总人口中的占比从2014年末的67.98%下降至67.33%。[①]

人口结构的变化已经对我国的劳动市场产生了影响。随着老龄化的加剧，我国对原有的计划生育政策进行了调整，实施"一对夫妇两个孩"的新政策。由此可见，在未来一段时间，人口抚养比还将进一步提高。

（四）城镇化进程促使城镇新增就业继续保持较大规模

2013~2015年，我国城镇新增就业人数分别高达1310万、1322万和1312万人，连续三年保持在1300万人以上（见图5）。我国城镇化率在2011年超过了50%，2015年末全国城镇常住人口为77116万人（占比56.1%），比上年末增加2200万人。与此同时，乡村常住人口60346万人，

---

① 国家统计局：《2014年国民经济和社会发展统计公报》、《2015年国民经济和社会发展统计公报》，国家统计网，http://www.stats.gov.cn/tjsj/zxfb/201602/t20160229_1323991.html。

比2014年减少1520万人。① 可见，城镇新增就业数量增加是在城镇化率持续上升的背景下发生的。由于每年有大量的新增城镇常住人口，因此城镇新增就业人数也会保持较大的规模。

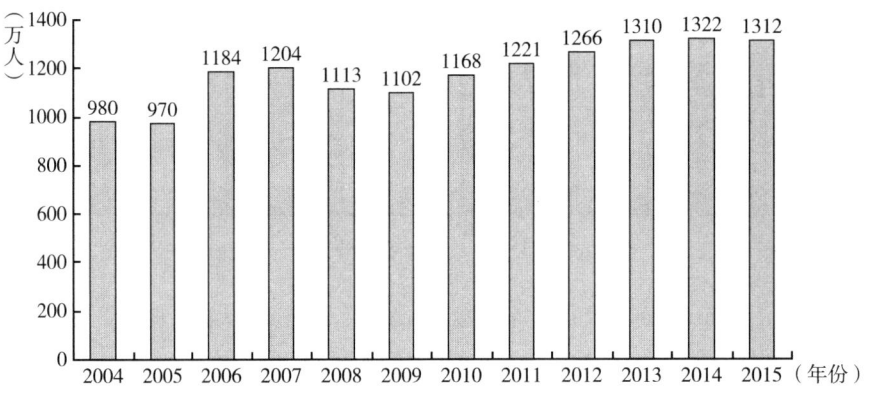

图5　2004～2015年城镇新增就业人数

数据来源：根据国家统计局2004～2015年《国民经济和社会发展统计公报》相关数据整理计算所得。

城镇化是一个难以逆转的过程，城镇化后的劳动者将很难再回到农村从事农业劳动，因此城镇需要保证的就业规模也将会扩大，如何提升就业质量、完善基本公共服务、保障城镇化中的农民工群体尽快融入城市、减少留守儿童等问题带来的影响，应引起政府部门、工会组织和社会各界的关注。

（五）不同地区登记失业率差异呈扩大趋势

我国地域广阔，区域经济和劳动力市场发展不平衡，不同地区的城镇登记失业率存在差异。进入21世纪以来，不同省份城镇登记失业率的差异呈现出先缩小后扩大的U形变化过程，城镇登记失业率地区间离散系数有逐渐扩大的趋势（见图6）。

---

① 国家统计局：《2015年国民经济和社会发展统计公报》，国家统计局网站，http://www.stats.gov.cn/tjsj/zxfb/201602/t20160229_1323991.html。

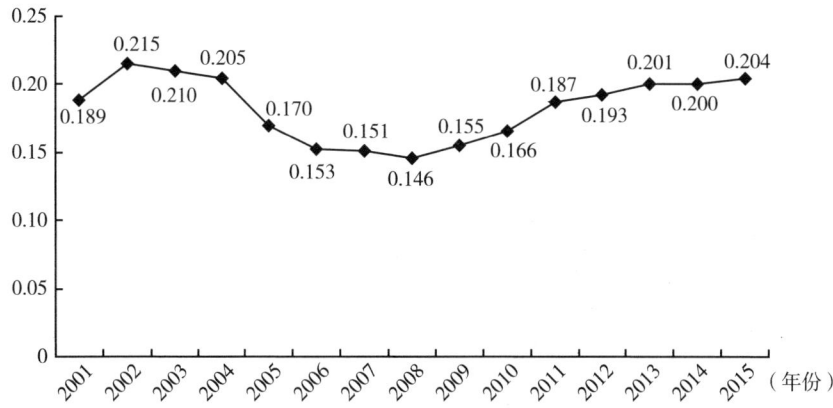

图6　2001~2015年各全国城镇登记失业率离散系数

数据来源：根据国家统计局2002~2016年《中国统计年鉴》相关数据整理计算所得。

从国内31个省份的登记失业率数据看，2015年登记失业率最高的6个省份分别是黑龙江（4.5%）、四川（4.1%）、湖南（4.1%）、上海（4.0%）、宁夏（4.0%）、云南（4.0%）。失业率最低的五个省份依次是北京（1.4%）、甘肃（2.1%）、海南（2.3%）、广东（2.5%）、西藏（2.5%）（见图7）。

二　2015年不同职工群体就业情况

（一）城镇职工就业情况

2015年末，城镇常住人口为77116万人，占总人口比重（常住人口城镇化率）为56.1%，比上年末提高1.33个百分点。[①] 城镇就业人员40410万人，比2014年增加1100万人，占年末城镇人口总数的52.4%。在常住人口城镇化率不断提高、城镇人口加快增长的情形下，2003~2014年城镇就业人员占城镇人口比重保持了平稳上升趋势，可见我国实施就业促进政策所

---

① 国家统计局：《2015年国民经济和社会发展统计公报》，国家统计局网站，http://www.stats.gov.cn/tjsj/zxfb/201602/t20160229_1323991.html。

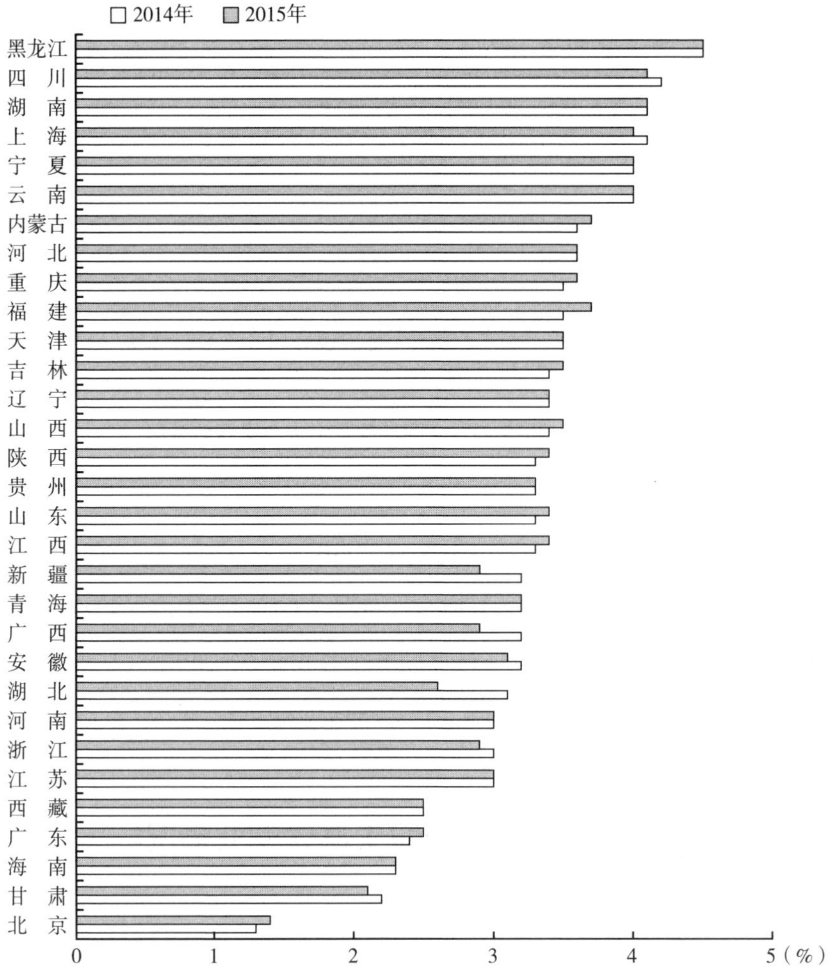

图7 2014年和2015年我国31个省份城镇登记失业率

数据来源：根据国家统计局《中国统计年鉴（2016）》相关数据整理计算所得。

带来的积极作用（见图8）。值得注意的是，2015年城镇就业人员占城镇人口比重自2004年以来首次出现下降，这意味着即使在城镇范围内，每位就业劳动者平均所需要抚养的人口也开始增加（农村由于留守儿童和老人较多，就业人员平均抚养人口更多）。

近年来，私营企业、个体、有限责任公司的就业人数增幅明显。2015年，

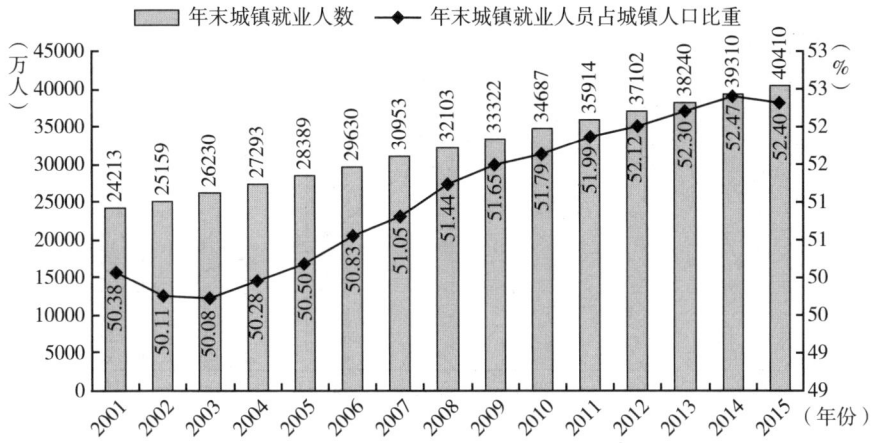

图8 2001~2015年城镇就业人员及占城镇人口比重的变化情况

数据来源：根据国家统计局《中国统计年鉴（2016）》相关数据整理计算所得。

城镇私营企业、个体、有限责任公司的就业人数分别达到11180万人、7800万人和6389万人，均超过城镇国有单位。《中国统计年鉴（2016）》数据显示，1990~2015年，城镇中个体私营经济就业人数占城镇就业人数的比例，从不到4%提高到46.97%。其中，城镇个体工商户从业人员占城镇就业人数的比例从3.6%提高到19.3%，城镇私营企业就业人员占城镇就业人数的比例从0.33%提高到27.67%。个体私营经济就业人数的份额不断扩大，城镇个体私营经济就业人数占城镇就业人数的比重已经超过四成，这得益于近年党中央、国务院围绕激发市场活力，进一步深化商事制度改革，推动了大众创业和万众创新。

（二）农民工就业情况

1. 农民工总量增加，但增速呈持续回落态势

国家统计局发布的《2015年农民工监测调查报告》显示，2015年全国农民工总量为27747万人，比上年增加352万人，同比增长1.3%。但2010年以来，农民工总量增速持续回落，2012~2015年农民工总量增速分别比上年回落0.5个、1.5个、0.5个和0.6个百分点（见图9）。随着城镇化进程的推进，可以向城镇转移的农村富余劳动力逐渐减少。

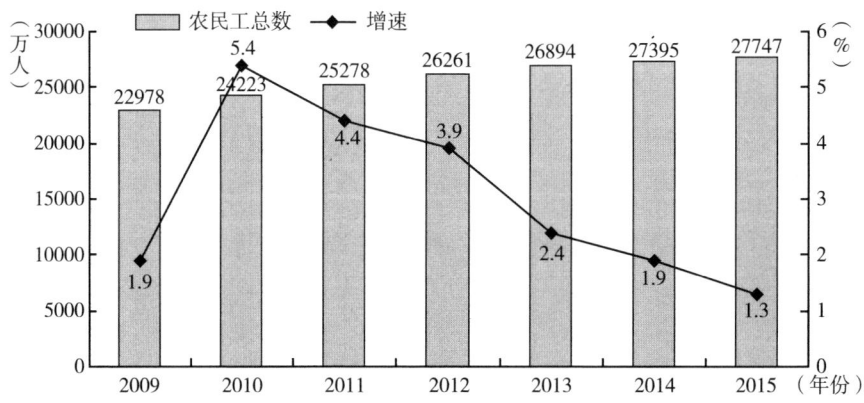

图9 2009~2015年农民工总数及增速

数据来源：国家统计局，2009~2015年《农民工监测调查报告》。

2. 农民工就近就业趋势明显

2015年，本地就业农民工为10863万人，比上年增加289万人，同比增长2.7%；外出就业农民工16884万人，比上年增加63万人，同比增长0.4%。本地农民工占农民工总数的39.2%，所占比重比2014年提高0.6个百分点（见图10）。这表明农民工返乡创业就业、就地就近转移现象明显。

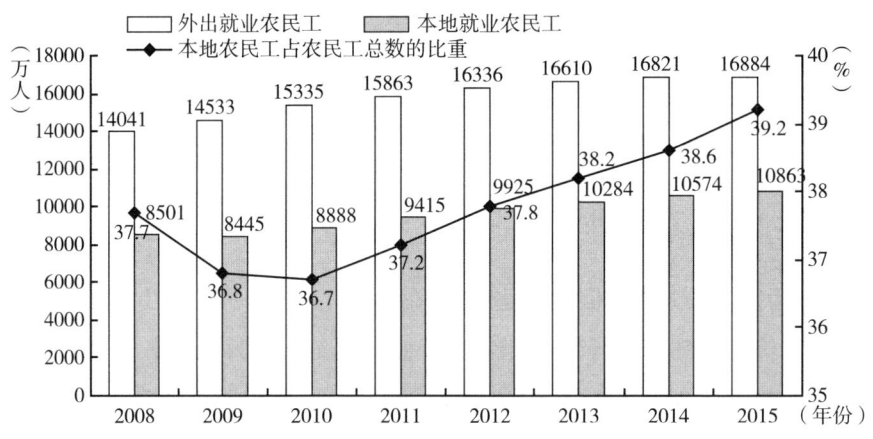

图10 2008~2015年农民工数量、构成及比重

数据来源：国家统计局，2008~2015年《农民工监测调查报告》。

3. 中西部地区农民工跨省流动的比例不断下降

中部地区农民工跨省流动比例从 2008 年的 71% 下降到 2015 年的 61.1%，西部地区农民工跨省流动比例则从 2008 年的 63% 下降到 2015 年的 53.5%（见图 11）。2015 年跨省流动农民工有 80% 流入地级以上大中城市，比 2014 年提高 3 个百分点。①

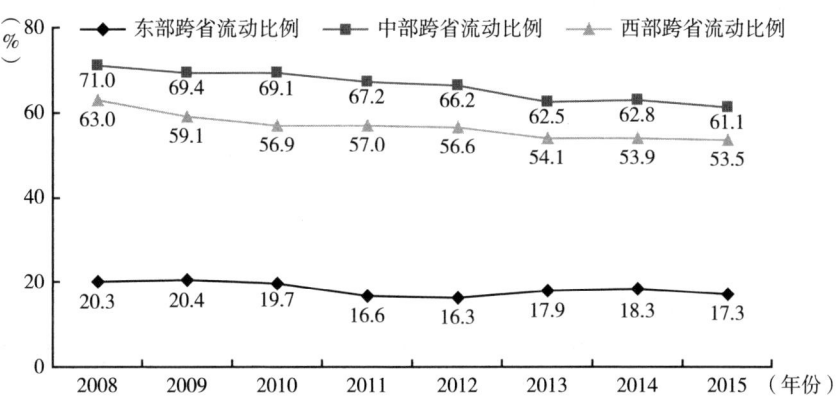

图 11　2008～2015 年东、中、西部地区农民工跨省流动比例

数据来源：国家统计局，2009～2016 年《农民工监测调查报告》。

农民工就近就业导致跨省流动比例下降，与本地务工收入与外出务工收入差距缩小，外出务工生活成本增加和当地经济发展带动就业需求增加有关。农民工在关注收入增长的同时，越来越重视家庭生活质量、子女教育等问题，选择就近就业趋势较为明显。同时，农民工外出就业比例降低还与国家鼓励和支持农民工返乡创业等方面的政策有关。2015 年 6 月，国务院办公厅发布的《关于支持农民工等人员返乡创业的意见》提出降低返乡创业门槛、落实定向减税和普遍性降费政策、加大财政支持力度、强化返乡创业金融服务和完善返乡创业园支持政策五项措施。

---

① 国家统计局：《2015 年农民工监测调查报告》，国家统计局网站，http://www.stats.gov.cn/tjsj/zxfb/201604/t20160428_1349713.html，2016 年 4 月 28 日。

(三)新就业职工群体就业情况

2015年,党的十八届五中全会公报提出"加强对灵活就业、新就业形态的支持"。随着移动互联网、APP、移动支付等新技术的出现,共享经济迅速发展,汽车共享等新经济形态不断涌现,"互联网+传统行业"的发展模式在各个领域持续发酵,不仅改变了人们的生产生活方式,在推动经济结构转型升级的同时,催生了大量的"非典型"就业机会。

在促进就业方面,以滴滴出行平台为代表的新兴业态——网络约车最为突出。根据滴滴出行平台发布的《2015~2016年移动出行就业促进报告》,截至2016年4月,在滴滴出行平台上从事专快车、顺风车以及代驾的司机人数已达1330万名,其中不乏女性群体、下岗工人、退役军人及创业者等。据介绍,滴滴出行平台吸纳了很多因传统行业调整或者因生意不景气而转移过来的人群,有96.5%的司机在加入滴滴平台后收入显著增长,多数司机利用闲暇时间兼职。

三 2015年职工就业质量情况

(一)城镇单位职工工资水平情况

在经济增速下行的背景下,近年来城镇职工名义工资收入有所增加,但是增幅从2011年起在总体上保持了下降趋势。其中,全国城镇私营单位就业人员年平均工资增长率从2011年的18.3%下降到了2015年的8.8%,下降幅度明显;城镇非私营单位就业人员年平均工资增长率从14.4%下降到2014年的9.5%,但2015年略有回升,为10.1%(见图12)。扣除物价因素,2015年全国城镇私营单位就业人员年平均工资实际增长7.2%,稍高于同期GDP增长速度。由于私营单位市场化程度更高,因此其职工工资水平受经济形势的变化影响也更为明显,不同群体、不同地区的差距也较为明显。

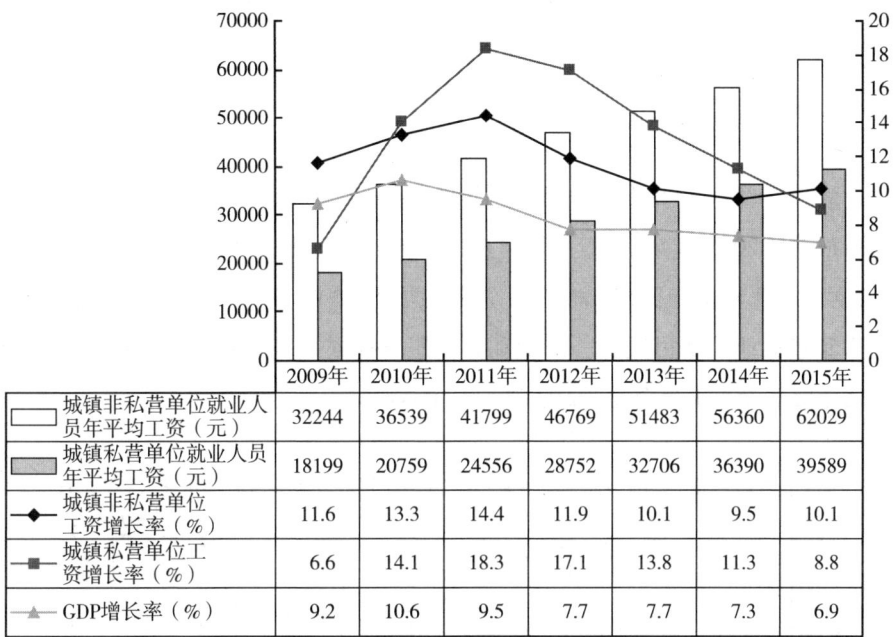

图 12　2009～2015 年城镇职工年平均工资及增长率

数据来源：根据国家统计局官网数据整理。

1. 不同单位类型、不同职工群体之间的工资水平存在差距，且差距呈扩大趋势

2014 年全国城镇私营单位就业人员年平均工资仅为同期城镇非私营单位就业人员的 64.6%，为 36390 元；2015 年城镇私营单位就业人员年平均工资增长率低于非私营单位工资增长率，工资水平仅为同期城镇非私营单位就业人员的 63.8%，比 2014 年下降 0.8 个百分点。

2. 不同地区职工工资差距明显

从地区角度看，2015 年城镇非私营单位职工年平均工资由高到低排列是东部、西部、东北和中部地区，分别为 70611 元、57319 元、51064 元和 50842 元，同比名义增长率从高到低依次为西部地区 11.9%、东部地区 9.9%、东北地区 9.8% 和中部地区 8.6%。城镇私营单位职工年平均工资由高到低依次是东部、西部、中部和东北地区，分别为 43439 元、36478

元、32773元和32176元,同比名义增长率从高到低依次为东部地区9.0%、中部地区8.2%、西部地区8.1%和东北地区5.3%。①

(二)农民工工资水平情况

农民工收入水平持续增加,月均收入增速明显高于GDP增速,但增速有所放缓。2015年农民工人均月收入3072元,比上年增加208元,增长7.2%,增速比上年回落2.6个百分点(见图13)。其中,制造业,建筑业,住宿和餐饮业,居民服务、修理和其他服务业农民工月均收入增速分别比上年回落6.7个、4.4个、2.2个和4.1个百分点。

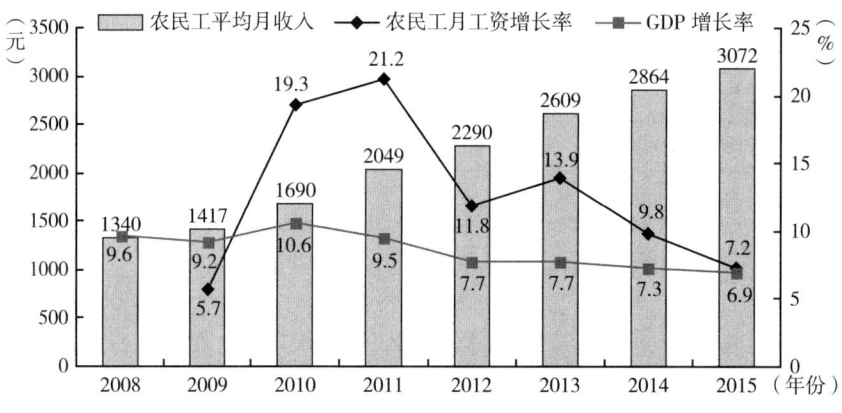

图13 2008~2015年农民工月平均工资及增长率

数据来源:根据国家统计局2009~2016年《农民工监测调查报告》数据整理计算所得。

1. 不同地区农民工工资水平存在一定差异

东部地区的农民工收入保持较快增长,月均收入3213元,比2014年增加247元,同比增长8.3%;在中部地区务工的农民工月均收入2918元,比上年增加157元,同比增长5.7%;在西部地区务工的农民工月均收入2964

---

① 国家统计局:《2015年城镇私营单位就业人员平均工资39589元》,国家统计局网站,http://www.stats.gov.cn/tjsj/zxfb/201605/t20160513_1356091.html,2016年5月13日。

元,比上年增加167元,同比增长6.0%。在东部地区务工的农民工月均收入增速分别比在中、西部地区务工的农民工高2.6个和2.3个百分点。①

2. 行业间农民工收入水平差距较大

2015年收入较高的是交通运输、仓储和邮政业,该行业的农民工人均月收入是居民服务、修理和其他服务业的1.32倍,2014年和2013年分别是1.30倍和1.36倍。不同行业农民工的收入增速相较上年也有大幅度下降,特别是制造业、建筑业(见表1)。

表1 2013~2015年分行业农民工人均月收入及增幅

单位:元,%

行业	2013年	2014年		2015年	
		月收入	增长率	月收入	增长率
均 值	2609	2864	9.8	3072	7.2
制造业	2537	2832	11.6	2970	4.9
建筑业	2965	3292	11	3508	6.6
批发和零售业	2432	2554	5	2716	6.4
交通运输、仓储和邮政业	3133	3301	5.3	3553	7.7
住宿和餐饮业	2366	2566	8.4	2723	6.2
居民服务、修理和其他服务业	2297	2532	10.2	2686	6.1

数据来源:国家统计局,2014年和2015年《农民工监测调查报告》。

3. 相对于其他就业群体,农民工工资水平较低

2015年农民工年平均工资为36864元,是城镇非私营单位就业人员的59.4%、私营单位就业人员的93.1%。此外,被拖欠工资的农民工比重有所增加,2015年被拖欠工资的农民工所占比重为1%,比2014年增加0.2个百分点;被拖欠工资的农民工人均被拖欠9788元,比上年增加277元,增长2.9%。

---

① 国家统计局:《2015年农民工监测调查报告》,国家统计局网站,http://www.stats.gov.cn/tjsj/zxfb/201604/t20160428_1349713.html,2016年4月28日。

（三）职工加班现象

职工加班仍属普遍现象，但有所下降。国家统计局数据显示，2014年有33.7%的城镇职工每周工作时间在48小时以上，有20.2%的职工工作时间则在41~48小时。其中，外出农民工加班现象更为突出，日从业时间平均为8.8个小时，日从业时间超过8小时的农民工占40.8%，周从业时间超过44小时的农民工占85.4%。2015年，外出农民工超时劳动情况有所改善，月从业时间平均为25.2天，日从业时间平均为8.7个小时，均较上年略有下降。日从业时间超过8小时的农民工占39.1%，周从业时间超过44小时的农民工占85%，分别比上年下降1.7个和0.4个百分点。①

（四）职工劳动合同签订情况

1. 职工劳动合同签订率有所提高

2015年，全国企业劳动合同签订率达到90%，而2014年末的合同签订率为88%；截至2015年，经人社部门审查的当期有效集体合同176万份，覆盖企业356万户、职工1.7亿人，而2014年底的数据则为集体合同170万份，覆盖职工人数1.6亿人。②

2. 农民工签订劳动合同的比例有所下降

2015年，与雇主或单位签订了劳动合同的农民工比重为36.2%，比上年下降1.8个百分点。其中，外出农民工和本地农民工与雇主或单位签订劳动合同的比重分别为39.7%和31.7%，分别比上年下降1.7个和1.6个百

---

① 国家统计局：《2015年农民工监测调查报告》《2014年农民工监测调查报告》，国家统计局网站，http：//www.stats.gov.cn/tjsj/zxfb/201604/t20160428_1349713.html，2016年4月28日；国家统计局：《中国人口和就业统计年鉴（2015）》，中国统计出版社，2015。
② 国家统计局：《2015年度人力资源和社会保障事业发展统计公报》，人社部网站，http：//www.mohrss.gov.cn/SYrlzyhshbzb/dongtaixinwen/buneiyaowen/201605/t20160530_240967.html，2016年5月3日；《2014年度人力资源和社会保障事业发展统计公报》，人社部网站，http：//www.mohrss.gov.cn/SYrlzyhshbzb/dongtaixinwen/buneiyaowen/201505/t20150528_162040.htm，2015年5月28日。

分点。农民工签订一年以下短期劳动合同的情况有所改善,比上年提高 0.3 个百分点(见图 14)。

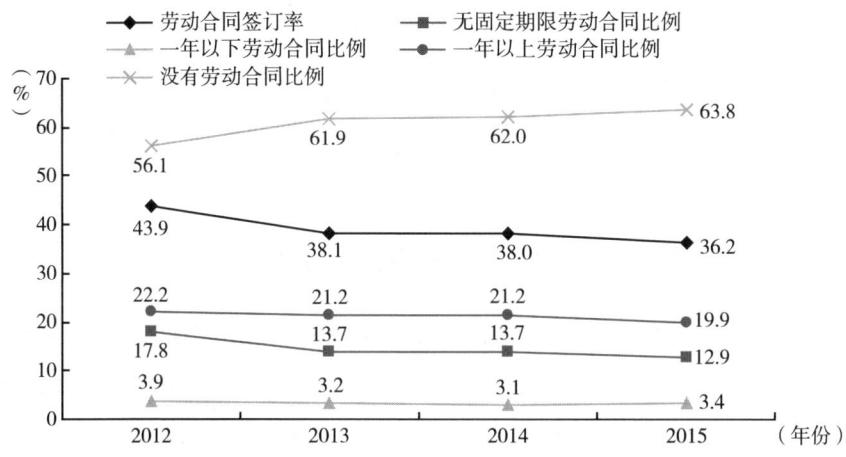

图 14　2012~2015 年农民工签订劳动合同情况

数据来源:国家统计局,2013~2016 年《农民工监测调查报告》。

(五)职工社会保险参加情况

城镇职工"五险一金"参保人数不断提高。2015 年末全国参加城镇职工基本养老保险的职工为 35361 万人,比上年末增加 1237 万人;全国参加基本医疗保险的职工 28893 万人,比上年末增加 597 万人;全国参加失业保险的职工为 17326 万人,比上年末增加 283 万人;参加工伤保险的职工为 21432 万人,比上年末增加 793 万人;参加生育保险的职工为 17771 万人,比上年末增加 732 万人。2015 年全国有 7.55 万户企业建立了企业年金,同比增长 3.0%;参加职工人数为 2316 万人,同比增长 1.0%。[①]

---

① 国家统计局:《2015 年度人力资源和社会保障事业发展统计公报》,人社部网站,http://www.mohrss.gov.cn/SYrlzyhshbzb/dongtaixinwen/buneiyaowen/201605/t20160530_240967.html,2016 年 5 月 30 日。

四 "十二五"期间职工就业状况的变化情况

"十二五"时期是我国社会经济发展的重要转折期,中国经济进入依靠创新驱动全面转型发展的新常态阶段。"十二五"期间,经济增长从高速增长转向中高速增长,且伴随着深刻的产业结构、发展方式和体制机制变化,对总体就业形势及不同职工群体的就业产生了重要影响。

(一)就业形势总体稳定,就业规模持续扩大

"十二五"时期,是我国就业和社会保障制度改革力度最大、发展最迅速的时期。国家坚持实施就业优先战略和更加积极的就业政策,就业规模持续扩大,城镇新增就业稳步增长,2011~2015年城镇新增就业6431万人,超额完成"十二五"规划要求的城镇新增就业4500万人的目标任务。

与因2008年国际金融危机对职工就业造成冲击的"十一五"时期相比,"十二五"期间的总体就业形势较为稳定。城镇登记失业率保持在较低水平,虽然该指标的灵敏度和精确性一直受到质疑,但从数据的年度变化来看,城镇失业状况比较稳定。反映劳动力市场供求关系情况的求人倍率(招聘数/求职数)保持了持续上升态势,指数从2010年开始一直保持在1以上,即需求大于供给,劳动力市场求职环境持续宽松,总体就业压力有所下降。

(二)就业结构更加优化,就业形式更加多元化

从结构看,"十二五"期间三次产业就业人员结构发生深刻变化,三次产业就业结构由"一三二"转变为"三二一"。2013年,第三产业增加值首次超过第二产业,在增速方面,也是继2008年以后,第三产业增加值增速再次超过第二产业。伴随着经济结构和产业结构的不断调整,第一产业就业人员比重逐年下降,而第二、三产业就业人员比重逐年提高(见图15)。

第三产业是吸纳就业的蓄水池,产业转型升级促进就业总量的持续增加,并带动三次产业就业结构不断优化。

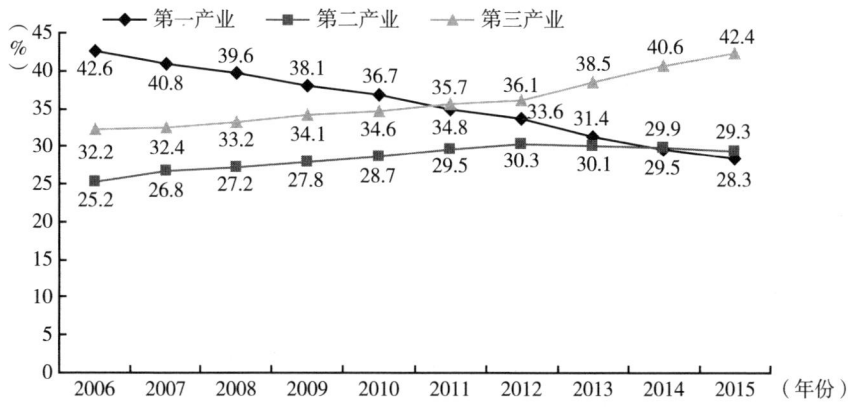

图15 2006~2015年三次产业就业人员比重变化

数据来源:国家统计局,《中国统计年鉴(2016)》,中国统计出版社,2016。

从所有制结构看,非公经济快速发展,新增个体私营经济从业人员持续快速增长,个体私营经济正在成为我国吸纳就业的主渠道。"十二五"期间,国家出台实施一系列"大众创业、万众创新"举措,深化行政审批制度改革和商事制度改革,市场主体空前活跃,线上与线下相结合的"双创"活动迅猛发展,我国新登记企业出现"井喷式"增长,从2011年的200.19万户增加到2015年的443.90万户,年均增长22.03%。2015年,全国新登记私营企业421.2万户、新登记个体工商户1011万户,分别比2011年增长131%和41%。全国个体私营经济从业人员从2011年的1.83亿人增加到2015年的2.8亿人。[①]

从就业形式看,就业渠道更加多元,就业形式日益灵活,非全日制、临时性、季节性、弹性工作等各种灵活就业形式迅速兴起,尤其电子商务的迅速发展,带动了网络就业创业,新业态、新模式就业不断涌现。2015年7

---

① 国家工商总局,2011~2015年《全国市场主体发展报告》,http://www.saic.gov.cn/zwgk/tjzl/;国家统计局:《中国统计年鉴(2012)》,中国统计出版社,2012。

月中国就业促进会发布的项目报告显示，到2014年底，全国网店直接带动就业累计逾1000万人，其中大学生创业的网店带动就业人数约为618万人，贡献率达到六成。[①]

（三）就业的结构性矛盾上升，就业质量有待改善

"十二五"期间就业形势总体平稳，但随着产业转型升级加快以及处置"僵尸企业"，职工结构性失业风险上升，不同就业群体间就业形势冷热不均。从转型节奏看，经济转型快于就业转型，劳动力素质提升缓慢，高端服务业和先进制造业发展受到人才短缺制约。同时，随着劳动力成本的增加和体面就业观念的普及，低端就业岗位面临供需失衡的局面，导致"招工难"与"求职难"的现象长期共存，结构性失业比重增加[②]，例如农民工"用工荒"与大学生"就业难"并存。

长期以来我国就业工作的重心在于积极扩大就业数量、增加就业岗位，在一定程度上忽略了就业质量问题，具体表现在职工工资总体水平仍然较低，不同群体之间工资水平差距较大，仍然存在一定比例的就业人员未签订劳动合同和未缴纳社会保险的情况，拖欠农民工工资现象时有发生，劳动者加班现象较为普遍。"十二五"时期，我国人口和就业形势发生了许多根本性变化，劳动年龄人口总量及占比双双下降，老年人口规模迅速扩大、比例快速上升，适龄劳动人口比例的降低使劳动力供大于求的状况得到进一步改善，劳动力无限供给的时代已经结束。对此，国家启动供给侧改革，"推动实现更高质量的就业"，关注职工就业环境、就业结构、就业能力、就业保障，是推动新发展的战略抉择，与我国经济转型升级相适应。

总体而言，党和政府对就业问题高度重视，经济总量扩大和经济结构持

[①] 白天亮：《大学生网店创业带动就业618万人》，中国政府网，http://www.gov.cn/xinwen/2015-07/28/content_2903364.htm，2015年7月28日。

[②] "中国个体私营经济与就业关系研究"课题组：《中国个体私营经济与就业关系研究报告》，《中国工商管理研究》2015年第11期。

续优化，改革红利持续释放，以及积极就业政策效应发挥和就业工作大力推进，使就业形势在经济下行压力持续加大、结构调整深入推进的背景下，保持总体平稳，就业工作取得显著成效，为维护经济社会稳定大局做出了突出贡献。

五 "十三五"时期职工就业状况变动趋势判断

就业需求作为经济发展的派生需求，受宏观经济影响较大。"十三五"时期，国际经济环境复杂多变，外部环境不稳定不确定因素明显增多，我国发展面临的风险挑战加大；国内经济长期向好的基本面没有改变，发展前景依然广阔，但提质增效、转型升级的要求更加紧迫，在此背景下，职工就业机遇与挑战并存，将呈现出一定的发展趋势和新特征。

（一）职工就业总体保持稳定

"十三五"时期，从劳动力需求角度看，由于经济发展的基本面没有改变，经济仍将保持一定的增长速度，特别是新型工业化、信息化、城镇化、农业现代化孕育巨大发展潜力，各类新兴产业、新兴业态吸纳就业能力不断增强，以及"大众创业、万众创新"带来新的就业增长点，将为职工创造大量就业机会；从劳动力供给角度看，劳动年龄人口在"十三五"时期将继续呈现下降趋势（后期出现短暂小幅回升），以及劳动者平均接受教育年限的增加、素质技能提升，将在一定程度上缓解就业压力；从政策角度看，国家高度重视职工就业问题，坚持实施就业优先战略，将有力地推动和保障职工就业稳定。

（二）职工就业结构性矛盾仍将突出

"十三五"时期是我国经济结构调整的攻坚期，由于地区和行业分布、素质能力所导致的就业结构性矛盾仍将突出。一方面我国区域经济发展不平衡、不协调问题仍然突出，部分地区经济增长乏力，部分行业产能过剩严重,以及影响职工流动的障碍在一定程度上仍客观存在,随着化解过剩产能和清理"僵尸企业"工作的推进,职工安置任务繁重,特别是资源枯竭城市和产业衰退地区的职工就业压力凸显;另一方面产业转型升级加快,技术进步及其应用加速,岗位的产生和消亡速度加快,而职工素质提升和转型相对缓慢,难以适应新岗位的需求,导致职工结构性失业风险增加。因此,在职工就业总量矛盾保持稳定甚至有所缓和的情况下,"招工难"与"求职难"现象在"十三五"时期仍将共存。

(三)部分职工群体就业压力较大

由于年龄、性别和户籍等方面的因素导致的就业歧视和客观障碍使部分职工群体就业压力较大。一是青年职工特别是高校毕业生、新生代农民工等群体。"十三五"时期我国高校毕业生规模较大,年均达到770万人左右,由于缺乏工作经验,专业能力结构、就业观念与市场需求存在一定的差距,促使就业任务加重;新生代农民工比重大幅增加,他们的文化水平和技能素质总体不高,但对就业岗位有更高的要求,对融入城市有更强的诉求,一旦经济下滑,他们很难回到农村。二是老年职工群体。人口老龄化以及延迟退休政策,使部分年龄偏大,技能、经验陈旧的老职工面临就业困难。三是育龄女职工群体。全面实施"二孩"政策,使女性职工平衡工作与生活的难度加大,产假及照顾家庭精力的增加对企业存在一定的影响,也导致其在职场上面临就业歧视的风险增加。

(四)非典型就业增多,对传统就业管理体系和劳动关系带来挑战

随着移动互联网、移动支付等新技术、新应用的出现,电子商务和共享经济迅速发展,"互联网+传统行业"的发展模式在各领域持续发酵。就业渠道更加多元,就业形式日益灵活,非全日制、临时性、季节性、弹性工作和网络就业创业等各类非典型就业方式迅速兴起,在缓解就业压力的同时,部分非典型就业劳动者面临劳动合同签订率低、劳动关系不明确、就业稳定性低,参与社会保险比例低、工资水平低、劳动保护设施和

条件不完善等方面的问题。由于劳动关系不明确等原因，相关劳动法律和最低工资标准等传统就业管理体系将难以覆盖，以单位为基础的社会保险缴存和享受也存在一定的困难。非典型就业群体就业分散，工会参会率较低，而劳动者权利意识日渐提高，如果其合法权益得不到有效保障，将成为社会和谐稳定的风险性因素。

六 政策建议

当前和未来一段时间，职工就业机遇和挑战并存。除了坚持产业转型升级，依靠创新驱动发展，降低企业税费等方面负担，促进经济稳定增长，继续实施积极的就业政策，完善就业服务外，还应关注以下三方面。

（一）提升人力资本投资的回报率，推动职工终身学习

随着农村可转移劳动力的减少和劳动年龄人口的下降，我国"人口红利"将逐渐消失。当前，我国劳动者素质技能总体偏低以及结构错位已成为制约产业转型升级的瓶颈，也成为制约促进职工就业的关键。因此应强化职工终身学习理念，贯彻落实中共中央《关于深化人才发展体制机制改革的意见》提出的"突出经济社会发展需求导向，建立高校学科专业、类型、层次和区域布局动态调整机制。统筹产业发展和人才培养开发规划，加强产业人才需求预测，加快培育重点行业、重要领域、战略性新兴产业人才"。

当前，党和政府已经制定一系列政策措施推动职工素质技能的提升，但推进前瞻性的劳动者素质技能提升和转型工作，构建学习型社会，离不开包括政府、企业和职工自身在内的社会各界的共同努力。由于职工流动性加大，企业考虑成本问题，对职工的培训较少，或是仅针对本企业岗位的技能培训，职工素质技能难以适应市场的快速变化。当前教育和培训等人力资本回报率相对其他投资的回报率偏低，例如"送孩子上大学不如给孩子买一套房"等现实和观念的存在，在一定程度上降低了职工提升素质技能的积

极性，因此应进一步营造尊重知识、尊重人才的社会氛围和完善收入分配机制，提升各方参与人力资本投资的回报率。

（二）协调相关政策，关注政策对不同职工群体就业的影响

当前，我国已进入全面深化改革阶段，国内一些长期积累的深层次矛盾逐步显现，就业是民生之本，是社会稳定的决定性因素，因此需要协调好各类改革政策与就业的关系。

一方面合理把握产业升级、新技术应用节奏。《全球通史》作者、美国著名历史学家斯塔夫里阿诺斯指出：人类诸多灾难的渊源在于社会变革总是滞后于技术变革，因为技术变革能够提高生产能力和生产水平，通常很受欢迎，很快被采用，而社会变革则要求人们进行自我评估和自我调整，通常较为缓慢和困难。当前互联网、云计算、大数据、物联网、人工智能快速发展，包括工业4.0、共享经济在内的新一轮科技革命和产业变革应运而生，这是我国面临的重要发展机遇。但是在我国区域发展不平衡和职工就业结构性矛盾突出的背景下，"一刀切"的产业政策容易产生一些负面影响。例如，部分劳动力丰富地区大力推动机器换人计划，使得就业岗位快速减少，但是广大劳动者的技能和观念却未能有效适应转型。

另一方面需要关注政策对不同职工群体就业问题的影响，制定细化和精准的政策措施。例如，当前劳动年龄人口下降，养老保险基金承受压力过大，延迟退休政策势在必行。在推行延迟退休政策时，国家需要关注老年职工自身的就业压力问题，特别是在东北等受"去产能"和清理"僵尸企业"影响职工安置压力较大的地区，也需要关注相关政策对青年就业的影响，并考虑职工自身意愿，制定针对性和差别化的政策，协调老年和青年就业。在实行计划生育政策转型过程中，劳动力市场政策应关注女职工产假等方面对企业的影响，建立合理的社会共担和补偿机制，促进女职工就业。

基于就业的重要性，各类重大政策和项目立项均应像各类工程项目立项一样进行环境影响评价，进行"就业影响评价"，对无法通过评价的政策和项目进行修正或终止。

（三）大力提升劳动力市场的灵活性和安全性

企业各类成本上升，包括过高的雇佣保护和劳工标准，最后会导致劳动力市场的僵化，企业和资本外流，甚至造成经济发展停滞。一方面由于国际经济环境的不确定，以及国内经济进入新常态，包括劳动力成本在内的各类成本有所上升，部分企业经营面临困境；另一方面人工智能和共享经济带来的组织平台化、就业方式灵活多样化，导致雇佣关系不明显，各类非典型就业规模扩大。这两方面都在客观上造成了劳动力市场的灵活化，政策存在放松劳动力市场管制的必要性和可能。

因此，在加强各类非典型就业形式与劳动力市场灵活化过程中的劳动关系、法律问题研究和政策制定的同时，政府部门应通过大力提升劳动力市场的安全性来弥补劳动力市场灵活化带来的冲击。劳动力市场安全性是一个多维概念，重点强调就业能力的重要性，即劳动者有能力在多个雇主或岗位中保持就业状态，同时强调通过社会保障帮助劳动者应对失业、疾病等方面的风险，编织一张社会安全网，平衡政府、企业和劳动者三方的责任，缓解企业和劳动者过高"后顾之忧"的矛盾，从而推动创新，促进可持续发展。

中国职工养老保险状况研究

郭　鹏*

摘　要： 养老保险制度涉及每一位职工的切身利益，在最近几年的"两会期间你最关注的问题"调查中，养老金问题连续几年蝉联榜首。但由于养老保险制度本身较为复杂，作为普通百姓，很难对该制度有直观的了解。鉴于此，本报告拟针对"十二五"以来我国职工基本养老保险发展情况及变化趋势进行研究，尤其对2015年养老保险发展状况的新动向进行解读，在此基础上，对"十三五"期间养老保险领域可能的改革方向进行预测，并对我国养老保险制度改革提出政策建议。

关键词： 养老保险　制度抚养比　可持续性

一　2015年我国城镇职工基本养老保险参保情况

2015年，我国养老保险参保情况不容乐观，19个省份参保率比2014年有所降低。① 黑龙江、吉林和辽宁三省养老保险制度抚养比情况十分糟糕，东部沿海地区和上年情况类似，抚养比情况较为乐观。此外，2015年我国城镇职工基本养老保险缴费继续低于当期支出；与此同时，政府公布的

---

* 郭鹏，中国劳动关系学院讲师，主要研究领域为社会保障国际比较、养老保险。
① 需要说明的是，本指数不涉及港澳台地区相关数据，只包括内地31个省、自治区、直辖市。本报告中的"城镇职工"包括城镇单位就业人员、城镇私营单位就业人员和个体人员。其中，2008年之前的数据来源于历年统计年鉴，2008年之后的数据来源于国家统计局网站。

2015年退休人员养老金平均待遇调整比例仍为10%。养老金财务可持续性问题持续恶化。

（一）参保率下降，正规就业人员扩面潜力小

2015年底，我国城镇职工基本养老保险参保人数为3.54亿人，比2014年底增加0.1237亿人，增长了3.6%；其中城镇在职职工参加基本养老保险人数为2.62亿人（比上年增加了2.70%），离退休人员参保数目为0.9142亿人；城镇就业人员数目为4.04亿人，城镇职工基本养老保险参保率为64.85%；城镇在职职工参保人数占城镇职工总参保人数的74.01%。与2014年相比，城镇职工占参保总人数比例降低了0.81个百分点，参保率降低了0.06个百分点。我国城镇职工基本养老保险参保率自2002年以来逐年提高，从2002年的44.78%提高至2014年的64.95%，然而，2015年参保率近14年来首次下降，比2014年降低0.06个百分点（见图1）。2015年，我国城镇职工基本养老保险制度抚养比为2.87∶1，比2014年下降0.1。如果剔除参保未缴费人员，这一比率将会更低，2015年的实际抚养比仅为2.16∶1。

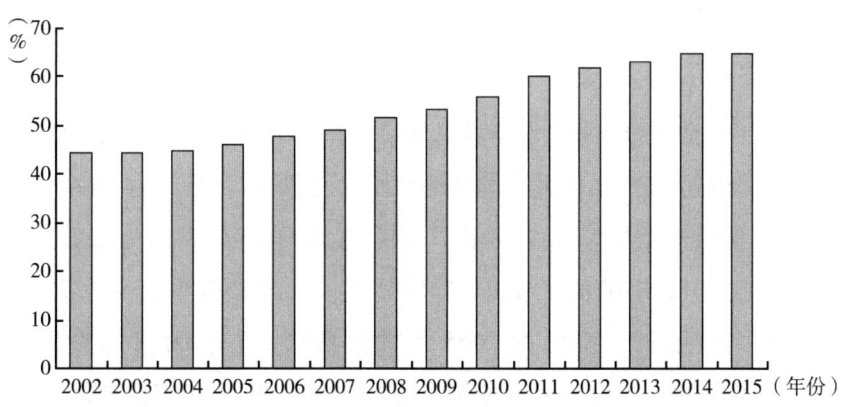

图1　2002~2015年城镇职工基本养老保险参保率

值得注意的是，本文在计算参保率时，采用的计算口径是在职职工参加养老保险的比例与城镇就业人员的比值，因此难免低估参保率。若把离退休人员列入统计口径重新计算参保比率,可以看出,2015年参保率仍然保持了0.18%的微弱增长态势(见图2)。但在我国现有体制下,城镇职工养老保险制度的扩面任务已经十分艰巨,正规就业人员的扩面潜力小,下一步应该着力研究和鼓励非正规就业人员参保。

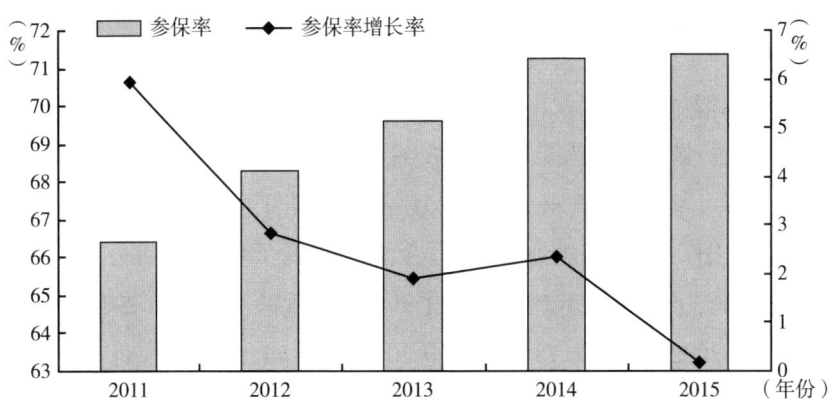

图2 包含离退休人员的养老保险参保率及参保率增长率

(二)西部不发达地区城镇职工参保率低于全国参保水平,扩面难度大

2015年,全国城镇职工基本养老保险的参保比例为64.85%。全国范围内,有13个省份参保率超过全国平均水平(见图3),与2014年持平,另外18个省份低于全国参保平均水平。其中,西藏参保率仍为最低,仅有12.57%,比2014年降低了1.94个百分点;甘肃参保率为41.73%,从2014年的倒数第三位降低为2015年的倒数第二位。云南的参保率为47.59%,从倒数第二提高至倒数第三位,比上年提高幅度超过15个百分点,有较为明显的提高。除云南外,还有青海、天津、河北、山西、内蒙古、山东、湖北、贵州、陕西、黑龙江和辽宁共计12个省份的参保率比上年提高,其中黑龙江、辽宁和云南三省提高幅度较大,分别为8.27个、13.76个和15.05个百分点。其余省份参保率均有不同幅度的下降,浙江省

的情况最为严重，参保率比2014年下降了14.97个百分点。广东省参保率仍居全国第一位，但与2014年相比，参保率也略有下降。

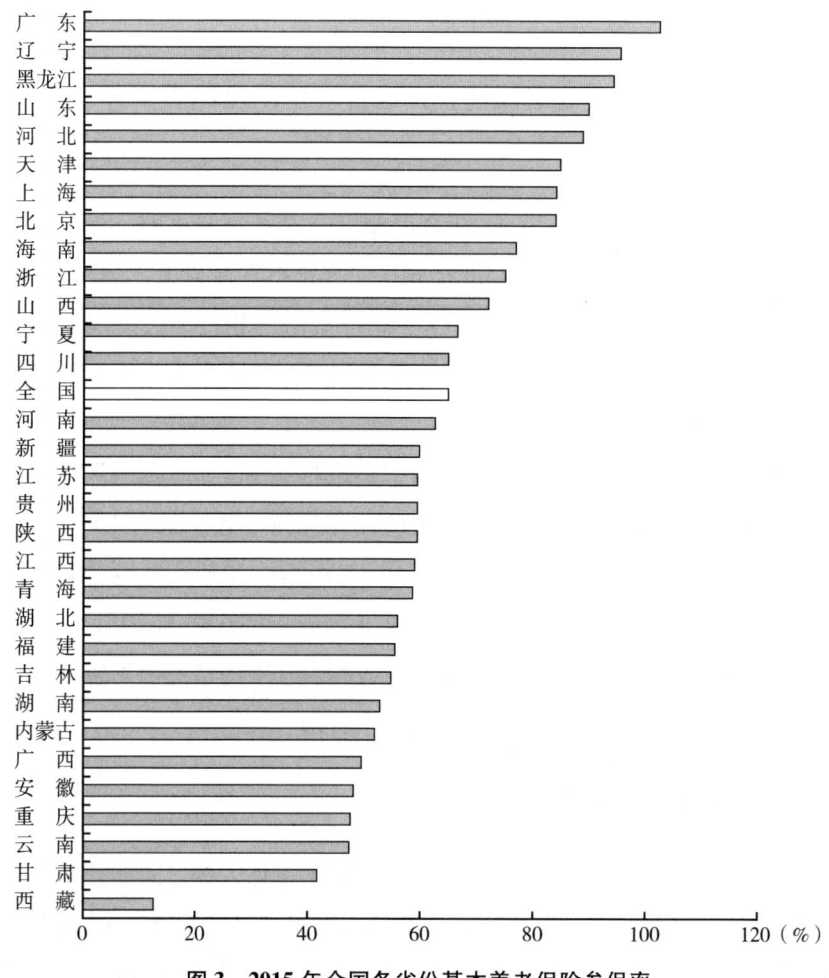

图3 2015年全国各省份基本养老保险参保率

与全国的参保率变动趋势一致，2015年我国共有20个省份参保率较2014年有不同程度的下降。导致这一结果的主要原因在于，我国目前正在着力推进全国统筹，建立中央调剂金制度。在这一政策背景下，各省份为避免增加调剂金负担，都在努力剔除原有参保数据中的断保和因各种原因不缴费人员的数据。

二 2015年不同地区城镇职工基本养老保险参保结构

（一）参保职工人数继续增长，但各地区制度赡养率差异仍十分显著

2015年，全国城镇职工基本养老保险制度赡养率为34.87%（见图4）。① 值得注意的是，2005年以来，制度抚养比一直维持在3以上，但自2014年起这一比率下降到2.97，2015年继续下降为2.87。相应地，全国基本养老保险基金收支状况仍然不容乐观，基本养老保险当年缴费收入再次低于待遇支出，出现当期收不抵支的状况。

从各个省份来看，各省份制度赡养率差距非常大。基本养老保险制度赡养率高于全国水平的有21个省份，与2014年保持一致，只有10个省份制度赡养率低于全国水平。这10个省份依次为海南、江苏、贵州、河南、西藏、浙江、山东、福建、北京和广东，这几个省份的次序与2014年相比略有变化。制度赡养率最高的仍是黑龙江，吉林、辽宁的情况也不容乐观。总而言之，东北三省是制度赡养率最高的三个省份。

（二）黑龙江省情况持续恶化

黑龙江省的离退休职工参保人数和在职职工参保人数之间的差距逐年减小（见图5）。究其原因，在黑龙江、吉林等东北老工业基地，国有重工业企业数量众多，传统资源型产业数量过多。在我国向市场经济转型过程中，养老保险面临的矛盾较为突出，企业人员负担沉重，给养老保险带来巨大负担。尤其在养老金实行社会化发放之后，许多单位把提前退休作为减轻企业负担、安置冗余人员的一项重要措施，更使得退休人员快速增长。因此，东

---

① 制度赡养率指的是领取养老保险待遇人数占参保在职职工人数的百分比，它和抚养比互为倒数关系。

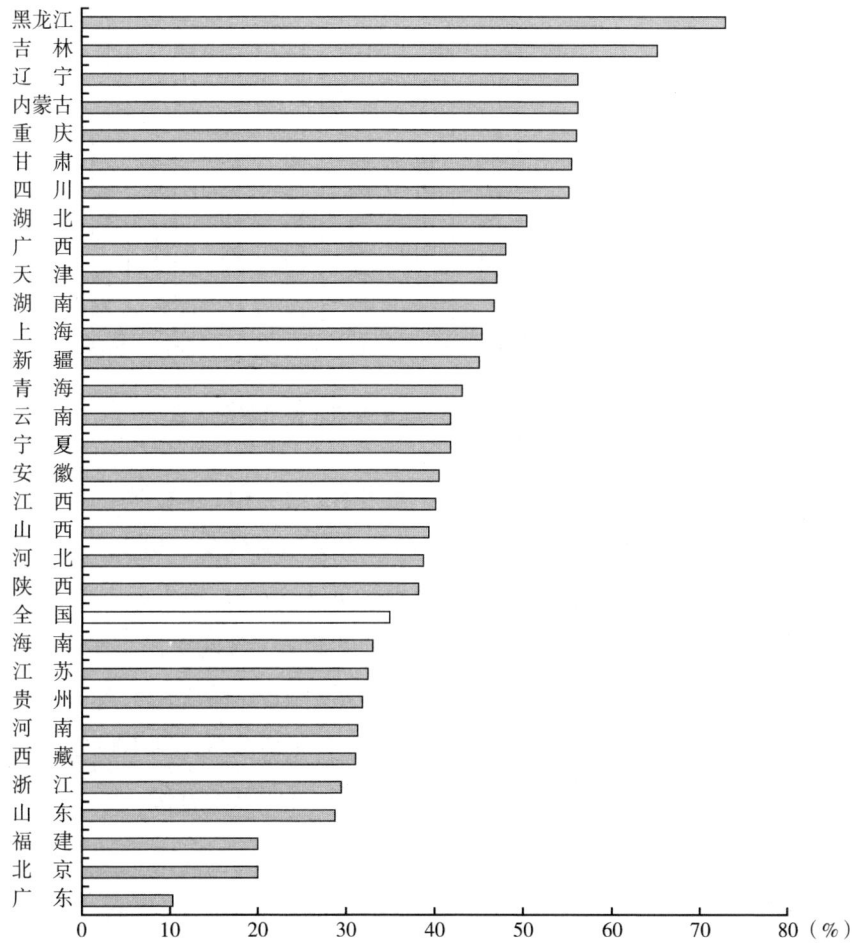

图4　2015年全国各省份城镇职工基本养老保险制度赡养率

北老工业基地的养老保险的历史负债尤为沉重。另一方面，由于众多企业效益不高，养老保险缴费拖欠现象严重，还有众多员工长期断保，正常缴费人数不够。

（三）广东省情况十分乐观

广东等劳务输入大省情况十分乐观，职工养老保险的负担较轻，制度赡

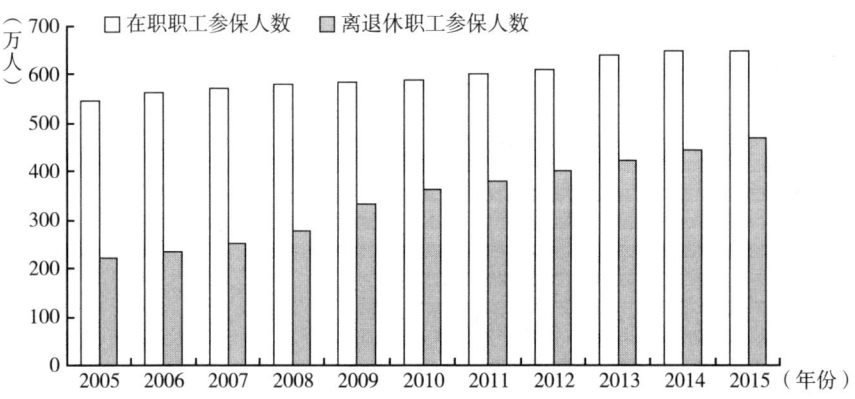

图5　2005~2015年黑龙江省基本养老保险覆盖人数

养率低（见图6）。一方面，在20世纪90年代我国现行养老保险制度建立之时，广东省的企业多属于新兴产业，退休人员相对较少，历史负担较轻。另一方面，广东省的企业养老保险缴费率远低于20%，用工成本低，吸引了大量投资，创造了大批就业岗位。在这一背景下，各地农民工纷纷涌入。但由于我国养老保险制度存在最低缴费年限的限制，这些农民工大多无法满足在务工地领取养老金的条件。他们大多只在务工地缴费，却不在务工地领取待遇。因此，广东省的养老保险制度赡养率远低于其他省份。

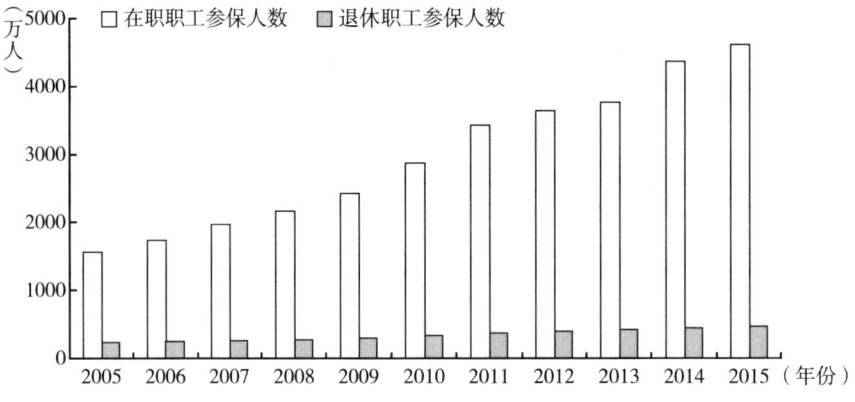

图6　2005~2015年广东省基本养老保险覆盖人数

三 "十二五"期间我国城镇职工基本养老保险情况

(一)从全国范围看,养老保险制度财务可持续性令人担忧

1. 制度抚养比不断下降,财务压力增加

2011年,我国城镇职工基本养老保险参保人数为28391万人,其中在职职工人数为21565万人,离退休人数为6826万人,养老保险制度抚养比为3.16∶1。从图7可以看出,虽然参保总人数逐年上升,但具体来看,养老保险制度抚养比逐年下降,2012年这一比率下降为3.09∶1;2013年再次下降为3.01∶1;2014年跌破3,继续降低为2.97∶1;2015年更降低为2.87∶1(见图8)。由于我国实行的是现收现付的养老保险制度,因此养老保险制度抚养比的下降,也就意味着我国城镇职工养老保险制度的财务可持续性不容乐观。值得注意的是,这仅仅是全国的情况,如果具体到地方,部分地区的基金财务可持续性状况则更令人担忧。

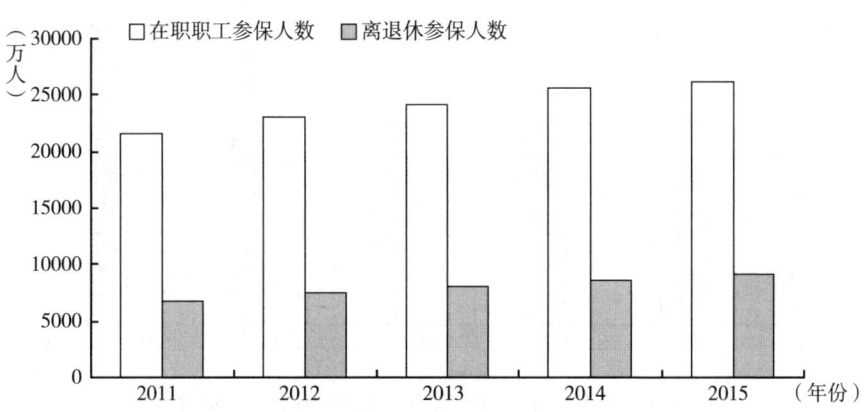

图7 "十二五"期间职工基本养老保险参保人数

2. 基金收支状况恶化,财政补贴逐年增加

养老保险基金累积结余资金在"十二五"期间尽管保持逐年增长趋

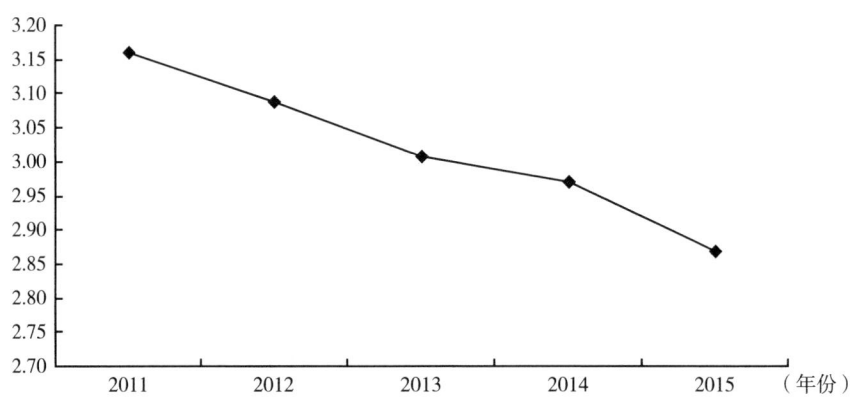

图8 "十二五"期间养老保险制度抚养比变化趋势

势,然而具体到征缴收入可以发现,征缴收入在2011年和2012年略高于待遇支出;2013年收支基本持平;到了2014年,征缴收入小于当期待遇支出1321亿元,当期出现收不抵支情况;2015年,这一缺口增加至2797亿元(见图9)。

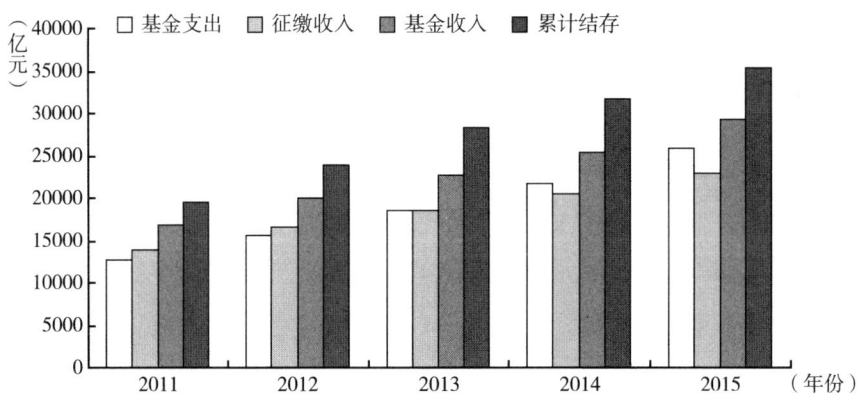

图9 "十二五"期间我国养老保险基金收支情况

"十二五"期间,财政补贴职工养老保险额度逐年增加,从2011年的2272亿元,增加到2012年的2648亿元,2013年的3019亿元,2014年的3548亿元,再到2015年的4716亿元(见图10)。如果政府不对现有养老保险制度进行有效的改革，那么在人口老龄化的背景下，职工养老保险制度将越来越依赖这种外部输血的方式维持运行。

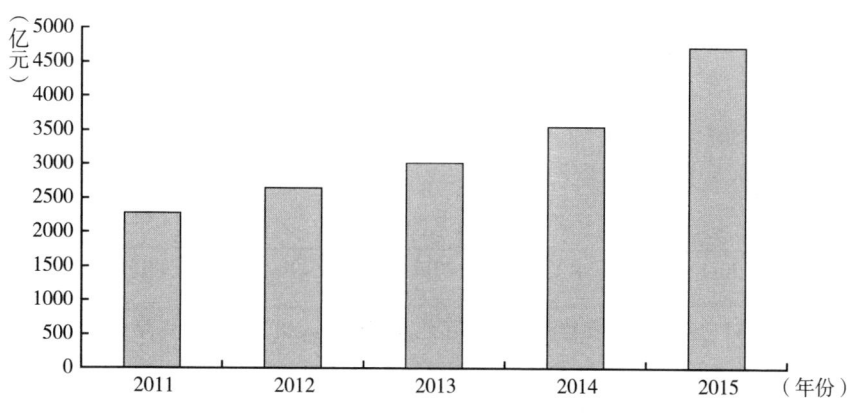

图10 "十二五"期间财政补贴职工养老保险额度

（二）"十二五"期间基本养老保险参保率大体保持上升趋势，但参保率增速大幅下降，扩面难度增大

"十二五"期间，基本养老保险参保率（不包含离退休人员）从2011年的60.05%，增长到2012年的61.94%、2013年的63.23%、2014年的64.95%，虽整体保持增长趋势，参保人口总数保持增加，但增长速度却大幅度下降。其主要原因是，我国自2011年和2012年通过大幅度补缴、一次性趸缴等扩大覆盖面的方式，使城镇职工养老保险制度的覆盖率有了较大提高，但随着这批非正常缴费人口被覆盖，扩面难度加大，导致2015年参保率出现下降，从2014年的64.95%降低为64.88%（见图11）。

（三）从不同省份来看，制度抚养比差异大

从全国来看，黑龙江和广东分别是全国抚养比最低和最高的两个省份，本文选取这两个典型省份在"十二五"期间的抚养比变化情况进行简单分析和比较。通过比较，课题组明显看出我国不同省份养老保险制度面临的制

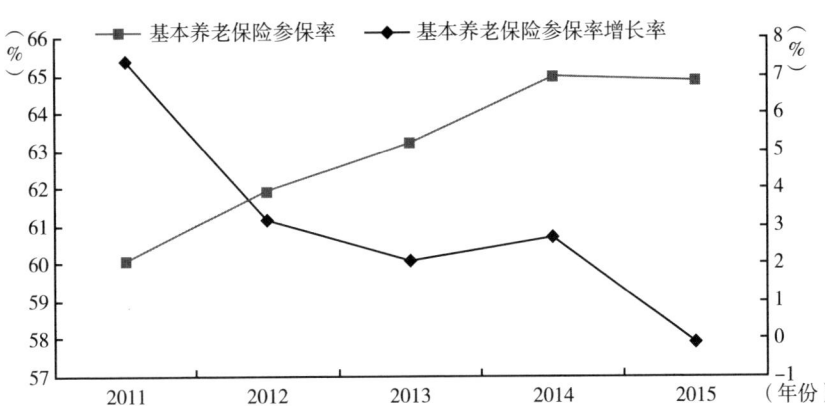

图11 基本养老保险参保率(不包含离退休人员)和参保率增长率

度财务压力状况显著不同,差异巨大,且有持续加大的趋势。

1."十二五"期间,黑龙江省抚养比不断降低,基金状况持续恶化

作为抚养比最低的省份,黑龙江省的制度抚养比在"十二五"期间不断走低(见图12),给该省养老保险制度造成极大压力。作为在计划经济时期为国家经济建设做出过重要贡献的东北老工业基地,应成为国家扶持的重点。

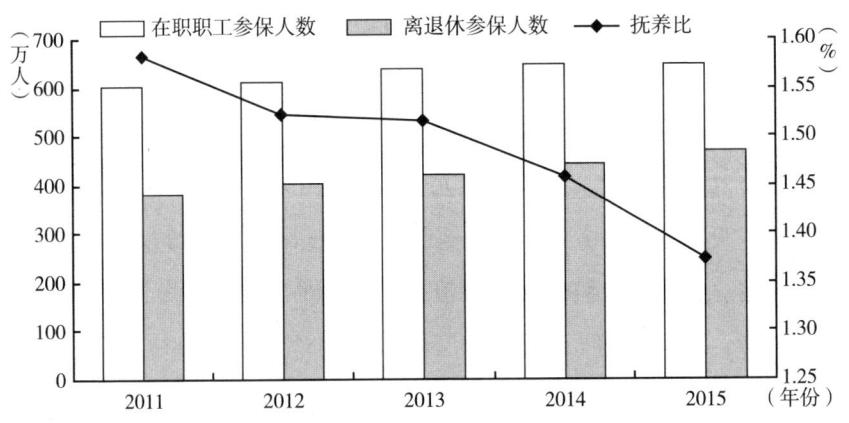

图12 "十二五"期间黑龙江省在职职工、离退休参保人数及抚养比

2. 广东省制度抚养比总体保持增长趋势,情况较为乐观

作为劳务输入大省,广东省一直享受因农民工流动带来的制度红利。此

外，改革开放后，大批新兴企业在广东等沿海地区建厂，这些企业吸收了大量年轻的工人就业，其中大多数企业没有沉重的养老负担，可以轻装上阵。总体来看，广东省养老保险制度抚养比大体保持上升趋势（见图13），不过，在2013年前后由于部分大企业往内地迁移，导致抚养比有所下降。"十二五"期间，广东省养老保险制度抚养比稳居全国第一位，2015年高达9.75∶1，而同期黑龙江省这一比率却仅有1.37∶1。

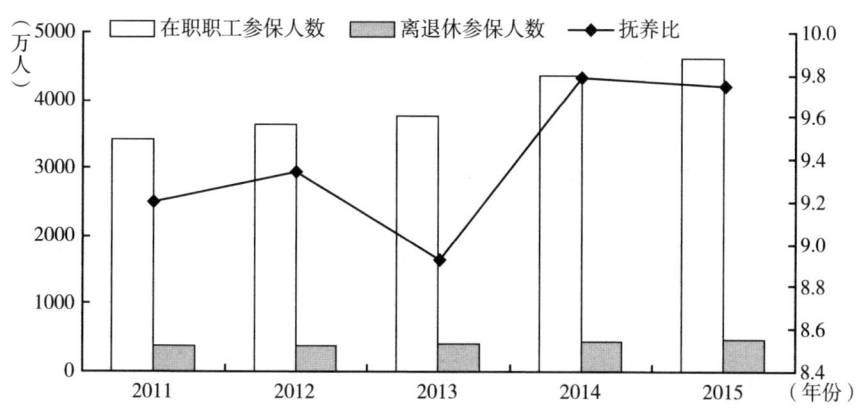

图13 "十二五"期间广东省在职职工、离退休参保人数及抚养比

（四）农民工参保总人数逐年上升，但参保率低，有较大扩面空间

国家统计局公布的数据显示，2011年全国农民工总数达到25278万人，其中，外出农民工15863万人，本地农民工9415万人，参保总人数为4140万人。"十二五"期间农民工参保人数虽然呈不断上升趋势，但上升速度较慢，2012~2014年农民工参保比例分别仅上升0.4个、1.4个和1.0个百分点。截至2015年底，全国农民工总数27747万人，外出农民工16884万人，本地农民工10863万人，参保总人数5585万人（见图14）。

自2011年以来，农民工总数虽不断增加，但增速持续回落（见图15）。

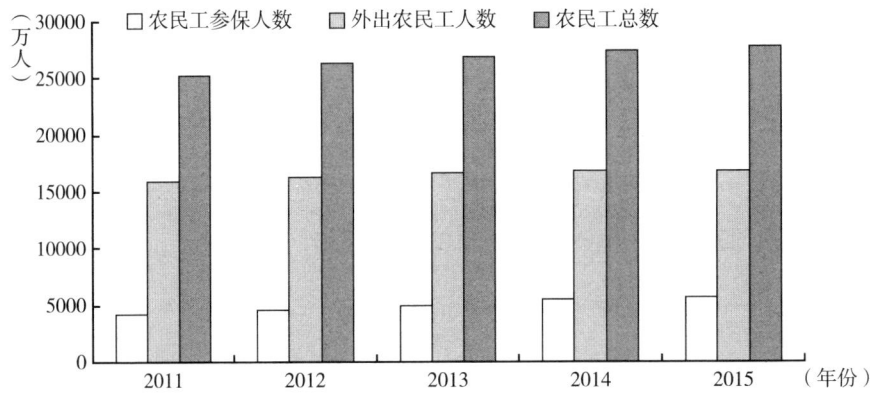

图14 "十二五"期间农民工总数、外出农民工人数及参加养老保险人数

2012~2015年，农民工总数增速分别比上年回落0.5个、1.5个、0.5个和0.6个百分点。

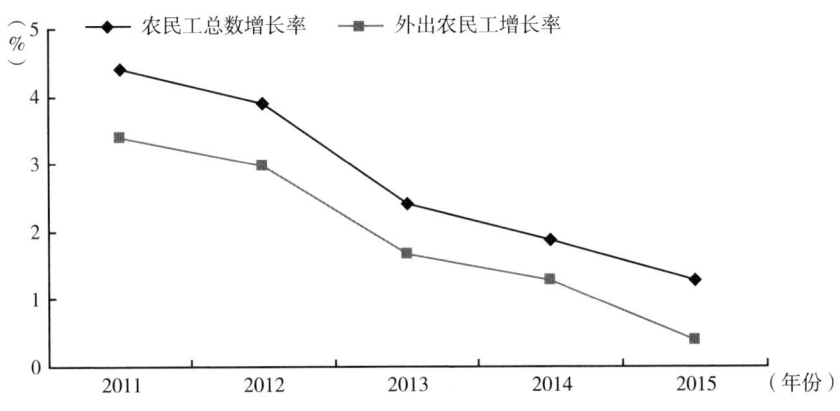

图15 "十二五"期间农民工总数增长率和外出农民工增长率

"十二五"期间，外出农民工参加养老保险人数虽然逐年增加，但相较于农民工总量一直处于较低水平，而且参保人数增长率也出现较大幅度的回落（见图16）。国家统计局抽样调查的数据显示，农民工参保率在"十二五"期间突破10%，2011年达到13.9%，2012年增长到

14.3%，2013年15.7%，2014年16.7%，但仍然在低水平徘徊，有很大的扩面空间。

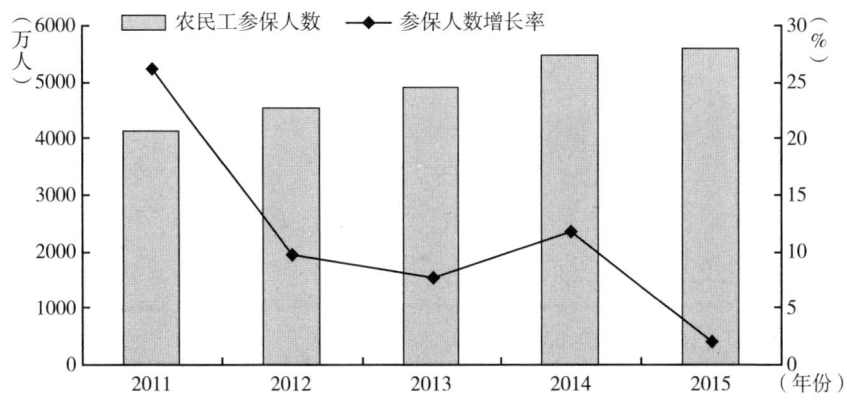

图16 "十二五"期间外出农民工参加养老保险人数及参保人数增长率

农民工参保率较低，主要原因在于他们参保意识不强，有些农民工宁愿和用工企业协商，通过增加工资的方法规避缴纳社会保险费。另外，我国养老保险制度本身缺乏吸引力，且转移接续制度不完善。对于短期务工、达不到城镇职工最低缴费年限的农民工而言，即使参保，其退休时也无法享受城镇职工养老保险的待遇。此外，在20世纪90年代，我国现有养老保险制度建立时，没有解决好历史负债问题，让当期工人承担了老工人因视同缴费年限而累积的待遇，导致养老保险名义缴费率畸高，用工企业社会保险成本高昂，养老保险制度吸引力不足，企业和工人均有强烈的逃避缴费动机。

（五）待遇调整比例保持高速增长

与"十一五"时期类似，"十二五"期间人均养老金仍然保持高速增长，2013年其增长率虽有所降低，仍高达9.9%（见图17）。在工资和物价增速较快的背景下，这一举措改善了退休人员的生活水平。但是，观察近十年的养老金待遇调整方式，可以发现，虽然企业职工人均养老金以年均10%的增速上涨，但我国并没有形成正常的待遇调整机制，每次都是依靠政府行政指令的方式完成。这一做法不仅推高了公众对养老金待遇增长的预期,还损害了制度可持续性,我国应尽快建立规范的养老金待遇调整机制。

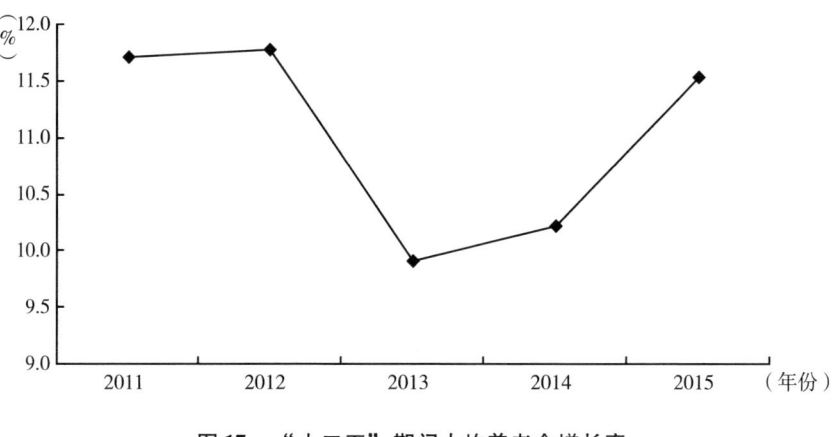

图17 "十二五"期间人均养老金增长率

(六)公共养老保险独大,企业年金发展滞后

我国企业年金制度起源于1991年国务院《关于企业职工养老保险制度改革的决定》,当时规定企业可根据自身经济情况,自愿建立企业补充养老保险。然而,直到2004年劳动和社会保障部颁布《企业年金试行办法》和《企业年金基金管理试行办法》之前,各地政策五花八门,发展极不规范,大部分大中型国有企业选择"自办模式",并未把企业年金资产和自由资产有效分离。例如,以上海为代表的社保部门自己管理的"经办模式"和以购买商业保险为主的"商保模式"。2004年两个《试行办法》实施至今也已经十年有余,但企业年金市场的发展仍十分缓慢。

截至2015年底,我国城镇职工基本养老保险参保人数达到35361万人,基金累计结余35345亿元。而在企业年金方面,我国共有7.55万户企业建立了企业年金,年末企业年金基金累计结存9526亿元,占当年GDP的1.4%(见图18)。参加企业年金职工总人数为2316万人,仅占参加城镇职工基本养老保险人数的6.55%。

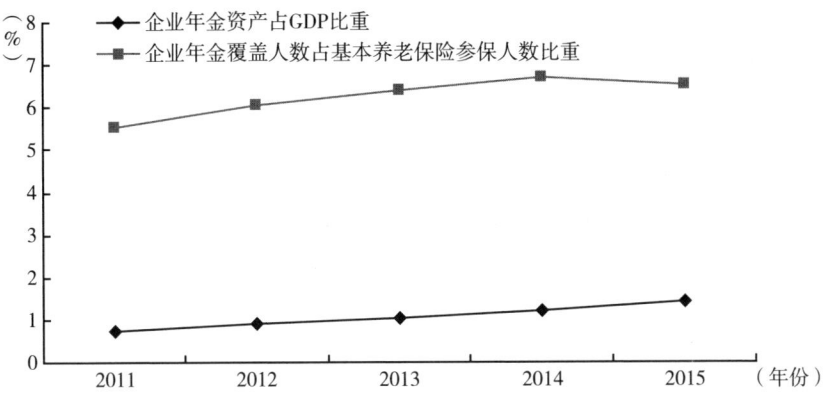

图18 "十二五"期间企业年金资产占GDP比重及企业年金覆盖人数占基本养老保险参保人数比重

四 "十三五"期间我国城镇职工养老保险趋势预测

(一)待遇调整幅度缩小

在经济下行压力增大的背景下,2016年我国城镇职工养老保险调待比率降低为6.5%。政府在"十三五"开局之年的这一降低调待比率的举措,无疑具有风向标式的意义,表明了"十三五"期间待遇调整的趋势。然而,通过行政指令对退休职工养老保险待遇进行调整的做法不可持续,我国亟须建立规范的待遇调整机制。

(二)提高退休年龄

从20世纪70年代以来,已有60多个国家和地区不同程度地提高了法定退休年龄,适时、适度并且渐进式地提高法定退休年龄,已成为各国应对养老形势的变化而调整退休政策的发展趋势。对全球170个国家或地区的退休年龄情况进行梳理,可以看出,发达国家普遍执行65岁以上的退休年龄,有的甚至达到70岁。少数经济落后的小国执行低于60岁的退休年龄,它们或者是养老金制度不完善，覆盖人群有限，或者是人均预期寿命较低。

我国近年来有关延长法定退休年龄的问题引起了广泛关注，同时也存在较大争议。在人口老龄化加剧、预期寿命延长、养老保险制度抚养比下降的背景下，我国延长法定年龄将是必然选择。但具体到延长措施，可以采取分步、渐进的改革方案。作为过渡，也可以学习某些国家，规定领取全额养老金的年龄，同时，按照提前退休年限同比例地降低待遇额度。

（三）降低名义缴费率

由于历史负债问题没有得到有效解决，我国养老保险制度在建立初期便设定了较高的缴费率，导致企业负担沉重，逃避缴费和瞒报工资的动机增强，养老金遵缴率下降。2016年，人社部发出《关于阶段性降低社会保险费率的通知》，从2016年5月1日起，企业职工基本养老保险单位缴费比例超过20%的省（区、市），将单位缴费比例降至20%；单位缴费比例为20%且2015年底企业职工基本养老保险基金累计结余可支付月数高于9个月的省（区、市），可以阶段性将单位缴费比例降低至19%，降低费率的期限暂按两年执行。具体方案由各省（区、市）确定。这表明了我国政府在经济下行压力下，给企业减负的决心。

（四）划转国有资本充实社保基金

2016年，李克强总理在政府工作报告中明确提出，"制定划转部分国有资本充实社保基金的办法"，并签署第667号国务院令公布《全国社会保障基金条例》，使"国有资本划转社保"有法可依，表明我国政府高层对历史负债问题的高度重视。探索降低企业用工成本、通过多种途径解决历史债务的方法成为当务之急，也成为决定我国养老保险制度下一步改革成功的关键。

（五）不再做实个人账户

党的十八届三中全会以来，中央文件涉及我国基本养老保险制度个人账户的阐述发生了微妙变化，由之前的"逐步做实养老保险个人账户"改变为"完善个人账户制度"。从"做实"到"完善",虽然只有简单两个字的改变,其中的意义却影响深远,说明近年来我国政府对于公共养老金制度个人账户制的认识发生了变化。我国养老保险"统账结合"制度已经到了改革的十字路口。

(六)提高统筹层次

党的十八届三中全会对城镇职工养老保险全国统筹做出了部署,指出要"实现基础养老金全国统筹"。"十三五"期间,我国会按照这一要求,逐步实现基础养老金全国统筹。作为过渡,先在全国建立中央调剂金,在全国范围内调剂余缺。提高统筹层次,不仅可以解决转移接续过程中普遍存在的劳务输出省份和劳务输入省份负担不均的问题,还可以节约办理转移接续过程中的时间成本,降低因程序不顺畅造成断保的风险。

五 政策建议

(一)划转国有资本补偿历史负债

在计划经济时期,我国职工工资普遍偏低。当这批曾为我国经济建设做出贡献的职工退休后,国家有责任兑现对他们做出的养老承诺,建议应通过制度外划转国有资本的方式解决这一历史负债问题。根据对1995年的初步评估,国有企业当时的生产性资产超过2万亿元,同期养老金债务和失业债务少于2万亿元,在当时,国有资产是有偿付能力的。以吴敬琏为首的中国经济体制改革总体设计课题组早在20世纪90年代便提出了具体的划转建议。但多年来,由于部门间无法达成一致,这一政策并未真正落地。

2015年,时任财政部部长楼继伟在公开场合指出:"划转部分国有资本补充社保基金就是而且应该仅仅针对视同缴费而造成的养老保险债务。"我国应抓住这一政策契机,明确测算"老人"和"中人"视同缴费年限累积的待遇额度。在明确债务规模的前提下,区分国有企业的不同类别,分步骤、分层次制定不同档次的划转比率,同时兼顾中央及地方,财政部、人社部、国资委和全国社保基金等相关部门与企业间的利益平衡。

(二)规范养老金待遇调整办法,尽快建立自动平衡机制

目前,我国现有的企业职工养老金待遇调整机制还不够完善,行政色彩浓厚。2005年我国发布了《国务院关于完善企业职工基本养老保险制度的决定》,正式宣布我国"建立基本养老金正常调整机制",具体调整办法为"根据职工工资和物价变动等情况,国务院适时调整企业退休人员基本养老金水平,调整幅度为省、自治区、直辖市当地企业在岗职工平均工资年增长率的一定比例"。自2005年以来,我国每年均通过行政指令的方式提高企业职工的养老保险待遇。这种做法虽然起到了稳定社会、避免企业和机关事业单位职工待遇差距过大等方面的作用,但同时大大降低了待遇调整相关政策的可预见性,不断提高了企业退休职工对调高养老金待遇标准的预期,损害了基本养老保险基金财务支出的可持续性。

我国各地每年由于调整待遇而增加的基金支出数额庞大,给养老保险基金造成了巨大的支付压力。在我国连续12年上调企业退休人员养老金的过程中,前11年的平均上调比例都在10%以上。我国应改变以往根据经济状况好坏、依据行政指令决定待遇增减的做法,降低未来待遇调整工作的难度,减少社会不稳定因素。

(三)重视精算工作,构建常态化精算机制

我国养老保险精算机制和制度建设处于非常落后和尴尬的状况,甚至政府不同部门之间还存在是否应该进行社会保险精算的争论,法律和制度建设极其滞后。以《社会保险法》为例,该项法律没有提到有关精算的任何规定。由于法律不健全,各级政府重视不够,导致我国社会保险精算领域人才建设也非常落后,社会保险精算工作难以正常开展。我国应重视精算工作,以精算分析为基础,研究增强养老保险制度财务可持续性的有效改革途径。

（四）提高统筹层次，增强制度可行性

我国城镇职工养老保险的基金管理层次较低，多数仅停留在市县级层面。尽管多数省份实现了名义上的省级统筹，但实际上只是省级调剂金层面的统筹，远未做到养老保险基金的省级统筹，更没有做到人财物的统筹管理。而且不同地区的缴费水平、准入条件和统筹层次等各不相同，直接导致养老保险转移接续存在制度上的衔接障碍。此外，在我国财政"分灶吃饭"的体制下，因各统筹区域的经济发展水平不同，地方政府为保持养老基金的收支平衡，往往根据自身条件制定不同的养老保险规定。例如，以养老保险缴费率为例，珠三角地区雇主平均缴费率仅为13.4%，而东北老工业基地的单位实际缴费率则高达20%以上。由于地区间转移接续存在障碍，缺乏制度便携性，严重影响了正常的劳动力流动。[①]

（五）建立社会养老金制度，缓解城乡制度间的不公平问题

目前，我国还没有建立覆盖全民的国民养老金或社会养老金制度，城乡居民社会养老保险与城镇职工基本养老保险制度并行，城乡之间的制度差距较大。事实上，我国政府对基本养老保险的财政补贴负担也十分沉重。以城镇职工基本养老保险制度为例，自建立以来，政府每年对该制度的转移支付都在增加。人力资源和社会保障部提供的数据显示，政府对城镇职工基本养老保险的财政补贴年均增长率在17%左右。1998年财政补贴只有24亿元，2015年则高达3970亿元，1998~2015年财政转移支付合计达25618亿元。[②] 其中，中央财政补贴占主要部分，比例高达90%。我国完全有条件分批次、分人群逐步建立起覆盖全民的非缴费型社会养老金制度。如果仅以这部分财政转移支付为基础建立社会养老金，从财政负

---

① 郭鹏：《以"划转国有资本"为契机完善城镇职工养老保险制度》，《中国劳动保障报》2017年4月25日。
② 历年人力资源和社会保障部年度统计公报，人社部网站，http://www.mohrss.gov.cn/SYrlzyhshbzb/zwgk/szrs/tjgb/。

担的角度看，2037年之前这部分转移支付占 GDP 比重均低于 0.5%。2037年之后，即使由于老龄化程度加剧导致比重上升，在2090年之前也会一直保持在1.2%以下。①

（六）构建"多支柱"养老保险体系

截至2015年底，我国城镇职工基本养老保险参保人数达到35361万人。而企业年金方面，我国仅有7.55万户企业建立了企业年金，参加职工总人数只有2316万人，仅占参加城镇职工基本养老保险人数的6.55%。因城镇职工养老保险制度缴费率高，挤占了企业年金的发展空间。而企业年金发展严重滞后，反过来又加重了城镇职工养老保险制度的负担。

因此，在解决城镇职工养老保险制度历史负债和降低缴费率的基础上，我国应严格划分不同支柱的界限，清晰界定不同支柱的权利义务。应及时拆分"统账结合"制度，在有效降低基本养老保险缴费率的同时，从原有"统账结合"第一支柱中，分离出承担社会共济功能的第一支柱和承担自我积累性质的第二支柱。在降低第一支柱缴费率的政策环境下，把拆分出来的自我积累功能和第二支柱企业年金合并，促进企业年金的发展，从而减轻养老保险第一支柱的负担，构建"多支柱"养老保险体系。

---

① 郑秉文等：《中国养老金发展报告（2014）》，经济管理出版社，2015。

中国职工职业安全状况研究

颜 峻*

摘 要: 为了研究 2015 年中国职工职业安全状况,本研究采用全国各类事故统计数据,分别从职业安全的总体状况、主要地区和行业间职业安全状况、重点行业职业安全状况控制效果等方面进行分析。研究发现,生产事故总量、较大以上事故的主要相对指标下降,重点行业领域和各地区安全生产状况进一步好转,安全生产工作取得明显成效。大部分单位事故数量和死亡人数同比下降,但部分地区重特大、较大事故数量上升,全国安全生产形势依然严峻。危险化学品重特大事故频发且危害严重,暴露出安全生产体制机制法制不完善、相关管理部门安全发展理念不牢固、企业主体责任不落实、安全监管执法不严格等问题。

关键词: 职业安全 安全生产 统计与分析

一 2015年全国职工职业安全的总体状况

本文选取《安全生产"十二五"规划》和列入《国民经济和社会发展统计公报》用于反映我国安全生产总体状况的 4 项指标,分析我国安全生

---

* 颜峻,中国劳动关系学院副教授,主要研究领域为安全生产事故统计与分析、安全生产管理与技术。

产状况。

自2005年以来，亿元GDP生产安全事故死亡率呈现出逐年下降趋势，且年度降幅较大，年均降幅达18.7%。值得注意的是，下降幅度在逐年放缓。2015年，全国共发生各类事故281576起，死亡66182人，同比分别减少24112起和1894人，分别下降7.9%和2.8%。① 经测算，2015年我国亿元GDP生产事故死亡率为0.098，比上年下降8.4%。与2005年相比，2015年的亿元GDP生产事故死亡率由0.697下降到0.098，下降了85.94%（见图1）。

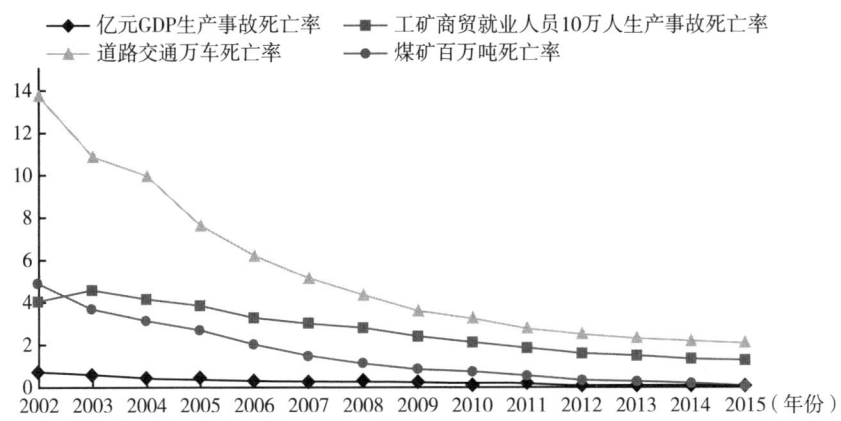

图1　2002~2015年安全生产4项指标变化趋势

数据来源：国家统计局《2015年国民经济和社会发展统计公报》《中国安全生产年鉴(2015)》，国家安全生产监督管理总局《2015年全国生产安全事故统计分析报告》，国家卫生和计划生育委员会疾病预防控制局网站。

2015年，全国工矿商贸共发生各类事故4854起，死亡5982人，同比减少931起、1232人，分别下降16.1%和17.1%。2015年我国工矿商贸就业人员10万人生产事故死亡率为1.071，比上年下降19.4%。2005~2015年，工矿商贸就业人员10万人生产事故死亡率年均降幅达11.5%。

---

① 国家安全生产监督管理总局：《2015年全国生产安全事故统计分析报告》。

从国民经济行业来看，事故数量居第一位的是制造业，占工矿商贸总量的32.4%；事故数量居第二位的是建筑业，占工矿商贸总量的32.3%。死亡人数居第一位的是建筑业，占工矿商贸总量的31.6%；死亡人数居第二位的是制造业，占工矿商贸总量的29.3%。农林牧渔业、采矿业、制造业等14个行业事故数量和死亡人数同比"双下降"；信息传输、计算机服务和软件业、金融业等5个行业事故数量和死亡人数同比"双上升"。

道路交通是重特大事故多发的"重灾区"。在各行业的事故中，道路交通事故发生数量和死亡人数均居第一位，分别占66.7%和87.7%。2015年全国共发生道路交通事故187781起，死亡58022人，同比分别减少9031起和501人，分别下降4.6%和0.9%。2015年我国道路交通万车死亡率为2.08，比上年下降6.3%。2005~2015年，道路交通万车死亡率年均降幅达13%。其中，生产经营性道路交通事故38768起，死亡18919人，同比分别减少4692起和1044人，分别下降10.8%和5.2%。在道路交通事故中，生产经营性道路交通死亡人数占全国道路交通事故死亡人数的1/4；交通事故发生数量和死亡人数，分别占全国道路交通事故总量的20.6%和32.6%，均比2014年占比减少1.5个百分点。

煤矿百万吨死亡率是4项安全生产指标中年均降幅最大的一项，但煤矿同时也是重特大事故多发行业。2015年，全国煤矿共发生各类事故352起，死亡598人，同比减少168起、348人，分别下降32.3%和36.8%。2015年我国煤矿百万吨死亡率为0.162，比上年下降36.5%。2005~2015年，煤矿百万吨死亡率平均年降幅达23.1%。按煤矿类型分，国有重点、国有地方和乡镇煤矿事故数量与死亡人数同比均实现"双下降"。在三类煤矿事故中，事故数量和死亡人数居第一位的是乡镇煤矿，分别占46.9%和52.7%；事故数量和死亡人数居第二位的是国有重点煤矿，分别占33.0%和33.9%。

2015年全国事故总量保持继续下降态势，事故数量和死亡人数同比分别下降7.9%和2.8%。大部分地区和重点行业领域安全状况基本稳定，11个省级单位未发生重特大事故，煤矿事故数量和死亡人数同比分别下降32.3%和36.8%，非煤矿山、化工和危化品、烟花爆竹、道路交通、建筑施工、生产经营性火灾、水上交通、铁路交通及冶金机械等行业领域事故实现"双下降"。目前，安全生产形势依然严峻复杂，尤其是重特大事故频发且危害严重。

二 2015年全国主要地区、行业间职业安全状况差异性分析

（一）地区间事故率差异性分析

大部分单位事故数量和死亡人数同比虽然下降，但部分地区重特大、较大事故上升，全国安全生产形势依然严峻。各地区各类事故死亡人数差异性指标主要反映全国32个省级统计单位（31个省、区、市和新疆生产建设兵团）事故死亡人数，包括工矿商贸、道路交通、生产经营性火灾、铁路交通和农业机械事故死亡人数五项的差异性。2015年，在全国32个省级统计单位中，有25个省级单位事故数量和死亡人数同比有所下降；有5个单位事故数量同比下降，但死亡人数同比上升，包括北京、天津、黑龙江、江西、广东；有两个单位事故起数和死亡人数同比"双上升"，为河南和海南。2015年，31个省份的亿元GDP生产安全事故死亡率最低的是北京，为0.0431；最高的是青海，为0.2498（见图2）。

（二）行业间事故率差异性分析

各行业的事故死亡人数差异性指标主要反映年度各行业（包括工矿商贸、生产经营性火灾、道路交通、水上交通、铁路交通、民航飞行、农业机械、渔业船舶、其他九项）事故死亡人数的差异性。2015年，大多数行业的事故数量和死亡人数"双下降"。工矿商贸、生产经营性火灾、道路交通、水上交通、铁路交通和农业机械六个行业领域事故数量和死亡人数同比"双下降"；民航飞行和其他行业事故数量和死亡人数同比"双上升"；渔业船舶事故数量同比下降，而死亡人数同比上升（见表1）。

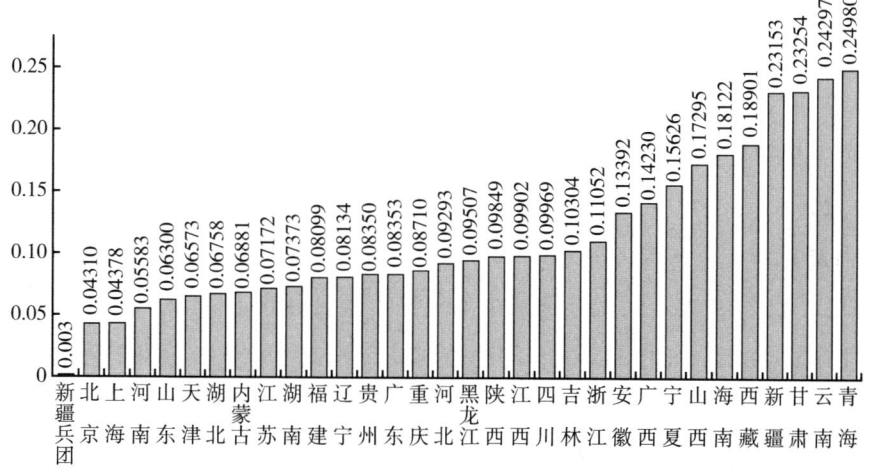

图 2 全国 32 个统计单位亿元 GDP 生产安全事故死亡率情况

数据来源:国家统计局《2015 年国民经济和社会发展统计公报》《中国安全生产年鉴(2015)》,国家安全生产监督管理总局《2015 年全国生产安全事故统计分析报告》。

表 1 2015 年全国各行业领域事故情况

单位:起,人

行业	事故数量	死亡人数
合计	281576	66182
一、工矿商贸	4854	5982
其中:煤矿	352	598
二、生产经营性火灾	85810	249
三、道路交通	187781	58022
四、水上交通	213	222
五、铁路交通	1376	1037
六、民航飞行	9	12
七、农业机械	1306	208
八、渔业船舶	220	243
九、其他	7	207

(三)化工和危险化学品单位事故特征分析

根据我国《安全生产法》的规定,高危行业主要包括矿山、金属冶炼、建筑施工、道路运输行业和危险物品的生产、经营、储存行业。影响行业生产安全水平的因素包括危险物料及工艺的固有危险性、安全生产责任制度的建立和落实情况、行业安全生产技术水平、作业环境、作业人员安全意识和管理人员安全管理水平、监督体制等多个方面。

2015年，全国共发生化工和危险化学品事故97起、死亡157人，同比分别减少17起、9人，分别下降14.9%和5.4%。其中，危险化学品事故23起、死亡45人，同比分别减少7起和1人，分别下降23.3%和2.2%；化工事故74起、死亡112人，同比分别减少10起和8人，分别下降11.9%和6.7%。

按事故类别分，中毒和窒息事故最多。事故数量和死亡人数居第一位，分别占总数的20.6%和28.0%；事故数量和死亡人数居第二位的是其他爆炸，分别占总数的19.6%和27.4%。物体打击、起重伤害、淹溺、灼烫、坍塌和容器爆炸导致的事故数量和死亡人数同比"双下降"；车辆伤害、机械伤害、触电、高处坠落、锅炉爆炸和其他爆炸导致的事故数量和死亡人数同比"双上升"；中毒和窒息以及其他伤害事故数量同比下降，而死亡人数同比持平；火灾事故数量同比持平，死亡人数同比上升。

造成事故的原因有以下几点。

1.部分企业未依法落实安全生产主体责任

部分企业主要负责人安全生产观念、法制观念淡薄，对企业的安全生产工作不重视，安全投入不足，安全生产责任制和安全生产管理制度缺失或不健全，企业安全管理人员和操作人员能力不足、缺乏培训，缺乏应急预案。

2.危化品生产企业安全生产基础薄弱

我国危化品生产企业以企业为主，设计标准低、工艺技术落后、安全投入缺乏、人员能力不足，中西部地区的企业更为普遍。部分企业未经过正规设计，采用已被工信部明确列入淘汰目录的落后工艺进行生产。

3.部分地区盲目发展化工行业

部分地区安全发展理念不牢固，盲目发展化工行业，未考虑本地区化工人才和危化品安全监管力量是否满足需要，甚至为一些不具备安全生产条件的危化品企业在行政审批上开绿灯。

4.安全生产监管仍存在薄弱环节

危险化学品安全监管力量不足,尤其是基层安全监管机构还不健全,专业安全监管人员和执法人员缺乏,应急救援能力不足;部分地方安全监管部门的有关人员未按照规定履行安全监管职责,对企业的违法行为未发现或未依法查处。

三 2015年重点行业职业安全状况控制效果

(一)重点行业主要控制指标完成情况分析

通过对国内安全生产控制指标体系的研究,并征求专家意见,本部分将重点行业职业安全状况控制性指数划分为4个重点行业安全生产事故控制指数,用当年该行业实际死亡人数与当年控制指标确定人数比值表示,具体包括工矿商贸事故控制指数、生产经营性火灾事故控制指数、生产经营性道路交通事故控制指数、铁路交通事故控制指数。根据国家安全生产监督管理总局年度全国事故统计报告,2015年全国各类事故死亡人数较年度控制指标下降了4.7%,较2014年下降了1.3个百分点,全年各行业指标均在年度控制目标以内。

工矿商贸事故总体控制情况较好,均未出现超出控制指标情况,年度控制率在合理范围内波动,反映出该行业事故控制水平较高。根据统计数据,2015年全国共死亡5982人,同比减少1232人,下降17.1%,占全年控制指标的74.0%。2005~2015年,工矿商贸行业年度事故死亡人数占全年控制指标的比例年均下降2.6个百分点,事故控制率总体上表现为逐渐下降的趋势(见图3),这表明实际发生事故死亡人数占当年控制指标的比例不断减少,反映出该行业事故预防、控制工作效果较为明显。

2005~2015年,生产经营性火灾事故控制情况波动较大(见图4),近年出现超出控制指标的情况,需进一步加强对经营性火灾事故重点场

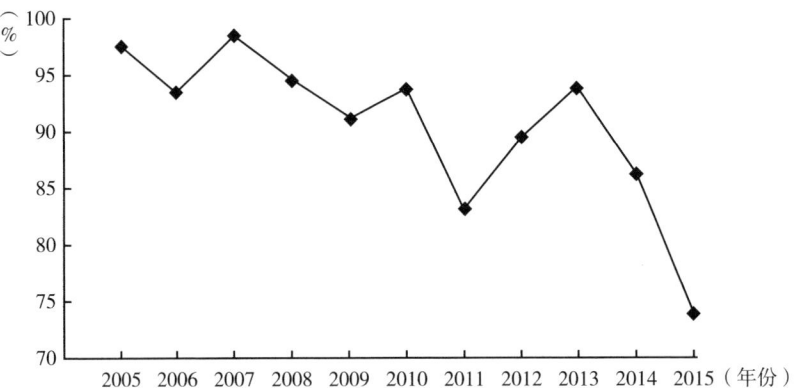

图3 2005~2015年全国工矿商贸事故占控制指标的比例变化趋势

数据来源：国家统计局《2015年国民经济和社会发展统计公报》《中国安全生产年鉴（2015）》，国家安全生产监督管理总局《2015年全国生产安全事故统计分析报告》。

所的监管。2015年，全国生产经营性火灾死亡249人，占全年控制指标的70.1%。

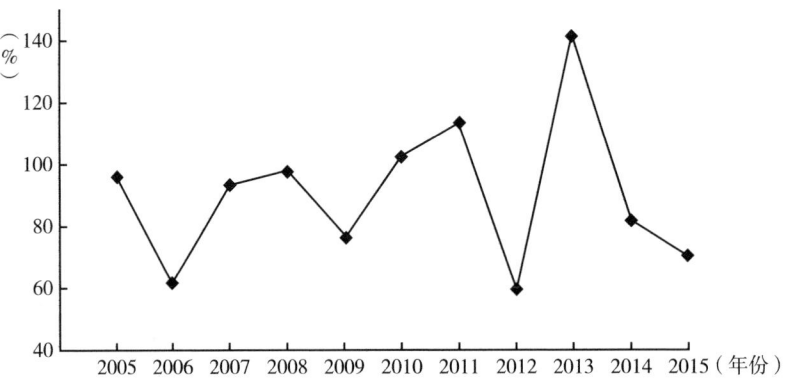

图4 2005~2015年全国生产经营性火灾事故占控制指标的比例变化趋势

数据来源：国家统计局《2015年国民经济和社会发展统计公报》《中国安全生产年鉴（2015）》，国家安全生产监督管理总局《2015年全国生产安全事故统计分析报告》。

生产经营性道路交通事故控制情况变化较为平稳，事故一直处于控制指标范围内并呈现出波动下降趋势（见图5），但降幅不大这一现象反映出近年对交通事故控制的难度较大。2005~2015年，生产经营性道路交通事故年度死亡人数占全年控制指标的比例年均下降0.9个百分点。其中2015年，生产经营性道路交通事故死亡18919人，同比减少1044人，下降5.2%，占全年控制指标的83.2%。这说明，经营性道路交通事故死亡人数控制率波动较小、总体控制水平较稳定，呈现出稳中有降的趋势。

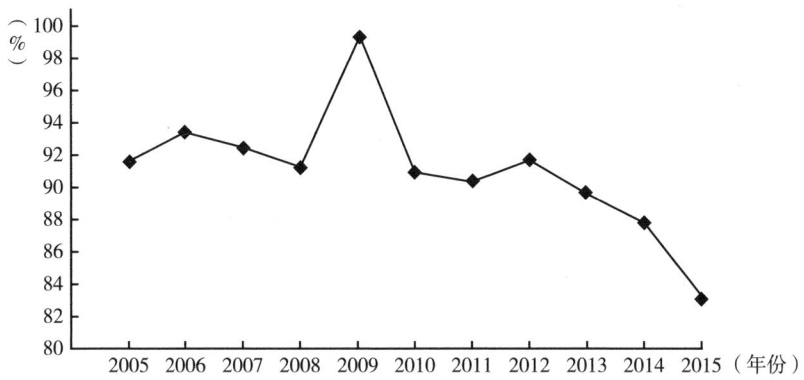

图5　2005～2015年全国生产经营性道路交通事故占控制指标的比例变化趋势

数据来源：国家统计局《2015年国民经济和社会发展统计公报》《中国安全生产年鉴（2015）》，国家安全生产监督管理总局《2015年全国生产安全事故统计分析报告》。

铁路交通事故一直在控制指标范围内，但事故死亡人数占控制指标的比例近年呈现上升趋势（见图6），反映出铁路事故安全工作难度在不断加大。2005～2015年，铁路交通事故年度死亡人数占全年控制指标的比例年均下降1.2个百分点。2015年，全国发生铁路交通事故死亡1037人，同比减少105人，下降9.9%，死亡人数占全年控制指标的72.5%。虽然铁路交通事故一直处于控制指标范围内，但自2008年起其控制率一直在控制指标附近，2012年和2013年有所下降，但还不能看出事故控制率下降的长期趋势，其中因行人横过铁路或在铁轨上行走造成死亡的比例较高，因此应从铁道基础设施建设和道口通行管理等方面着手遏制铁路交通事故发生。

（二）控制指标变化趋势与现实事故发生趋势差异成因分析

安全生产控制指标，是对安全生产情况实行定量控制和考核的有效手

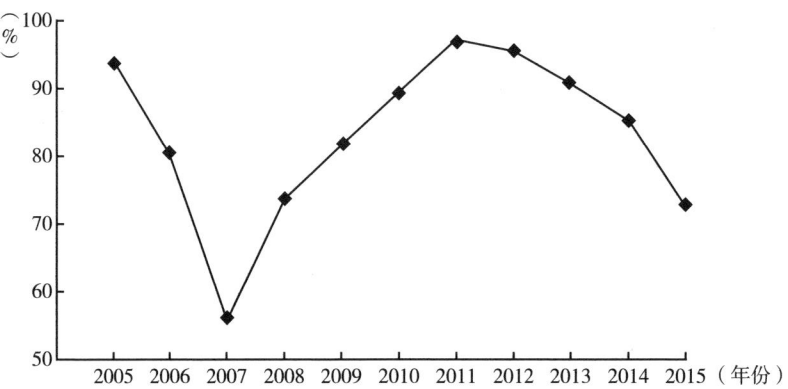

图6　2005～2015年全国铁路交通事故占控制指标的比例变化趋势

数据来源：国家统计局《2015年国民经济和社会发展统计公报》《中国安全生产年鉴（2015）》，国家安全生产监督管理总局《2015年全国生产安全事故统计分析报告》。

段。一般来说，设定全国和省份控制指标的主要原则，是以上年度生产安全伤亡事故统计数据为基础，结合各地实际情况，提出总体要求，然后再由各省份根据实际情况提出意见后报国家安监总局，经过综合考虑后再正式下达。指标的确定，本着从实际出发的原则，实行重点地区重点控制，使地区控制指标符合地区经济发展和人口状况的实际，力求使安全生产与地区经济建设和社会进步协调发展。在理想的状态下，地区（行业）的控制指标不能被超越，应呈现逐渐下降的趋势。企业生产经营活动中发生的生产安全事故，具有随机性质，即事故的发生具有不确定性。影响不确定性有5个因素，即人的不安全行为，机器设备的不安全状态，物的不安全状态，工艺存在的不安全因素和环境的不安全状态。因此，控制指标不可能始终呈现下降的趋势，存在波动是不可避免的。在各种安全事故的成因构成中，人的不安全行为和物的不安全状态是造成事故的直接原因，占到90%左右，因此控制事故首先要消除人的不安全行为和物的不安全状态。人的不安全行为是指违反操作规程、违反劳动纪律、违章指挥等。消除人的不安全行为，正确判断物的具体不安全状态，控制其发展，对预防、消除事故有直接的现实意义。对于职工来说，应提高自我安全保护意识、遵守操作程序和方法，掌握安全操作技能、做好作业前危险分析和危险源点辨识，认真落实管理规定等。

四 "十二五"期间生产安全事故变化趋势

（一）"十二五"期间全国生产安全事故变化情况

"十二五"期间，我国安全生产形势进一步稳定好转，各类事故大幅度下降，提前完成了安全生产"十二五"规划目标。

1. 总体情况

"十二五"期间，事故总量由2010年的363383起、死亡79552人，下降到2015年的281576起、死亡66182人，分别下降了22.5%和16.8%（见图7）；较大事故由2010年的1732起、死亡6870人，下降到2015年的1016起、死亡3820人，分别下降了41.3%和44.4%（见图8）；重特大事故由2010年的85起、死亡1440人，下降到2015年的38起、死亡768人，分别下降了55.3%和46.7%（见图9）。

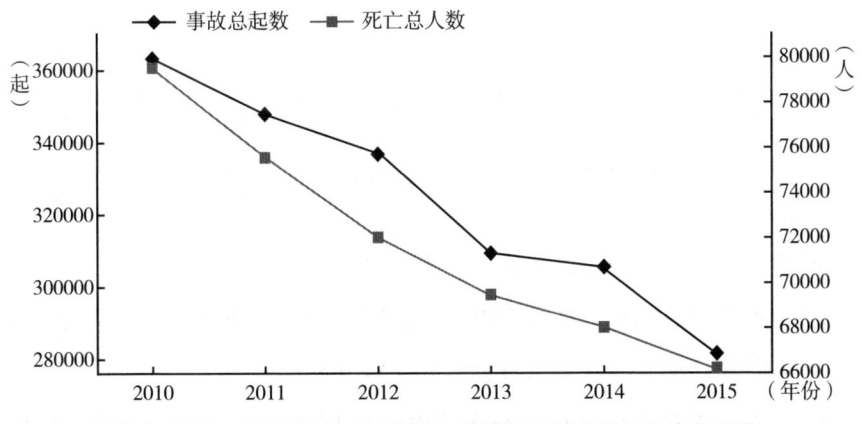

图7 2010~2015年全国各类事故总起数和死亡总人数变化趋势

2. 主要规划指标完成情况

"十二五"期间，安全生产"十二五"规划的各项指标均大幅下降，全

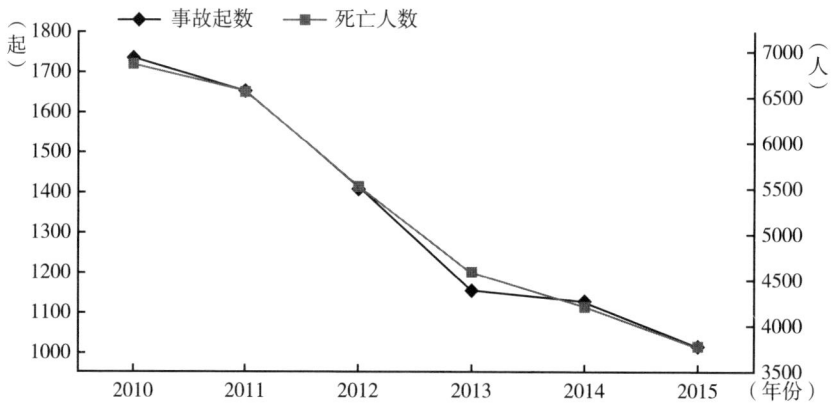

图 8　2010~2015 年全国较大事故起数和死亡人数变化趋势

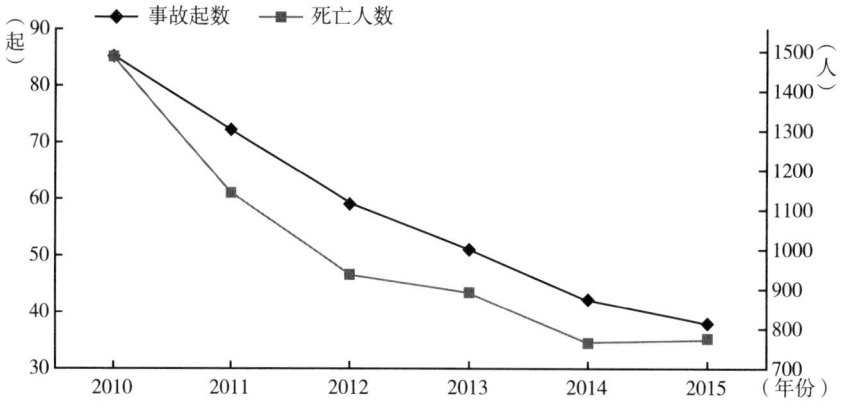

图 9　2010~2015 年全国重特大事故起数和死亡人数变化趋势

部实现了"十二五"规划设定的安全生产目标。

（1）各类事故死亡人数由 2010 年的 79552 人，下降到 2015 年的 66182 人，下降了 16.8%，较规划目标低 6.8 个百分点。

（2）工矿商贸事故死亡人数由 2010 年的 10616 人，下降到 2015 年的 5982 人，下降了 43.7%，较规划目标低 31.2 个百分点。

（3）较大事故数量由 2010 年的 1732 起，下降到 2015 年的 1016 起，下降了 41.3%，较规划目标低 26.3 个百分点。

（4）重大事故数量由2010年的74起，下降到2015年的34起，下降了54.1%，较规划目标低39.1个百分点。

（5）特别重大事故数量由2010年的11起，下降到2015年的4起，下降了63.6%，较规划目标低13.6个百分点。

（6）亿元国内生产总值生产安全事故死亡率由2010年的0.201下降到2015年的0.098，下降了51.2%，较规划目标低15.2个百分点。

（7）工矿商贸就业人员10万人生产安全事故死亡率由2010年的2.13下降到2015年的1.071，下降了49.7%，较规划目标低23.7个百分点。

（8）道路交通万车死亡率由2010年的3.2下降到2015年的2.080，下降了35.0%，较规划目标低3个百分点。

（9）煤矿百万吨死亡率由2010年的0.749下降到2015年的0.162，下降了78.4%，较规划目标低50.4个百分点。

（二）对"十三五"期间全国生产安全事故趋势的基本判断

目前，我国生产安全工作虽然取得了很多的成绩，但一些根本性的问题并没有解决，集中体现在以下几点。

第一，经济社会发展不平衡，城乡和区域发展不平衡，安全监管体制机制不完善，全社会安全意识、法治意识不强。

第二，生产经营规模不断扩大，矿山、化工等高危行业比重大，落后工艺、技术、装备和产能大量存在，各类事故隐患和安全风险交织叠加，安全生产基础薄弱。

第三，城市规模日益扩大，结构日趋复杂，城市建设、轨道交通、油气输送管道、危旧房屋、玻璃幕墙、电梯设备以及人员密集场所等安全风险突出，城市安全管理难度增大。

第四，传统和新型生产经营方式并存，新工艺、新装备、新材料、新技术被广泛应用，新业态大量涌现，增加了事故成因的数量，复合型事故有所增多，重特大事故由传统高危行业领域向其他行业领域蔓延。

第五，安全监管监察能力与经济社会发展不相适应，企业主体责任不落实、监管环节有漏洞、法律法规不健全、执法监督不到位等问题依然突出，安全监管执法的规范化、权威性亟待增强。

因此，在解决上述根本问题之前，我国的安全生产事故数量将继续保持总体下降的趋势，但下降幅度将不断缩小，重点高危行业重特大事故仍将具有偶发性。

参考文献

Carballo, Nerukar A. "Migration, Refugees, and Health Risks", *Emerg Infect Dis* 7 (2001).

Sagoian I. L., "Health Education and Knowledge Regarding Tuberculosis among Healthy Patients with TB", *Probl Tuberk* 10 (1999).

唱斗、王生、窦培谦、许素睿：《建筑行业农民工的职业安全现状及对策》，《中国安全科学学报》2010年第1期。

唱斗、王生：《我国农民工职业卫生安全与健康危害及干预对策》，《中国职业医学》2009年第4期。

唱斗、徐桂芹、王宏伟、王生：《国外解决农民工职业安全卫生问题的启示》，《环境与职业医学》2011年第3期。

国家安全生产监督管理总局历年《中国安全生产年鉴》，煤炭工业出版社。

国家统计局人口和就业统计司历年《中国劳动统计年鉴》，中国统计出版社。

国家统计局历年《中国统计摘要》，中国统计出版社。

何学秋、宋利、聂百胜：《我国安全生产基本特征规律研究》，《中国安全科学学报》2008年第1期。

贺伟、龙立荣：《实际收入水平、收入内部比较与员工薪酬满意度的关系》，《管理世界》2011年第4期。

黄盛初、周心权、张斌川：《安全生产与经济社会发展多元回归分析》，《煤炭学报》2005年第5期。

李成武、王亭亭、曹家琳：《煤矿政策对安全生产影响分析及实证研究》，《中国安全科学学报》2012年第1期。

李果、许梦国、罗飞：《基于可拓学理论的矿山人员安全综合评价》，《工业安全与环保》2010年第10期。

李雪莲：《建筑行业特殊作业的风险管理》，《中国安全生产科学技术》2003年第3期。

刘长安、乌丽娅、王之学等：《认真学习贯彻〈职业病防治法〉，开创职业病防治新局面》，《中国工业医学杂志》2002年第5期。

刘铁民：《伤亡事故现状 & 趋势的本质认识》，《现代职业安全》2004年第11期。

刘铁民：《中国安全生产大趋势已进入拐点——生产安全事故宏观预警与发展态势分析》，《中国安全生产科学技术》2009年第3期。

刘卓军：《安全生产事故的时间特征分析》，《数学的实践与认识》2010年第22期。

吕海燕：《生产安全事故统计分析及预测理论方法研究》，北京林业大学博士学位论文，2004。

罗云：《我国安全生产现状分析》，《中国发展观察》2005年第5期。

彭成、王寒秋：《我国与美国煤矿安全差距及综合比较》，《中国煤炭》2005年第9期。

邵辉、王凯全：《安全心理学》，化学工业出版社，2004。

施式亮：《基于分形学的瓦斯爆炸事故时序数据分析模型及应用》，《中国安全科学学报》2011年第10期。

宋利、何学秋、李成武：《工伤事故灾害空间分布特征及其与经济增长的关联性》，《中国安全科学学报》2010年第4期。

苏传荣、王海燕：《煤炭行业事故与经济社会发展水平的典型相关分析》，《煤炭经济研究》2009年第5期。

王伟松、唐春勇：《工作满意度与工作行为及工作绩效关系研究》，《西南交通大学学报》（社会科学版）2006年第2期。

王显政：《安全生产与经济社会发展报告》，煤炭工业出版社，2006。

《卫生部部长张文康同志在〈中华人民共和国职业病防治法〉宣传贯彻会议上的讲话》，《中国职业医学》2002年第1期。

魏玖长、赵定涛：《安全事故与社会经济发展关系的研究》，《统计与决策》2008年第10期。

〔美〕沃尔特·恩德斯：《应用计量经济学：时间序列分析》（第2版），北京高等教育出版社，2006。

颜峻：《安全生产违章行为的人口因素影响模型研究——基于省级面板数据的协整方法》，《中国安全科学学报》2012年第7期。

颜峻：《经济发展对工伤事故水平影响的空间异质性研究》，《中国安全科学学报》2013年第5期。

杨秋玲、李维东：《当期职业卫生工作面临的问题与对策》，《中国职业医学》2004年第2期。

易俊、赵玲、王文和：《安全投入与经济增长的辩证关系——以重庆市安全生产状况为例》，《中国安全生产科学技术》2012年第11期。

俞文兰、周安寿：《浅谈现代企业健康促进实施要点》，《中国工业医学杂志》2004年第3期。

祖翠义、雷卫星：《430例急性职业中毒分析》，《工业卫生与职业病》1995年第5期。

附表　2002~2015年四项相对指标情况

相对指标＼年份	2002	2003	2004	2005	2006	2007	2008
亿元GDP生产安全事故死亡率	1.330	1.170	0.855	0.697	0.558	0.413	0.312
工矿商贸行业10万人生产事故死亡率	4.05	4.57	4.13	3.85	3.33	3.05	2.82
道路交通万车死亡率	13.7	10.8	9.9	7.6	6.2	5.1	4.3
煤矿百万吨死亡率	4.940	3.724	3.080	2.811	2.041	1.485	1.182
相对指标＼年份	2009	2010	2011	2012	2013	2014	2015
亿元GDP生产安全事故死亡率	0.248	0.201	0.173	0.142	0.124	0.107	0.098
工矿商贸行业10万人生产事故死亡率	2.4	2.13	1.88	1.64	1.52	1.328	1.071
道路交通万车死亡率	3.6	3.2	2.8	2.5	2.3	2.220	2.080
煤矿百万吨死亡率	0.892	0.749	0.564	0.374	0.288	0.255	0.162

附录　2015年企业生产中发生的特别重大事故

事故一　桑植县马鸿塔矿业有限公司东里溪炭质页岩矿"3·23"较大透水事故

2015年3月23日21时25分，桑植县马鸿塔矿业有限公司东里溪炭质页岩矿发生一起较大透水事故，造成6人死亡，直接经济损失486万元。

一　事故经过

本次事故发生在东里溪矿四平巷西掘进工作面。3月23日二班（16:00~24:00），该矿10人入井。安排3处作业地点，其中四平巷西掘进工作面作业人员3人（彭齐左、彭俭、肖德灯），六平巷东掘进工作面作业人员3人（刘小林、张国平、李生刚），六平巷西掘进工作面作业人员3人（瞿光元、瞿金生、瞿贵清），带班矿领导兼瓦斯检查员1人（安全副矿长贵仁新）。16时30分，四平巷西掘进工作面的出碴工彭齐左、彭俭、肖德灯3人到达四平巷后，肖德灯负责在四平巷车场内挂钩，彭齐左、彭俭两人各推一辆空车进入四平巷西掘进工作面，17时到达掘进挡头，看到巷道右侧垮落一堆煤，他们先装了一车煤，然后开始出碴，出碴时发现顶板有滴水，装好2车后他们将重车推至四平巷车场，再推空车返回挡头继续出碴。在出第4车碴的过程中彭齐左发现巷道右上角煤壁上有浸水，煤壁目测有直径10厘米的湿痕。

18时40分，安全副矿长贵仁新到达该掘进工作面，彭齐左、彭俭向他反映了巷道右上角煤体有浸水的情况，贵仁新用手指蘸水放在嘴里试了一下，感觉没有什么味道，便告诉他们说可能不是老窑水，交代两人做好敲帮问顶等安全注意事项后，19时10分便离开四平巷并出井。彭齐左、彭俭两人继续出碴，装到第8车碴时，看到巷道右上角煤壁上出现了滴水加快现象，湿痕慢慢在扩大，两人商量后就准备出班。

21时20分，二人收拾好工具，推着重车往四平巷车场走。距工作面约20米就听到后面有垮落的响声，回头看时，发现工作面挡头又塌下一堆煤。两人立即加快推车速度，当推至距掘进挡头100米处时，他们感觉有一股风从后面冲出。

彭齐左、彭俭二人快速推着车往车场走，快到四平巷车场时听到暗斜井内电铃声一直响个不停，到四平巷车场后，他们便叫上肖德灯三人一起沿暗斜井往上跑，跑到四平巷往上20米处时，他们听到五平巷以下有水流冲刷和矿车向下翻滚声，三人迅速跑到地面并将井下透水情况向矿长向明设做了汇报。

二 事故直接原因

马鸿塔矿业有限公司东里溪炭质页岩矿四平巷西上部的老窿积水区，在隔水保护煤柱不足、支护不及时、隔水煤柱被爆破震动、上部积水水压和煤体自重共同作用下产生冒落；因公司探放水工作不到位，当班带队领导和作业人员发现有明显透水征兆，未采取果断措施撤离作业人员，透水后导致发生较大人员伤亡事故。

三 事故间接原因

第一，桑植县马鸿塔矿业有限公司东里溪炭质页岩矿安全生产主体责任不落实。一是公司违法超深越界开拓、超许可矿种范围开采、以采代建。二是探放水管理不到位，该矿未对老窿分布情况和积水情况进行详细调查，老窿积水情况不明，没有在采掘工程平面图上标注水害威胁区域积水线、探水线和警戒线。三是探放水领导小组未认真执行探放水制度，未配备专用探放水设备，未编制探放水施工设计，未按规定进行长、短相结合的探放水施工，无探放水台账或记录，编制的掘进作业规程对探放水施工没有可操作性。四是违规组织施工，图实不符。春节后该矿未经相关主管部门复产验收合格，违规组织掘进施工，未按批准的初步设计组织矿山建设施工，3月10日开始擅自恢复四平巷西、六平巷东、西掘进工作面施工。矿长向明设在制作矿图时，未采用国家规定的坐标系统，将矿山井巷标高抬高105.3米。五是私藏民爆物品。六是公司安全生产管理、安全教育培训不到位，应急救援预案管理不到位。员工未按要求进行培训，安全意识淡薄，缺乏事故预兆分析判断基本知识。未按规定组织应急预案培训与演练，井下未按要求设置避灾线路指示牌。七是事故当班值班安全矿长未严格执行矿领导带班制度，提前升井。

第二，桑植县民用爆破服务有限责任公司安全生产主体责任不落实，对民爆物品保管不善，违规进行爆破作业。

第三，张家界市、桑植县国土资源局行政审批把关不严、执法不严、监管不力，导致事发矿长期超深越界开采、超许可矿种范围违法采煤。

第四，张家界市、桑植县安监部门安全监管不到位，对事发矿基建过程中存在的水害、相关人员无证上岗、事故整改措施未到位等安全生产隐患督促整改不力；对以采代建、春节后未经复产验收合格擅自复工等违规行为查处不力。

第五，桑植县公安部门存在对企业违规使用民爆物品、违规进行爆破作业和私藏民爆物品等行为监管不到位。

第六，地方政府督促指导安全生产监督管理工作不到位。马合口乡党委和政府存在管理不到位、监管不力、落实安全生产"一岗双责"不到位的失职行为。桑植县县委、县政府对乡党委、乡政府及县直相关职能部门履职情况督促不到位。

事故二　陕西咸阳"5·15"特别重大道路交通事故

2015年5月15日，陕西省咸阳市淳化县境内发生一起特别重大道路交通事故，造成35人死亡、11人受伤，直接经济损失2300余万元。

一　事故发生经过

2015年5月14日，事故车辆受雇于依诺相伴生活馆，拉客前往淳化县，车费为1900元包租两天。7时20分左右，事故车辆由陕西省体育场出发后，沿西安市南二环、西二环、快速干道、西三环行驶，由六村堡高速公路入口进入福银高速公路和咸旬高速公路前往淳化县。

5月14日9时许，4辆大客车到达仲山森林公园，依诺相伴生活馆随后组织客户前往景区游览。14日下午至15日上午为自由活动，在此期间，依诺相伴生活馆安排了保健产品的相关促销活动。

5月15日15时许，4辆大客车从仲山森林公园出发返回西安，其中由王钢驾驶的车牌号为陕B·23938号大客车排在最后一辆。15时27分，当该车行驶至淳卜路1公里450米下坡左转弯处时，车辆失控由道路右侧冲出路面，越过路外侧绿化台并向右侧翻滑下落差32米的山崖，车头右前侧撞击地面，头下尾上、右侧车身后部斜靠在崖壁上，造成35人死亡、11人受伤。

二　直接原因

王钢驾驶制动系统技术状况严重不良的大客车，行经下陡坡、连续急弯路段时，因制动力不足造成车速过快，行至发生事故的急弯路段时达到59公里/小时，在离心力作用下出现侧滑，失控冲出路面翻坠至崖下。

客车坠崖后车头猛烈撞击地面,冲击力造成乘客向前翻倒,由于客车座椅与车身连接强度不足,事故发生时70%的座椅发生脱落,砸压车内乘客,进一步加重了事故伤亡后果。

三 间接原因

1. 鹏瑞公司机动车安全技术性能检验工作管理混乱

鹏瑞公司在申请机动车检验资质时提供的授权签字人学历、职称造假,编造虚假材料骗取资质;公司对发动机等必检项目未提出查验要求,普遍存在漏检、少检现象;安排不具备大客车驾驶资质的引车员进行检验;事故大客车制动系统复检时,检验人员与车主、非法中介人员合谋弄虚作假,导致严重不符合安全技术标准的事故大客车获得检验合格证明。

2. 依诺相伴生活馆无照经营,非法组织旅游活动

依诺相伴生活馆长期无照经营,安全制度不健全,在不具备旅游经营业务相关资质的情况下,租赁不具备运营资质的大客车,擅自组织客户开展收费旅游活动。

3. 铜川市质量技术监督局对机动车检验机构监督检查不到位

铜川市质量技术监督局对检验机构监督检查规定、标准不熟悉;在鹏瑞公司资质申请时未按照要求对申请备案材料审核;未按照要求加大对检验机构检验过程的监督检查力度;对鹏瑞公司检测项目漏检、少检问题失察;未发现鹏瑞公司引车员不具备相应资质从事大客车引车的问题;未将对检测机构加强监督管理的有关文件转发至鹏瑞公司所在地的铜川市质量技术监督局王益分局。

4. 铜川市公安局交警支队履行车辆查验职责不到位

铜川市交警支队车管所对查验员培训教育不到位,对查验员工作监督管理不到位,查验员未按照要求对检验合格证明进行审核,部分查验员资质过期;对检测机构现场抽查、巡回检查不到位,未发现检验机构检测项目漏检、少检问题。铜川市交警支队对车管所培训教育不到位、监督管理不到位的问题失察。

5. 西安市工商局新城分局未及时查处依诺相伴生活馆非法经营行为

西安市工商局新城区分局西一路工商所未按照陕西省工商局的统一要求，集中开展查处取缔无照经营综合治理专项行动，未能及时发现依诺相伴生活馆的非法无照经营行为。西安市工商局新城分局对西一路工商所市场监管工作督促检查不到位，对西一路工商所未全面排查无照经营行为的问题失察。

6. 西安市旅游部门对旅游市场安全监管不到位

西安市新城区旅游局对于利用旅游手段开展商品促销的非法违规问题认识不到位，未能提前采取有效措施及时发现依诺相伴生活馆的非法旅游经营活动。西安市旅游市场稽查队对新城区旅游局的日常工作督促指导不力，组织开展旅游市场"打非治违"工作不力。

7. 西安市交通运输管理处履行查处非法营运大客车工作职责不到位

西安市交通运输管理处稽查支队对各区县运管机构运政稽查队伍的指导协调和监督检查不到位，未有效督促解决城六区运政稽查队伍在查处非法客运车辆方面执行落实困难的问题，对非法营运的大客车查处不力。西安市交通运输管理处组织开展全市道路运输市场"打非治违"工作不力，对稽查支队和各区县运管机构督促指导不到位。

8. 西安市临潼区交通运输局执法行为不规范

西安市临潼区运管站未有效建立"查处分离"的执法工作制度，对下属稽查三队执法人员随意降低处罚标准、执法文书填写不规范等问题失察。站领导发现工作人员对事故车辆的行政处罚存在问题后，指使有关人员伪造执法文书。西安市临潼区交通运输局对下属运管站业务指导不到位，未采取有效措施解决执法工作中存在的不到位、不严格、不规范等问题。

9. 咸阳市交通运输局违反公路工程质量管理相关规定，对淳卜路改建工程验收及质量监督工作履职不到位

咸阳市交通运输局违规组织淳卜路改建工程验收工作，在设计文件中安全防护设施等工程项目未建设的情况下，出具《淳化县城关至卜家公路改建工程竣工验收鉴定书》。咸阳市交通工程质量监督站对淳卜路改建工程质量监督不到位，未发现建设施工违反设计文件、安全防护设施缺失的问题。

10. 咸阳市淳化县交通运输局违反公路工程质量管理相关规定，在事故路段改建过程中未按设计文件设置安全防护设施，"打非治违"工作开展不力

咸阳市淳化县交通运输局作为2007年淳卜路改建工程的建设单位，在项目招投标时未将已批复设计文件中的安全防护设施等项目工程纳入招标范围，也未通过规定程序进行设计变更，在包括安全防护设施等工程项目未按设计施工的情况下申请项目整体竣工验收，造成淳卜路安全防护设施缺失，安全防护能力不足。

淳化县交通运输局运输管理所未落实自2014年以来上级多次部署的打击非法营运活动的要求，打击非法营运行为不力，没有发现并查处包括事故大客车在内的非法营运大客车在淳化县境内非法营运的问题。

事故三　天津港"8·12"瑞海公司危险品仓库特别重大火灾爆炸

2015年8月12日，位于天津市滨海新区天津港的瑞海国际物流有限公司（以下简称瑞海公司）危险品仓库发生特别重大火灾爆炸事故。事故造成165人遇难（包括参与救援处置的公安现役消防人员24人，天津港消防人员75人，公安民警11人，事故企业、周边企业员工和周边居民55人），8人失踪（天津港消防人员5人，周边企业员工、天津港消防人员家属3人），798人受伤住院治疗（伤情重及较重的伤员58人、轻伤员740人）；304幢建筑物（办公楼宇、厂房及仓库等单位建筑73幢，居民1类住宅91幢、2类住宅129幢、居民公寓11幢）、12428辆商品汽车、7533个集装箱受损。截至2015年12月10日，事故调查组依据《企业职工伤亡事故经济损失统计标准》（GB6721-1986）等标准和规定统计，已核定直接经济损失68.66亿元，其他损失尚需最终核定。

一　事故经过

2015年8月12日22时51分46秒，位于天津市滨海新区吉运二道95号的瑞海公司危险品仓库（北纬39°02′22.98″，东经117°44′11.64″）运抵区（"待申报装船出口货物运抵区"的简称，属于海关监管场所，用金属栅

栏与外界隔离。由经营企业申请设立，海关批准，主要用于出口集装箱货物的运抵和报关监管）最先起火，23 时 34 分 06 秒发生第一次爆炸，23 时 34 分 37 秒发生第二次更为剧烈的爆炸。事故现场形成 6 处大火点及数十个小火点，8 月 14 日 16 时 40 分，现场明火被扑灭。

二　事故直接原因

（一）最初起火部位认定

通过调查询问事发当晚现场作业员工、调取分析位于瑞海公司北侧的环发讯通公司的监控视频、提取比对现场痕迹物证、分析集装箱毁坏和位移特征，事故调查组认定事故最初起火部位为瑞海公司危险品仓库运抵区南侧集装箱区的中部。

（二）起火原因分析认定

1. 排除人为破坏因素、雷击因素和来自集装箱外部引火源

公安部派员指导天津市公安机关对全市重点人员和各种矛盾的情况以及瑞海公司员工、外协单位人员情况进行了全面排查，对事发时在现场的所有人员逐人定时定位，结合事故现场勘查和相关视频资料分析等工作，可以排除恐怖犯罪、刑事犯罪等人为破坏因素。

现场勘验表明，起火部位无电气设备，电缆为直埋敷设且完好，附近的灯塔、视频监控设施在起火时还正常工作，可以排除电气线路及设备因素引发火灾的可能。

同时，运抵区为物理隔离的封闭区域，起火当天气象资料显示无雷电天气，监控视频及证人证言证实起火时运抵区内无车辆作业，可以排除遗留火种、雷击、车辆起火等外部因素。

2. 筛查最初着火物质

事故调查组通过调取天津海关 H2010 通关管理系统数据等，查明事发当日瑞海公司危险品仓库运抵区储存的危险货物包括第 2、3、4、5、6、8 类及无危险性分类数据的物质，共 72 种。调查人员对上述物质采用理化性质分析、实验验证、视频比对、现场物证分析等方法，逐类逐种进行了筛查：第 2 类气体 2 种，均为不燃气体；第 3 类易燃液体 10 种，均无自燃或

自热特性，且其中着火可能性最高的一甲基三氯硅烷燃烧时火焰较小，与监控视频中猛烈燃烧的特征不符；第5类氧化性物质5种，均无自燃或自热特性；第6类毒性物质12种、第8类腐蚀性物质8种、无危险性分类数据物质27种，均无自燃或自热特性；第4类易燃固体、易于自燃的物质、遇水放出易燃气体的物质8种，除硝化棉外，其他均不具有自燃或自热特性。实验表明，在硝化棉燃烧过程中伴有固体颗粒燃烧物飘落，同时产生大量气体，形成向上的热浮力。经与事故现场监控视频比对，事故最初的燃烧火焰特征与硝化棉的燃烧火焰特征相吻合。同时查明，事发当天运抵区内共有硝化棉及硝基漆片32.97吨。因此，调查组认定最初着火物质为硝化棉。

经对向瑞海公司供应硝化棉的河北三木纤维素有限公司、衡水新东方化工有限公司调查，调查组发现企业采取的工艺为：先制成硝化棉水棉（含水30%）作为半成品库存，再根据客户的需要，将湿润剂改为乙醇，制成硝化棉酒棉，之后采用人工包装的方式，将硝化棉装入塑料袋内，塑料袋不采用热塑封口，用包装绳扎口后装入纸筒内。据瑞海公司员工反映，在装卸作业中存在野蛮操作问题，在硝化棉装箱过程中曾出现包装破损、硝化棉散落的情况。

对样品硝化棉酒棉湿润剂挥发性进行的分析测试表明：如果包装密封性不好，在一定温度下湿润剂会挥发散失，且随着温度升高而加快挥发散失；如果包装破损，在50℃下2小时乙醇湿润剂会全部挥发散失。

事发当天最高气温达36℃，实验证实，在气温为35℃时集装箱内温度可达65℃以上。

以上几种因素耦合作用引起硝化棉湿润剂散失，出现局部干燥，在高温环境作用下，加速分解反应，产生大量热量，由于集装箱散热条件差，致使热量不断积聚，硝化棉温度持续升高，达到其自燃温度，发生自燃。

（三）爆炸过程分析

集装箱内硝化棉局部自燃后，引起周围硝化棉燃烧，放出大量气体，箱内温度、压力升高，致使集装箱破损，大量硝化棉散落到箱外，形成大面积燃烧，其他集装箱（罐）内的精萘、硫化钠、糠醇、三氯氢硅、一甲基三氯硅烷、甲酸等多种危险化学品相继被引燃并介入燃烧，火焰蔓延到邻近的硝酸铵（在常温下稳定，但在高温、高压和有还原剂存在的情况下会发生爆炸；在110℃开始分解，230℃以上时分解加速，400℃以上时剧烈分解、发生爆炸）集装箱。随着温度持续升高，硝酸铵分解速度不断加快，达到其爆炸温度（实验证明，硝化棉燃烧半小时后达到1000℃以上，大大超过硝酸铵的分解温度）。23时34分06秒，发生了第一次爆炸。

距第一次爆炸点西北方向约20米处，有多个装有硝酸铵、硝酸钾、硝酸钙、甲醇钠、金属镁、金属钙、硅钙、硫化钠等氧化剂、易燃固体和腐蚀品的集装箱。受到南侧集装箱火焰蔓延作用以及第一次爆炸冲击波影响，23时34分37秒发生了第二次更为剧烈的爆炸。

根据爆炸和地震专家分析，在大火持续燃烧和两次剧烈爆炸的作用下，现场危险化学品爆炸的次数可能是多次，但造成现实危害后果的主要是两次大的爆炸。经爆炸科学与技术国家重点实验室模拟计算得出，第一次爆炸的能量约为15吨TNT当量，第二次爆炸的能量约为430吨TNT当量。考虑到其间还发生多次小规模的爆炸，确定本次事故中爆炸总能量约为450吨TNT当量。

最终认定事故直接原因是：瑞海公司危险品仓库运抵区南侧集装箱内的硝化棉由于湿润剂散失出现局部干燥，在高温（天气）等因素的作用下加速分解放热，积热自燃，引起相邻集装箱内的硝化棉和其他危险化学品长时间大面积燃烧，导致堆放在运抵区的硝酸铵等危险化学品发生爆炸。

中国职工职业卫生状况研究

唱 斗*

摘　要： 在工农业生产中常伴有一些对健康有害的职业性因素。这些职业性有害因素可导致多种健康损害，由轻微的健康影响到严重的职业病，甚至导致伤残或死亡。本文对2005～2014年我国常见的职业性有害因素及其对健康损害的特点进行了分析。传统的职业性有害因素及其对健康的损害依然占较大的比重，如生产性粉尘引起的职业性尘肺病、铅及其化合物引起的职业性铅中毒以及苯中毒、一氧化碳中毒、硫化氢中毒等。新技术、新材料的推广应用，以及不良工效学设计、强迫体位、职业性心理紧张等，已成为备受关注的新的职业性有害因素。长期、低浓度、多种职业性有害因素的暴露和健康损害关系，将是新的研究领域。最后针对职工的健康状况及职业卫生方面所面临的挑战，本文提出具有可行性的政策建议。

关键词： 职业卫生　职业性有害因素　职业病

---

* 唱斗，中国劳动关系学院副教授，主要研究领域为职业卫生、环境卫生与职业中毒。

一 中国职工职业卫生总体状况

（一）我国职业病新发病例呈现上升趋势，职业病防控工作任重道远

1. 新发职业病人数不断上升，患病人数突破80万人

职业病是指当职业性有害因素作用于人体的强度和时间超过一定的限度时，人体不能代偿其所造成的功能性或器质性病理改变，从而出现相应的临床症状，影响劳动能力，这类疾病统称为职业病。2005～2014年我国职业病新发病例总人数不断上升。2005～2009年职业病发病人数依次为12212人、11519人、14296人、13744人、18128人。2010年的新发职业病病例首次突破2万人，为27240人。2011～2014年分别为29879人、27420人、26393人和29972人，均在2万人以上（见图1）。

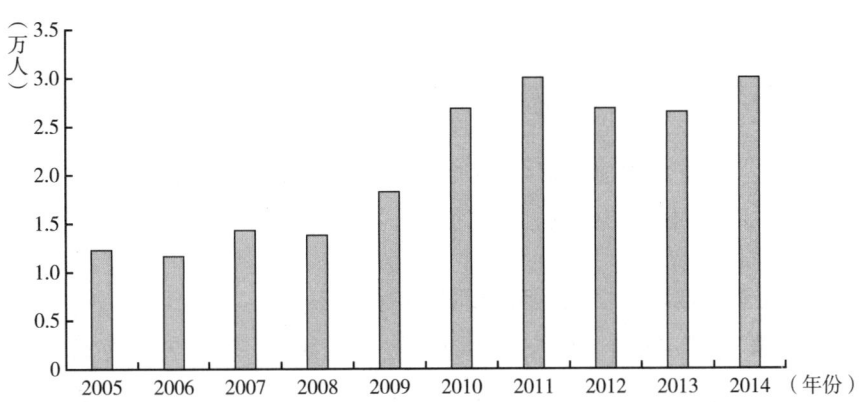

图1 2005～2014年我国职业病发病人数变化趋势

数据来源：国家卫生和计划生育委员会网站。

2005～2007年累计患病人数（含2005年以前的病例）分别为665043人、676562人、690858人，2008年首次突破70万人，2012年突破80万人。

职业病的发病率是指某年新增病例占同一时期从事相关作业人数的比例（以10万人为单位）。从2005~2014年的发病率可以看出，职业病总体发病情况仍比较严重，发病率在3.888~8.320，其中2011年发病率最高，2012~2014年发病率分别为7.390、6.902和7.624，较2010年略有下降。职业病患病率是指某年新旧病例占同一时期从事相关作业人数的比例（以1万人为单位）。从2005~2014年的患病率（含2005年以前的病例）可以看出，2005年的患病率最高为23.426，2006~2014年患病率稍有下降，仍在21.5~23.5之间波动（见图2）。

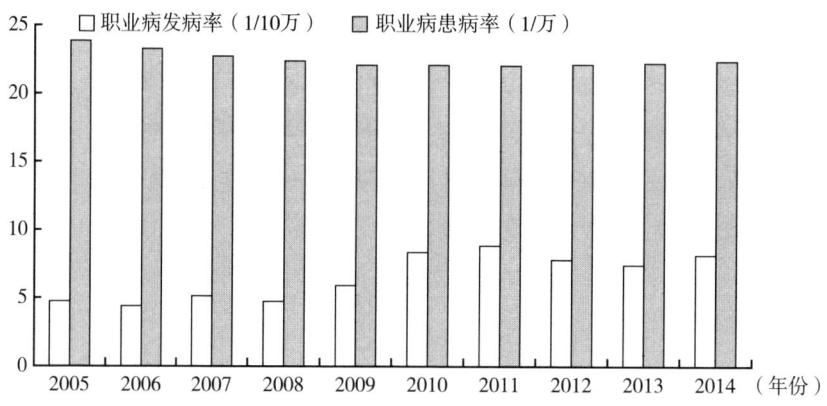

图2 2005~2014年职业病发病率和患病率变化趋势

数据来源：国家卫生和计划生育委员会网站。

2. 职业病构成以职业性尘肺病和职业中毒为主

2013年12月23日，国家卫生计生委、人社部、国家安监总局、全国总工会4部门联合印发《职业病分类和目录》。《职业病分类和目录》将职业病分为职业性尘肺病及其他呼吸系统疾病、职业性皮肤病、职业性眼病、职业性耳鼻喉口腔疾病、职业性化学中毒、物理因素所致职业病、职业性放射性疾病、职业性传染病、职业性肿瘤、其他职业病，共计10类132种。对职业病发病情况进行分析发现，职业性尘肺病和急慢性职业中毒的发病人数较多。

职业性尘肺病是指在生产过程中长期吸入粉尘而发生的以肺组织纤维化为主的疾病,是当前我国由粉尘引起的职业性肺部疾患中危害最严重的一类疾病,是危害最重的法定职业病。2005~2014年职业性尘肺病的新发病例呈现上升趋势。2005年和2006年新发病例分别为9173人和8783人;2007年新发病例超过1万人,为10963人;2010年职业性尘肺病的新发病例突破2万人,为23812人;2011~2014年分别为26401人、24206人、23152人和26873人,均在2万人以上。2005~2014年,在我国职业病构成中职业性尘肺病病例所占比例呈现逐年上升趋势,最低时为75%,最高时达90%(见图3)。职业中毒是指作业人员在生产劳动过程中由于接触生产性毒物引起的中毒。数据显示,2005~2014年职业中毒病例占职业病发病例的比例呈现下降趋势,由2005年的16.31%下降到2014年的4.27%。这表明近些年加强职业中毒防控措施有一定效果的。

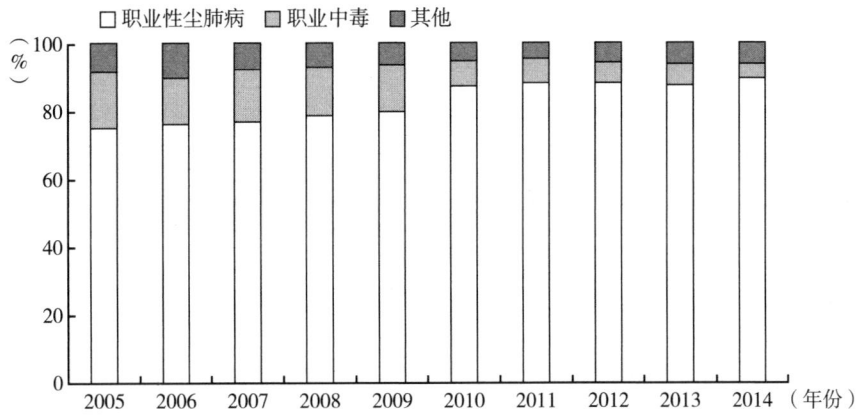

图3 2005~2014年职业性尘肺病、职业中毒及其他病例占职业病发病人数的比例
数据来源:国家卫生和计划生育委员会网站。

与职业性尘肺病相比,2005~2014年职业中毒发病人数在不断减少。职业中毒分急性职业中毒和慢性职业中毒。每年急慢性职业中毒发病人数占职业中毒总发病人数的比例有些变化,慢性职业中毒所占的比例较急性职业中毒高。2013年急性职业中毒所占比例最高,为41.34%。2014年稍有下降，为37.94%。慢性职业中毒则相反，所占比例最低为2013年的58.66%，到2014年提高为62.06%（见图4）。

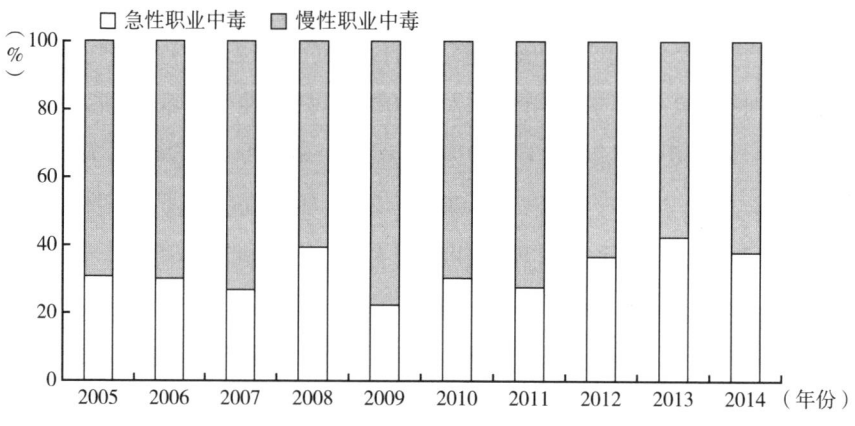

图4 急慢性职业中毒人数占职业中毒人数的比例

数据来源：国家卫生和计划生育委员会网站。

3. 急性职业中毒的人数有所下降，病死率下降趋势明显

急性职业中毒是指一次性大剂量或在短时间（24小时内）接触生产性毒物所引起的疾病状态。急性职业中毒病死率是指每年因急性职业中毒死亡人数占发病人数的比例。2005~2014年急性职业中毒的人数呈现下降的趋势，最高为2008年的760人，最低为2014年的486人。2007年的急性职业中毒病死率最高，为12.67%；2014年最低，为0.41%（见图5）。

（二）农民工是职业性有害因素的主要受害群体，是社会弱势群体，面临着各种职业病鉴定诊断维权困境

农民工已成为我国产业工人的主体，是推动国家现代化建设的重要力量，为经济社会发展做出了巨大贡献。20世纪80年代末期全国外出打工者有2000多万人。到了90年代，持续高速增长的经济极大地推动了农村剩余劳动力向非农产业和城市转移，农村剩余劳动力进入了一个全方位、大规模的转移阶段。国家统计局数据显示，2016年我国农民工总人数为28171万人，外出人数为16934万人（见图6）。

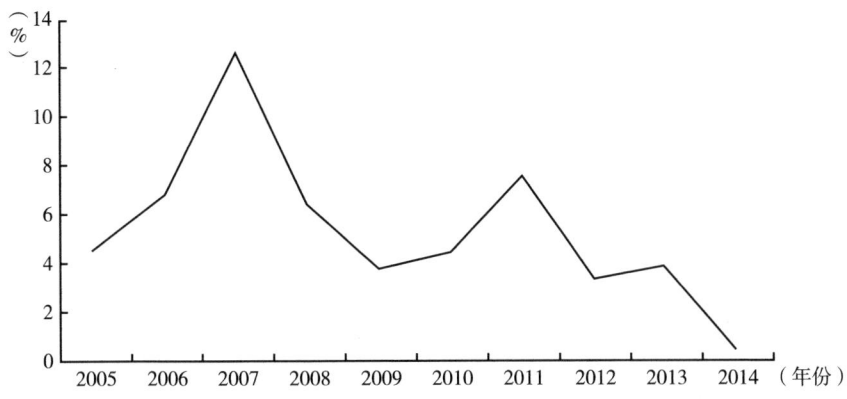

图 5　2005～2014 年急性职业中毒病死率变化趋势

数据来源：国家卫生和计划生育委员会网站。

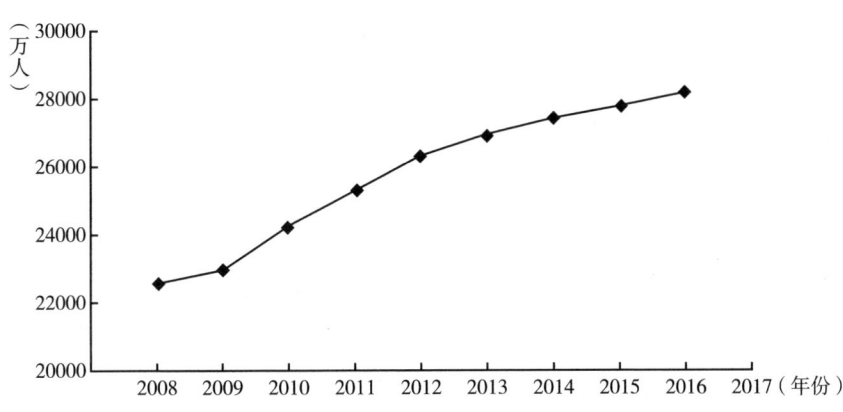

图 6　2008～2016 年我国农民工数量变化趋势

数据来源：国家统计局网站。

党中央、国务院高度重视农民工的职业健康。近年来，我国先后公布了《中华人民共和国职业病防治法》等一系列法律法规、规划和职业卫生标准，监管力度逐步加大，职业病防治能力和服务体系持续加强，诊断服务的可及性和诊断水平不断提高。

随着我国经济的快速发展，职业性有害因素由发达国家向不发达国家转移，由境外向境内转移，由经济发达地区向不发达地区转移，由大中城市向小城市、乡村转移，由东部城市向西北城市转移，最后多集中在落后的乡镇、民营企业，为此农民工也就成为职业性有害因素的主要受害者。以建筑业为例，建筑业是一个高风险行业，是农村富余劳动力进城务工的主要行业。施工现场环境复杂，作业条件变动大、临时性强，很多作业活动在危险性高、条件特殊的区域内进行。国家统计局有关数据显示，在全国建筑行业施工现场中的操作人员基本上是农民工，占从业总人数的80%以上。

大量的调查研究显示，职业性尘肺病、职业中毒、职业性噪声聋是危害我国农民工健康的主要职业病。卫生部对15个省份30个区县的乡镇企业职业危害情况调查表明，有83.0%的乡镇企业存在不同程度的职业危害，职业病和疑似职业病患者检出率高达15.8%。有调查显示，在全国600多万名接尘作业人员中，尤以乡镇企业和小型三资企业的农民工职业性尘肺病的发病率高。还有调查显示，430例急性职业中毒患者的患病率为68.9%，病死率为4.2%。急性职业中毒以有机溶剂引起的中毒最为常见，刺激性气体引起中毒的人数最多，且农民工患病率和病死率均高于正式职工。

农民工的心理健康问题已经成为一个不容忽视的社会问题。他们从相对封闭的农村进入较开放的城市，加之自身文化程度比较低，适应能力较差，一时之间难以融入城市生活。有调查结果显示，农民工的心理健康总体水平显著低于一般人群，其中症状自评量表（又名90项症状清单，简称SCL-90）显示，农民工各因子分、阳性项目数及总分都显著高于全国，年龄、婚姻、打工年限对他们的心理健康状况没有显著影响，性别、月收入、文化程度及每日工作时间对其有部分的影响。此外，还有一些潜在的有害因素，虽然现在没有引发农民工患病，但若干年后，这些危害会逐渐显现出来，危及农民工的身心健康。例如，农民工经济收入差，常吸低档香烟、喝劣质酒，甚至使用一些假冒伪劣产品等。这些不利于健康的因素长期作用于人体最终会诱发或加重消化系统、呼吸系统及心血管系统等多个系统的患病风险。

农民工不仅是职业病的高危人群，而且还面临着鉴定诊断难、难走法律程序等职业病维权困境，如河南农民工开胸验肺事件、深圳百余名农民工要求职业病诊断遭拒等事件。究其原因，一是当前部分用人单位未落实主体责任，用人单位没有按照《中华人民共和国职业病防治法》的有关要求投入必要的资金改善生产环境，不提供必要的或有效的个人防护用品，不按规定组织职业健康检查并建立职业健康监护档案。二是农民工职业性尘肺病的诊断难度较大。职业病危害接触史是职业性尘肺病诊断的基础，由于这些资料的提供、判定难度大，特别是农民工流动性强，提供相关资料比较困难。如果是跨地区收集相关材料，则需要的时间更长、难度更大。三是已出现尘肺病，但因缺乏必要的诊断资料，而不能被诊断为职业性尘肺病的农民工医疗和生活保障条件差。特别是部分农民工的用人单位已不存在或无法确认劳动关系，因此无法诊断为职业性尘肺病，最终使农民工无法享受相应的工伤保险待遇和救助。

二 不同种类职业病发病的差异性

（一）职业性尘肺病以矽肺和煤工尘肺为主

职业性尘肺病是指在生产活动中长期吸入生产性粉尘，并在肺内沉积而引起的以肺组织弥漫性纤维化为主的全身性疾病。我国制定的《职业病分类和目录》将职业性尘肺病及其他呼吸系统疾病分为两个部分。一是尘肺病，包括矽肺、煤工尘肺、石墨尘肺、碳黑尘肺、石棉肺、滑石尘肺、水泥尘肺、云母尘肺、陶工尘肺、铝尘肺、电焊工尘肺、铸工尘肺、根据《尘肺病诊断标准》和《尘肺病理诊断标准》可以诊断的其他尘肺病13种。二是其他呼吸系统疾病，包括过敏性肺炎、棉尘病、哮喘、金属及其化合物（锡、铁、锑、钡及其化合物等）粉尘肺沉着病、刺激性化学物所致慢性阻塞性肺疾病、硬金属肺病6种。

职业性尘肺病是当前我国由生产性粉尘引起的职业性肺部疾患中危害最严重的一类疾病，其中矽肺、煤工尘肺是危害最重的职业性尘肺病。2005~2014年我国职业性尘肺病的年发病人数不断上升，其中矽肺和煤工尘肺发病人数占职业性尘肺病发病人数的比例最高。矽肺是由于长期吸入高浓度游离二氧化硅粉尘所引起的,以肺部广泛的结节性纤维化为主的疾病。矽肺是尘肺中最常见、进展最快、危害最严重的一种类型。煤工尘肺是长期吸入煤尘或游离二氧化硅粉尘所引起的肺组织的纤维化改变。我国经济飞速发展,采矿业、基础建设(修路、造桥、地铁等)以及房地产业的蓬勃发展在一定程度上加重了职业人群发生矽肺的风险;目前,煤炭是我国使用量最大的能源,这无疑加重了职业人群发生煤工尘肺的风险。

2005年,煤工尘肺和矽肺占尘肺病发病人数的比例为90.8%;2007年和2008年稍有下降,分别为89.37%、89.32%;2011~2014年有所上升,分别为95.15%、95.01%、95.24%和94.21%,维持在一个很高的水平(见图7)。

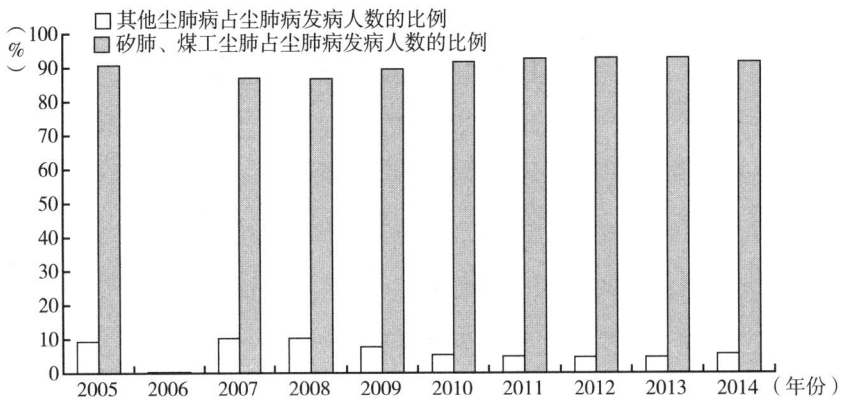

图7 2005~2014年煤工尘肺和矽肺占尘肺病发病人数的比例

注:2006年数据缺失。
数据来源:国家卫生和计划生育委员会网站。

(二)急性职业中毒预后差,慢性职业中毒发病人数多

急性职业中毒较慢性职业中毒的危害大,预后较差;慢性职业中毒人数占职业中毒总人数的比例高于急性中毒。急性职业中毒多发生于冶金、煤炭、化工等行业,尤其在中小企业中发生比例较高,主要原因为中小企业设

备简陋,无任何防护设施,管理混乱,职业病防治观念淡薄,应急培训比例较低等。通常,急性中毒病人常呈现器质性病理改变,甚至死亡。2005~2014年引起急性职业中毒的主要化学物质是一氧化碳、硫化氢。引起中毒例数最多的物质是一氧化碳,病死率最高的是硫化氢(见图8)。

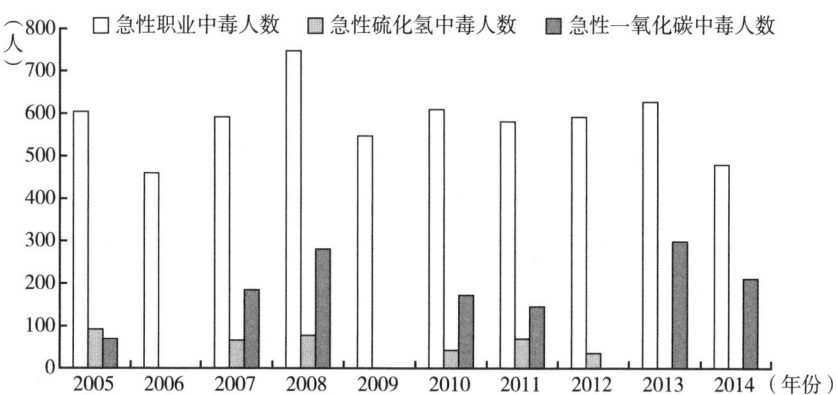

图8 2005~2014年急性职业中毒、急性一氧化碳中毒、硫化氢中毒发病人数

数据来源:国家卫生和计划生育委员会网站。

2005~2014年常见的慢性职业中毒为慢性铅及其化合物中毒、慢性苯中毒(见图9)。

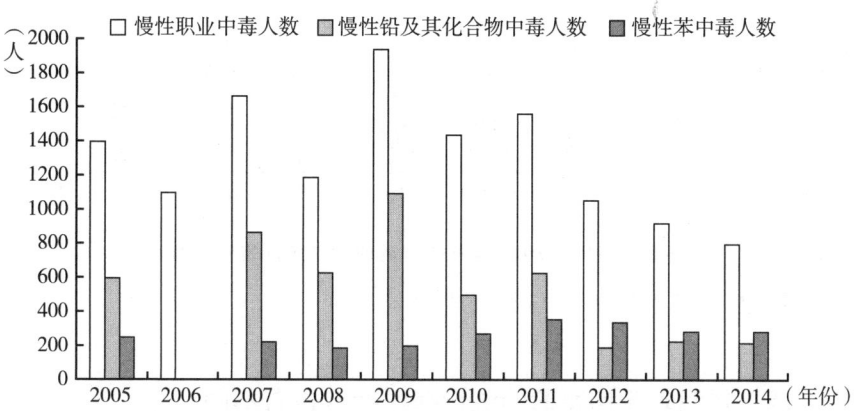

图9 2005~2014年慢性职能中毒、慢性铅及其化合物中毒、苯中毒发病人数

数据来源:国家卫生和计划生育委员会网站。

（三）职业性肿瘤发病人数呈上升趋势

职业性肿瘤是指在工作环境中长期接触职业性致癌因素，经过一定的潜伏期所引起的某种特定肿瘤，或称之为职业性癌。《职业病分类和目录》将职业性肿瘤分为石棉所致肺癌、间皮瘤，联苯胺所致膀胱癌，苯所致白血病，氯甲醚、双氯甲醚所致肺癌，砷及其化合物所致肺癌、皮肤癌，氯乙烯所致肝血管肉瘤，焦炉逸散物所致肺癌，六价铬化合物所致肺癌，毛沸石所致肺癌、胸膜间皮瘤，煤焦油、煤焦油沥青、石油沥青所致皮肤癌，β-萘胺所致膀胱癌11种。2005~2014年职业性肿瘤发病人数呈上升趋势，2010年为80人；2011年和2012年分别为92人和95人；2013年稍有下降，为88人；2014年首次突破100人，为119人。目前，我国常见的职业性肿瘤有焦炉逸散物所致肺癌，苯所致白血病，石棉所致肺癌、间皮瘤和联苯胺所致膀胱癌。其中苯所致白血病发病人数最高，2012年和2014年均为52例（见图10）。

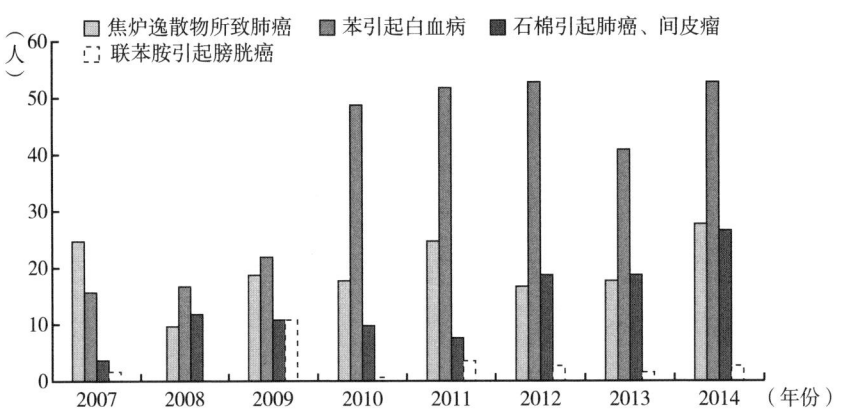

图10　2007~2014年不同种类职业性肿瘤发病人数

数据来源：国家卫生和计划生育委员会网站。

（四）其他职业病发病的流行病学特点各有不同

本文涉及的其他职业病包括职业性皮肤病、职业性眼病、职业性耳鼻喉口腔疾病、物理因素所致职业病、职业性放射性疾病、职业性传染病和其他职业病七大类。2005~2014年不同种类职业病发病的变化趋势不同（见图11）。

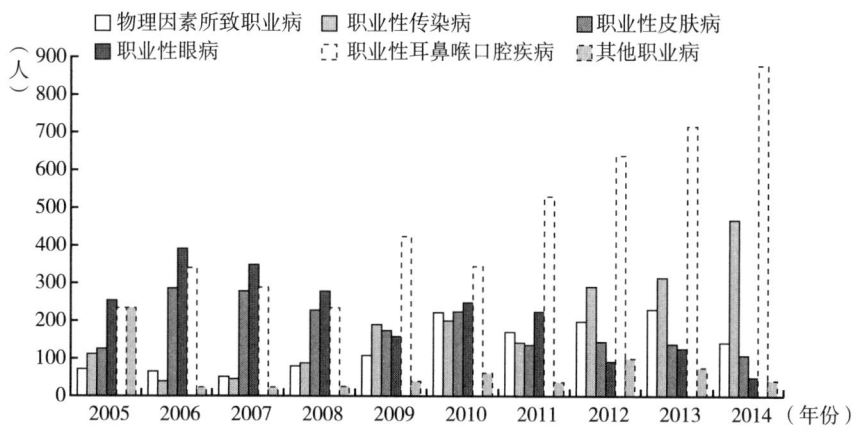

图11 2005~2014年不同种类职业病发病人数的变化情况

数据来源：国家卫生和计划生育委员会网站。

职业性皮肤病包括接触性皮炎、光接触性皮炎、电光性皮炎、黑变病、痤疮、溃疡、化学性皮肤灼伤、白斑、根据《职业性皮肤病的诊断总则》可以诊断的其他职业性皮肤病9种。2005~2014年，发病人数呈现下降趋势，2014年为109人。

职业性眼病包括化学性眼病灼伤、电光性眼炎和白内障（含放射性白内障、三硝基甲苯白内障）3种。2005~2014年，职业性眼病的发病人数呈现下降趋势，2012年首次低于100人，为94人；2014年为55人，是职业性发病检出人数最低的一年。

职业性耳鼻喉口腔疾病包括噪声聋、铬鼻病、牙酸蚀症和爆震聋4种。2005~2014年发病人数增长很快。2010~2014年发病人数分别为347人、532人、639人、716人和880人。

物理因素所致职业病包括中暑、减压病、高原病、航空病、手臂振动病、激光所致眼（角膜、晶状体、视网膜）损伤和冻伤7种。2009年发病人数首次超过 100 人，最高为 2013 年的 233 人，2014 年有所下降，为 143 人。

职业性传染病包括炭疽、森林脑炎、布鲁氏菌病、艾滋病（限于医疗卫生人员及人民警察）和莱姆病① 5 种。2005～2014 年发病趋势不断上升，2014 年高达 469 人。

三 职业病防控工作面临的形势和挑战

（一）我国职业卫生现状和面临的主要问题

1. 疾病预防控制是一项保障公众健康的重要卫生公益事业

新中国成立以来，我国坚持"预防为主、防治结合"的方针，不断加大疾病预防控制工作力度，取得了举世瞩目的成就，有力保障了人民群众健康，为促进经济社会发展做出了重要贡献。完善职业健康检查、职业病诊断与鉴定制度及国家职业卫生和放射卫生标准，强化工作场所职业健康管理和职业病防治知识宣传教育。修订了《职业病诊断鉴定管理办法》《职业病分类和目录》等规章和规范性文件，制定了《职业病诊断通则》等职业卫生标准，截至 2014 年，现行有效的国家职业卫生和放射卫生标准分别达到 351 项和 163 项。相关部门对全国 134 个县（市）的 3600 多家企业重点职业病进行了监测，覆盖职工近 17 万人。加强了职业病防治机构能力建设，全国职业健康检查、职业病诊断机构数量不断增多，为职工提供良好的职业卫生服务。医疗机构医用辐射防护监测由 17 个省份扩大到全国，医疗机构医用辐射安全管理、科学防护水平得到进一步提升。

2. 职业性有害因素分布广、种类多、职业危害转嫁严重

从煤炭、冶金、化工、建筑等传统工业，到汽车制造、医药、计算机、生物工程等新兴产业都不同程度存在职业病危害。在我国各类企业中，中小

---

① 莱姆病是一种以蜱为媒介的螺旋体感染性疾病，在野外工作者和林业工人中感染率较高。

企业所占比例高，吸纳了大量劳动力，特别是农村劳动力。职业病危害也突出地反映在中小企业，尤其是一些个体私营企业。

在引进境外投资和技术时，一些存在职业病危害的生产企业和工艺技术由境外向境内转移。与此同时，境内也普遍存在职业危害从城市和工业区向农村转移，从经济发达地区向欠发达地区转移，从大中型企业向中小型企业转移的情况。其中很多职工从事有毒有害作业。由于劳动关系不固定，流动性大，接触职业病危害情况十分复杂，对其健康的影响很难进行准确估计。

3. 职业病具有隐匿性、迟发性特点，其危害往往被忽视

慢性职业病，特别是尘肺病和有些化学中毒的疾病潜伏期较长，有的潜伏期是十几年，甚至几十年，一旦发病往往难以治疗，病死率高。有调查显示，每年因职业病、工伤事故产生的直接、间接经济损失非常严重。

职业病是与工作有关的疾病，影响职工健康、造成职工过早失去劳动能力，往往导致恶劣的社会影响。近年来，在一些地方屡屡发生尘肺病、正己烷中毒、三氯甲烷中毒、二氯乙烷中毒、镉中毒等群发性职业病事件，造成了恶劣的社会影响。农民工家庭因职业病致贫、返贫的现象在一些地区大量存在，职业病危害问题已经成为影响社会和谐的公共卫生问题和社会问题。

4. 职业卫生投入不足，职业卫生队伍质量有待提高

调查显示，各级政府自1999年起，对职业卫生投入呈逐年增加的趋势。由于初始投入基数比较低，人均职业卫生投入明显不足，与经济发展水平极不相符，造成职业卫生监督与技术服务得不到保证。自《职业病防治法》颁布以来，用人单位、政府、技术服务机构和职工在职业病防治中的法律责任得以明确，职业卫生管理体制得以完善。有调查显示，目前我国已初步形成职业卫生监督与技术服务网络，但依然存在队伍数量少，质量不高，文化素质偏低，现场技术服务人员比例较低以及后备力量不足等问题。

总之，职业病防控工作所面临的形势非常严峻，未来职业病防控工作任务仍然十分艰巨。违法违规生产、在职业病危害超标环境中作业、防护设施失效和缺失、配发假冒伪劣防护用品、职业病危害检测流于形式、职业卫生

培训不到位、职业健康检查和监护档案缺失等问题依然突出。职业病三级预防工作必须做到落实、落实、再落实。

（二）职业卫生工作面临的挑战

政府和企业尽管做了大量的工作，职业卫生工作还是面临着很多方面的挑战，如产业结构、就业状态发生变化对职业人群健康的影响，职业性有害因素范围的扩展和所致职业性病损类型的改变，全球经济一体化对职业人群健康的影响，职业紧张导致职业人群心理障碍的比例不断增加等。因此，认真做好三级预防工作就显得尤为重要。第一级预防：从根本上消除或最大可能地减少职工与职业性有害因素的接触，改变工艺，制订职业接触限值，为易感者制订职业禁忌证；第二级预防：职业性有害因素开始损害职工健康时，应尽早发现并采取补救措施，早期检测，及时处理，防止病损进一步发展；第三级预防：对患有职业性病损的职工进行正确诊断、治疗，预防并发症，促进康复等多方面的工作。做好三级预防工作主要包括以下几个方面的内容。

1. 加强职业性尘肺病源头治理

用人单位要建立健全粉尘防治规章制度和责任制，落实粉尘防治主体责任。要建立健全粉尘防治管理机构，配备专职管理人员，负责粉尘防治日常管理工作。严格执行建设项目防尘设施"三同时"，确保新建设项目粉尘防护设施齐全有效。按照要求开展工作场所粉尘日常监测和定期检测，加强防尘设施设备维护管理，配备合格有效的个人粉尘防护用品。

强化职业病危害告知和职业卫生宣教培训，提高职工的粉尘防范能力和自我防护意识。各地要抓住国家经济转型和产业结构调整契机，强化新技术、新工艺、新设备和新材料的推广应用，淘汰粉尘危害严重的落后产能，主动关闭粉尘危害严重、不具备防治条件的小矿山、小水泥、小冶金、小陶瓷、小石材加工等企业。

各级安全监管部门要会同能源等行业管理部门，深入开展矿山开采、建材生产等粉尘危害严重行业领域的专项治理。加大对用人单位粉尘防治工作的监督检查力度，依法查处违法违规行为，对工艺落后、粉尘危害严重且整改无望的企业，要提请地方政府依法予以关闭。要建立粉尘危害企业黑名单制度，对违法违规企业坚决予以曝光。加大职业病事件的查处力度，对出现群体性职业病的用人单位，依法从严从重查处并追究相关责任人的责任。

2. 推进职工职业健康检查工作

用人单位要为职工建立个人职业健康监护档案，依法对职工进行上岗前、在岗期间和离岗时职业健康检查，以书面告知检查结果，并为离开本单位的职工提供档案复印件。不得安排未经上岗前职业健康检查或有职业禁忌证的职工从事有害作业，在岗期间经过职业健康检查发现有职业健康禁忌证的，应当调离有健康损害的工作岗位。对疑似患有职业病的职工应当及时安排其进行诊断，离岗前未进行职业健康检查的职工不得与其解除或终止劳动合同。

地方各级卫生计生行政部门要根据工作需要，统一规划、科学布局、合理设置职业健康检查机构。职业健康检查机构要优化检查流程，加强质量控制，为用人单位和职工提供方便高效的服务，并可根据需要，在登记机关管辖区域范围内开展外出职业健康检查。发现疑似职业病和有职业禁忌证的应当及时书面告知职工和用人单位，并将疑似职业病报告用人单位所在地的卫生计生行政部门和安全监管部门。

3. 认真做好职业病诊断鉴定和医疗救治工作

职工有与职业病相关职业接触史，且临床表现以及辅助检查结果符合职业病特征的，医疗机构应当及时做出职业病相关临床诊断。符合职业病相关诊断标准的，职业病诊断机构应当加强有关部门协调，提高效率，尽快做出职业病诊断。没有证据否定职业性有害因素与病人临床表现之间必然联系的，应当诊断为职业病。

各级卫生计生、人社、安监部门和工会组织要针对当前职工职业病诊断过程中存在的实际问题，研究制订具体办法，简化诊断程序，缩短诊断时间，切实解决职工职业病诊断的实际困难。对诊断有争议的，按照有关规定进行鉴定。要按照"方便治疗、疗效可靠、价格合理、服务周到"的原则，优化职业病定点医疗机构设置。有关科技行政部门要将职业病防治技术和产品的研发列入有关科研计划,组织产、学、研、医等方面的优势力量,加大科研攻关力度。各级人社和卫生计生行政部门要及时按规定将疗效可靠的职业病治疗药品列入各类基本医疗保险药品目录。各级卫生计生行政部门要加强医务人员培训,规范职业病救治工作,提高职业病治疗水平。

4. 从根本上解决农民工所面临的问题,提高农民工的健康水平

建立职业病防治的长效机制。加强卫生、安监、劳动保障、工会、民政等部门的沟通协作,密切联系、互通信息、协调配合,形成监管合力,提高用人单位的职业病防治责任意识和职工的职业病防治意识。加大政府对农民工职业培训的财政投入,完善农民工职业培训机制、健全职业培训体系。在我国农村职业教育和农民培训发展投入严重不足的情况下,政府财政应从财力上加大对农民工职业教育的支持力度,注重宣传培训。加强《中华人民共和国职业病防治法》《职业病诊断与鉴定管理办法》等职业卫生相关法律法规的宣传培训,提高农民工的职业病防治意识。要走出农民工职业病维权困境,就必须健全相关法律,加强政府监督力度,增强农民工自我保护意识,才能切实保障农民工职业病患者的合法权益。

5. 维护职业病职工职业健康权益

各级工会组织要加强基层组织建设,努力把职工组织到工会中,依法对职工职业病防治工作进行监督。通过政府与工会联席会议、协调劳动关系三方机制、集体协商、职代会等途径,反映对职工职业病防治的诉求,推动解决职工职业病防治突出问题。加强平等协商和签订劳动安全卫生专项集体合同工作,督促用人单位保障职工职业卫生保护权利,对用人单位职业病防治工作提出意见和建议。在职工相对聚集的行业企业,深入开展群众性职业危害隐患排查活动。

6. 强化政府落实责任

各级政府要高度重视职工职业病防治工作,将其纳入本地国民经济和社会发展计划以及职业病防治规划,纳入本地健康城市的创建工作;加强协调工作,研究落实解决职工职业病防治的重大问题,提高职业病防治能力,保

证职业病防治工作经费得到落实。各级卫生计生、安监、发改、科技、工信、民政、财政、人社、国资以及能源等有关部门和工会组织按照职责分工，密切配合，落实防治监管、医疗服务、经费保障等责任，确保各项防治措施落实到位。

四 "十二五"期间职业卫生工作总体状况

（一）调整职业病分类和目录，增加17个职业病病种，确实保障职工健康

2002年4月18日卫生部会同劳动和社会保障部颁布了《职业病目录》，规定职业病为十大类，115种。这10类包括尘肺、职业性放射性疾病、职业中毒、物理因素所致职业病、生物因素所致职业病、职业性皮肤病、职业性眼病、职业性耳鼻喉口腔疾病、职业性肿瘤和其他职业病。

2013年12月23日，国家卫生计生委、人社部、安监总局和全国总工会4部门联合印发《职业病分类和目录》。新发布的《职业病分类和目录》将职业病分为职业性尘肺病及其他呼吸系统疾病、职业性皮肤病、职业性眼病、职业性耳鼻喉口腔疾病、职业性化学中毒、物理因素所致职业病、职业性放射性疾病、职业性传染病、职业性肿瘤和其他职业病10类132种，增加病种17个。

（二）完善法规标准，推进依法行政，加大依法防治职业病力度

《中华人民共和国职业病防治法》于2001年10月27日第九届全国人民代表大会常务委员会第二十四次会议通过，2011年12月31日第十一届全国人民代表大会常务委员会第二十四次会议《关于修改〈中华人民共和国职业病防治法〉的决定》明确界定了用人单位、政府（安监、卫生）、职业卫生服务机构、职工的责权利。政府部门分工明确，避免监管时出现"缺位"现象。按照新的分工，国家安监总局负责与工作场所有关的事宜，卫

生行政部门负责与健康监护及职业病诊治有关事宜。

《职业病防治法》规定,职工依法享有职业卫生保护的权利。用人单位应当为职工创造符合国家职业卫生标准和卫生要求的工作环境和条件,并采取措施保障职工获得职业卫生保护;工会组织依法对职业病防治工作进行监督,维护职工的合法权益;劳动保障部门应当加强对工伤保险的监督管理,确保职工依法享受工伤保险待遇。《劳动合同法》规定,完善劳动合同制度,明确劳动合同双方当事人的权利和义务。用人单位自用工之日起即与职工建立劳动关系,用人单位招用职工时,应当如实告知职工工作内容、工作条件、职业危害等情况。《工伤保险条例》规定,企业、事业单位等组织和有雇工的个体工商户应当依照规定参加工伤保险,为本单位全部职工或者雇工缴纳工伤保险费。《中华人民共和国工会法》规定,工会组织依法维护职工健康相关权益。

国家卫生计生委制定修订《职业健康检查管理办法》《化学品毒性鉴定管理规范》《职业性有害因素分类目录》等配套规章和规范,积极开展新增职业病相关标准的研制工作,制定修订《职业病诊断通则》《职业健康监护技术规范》等35项标准。国家安监总局研究起草《高危粉尘作业与高毒作业职业卫生监管条例(草案)》,制定下发《职业病危害告知与警示标识管理规范》《职业卫生技术服务机构工作规范》《建设项目职业病危害预评价报告编制要求》等规范性文件和《焊接烟尘净化器通用技术条件》等7项防尘防毒技术标准,进一步加大依法防治职业病的力度。

政府加大对用人单位的监管力度。从《国家安全监管总局办公厅关于2014年职业卫生监督执法情况的通报》(安监总厅安健函〔2015〕39号)可见,政府监管力度加大了,申报数量增加了,2014年申报数量较2013年增加了10万余件。各级安监部门共监督检查企业25.8万家,其中只有16万余家职业卫生基础建设达到标准要求,发现职业卫生方面的问题和隐患49.2万项,下达执法文书22.2万份,罚款5820万元,责令停产整顿1904家,提请关闭1494家。

2015年3月,安监总局颁布了《用人单位职业病危害防治八条规定》

（国家安全生产监督管理总局令第76号），强调用人单位必须建立健全职业病危害防治责任制，严禁责任不落实违法违规生产；必须保证工作场所符合职业卫生要求，严禁在职业病危害超标环境中作业；必须设置职业病防护设施并保证有效运行，严禁不设置不使用；必须为职工配备符合要求的防护用品，严禁配发假冒伪劣防护用品；必须在工作场所与作业岗位设置警示标识和告知卡，严禁隐瞒职业病危害；必须定期进行职业病危害检测，严禁弄虚作假或少检漏检；必须对职工进行职业卫生培训，严禁不培训或培训不合格上岗；必须组织职工职业健康检查并建立监护档案，严禁不体检不建档。

（三）职业病人数不断上升，职业性尘肺病发病人数居高不下

"十二五"期间我国职业病发病总人数不断增加。《职业病分类和目录》所涉及的职业病种类中，职业性尘肺病的发病人数居高不下，急性职业中毒人数稍有下降，慢性职业性中毒发病人数下降趋势明显，职业性耳鼻喉口腔疾病呈现上升趋势，需引起相关部门的重视（见图12）。

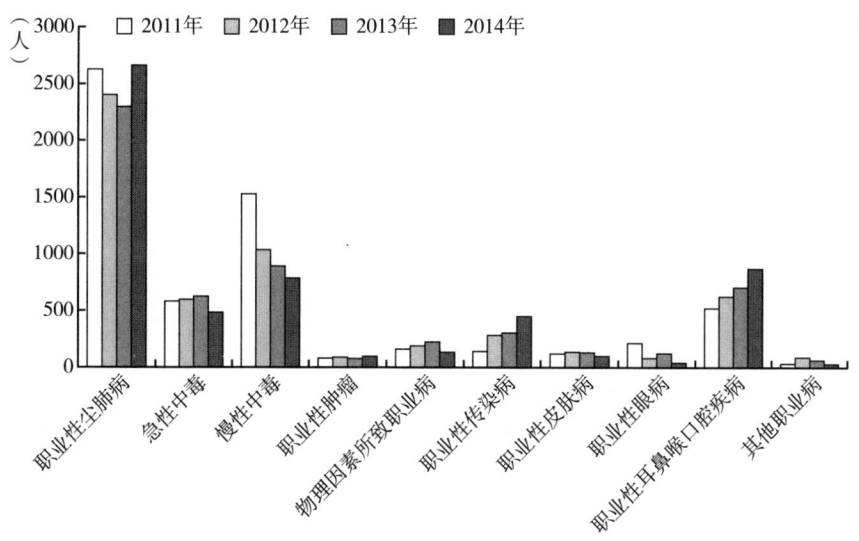

图12 2011~2014年我国职业病发病人数的变化趋势

数据来源：国家卫生和计划生育委员会网站。

（四）对"十三五"期间职工职业卫生总体状况趋势预测

目前，我国的职业病以职业性尘肺病为最主要的职业病，且呈现地区和行业聚集性等特点。近年来，尘肺病整体发病率呈持续高发、逐年上升，且发病工龄缩短的趋势。存在尘肺病危害的企业数量大，以东部经济发达地区小型企业为主，且有向中西部地区转移的趋势，主要分布在矿山、建材、有色金属、冶金等行业。尘肺病具有隐匿性和潜伏期长的特点，有专家估计在今后一段时间内，我国尘肺病仍将呈持续高发态势。

中国集体劳动争议状况研究

王潇 闻效仪*

摘　要： 当前，我国的集体劳动争议在发生地区、持续时间、行业、企业所有制类型、诉求和行动方式等方面均呈现出一些值得注意的新特征。预计在未来一段时间，我国将有大批劳动者的工作安全受到威胁和薪酬水平下降，从而进一步增加引发集体劳动争议的危险性。因此，建议有关部门要做好重大政策事项的社会稳定风险评估，促进工会组织建设，加强企业民主管理，做好困难职工帮扶等工作。

关键词： 集体劳动争议　经济下行　去产能

2015年，中国集体劳动争议状况总体保持基本稳定。受到当前国际形势错综复杂、经济下行压力持续增大、经济结构面临转型升级的影响，部分行业和企业经营困难，使得集体劳动争议出现了一些新的变化。尤其企业用工需求减少，加之"三去一补"的政策推动，企业规模裁员和职工待岗现象逐步增多，欠薪、断保问题不断发生，集体劳动争议数量局部上升，劳动关系的不稳定性增强，发展和谐劳动关系面临新情况、新问题。

---

* 王潇，中国劳动关系学院讲师，主要研究领域为劳动关系与集体劳动争议；闻效仪，中国劳动关系学院劳动关系系副主任，教授，主要研究领域为中国工会体制与劳动关系、集体谈判理论与实践。

一 当前我国集体劳动争议的基本特征

本研究基于2015年国内新闻报道的258个集体劳动争议事件进行统计，梳理了本年度集体劳动争议的基本特征并加以分析，总结如下。

（一）从发生地区来看，以沿海地区为主，内陆有上升趋势

2015年，我国的集体劳动争议发生在沿海地区的占比为51.55%，发生在非沿海地区的占比为48.45%（见表1）。从经济圈来看，主要分布在珠三角、长三角、环渤海三大经济圈，总体占比为50.78%，珠三角经济圈发生劳动争议事件的数量最多（见表2）。三大经济圈由于经济体量大、企业众多、用工规模大，往往是发生集体劳动争议密集的地区。

表1 集体劳动争议事件的区域分布

单位：起，%

区域	数量	占比
沿海地区	133	51.55
非沿海地区	125	48.45
合计	258	100

表2 集体劳动争议事件的经济圈分布

单位：起，%

经济圈	数量	占比
珠三角	60	23.26
长三角	36	13.95
环渤海	35	13.57
其他地区	127	49.22
合计	258	100

从省份来看，广东省集体劳动争议数量最多，其后依次是江苏、河南、山东、安徽、四川、陕西等省份（见表3）。值得关注的是，内陆省份如河

南、安徽、四川、陕西等地的集体劳动争议数量有上升的势头。原因在于：一是2015年我国有多地出现出租车行业与公共交通系统的集体劳动争议事件，而这种问题在全国内陆与沿海地区均有发生；二是近年来珠三角等东南沿海地区劳动力成本上升，一些劳动密集型企业转战内陆地区设厂。

表3 集体劳动争议事件的省份分布

单位：起，%

省份	数量	占比
广东	60	23.26
江苏	25	9.69
河南	19	7.36
山东	18	6.98
安徽	18	6.98
四川	17	6.59
陕西	14	5.43
其他省份	87	33.71
合计	258	100

（二）从持续时间来看，大部分集体劳动争议事件非常短暂

2015年发生的集体劳动争议持续时间大多非常短，从开始到结束，一般在1天及以内（占68.85%），有极少数持续一个月及以上的（仅4件）。而大多数企业方、劳动者甚至当地政府均难以承受时间如此之长的停工以及其给各方造成的巨大经济损失和不良的社会影响。

不超过一天就结束的争议事件中，有些事件，行动工人接受了企业方的安抚和承诺返回了工作岗位；也有一些事件，当地政府相关部门、地方工会赶到现场对行动工人进行复工劝说，并协助劳资双方就争议问题进行谈判。

（三）从行业类型来看，制造业、出租车行业集体劳动争议多发

2015年发生集体劳动争议事件数量排在第一位的行业依然是制造业，占总数的31.89%（见表4），其中大部分是纺织、制鞋、包袋等较为低端

的产品制造企业，但也不乏机械化程度较高、技术含量较高的一些高端产品制造企业，如电子、汽车零部件、化工等。这些高端制造业大部分是以劳动密集型为基本特征，虽被视为"高端"，但在国际产业链上仍处于低端位置。因此这些高端制造企业也不乏集体劳动争议，一是这些企业的产品虽然较为高端，但劳动过程还是以劳动密集和重复操作为基本特征，而且由于近年来电子、机械、化工等行业的企业利润逐年降低，使这些行业劳动者的劳动报酬水平也随之降低到一般水平；二是这些企业的劳动者掌握更多的技术和知识，很多是新生代农民工，他们的维权意识更高，生活水平要求也更高。

表4 集体劳动争议事件所属行业分布

单位：起，%

行业	数量	占比
制造业	81	31.89
出租车	77	30.31
公共交通、客运、铁路等	29	11.42
其他	67	26.38
合计	254	100

排在第二位的行业为出租车行业，占总数的30.31%。出租车司机主要针对黑车司机、出租车公司和地方政府管理等问题发生争议事件，争议内容主要有：一是要求地方政府治理黑车；二是份子钱太多、罚款多、运价低；三是加气难、汽油价高。从统计数据来看，上述最多的诉求是要求政府治理"黑车"。"黑车"不仅是指那些没有取得运营牌照而非法运营的车辆，也包括"网约车"。2015年，借助互联网平台的影响，"网约车"的规模不断扩大，加之互联网平台各种补贴政策，都对正规出租车司机形成了巨大的竞争压力。但随着2016年政府对"网约车"准入标准的提高，正规出租车业务量被挤占的局面得到极大的缓解，要求治理"黑车"的集体劳动争议也随之大幅下降。

排在第三位的是公共交通、客运、铁路等，这些行业的集体劳动争议大多是由于严苛的处罚性条款、超时加班、劳动报酬过低等引发。

制造业集体劳动争议给生产商、上下游企业造成了直接经济损失,公共交通系统和出租车的集体劳动争议造成的危害波及面更大,它关系居民的日常出行,会造成更大的不良社会影响。2015年发生的公共交通及出租车集体劳动争议事件一经出现就在网络上和民众之间引起热议和强烈不满。

(四)从所有制类型来看,集体劳动争议从私企、外资蔓延到国企

在2015年的集体劳动争议事件中,发生在私营企业最多,占26.88%;外资或合资企业列第二位,占18.58%(见表5)。私企多是由于拖欠工资和社保费,以及无理由解雇等原因引发的集体劳动争议。

表5 集体劳动争议事件所属企业的所有制类型

单位:起,%

所有制类型	数量	占比
外资和合资企业	47	18.58
私营企业	68	26.88
国有和集体企业	40	15.81
其他类型	98	38.74
合计	253	100

集体劳动争议发生在外企和合资企业多是因为裁员和加班费问题而引发的。近年来,随着我国劳动者工资水平上升以及社会保险缴费等企业支出较多,加之经济下行,外企运营趋向保守,投资谨慎甚至收缩,对成本控制的要求更严格。2015年,有一些外企已经把制造基地搬迁到低劳动成本地区,如东南亚、墨西哥、东欧等国家。不少外企开始集体裁员甚至关闭工厂,或是拖欠加班费,这些问题都会引发集体劳动争议。

值得注意的是,2015年国企和集体企业的集体劳动争议占15.81%,较以往有明显的提升。发生争议的企业主要集中在公交客运行业,矿业和机械重工企业也有争议发生。对于公交客运行业来说,工人的主要诉求集中在工资低、工时长以及处罚性条款;对于矿业来说,自2012年以来,我国煤炭、

钢铁行业产能过剩，经济效益滑坡，叠加中央"三去一降一补"政策和供给侧改革因素，劳动者的工作安全和劳动报酬水平受到影响，易引发集体劳动争议；对于机械重工企业来说，自世界金融危机爆发以来，全球经济面临较大压力的情况下，短期内国内工程机械行业恢复到较快发展水平的动力不足，低速发展态势明显，国内一些大型、中型国有机械重工企业早在2013年就开始大幅裁员，这类企业正经历着市场下滑带来的阵痛，劳动者因利益受损也会发生集体劳动争议。

（五）从诉求类型来看，以权利性、利益性诉求为主

2015年工人集体劳动争议诉求表现为以权利性诉求为主，占总数的48.46%，主要集中在工资拖欠、任意解雇、拖欠加班费、拖欠社会保险等问题方面。利益性诉求也占有相当大的比例，占集体劳动争议总数的46.92%，主要集中在要求提高工资、奖金，提高补偿金额度等，在出租车行业主要是要求政府加大治理"黑车"力度的诉求。道义经济类诉求较前几年相比已经非常少，仅有3例，如四川的二重集团，职工抗议国有资产流失和买断工龄规定。

道义经济诉求是指在国企、集体企业转制期间或之后，因工人不满经济补偿待遇或下岗安置问题等引发的集体劳动争议。20世纪八九十年代，实行市场经济体制改革之后，国有企业和集体企业破产、倒闭、裁员非常集中，因转制引发的集体劳动争议较多。如今私有经济已经占有很大比例，企业改制、转制现象明显少于改革初期，这类集体劳动争议已不多见。另外，随着政策扶持和时间的推移，大部分下岗职工已经再就业或者退休，追索转制经济补偿的现象逐渐减少。但是，许多改制遗留问题至今还在处理之中，仍有一些下岗工人、转制工人没有得到满意的经济补偿，从而发起集体劳动争议。

（六）从具体行动方式来看，集体行动理性守法

与前些年相比，集体劳动争议中的行动方式更加平和理性，各方意识到暴力和非理性的集体争议行动是对公共利益的破坏，不能得到社会和大众的支持，也无法达到维护自身利益的目的。集体劳动争议行动大多在工厂内或企业内进行，仅在企业或工厂内部进行的行动就占51.46%（见表6），诉求对象直接对准企业，工人会尽量不将劳资矛盾转化为社会矛盾。在冲出厂门的行为类型中，排在第一位的是堵路（43.27%），在这类事件中争议行动的工人通常聚集在厂区附近的主干道上，企图用阻塞公共交通的方式引起政府和社会的注意。还有一些事件，工人采取设置纠察线的行动方式，大多数是在工厂门口阻止其他没有参与行动的工人进入工厂继续从事生产。

表6 集体劳动争议的具体行动方式

单位：起，%

行动方式		数量	占比
仅在工作场所内		88	51.46
涉及工作场所之外	堵路	74	43.27
	设置纠察线	9	5.26
合计		171	100

二 产生集体劳动争议的主要原因

（一）经济下行为职工带来工作安全和薪酬支付的问题

受全球经济影响，我国经济下行压力加大，企业面临转型升级，一些企业受到较大冲击，特别是劳动密集型企业出现经营困难，部分企业停产关闭，东南沿海发达地区一度出现企业倒闭潮。这种现象使我国企业劳动关系领域出现了一些新的变化，如企业用工需求减少，规模裁员和职工待岗歇业现象逐步增多，欠薪、断保甚至企业主逃匿等问题不断发生，劳动关系的不稳定性增强，劳动争议和举报投诉案件数量上升，发展和谐劳动关系面临新情况、新问题。传统行业吸纳劳动者的能力减弱,很多企业都在酝酿裁员以及通过新的管理手段削减人力成本,企业欠薪风险不断上升。制造业的一线劳动者多为新生代农民工,这部分人群已经不能在失业或工厂收入下降时返回农村务农,农村已经逐渐失去其"蓄水池"功能。另外,新生代农民工的法律意识和维权意识较上一代有大幅提高,当他们对收入或工作严重不满时,极易引发集体劳动争议。

(二)部分行业困难导致职工生存艰难

统计表明,有大量争议是由于劳动者的权利性诉求(如合同工资、社保、法定加班费等)没有得到满足引发的,这些诉求关系劳动者最基本的生活保障问题。一方面自2015年以来,我国部分行业整体利润持续下滑,部分企业经营困难;另一方面2015年我国居民消费价格指数(CPI)虽然仅上涨了1.4%,是六年来的新低,但由于雨雪等恶劣天气频繁,很多受到运输影响的日常消费品价格涨幅远超这个平均指数。另外,各地高企的房价让白领阶层也备感房贷压力。然而,2015年,北京、天津、山东、山西、陕西、内蒙古、新疆、四川的工资指导线没有上调,其中有些省份还不同程度地下调了工资指导线。[①] 随着未来一段时期经济下行的持续,劳动者有可能因为经济压力和基本生存而引发集体劳动争议。

(三)宏观"去产能"带来的就业问题

2016年7月26日,中共中央召开政治局会议,提出"降成本的重点是增加劳动力市场灵活性、抑制资产泡沫和降低宏观税负",这是决策层首次赋予去产能如此清晰的内涵。随着"三去一降一补"政策的出台和供给侧改革的深入,中央以钢铁和煤炭两个行业作为化解产能过剩的切入点。2015年,名义GDP增速排名倒数的六个省份中,东北三省、山西等钢铁、煤炭

---

① 李金磊:《8省份公布2015年工资指导线涨幅无一上调》,中国新闻网,http://news.sina.com.cn/c/p/2015-06-25/001031984477.shtml,2015年6月25日。

大省位列其中。据人社部部长尹蔚民介绍，未来一段时期，我国钢铁和煤炭两大系统面临新一轮下岗分流，初步统计煤炭系统涉及130万人，钢铁系统涉及50万人。煤炭钢铁行业的僵尸企业问题显现，大批劳动者面临失去工作岗位，然而东北等传统工业区的就业机会十分有限，很难吸纳劳动者再次就业。不解决好这些职工的安置问题，有可能引发大规模的集体劳动争议。

强调"增加劳动力市场灵活性"，意味着修订现行的劳动合同法已经被提上议事日程。2008年《劳动合同法》中关于无固定期限劳动合同等保护劳动者权益的条款面临修改的压力，企业界对《劳动合同法》的修改呼声从未停止。然而，劳动力市场灵活性是以劳动力市场安全性为基础的，过于灵活的劳动力市场政策会进一步恶化职工流动率居高不下的局面，对职工工作稳定性和薪酬安全性造成现实影响，加之失业保障、救助培训等制度体系缺乏有效运行，这些都会在宏观上对我国职工队伍的稳定带来影响。

三　制度和政策建议

（一）做好重大政策事项的社会稳定风险评估

在涉及职工切身利益的重大决策、重要政策、重大改革等事项上，在制定出台、组织实施或审批审核前，有关部门应对可能影响社会稳定的因素开展系统调查，科学预测、分析和评估，制定风险应对策略和预案，有效规避、预防、控制重大事项在实施过程中可能产生的社会稳定风险。一是对中央重点"去产能"对象——煤炭和钢铁等行业而言，就涉及职工分流或职工利益变动的国有企业或国有控股企业的改制、重组、搬迁等重大事项，在事前应围绕下岗分流可能造成的社会稳定风险进行合法性、合理性、可行性、稳定性评估，确定下岗失业的风险规模和可控程度，做好风险应对（如失业保障、就业吸纳、救助培训等），再逐步推进改革。二是就《劳动合同法》的修改而言，应事先评估增强劳动力市场灵活性的法律条文会给职工工作安全和薪酬待遇带来的影响,以及这些影响引发的社会风险,在做好配套保障的基础上进行修订。

(二)大力建设工会组织,维护职工权益

各级工会应组织落实企业建会入会工作,尤其是非公有制企业的建会入会工作,把好职工维权的第一道关。一是做好平等协商集体合同的签订、履约工作,把职工劳动关系的建立和解除、工资发放、休息休假、社会保险等内容纳入集体合同中,并不定期进行监督检查,以此来规范企业行为,促进企业劳动关系的和谐稳定。二是面对职工利益受到侵害的问题时,各级工会应"主动维权、依法维权、科学维权",及时了解并解决职工在劳动就业、工资收入、社会保障等方面的新需求和突出问题,维护改革发展大局的稳定。

(三)加强企业民主管理,落实职工知情权

一是切实发挥职代会作用。对凡是企业的重大改革方案和涉及职工切身利益的改革措施,必须提交职代会讨论通过后实施。尤其是国有企业的改制方案,必须经过职代会审议通过后方能实施。坚持职代会民主评议领导干部,并将评议结果切实与干部的任免挂钩;重视对职代会的提案收集、处理和落实工作,并将提案办理情况在职代会上汇报,使职工享有的知情权、参与权、表决权、评议监督权和选举权真正落到实处。二是主动拓宽职工理性表达的渠道。采取收集职代会提案、合理化建议,开设热线电话、厂务公开网等各种措施,使职工在涉及企业发展以及切身利益的重大问题上,能通过理性合法的表达渠道,提出主张和表达意见,从而避免集体劳动争议的出现。

(四)做好困难职工帮扶,培育就业能力

面对经济下行压力,未来一定时期内会有一些职工面临工资水平下降甚至下岗失业等问题,各级工会应努力履行"第一知情人、第一报告人、第

一帮扶人"的职责,并积极探索和创新工作思路,为困难职工解决燃眉之急。一是开展职工遇到特殊困难的帮扶,积极受理困难职工的救助申请,对突发情况启动帮扶应急机制给予解决。二是开展技能帮扶,再就业困难职工往往没有技术专长,可以采取送出去培训和内部培训相结合的方式,帮助下岗职工再就业。

中国职工家庭消费状况研究

谢琦 赵明霏*

摘 要： 中国职工家庭消费的状况直接影响职工家庭生活水平的提高与生活质量的改善，影响广大职工真正共享改革开放和经济社会发展的成果，因而受到全社会的广泛关注。本文对中国职工家庭消费总体状况进行介绍，研究发现近年来在中国城镇职工家庭消费水平有了一定提升的同时，而消费率总体呈现先缓慢下降然后不断上升的趋势；对地区间职工家庭消费情况进行分析，发现不同地区间城镇非私营企业职工可支配收入与消费支出存在较大差别；物价上涨对职工家庭消费支出，特别是与城镇职工生活密切相关的食品类、居住类、交通类、医疗保健类、教育类城市居民消费价格指数的持续攀升对城镇职工家庭消费支出的影响较大；从职工家庭收入水平、消费支出状况、消费结构状况三个方面对"十二五"时期我国城镇职工家庭消费状况进行介绍，并对"十三五"时期的消费变化趋势做出判断。根据以上分析，提出增加职工收入、提高职工消费水平、改善职工生活状况的政策建议。

关键词： 职工家庭消费状况 消费水平 生活状况 消费结构 消费率

---

* 谢琦，中国劳动关系学院经济管理系副主任、教授，主要研究领域为劳动者收入与消费、中国经济转型与发展；赵明霏，中国劳动关系学院讲师，主要研究领域为产业经济学、政治经济学。

一 全国职工家庭消费总体状况

(一)当前城镇职工家庭消费实际状况

现有的统计年鉴只能查找到全国城镇居民家庭消费的数据,而没有反映中国城镇职工家庭消费状况的数据。因此,本文研究采用类比的方法,将近年来国内城镇非私营企业职工以及城镇私营企业职工的年平均工资除以家庭赡养人口得到城镇非私营企业以及城镇私营企业职工家庭的人均工资性收入,然后根据城镇居民家庭工资性收入与可支配收入的比例关系推算出城镇非私营企业职工家庭以及私营企业职工家庭的人均可支配收入,并利用近年来国家统计局公布的按收入等级分组的全国城镇居民家庭人均可支配收入的数据进行比照,得到2003~2012年城镇非私营企业职工家庭的人均可支配收入,这个数据大体相当于城镇中等收入组居民的人均可支配收入;城镇私营企业职工家庭的人均可支配收入大体相当于城镇中等偏下收入组居民的人均可支配收入。2013~2015年全国城镇非私营企业职工家庭的人均可支配收入大体相当于城镇中等偏上收入组居民的人均可支配收入,城镇私营企业职工家庭的人均可支配收入大体相当于城镇中等收入组居民的人均可支配收入。以下通过相应年份不同收入组别居民家庭的人均消费情况测算出全国城镇非私营企业与私营企业职工家庭人均消费状况。在此基础上本研究将全国城镇非私营企业与私营企业的就业人口比重作为权重,利用加权平均法测算出全国城镇职工家庭人均的消费数据,从而对中国城镇职工家庭的人均消费状况进行更加深入的研究。

按照上述研究方法并结合本文附表1中的城镇居民家庭不同收入等级的人均可支配收入平均值和附表2中的经过家庭人口赡养系数折算后的城镇非私营企业、城镇私营企业职工家庭人均可支配收入的平均值,得到2003~2012年城镇非私营企业职工家庭的人均可支配收入,大体相当于城镇中等收入组居民家庭的人均可支配收入;城镇私营企业职工家庭的人均可支配收入大体相当于城镇中等偏下收入组居民的人均可支配收入。2013~2015年城镇非私营企业职工家庭的人均可支配收入大体相当于城镇中等偏上收入组居民的人均可支配收入,城镇私营企业职工家庭的人均可支配收入大体相当于城镇中等收入组居民的人均可支配收入。

因此,本文2003~2012年全国非私营企业职工家庭消费状况的数据将采用2003~2012年城镇居民中等收入户的消费数据,私营企业职工家庭消费状况的数据将采用2003~2012年城镇居民中等偏下收入户的消费数据;2013~2015年全国非私营企业职工家庭消费状况的数据将采用2013~2015年城镇居民中等偏上收入户的消费数据,私营企业职工家庭消费状况的数据将采用2013~2015年城镇居民中等收入户的消费数据。然后根据附表3中测算出来的城镇非私营企业与私营企业职工人数,对城镇非私营企业和私营企业职工家庭的各项消费统计数据进行加总,最终得到表1中的全国城镇职工家庭的消费统计数据。

表1 2003~2015年全国城镇职工消费总支出

单位:亿元

年份	城镇非私营企业职工消费支出	城镇私营企业职工消费支出	城镇职工消费总支出
2003	12460.92	903.30	13364.22
2004	14152.22	1180.29	15332.51
2005	16189.63	1485.35	17674.98
2006	17916.80	1884.32	19801.12
2007	20980.42	2581.03	23561.45
2008	24175.56	3174.47	27350.04
2009	26615.12	3738.37	30353.49
2010	30450.44	4468.38	34918.82
2011	33352.05	5881.63	39233.67
2012	37573.70	7262.58	44836.28
2013	51969.60	14459.41	66429.01
2014	53712.66	19298.83	73011.49
2015	56340.82	24428.47	80769.29

（二）城镇职工家庭人均可支配收入总体呈现不断上升的趋势

从2003年以来，全国城镇职工家庭人均可支配收入总体呈现不断上升的趋势。全国城镇职工家庭人均可支配收入从2003年的6925.77元增加到2015年的28004.07元，增加了3.04倍。2003~2015年，全国城镇职工家庭人均名义可支配收入年均增速为12.3%，同期名义国内生产总值平均增速为14.32%。若扣除价格因素，2003~2015年全国城镇职工家庭人均实际可支配收入年均增长9.5%，实际国内生产总值年均增长率为4.08%。

可见，扣除物价因素后，2003~2015年全国城镇职工家庭人均实际可支配收入增长速度超过了实际经济增长速度。若仔细观察可以发现不同年份之间数据波动较大。2003~2006年，城镇职工家庭人均可支配收入增长率从8.31%上升到11.13%，四年间上升了2.82个百分点；之后城镇职工家庭人均可支配收入增长率从2006年的11.13%上升到2007年的16.28%，达到2003~2015年这一时期的最高值。2007年之后城镇职工家庭人均可支配收入增长速度就呈现出不断下降的趋势。2009~2012年，城镇职工家庭人均可支配收入增长速度又开始呈现不断上升的趋势，从2009年的9.59%上升到2012年的14.18%；2013年之后城镇职工家庭人均可支配收入增速再度出现了下降的趋势，从2012年的14.18%下降到2015年的11.69%（见图1）。而扣除物价因素后的全国城镇职工家庭实际可支配收入的增长率走势与其大同小异（见图2）。这个统计数据表明全国城镇职工家庭人均可支配收入增长速度表现出一定的周期性特征，尤其是国际金融危机期间城镇职工家庭人均可支配收入受到较大程度的影响。近年来中国经济放缓导致城镇职工家庭人均可支配收入增长率出现了一定程度的下降。

（三）外出农民工的收入水平在不断增加，收入增长速度总体呈现"倒U形"趋势

近年来随着中国经济的快速增长，外出农民工的收入水平也在不断提升。外出农民工的月收入从2009年的1417元增加到2015年的3072元，增

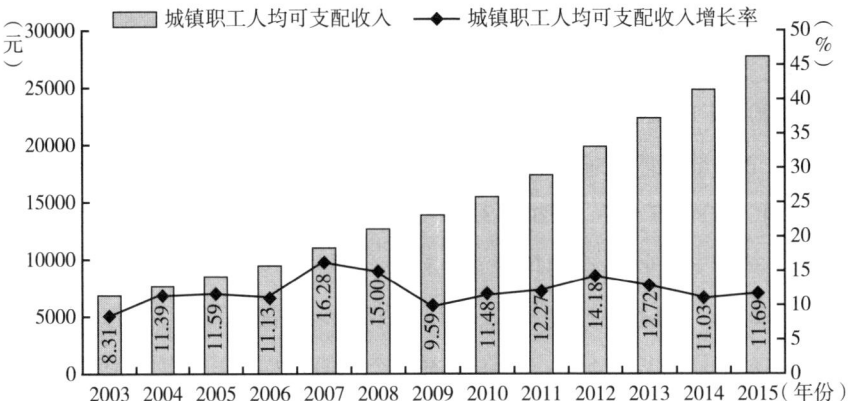

图 1　2003～2015 年全国城镇职工家庭人均可支配收入及增长率

数据来源：根据国家统计局《中国统计年鉴（2016）》相关数据整理计算所得。

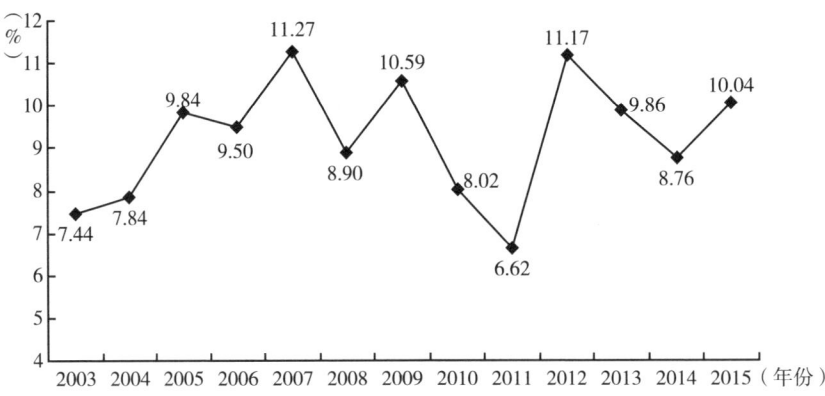

图 2　2003～2015 年全国城镇职工家庭实际人均可支配收入增长率

数据来源：根据国家统计局《中国统计年鉴（2016）》相关数据整理计算得出。

加了1.17倍。外出农民工的收入增长速度总体呈现出先上升后下降的"倒U形"趋势。2009～2011年，外出农民工的收入增长速度从5.7%上升到21.2%，上升了15.5个百分点。说明国际金融危机之后由于经济复苏外出农民工的收入出现了较大幅度的增加。自2011年之后，外出农民工的收入增长速度出现了下降的趋势（见图3）。值得注意的是，按照本文的研究方法外出农民工家庭人均收入①大体相当于城镇中等偏下收入组居民的人均收入,因此外出农民工家庭人均消费水平大体相当于城镇中等偏下收入组居民的人均消费水平。若将城镇职工所享有的养老、医疗、住房、子女教育等较为完善的社会保障制度考虑在内,外出农民工的人均收入和消费水平则只相当于城镇较低收入组的居民人均收入水平与人均消费水平。

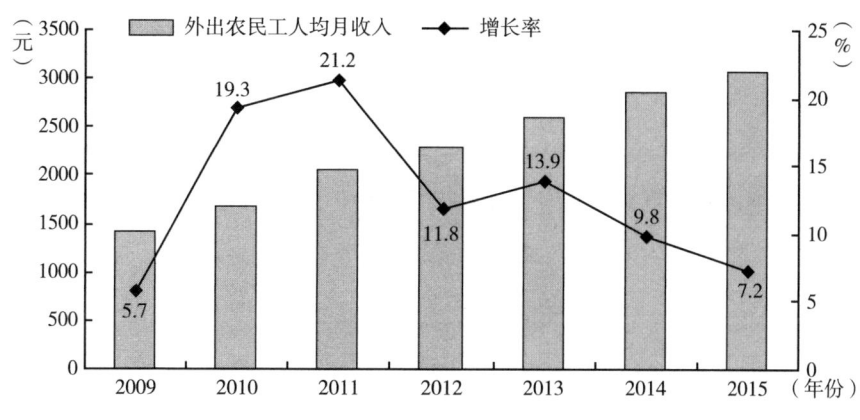

图3　2009~2015年外出农民工人均月收入增长率

数据来源:根据国家统计局《农民工监测调查报告(2016)》相关数据整理计算所得。

(四)食品仍然是目前城镇职工家庭消费的主要支出项目

2015年,城镇职工家庭人均消费支出结构按照支出比重排序依次为:食品、交通通信、文教娱乐、衣着、居住、家庭设备及用品、医疗保健。其中,食品支出占职工家庭消费支出的36.51%,交通通信支出占职工家庭消费支出的16.84%,文教娱乐支出占职工家庭消费支出的12.36%,衣着支出占职工家庭消费支出的11.61%,居住支出占职工家庭消费支出的7.81%,家庭设备及用品支出占职工家庭消费支出的7.27%,医疗保健支出占职工家庭消费支出的6.21%(见图4)。可见,食品支出是目前城镇职

---

① 外出农民工家庭人均收入根据国家统计局公布的2015年外出农民工人均收入除以农民工家庭赡养系数计算得到。

工家庭人均消费支出结构中最主要的支出项目，交通通信、文教娱乐以及衣着消费在城镇职工家庭消费中也占有较大的比重。

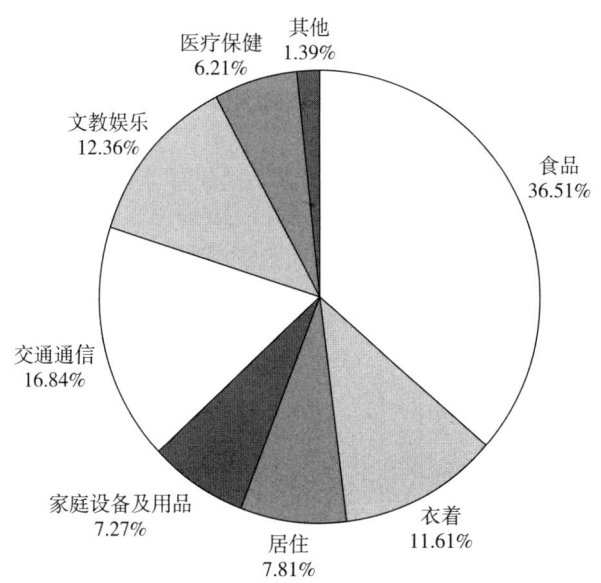

图4　2015年城镇职工家庭人均消费结构

数据来源：根据国家统计局《中国统计年鉴（2016）》相关数据整理计算所得。

（五）外出农民工在城市的生活成本偏高

2015年，外出农民工人均月生活消费支出占收入的32.94%，可见外出农民工每月生活消费支出占收入的比重偏高，生活负担较重。2015年外出农民工的人均月居住支出为475元，根据农民工务工地分布，由高到低依次为东部地区、西部地区和中部地区，其中东部地区的外出农民工人均月居住支出为480元，西部地区的外出农民工人均月居住支出为469元，中部地区的外出农民工人均月居住支出为425元（见图5）。外出农民工人均月居住支出占比由高到低依次为东部地区、中部地区、西部地区，分别为46.69%、46.65%、45.76%。外出农民工人均月居住支出占比平均值为

46.37%，可见，外出农民工在城市的生活成本尤其是居住成本在总支出中占到将近一半的比重，这必然会限制他们在其他方面消费支出的增长，不利于外出农民工家庭生活水平的改善。

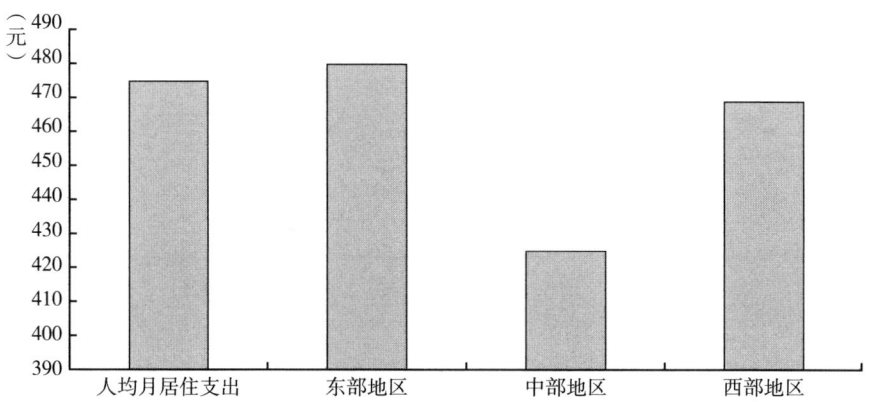

图5　2015年外出农民工人均月居住支出

数据来源：国家统计局，《农民工监测调查报告（2016）》。

（六）城镇职工家庭生活状况不断改善

恩格尔系数是反映居民消费水平的重要指标。城镇职工家庭恩格尔系数从2003年的39.61%下降到2015年的36.51%，下降了3.1个百分点（见图6）。上述数据表明随着中国经济的增长，全国城镇职工家庭生活状况不断改善。此外，不同年份之间城镇职工家庭恩格尔系数表现出周期性的波动趋势。城镇职工家庭恩格尔系数2003~2004年、2007~2008年和2011年呈现上升趋势；2005~2006年、2009~2010年和2012~2013年又呈现下降趋势。其中，2008年城镇职工家庭恩格尔系数达到了41.06%的最高值，说明国际金融危机对我国职工家庭生活造成了巨大的影响，在国际金融危机期间由于城镇职工家庭收入大幅度减少导致职工家庭的生活水平出现了较大程度的下降。2010年城镇职工家庭恩格尔系数下降到38.66%，说明国际金融危机以后经济复苏又使职工家庭收入有所增加，恩格尔系数出现了下降趋势。2012~2013年城镇职工家庭恩格尔系数连续出现下降，共下降了3.3个百分点。2013~2015年城镇职工家庭恩格尔系数缓慢上升。

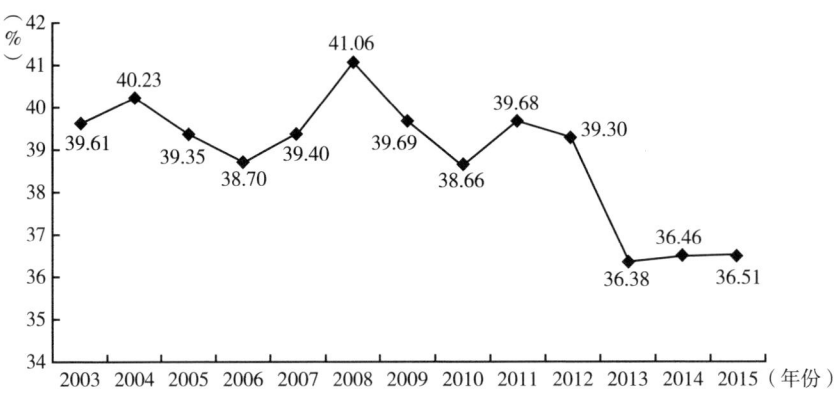

图6　2003~2015年全国城镇职工家庭恩格尔系数

数据来源：根据国家统计局《中国统计年鉴（2016）》相关数据整理计算所得。

（七）全国城镇职工消费率总体呈现先缓慢下降然后不断上升的趋势

近年来，全国城镇职工消费率总体呈现先缓慢下降然后不断上升的趋势。城镇职工消费率从2003年的9.72%上升到2015年的11.78%，上升了2.06个百分点（见图7）。分阶段来看，2003~2011年，全国城镇职工消费率总体呈现下降的趋势。城镇职工消费率从2003年的9.72%下降到2011年的8.02%，下降了1.7个百分点。2012~2015年，全国城镇职工消费率又出现上升的走势，从2011年的8.02%上升到2015年的11.78%，上升了个3.76百分点，说明当前全国城镇职工总体消费水平有了一定程度的提高，城镇职工生活状况有了一定程度的改善，随着中国经济的增长，全国城镇职工能够更多地享受到改革开放和经济社会发展所带来的福祉。

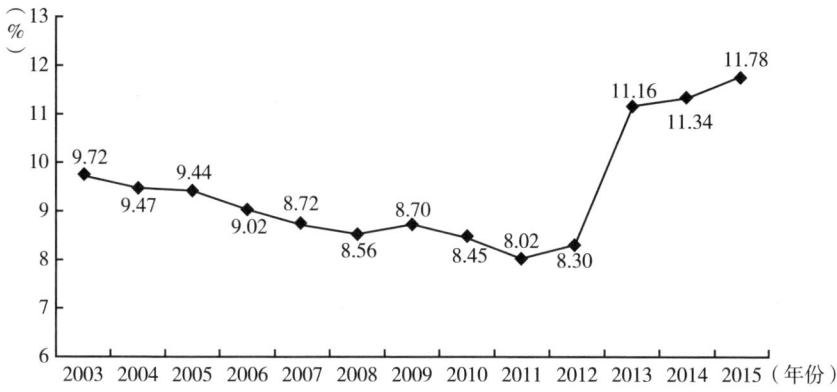

图 7 2003~2015 年全国城镇职工消费率

数据来源：根据国家统计局《中国统计年鉴（2016）》相关数据整理计算所得。

二 各地区职工家庭消费基本情况

（一）不同地区城镇非私营企业职工年均可支配收入与消费支出的差额存在较大差别

2015 年，各地城镇非私营企业职工的年均可支配收入与消费支出差额中位数为 34210 元，其中西部地区为 38203.2 元，东部地区为 34049.2 元，东北地区为 32335.7 元，中部地区为 31385.4 元。最高的西部地区城镇非私营企业职工年收支差额比最低的中部地区高出 6817.8 元（见图 8）。可见，不同地区间城镇非私营企业职工年均可支配收入与消费支出的差额存在较大的差别。

（二）各地区城镇私营企业职工的可支配收入总体偏低

2015 年，各地区城镇私营企业职工的可支配收入与消费支出差额中位数为 13455.58 元，其中西部地区城镇私营企业职工年收支差额中位数为 16276.5 元，东部地区为 14660.5 元，中部地区为 13455.6 元，东北地区为

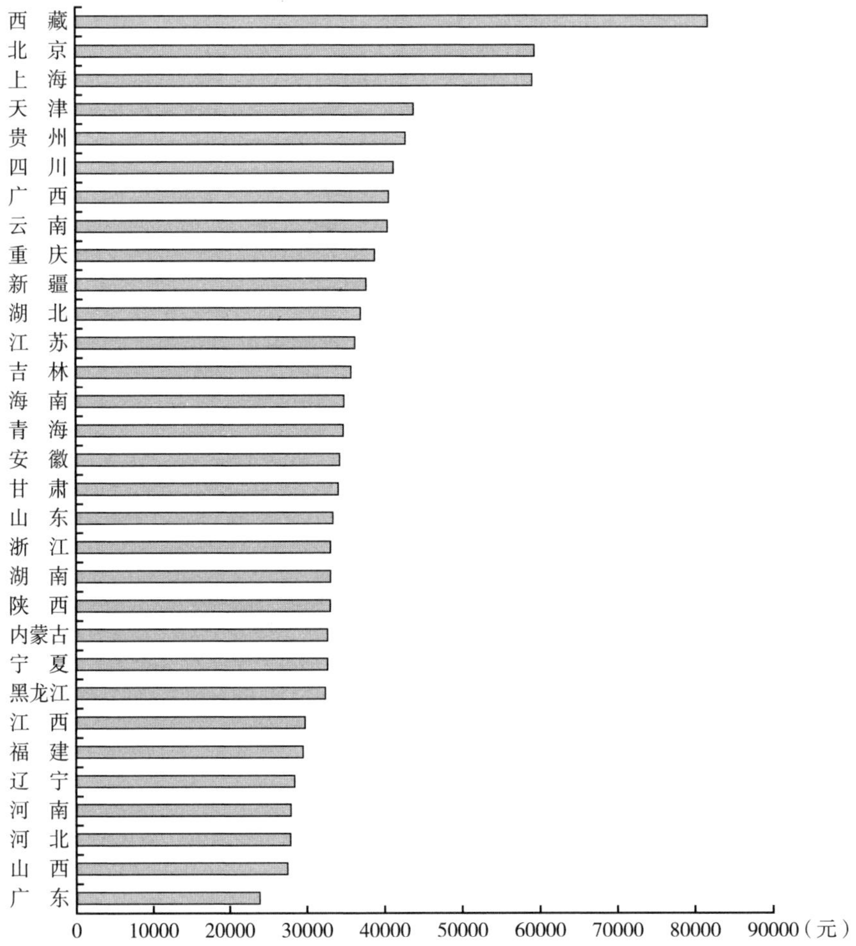

图8 2015年各省份城镇非私营企业职工年均可支配收入与消费支出差额

数据来源：根据国家统计局《中国统计年鉴（2016）》相关数据整理计算所得。

10927.8元。最高的西部地区城镇私营企业职工年收支差额比最低的东北地区高出5348.7元。此外，与城镇非私营企业职工相比，城镇私营企业职工的可支配收入总体偏低，导致二者之间的收支差额存在巨大的差距。从可支配收入与消费支出差额的中位数来看，2015年城镇非私营企业职工比城镇私营企业职工的收支差额高出了20754.42元。不断上涨的物价等因素导致私营企业职工的消费支出不断增加,有些地区例如上海私营企业职工的可支配收入与消费支出差额竟为负数(见图9)。

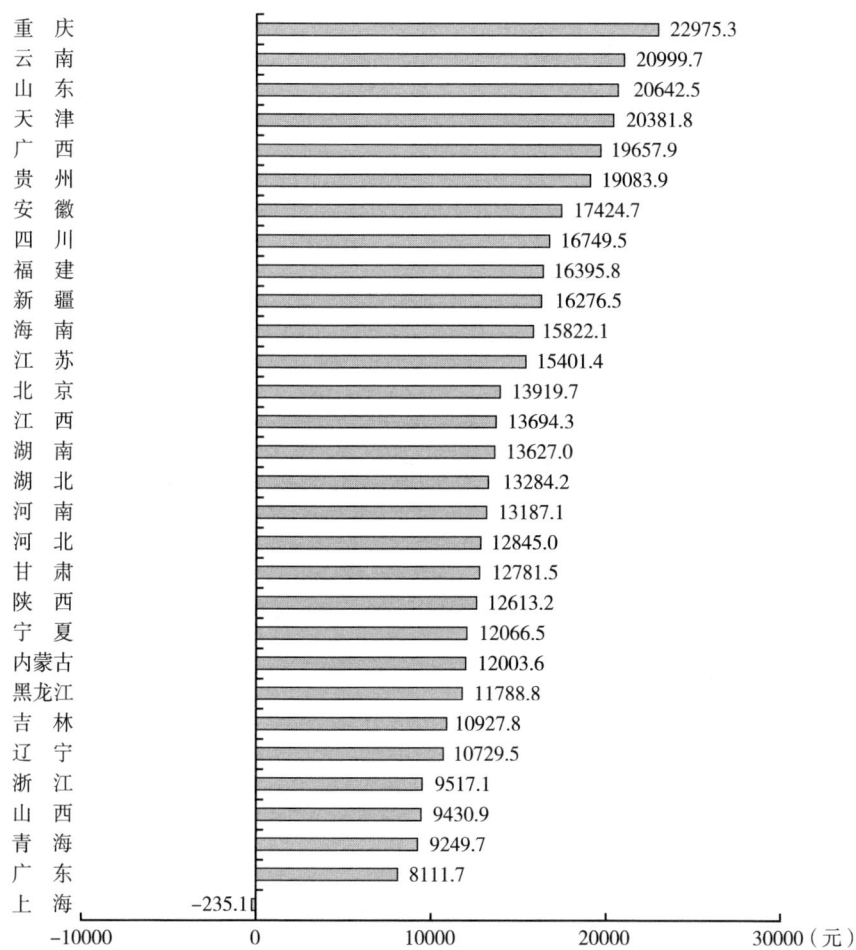

图9 2015年各省份城镇私营企业职工年均可支配收入与消费支出差额

数据来源:根据国家统计局《中国统计年鉴(2016)》相关数据整理计算所得。

(三)少数省份的城镇非私营企业职工的工资收入略微超过支出

2015年,各地城镇非私营企业职工的工资收入虽然没有出现"入不敷出"

的情况，但是许多省份的城镇非私营企业职工的工资收入仅仅略微超过支出。各省份的城镇非私营企业职工收支差额中位数平均为 10611.5 元（见图 10）。

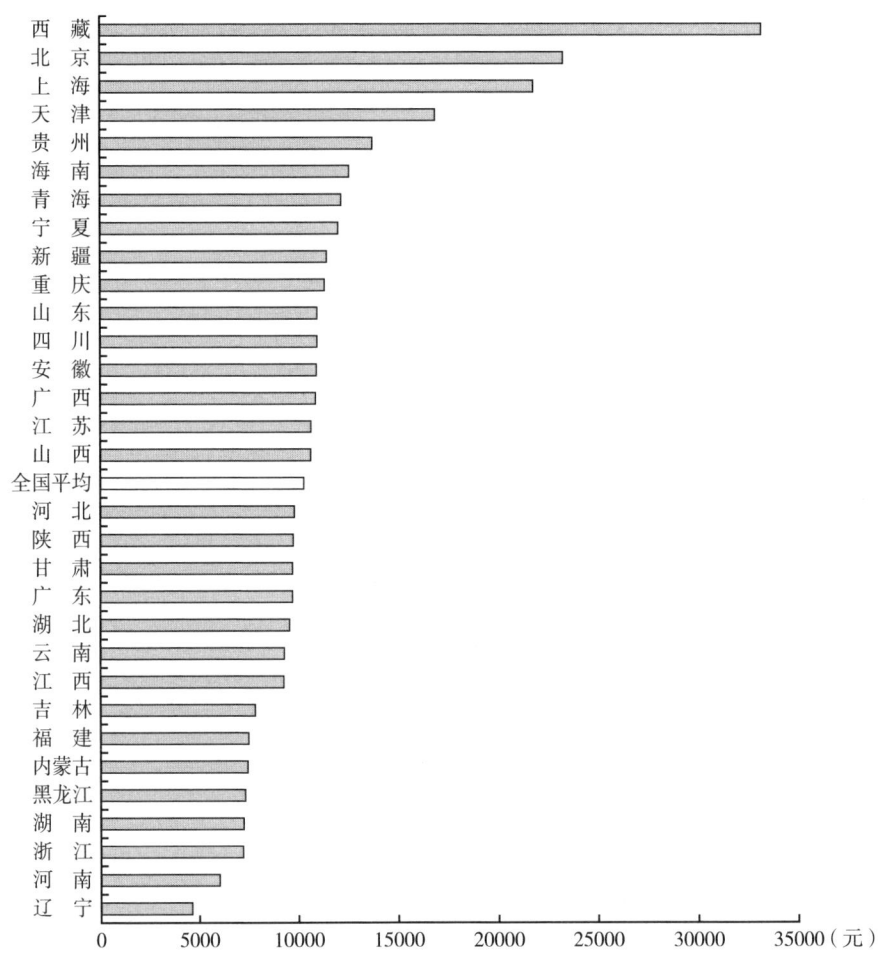

图 10　2015 年各省份城镇非私营企业职工年均工资性收入与消费支出差额

数据来源：根据国家统计局《中国统计年鉴（2016）》相关数据整理计算所得。

（四）中国部分省份的城镇私营企业职工"入不敷出"

考察各地区职工家庭消费情况可以看到，2015 年除江西、云南、河北、广西、海南、贵州、安徽、天津、重庆、山东等省份之外,其余省份的城镇私营企业职工年均收入与支出的差额为负数。全国城镇私营企业职工年收支差额中位数为 -1427.97 元,说明国内部分省份的城镇私营企业职工"入不敷出",城镇私营企业职工从企业得到的工资收入无法维持家庭基本的生存需要,生活较为艰难。

东部地区除天津、河北、山东、海南 4 个省份外,其他 6 个省份城镇私营企业职工年均收支差额均为负数,东部地区城镇私营企业职工年收支差额中位数为 -836.1 元。西部地区除广西、重庆、贵州、云南 4 个省份外,其他 7 个省份的城镇私营企业职工年均收支差额均为负数,西部地区城镇私营企业职工年收支差额中位数为 -357.2 元。中部地区除安徽和江西 2 个省份外,其他 4 个省份的城镇私营企业职工年均收支差额均为负数,中部地区城镇私营企业职工年收支差额中位数为 -991.3 元。东北地区辽宁、吉林、黑龙江三个省份的城镇私营企业职工年均收支差额均为负数,东北地区城镇私营企业职工年收支差额中位数为 -4085.6 元。与其他地区相比,东北地区城镇私营企业职工年收支差额最大,职工生活最困难。此外,值得注意的是,排在最后的上海、浙江、北京等省份虽然城镇私营企业职工工资收入较高,但是由于当地较高的物价水平直接增加了职工家庭的生活成本,因而导致这几个省份的职工年收支差额排在了最后(见图11)。可见,剔除通货膨胀后的职工实际工资水平更能反映出职工家庭实际的生活状况与福利水平。

三 物价上涨对职工家庭消费支出的影响

(一)居民消费价格指数持续攀升使城镇职工的生活成本大幅增加

近年来,城市居民消费价格指数呈现不断上升的趋势。城市居民消费定基指数从 2003 年的 479.4 上升到 2015 年的 662.6,物价指数上升了

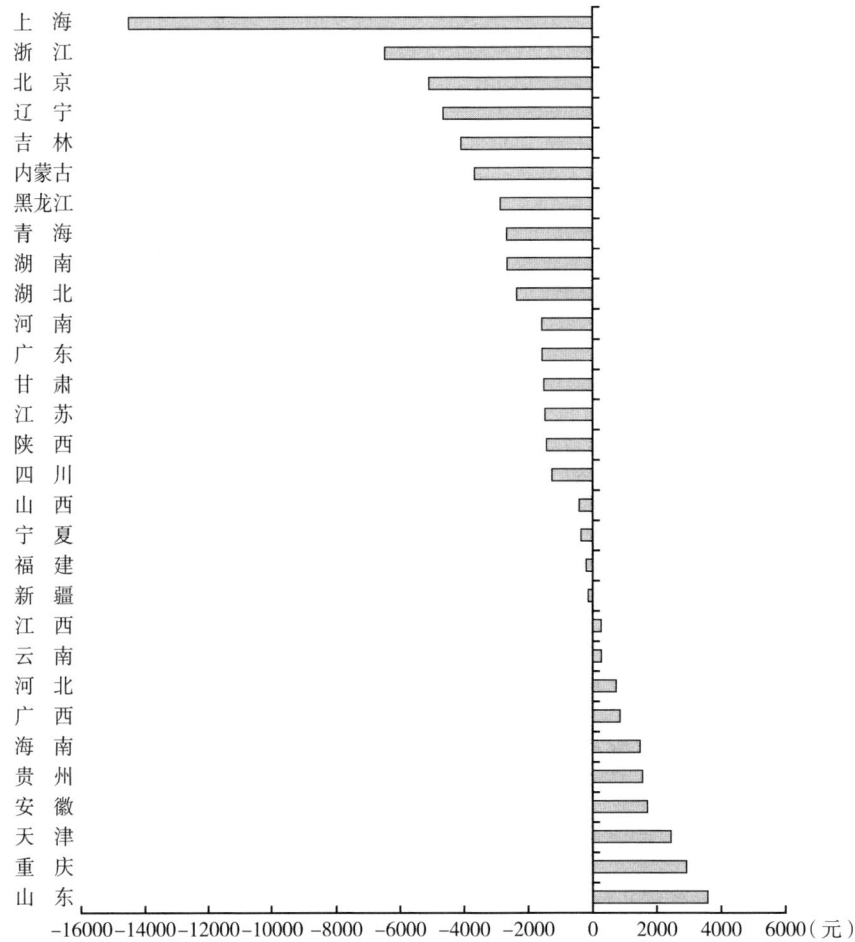

图 11　2015 年各省份城镇私营企业职工年均工资性收入与消费支出差额

数据来源：根据国家统计局《中国统计年鉴（2016）》相关数据整理计算所得。

38.21%（见图12）。① 这说明近年来城市居民消费价格指数的大幅度上升给城镇职工家庭生活造成了较大的影响，城镇职工的生活成本大幅增加，城镇职工生活的负担和压力加大，尤其使部分困难职工生活更加艰难。

---

① 我国城市居民消费价格指数是以 1978 年作为参照期进行测算的，即以 1978 年城市居民消费价格指数为 100。

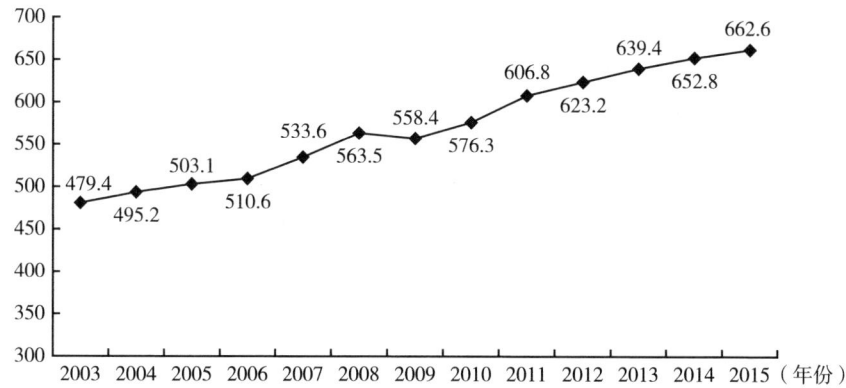

图 12　2003~2015 年全国城市居民消费价格定基指数走势

数据来源：根据国家统计局《中国统计年鉴（2016）》相关数据整理计算所得。

在职工家庭消费支出中，由于食品所占比重最大，因此食品价格上涨对职工家庭消费造成很大程度的影响。同时，在消费者价格指数（CPI）中，由于食品所占权重最大，而食品也是低收入职工消费支出的主要部分，因此食品价格上涨对低收入职工消费支出会产生非常重要的影响。国家统计局的数据显示，2003~2015 年食品类城市居民消费价格指数涨幅中位数为 4%，食品类城市居民消费价格指数涨幅总体呈现不断上升的趋势。其中，2004年、2007 年、2008 年、2011 年食品类城市居民消费价格指数涨幅分别达9.1%、11.7%、14.5%、11.6%。自 2012 年以后食品价格涨幅有所回落，2015 年的食品类城市居民消费价格指数同比上涨 2.3%（见图 13）。

（二）居住类城市居民消费价格指数不断上涨对城镇职工家庭消费支出的影响较大

2003~2015 年，居住类城市居民消费价格指数涨幅中位数为 3.65%。从居住类城市居民消费价格指数变动情况来看，大多数年份居住类城市居民消费价格指数涨幅均在 2% 以上。2003~2015 年，住房租金类城市居民消费价格指数涨幅中位数为 3.4%，2011 年住房租金类城市居民消费价格指数涨幅更是在 4.9% 以上；2003~2015 年，水电燃料类城市居民消费价格指数涨

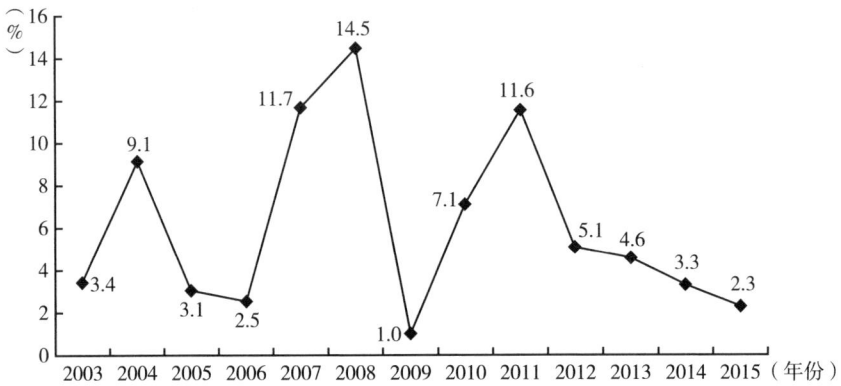

图 13　2003～2015 年全国食品类城市居民消费价格指数走势

数据来源：根据国家统计局《中国统计年鉴（2016）》相关数据整理计算所得。

幅中位数为 3.25%（见图 14）。近年来房租、水电燃料等居住成本不断提高，直接增加了城镇职工的生活开支，加重了城镇职工的生活负担，限制了城镇职工在其他方面的消费需求。

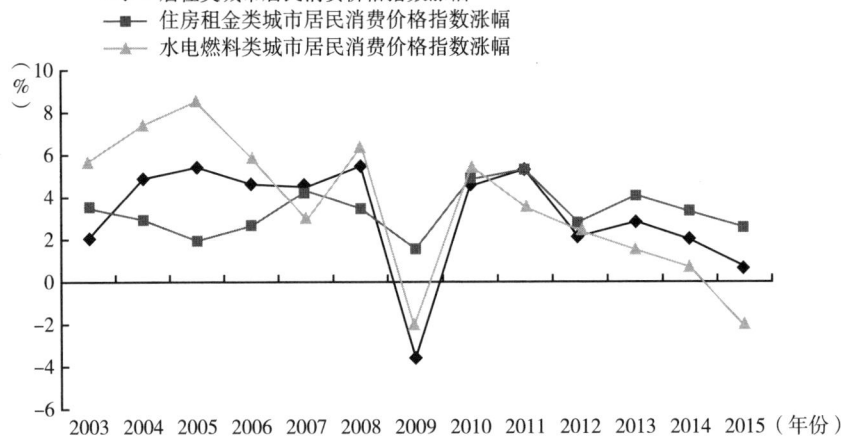

图 14　2003～2015 年全国居住类和住房租金类及水电燃料类城市居民消费价格指数走势

数据来源：国家统计局，《中国统计年鉴（2016）》。

在国民经济核算中由于买房属于投资需求,所以居民消费者价格指数(CPI)没有统计房地产的价格。近年来,房价不断上涨直接影响了城镇职工的消费需求。国家统计局的数据显示,各地住宅商品房平均销售价格从1998年每平方米1854元上涨到2015年的6473元,上涨了2.49倍。如果考察不同地区房地产的销售价格,差异更大。例如,北京市住宅商品房平均销售价格从1998年每平方米4769.35元上涨到2015年的22300元,上涨了3.68倍。2015年北京市(最高)住宅商品房平均销售价格是西藏(最低)住宅商品房平均销售价格的5.19倍(见图15)。[①]

(三)交通类、医疗保健及服务类城市居民消费价格指数总体呈现上升的趋势,通信类城市居民消费价格指数呈现下降的趋势

2003~2015年,车用燃料及零配件类城市居民消费价格指数涨幅中位数为5.7%,而2008年、2010年和2011年涨幅曾分别高达13.6%、11.7%和11.8%;从2013年开始,车用燃料及零配件类城市居民消费价格指数出现了下降,至2015年车用燃料及零配件类城市居民消费价格指数下降幅度达到15.9%(见图16)。近年来市区公共交通费类城市居民消费价格指数、城市间交通费类城市居民消费价格指数呈现上升的趋势,2015年市区公共交通费类城市居民消费价格指数涨幅为4.3%。2003~2015年,通信类城市居民消费价格指数呈现下降趋势,涨幅中位数为-3.2%。

当前我国医疗社会保障制度还不健全,城镇职工生病住院后个人及其家庭要承担很大一部分医疗费用。近年来,医疗保健类和医疗保健服务类城市居民消费价格指数总体呈现上升趋势。医疗保健类城市居民消费价格指数总体涨幅要大于医疗保健服务类城市居民消费价格指数。其中,中药材及中成药类城市居民消费价格指数从2006年开始出现大幅上涨。尤其是2007年和2008年、2010~2012年涨幅分别达到7.5%、6.5%、11.2%、11.7%和5%。西药类城市居民消费价格指数从2008年开始呈现总体上涨的趋势,

---

① 国家统计局:《中国经济统计年鉴(2016)》,中国统计出版社,2016。

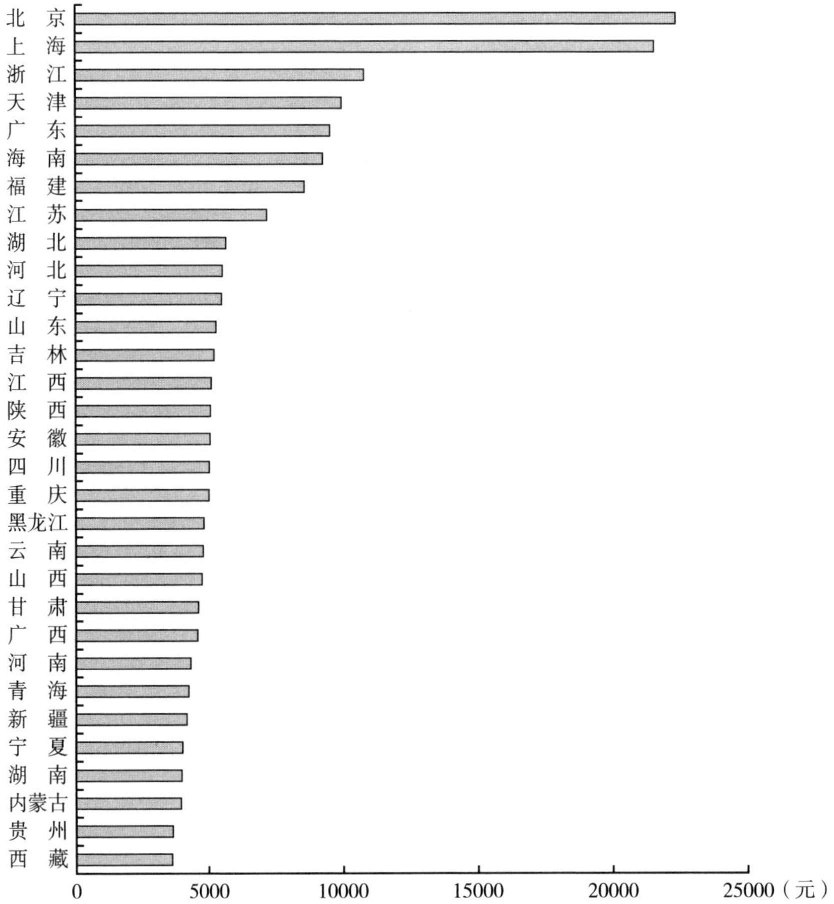

图15 2015年各省份住宅商品房每平方米平均销售价格

数据来源：国家统计局《中国统计年鉴（2016）》。

2015年涨幅达到了2.1%（见图17）。上述数据表明近年来城镇职工在医疗保健及服务类方面的支出不断增加，药品价格的不断上涨更是导致城镇职工"看病贵""因病致贫"的主要原因。

近年来，娱乐、教育、文化用品及服务类城市居民消费价格指数呈现不断上升的趋势。其中，教育类城市居民消费价格指数涨幅中位数为2.15%，2012年以后教育类城市居民消费价格指数涨幅超过了2.6%（见图18）。教

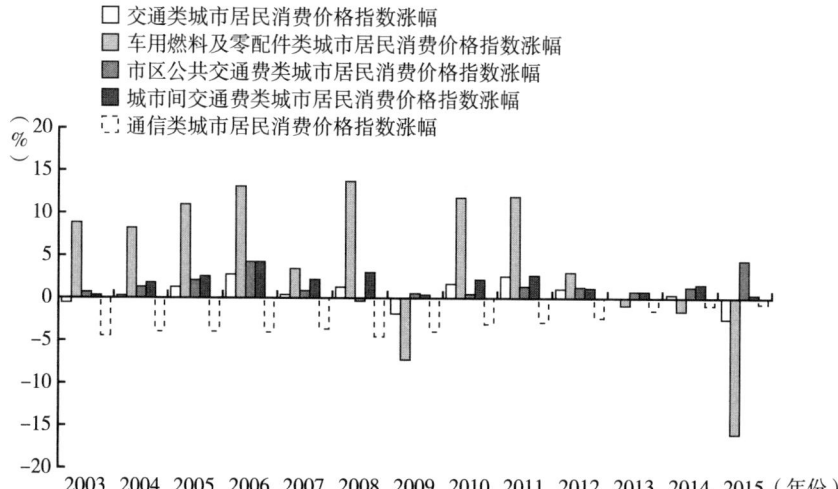

图16　2003～2015年全国交通通信类城市居民消费价格指数涨幅示意

数据来源：国家统计局《中国统计年鉴（2016）》。

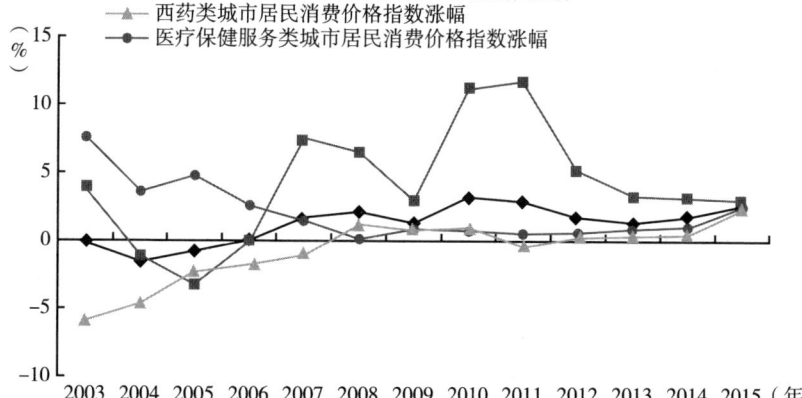

图17　2003～2015年全国医疗保健及服务类城市居民消费价格指数走势

数据来源：国家统计局，《中国统计年鉴（2016）》。

育类城市居民消费价格指数的不断上涨，以及当前我国教育资源分布的非均衡性导致城镇职工在子女入园、上学等方面的负担沉重，这些都成为不稳定因素，增加了城镇职工家庭的教育支出，从而限制城镇职工家庭在其他方面的消费支出，不利于城镇职工家庭生活水平的改善。

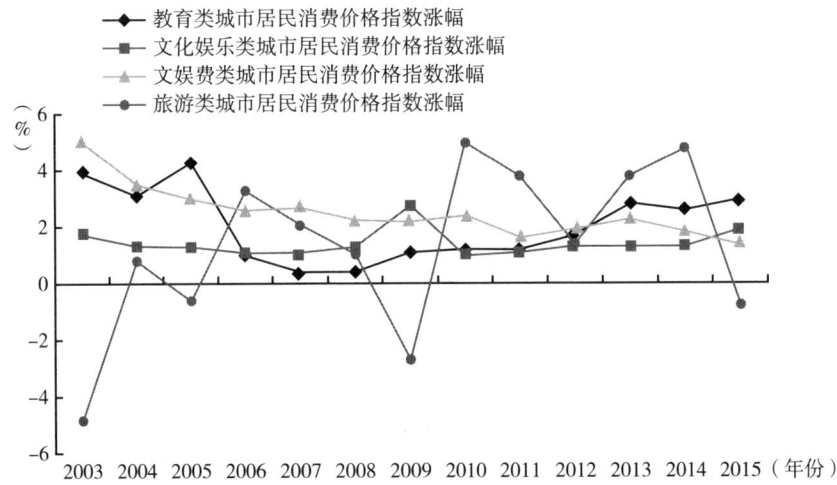

图18　2003～2015年全国娱乐、教育、文化用品及服务类城市居民消费价格指数走势

数据来源：国家统计局，《中国统计年鉴（2016）》。

四　"十三五"期间职工家庭消费状况变化趋势判断

"十二五"以来，我国积极应对后金融危机所带来的影响，经济保持持续较快发展，城镇职工家庭收入水平不断提高，消费需求层次逐步提升，消费结构也继续优化。随着我国经济发展进入新常态，在发展动力转换、发展方式转变的转型阶段，经济增速放缓也给职工家庭增收带来一定压力，仍然存在城镇非私企职工与私企职工收入差距较大，农民工及其家庭收入增长速度下降较快等一系列问题。笔者从职工家庭收入水平、消费支出状况、消费结构状况三个方面对"十二五"时期我国城镇职工家庭消费状况进行介绍，并对"十三五"时期的消费变化趋势做出预测判断。

（一）城镇职工家庭收入状况

2011～2015年，我国城镇职工家庭人均可支配收入保持较快增长，从2011年的17546.35元提升至2015年的28004.07元（见图19），年均名义增长率为12.39%，扣除价格因素后，年均实际增长9.29%。虽然我国职工家庭人均可支配收入从2011年和2012年出现了较大幅度的提升，但是随着我国整体经济增速放缓，职工家庭收入增速也出现了回落。我国GDP增速由2011年的9.5%回落到2015年的6.9%，年均增长7.9%；而职工家庭实际人均可支配收入增速也由2012的11.17%回落到2014年的8.76%，2015年又上升至10.04%（见图20）。"十二五"期间我国职工家庭实际人均可支配收入的年均增速（9.3%）快于同期GDP增速（7.9%），可以预期"十三五"时期职工家庭收入在保持平稳增长的同时，随着我国进入经济转型和结构调整的关键阶段，部分行业去产能、调结构将会给职工家庭收入增长带来一定压力。

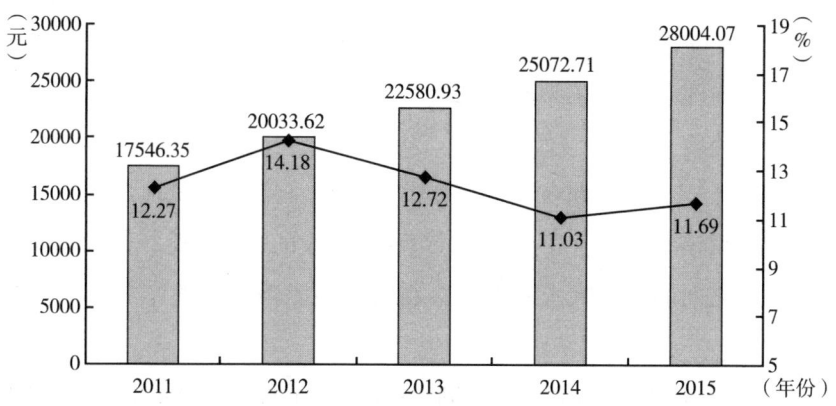

图19　2011～2015年全国城镇职工家庭人均可支配收入及其增长率情况

数据来源：根据国家统计局《中国统计年鉴（2016）》相关数据整理计算所得。

"十二五"时期，城镇非私营企业职工与城镇私营企业职工的人均可支配收入保持较快增长。城镇非私营企业职工家庭人均可支配收入从2011年

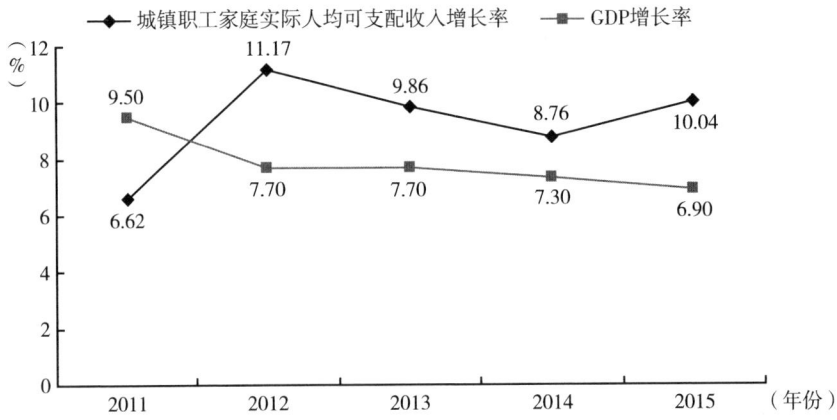

图20 2011~2015年全国GDP增长率与城镇职工家庭实际人均
可支配收入增长率情况

数据来源：根据国家统计局《中国统计年鉴（2016）》相关数据整理计算所得。

的19544.9元增加至2015年的32642.86元，年均增长率13.64%；城镇私企职工人均可支配收入从2011年的10672元增加至2015年的19112元，年均增长率15.53%（见图21）。虽然私企职工家庭的人均可支配收入的年均增长速度较快于非私企职工家庭，但是二者的人均可支配收入的差距依然较大。2011年，非私企职工家庭与私企职工家庭的人均可支配收入之比（以私企职工家庭收入为1）为1.83∶1，2015年这一比例下降为1.71∶1。因此可以预期"十三五"时期在人均可支配收入稳步增长的同时，城镇非私营企业职工与城镇私营企业职工将会继续保持较大的收入差距，这种不同所有制企业职工之间的较大收入差距将会制约我国职工家庭整体消费水平的提升。

自2011年以来，外出农民工的收入增长率呈现出下降的趋势，从2011年的21.2%下降到2015年的7.2%，下降了14个百分点。随着城镇化不断推进，农业产业化进程加快，更多的劳动力被释放，进城就业已成为农民增收的重要途径。但受宏观经济增速放缓的影响，农民工就业遇到一定的困难。作为吸纳农民工的主要行业——建筑业和制造业，由于受经济增速下行压力制约，用工岗位减少降低了农民的务工收入。因此，在"十三五"时期，如何在经济增速放缓的同时保证农民工群体收入的快速稳定增长将成为增加职工收入、提升职工家庭整体消费水平的重要保证。

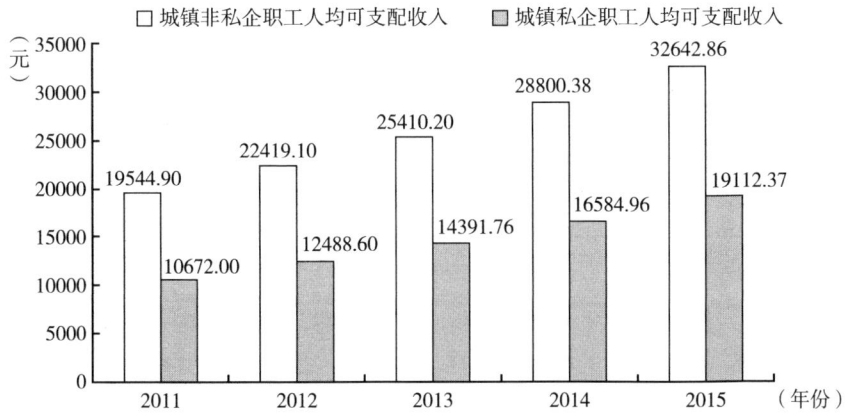

图21 2011~2015年全国城镇非私企职工与城镇私企职工的人均可支配收入情况

数据来源：根据国家统计局《中国统计年鉴（2016）》相关数据整理计算所得。

（二）城镇职工家庭消费支出状况

"十二五"期间，我国城镇职工家庭消费支出增长较快。2011年城镇职工家庭消费支出总额为39233.67亿元，2015年增长到80769.29亿元，2015年比2011年增加了41535.62亿元，消费支出提高了一倍多。从城镇职工家庭消费占GDP的比重来看，2011年城镇职工家庭消费率为8.02%，2015年上升至11.78%，提升了3.76个百分点（见图22）。随着职工家庭收入水平的逐步提高，可以预期"十三五"时期城镇职工家庭的消费水平将会继续表现出稳步提高的趋势。

"十二五"时期，我国城镇职工家庭人均现金消费支出快速增加，从2011年的12785.11元增加至2015年的24768.26元，增长了94%。其中，非私企职工家庭2011年人均现金消费支出10868.46元，2015年增加至17277.16元，增长59%；私企职工家庭2011年人均现金消费支出1916.65元，2015年增加至7491.1元，增长了近3倍（见图23）。私企职工家庭人

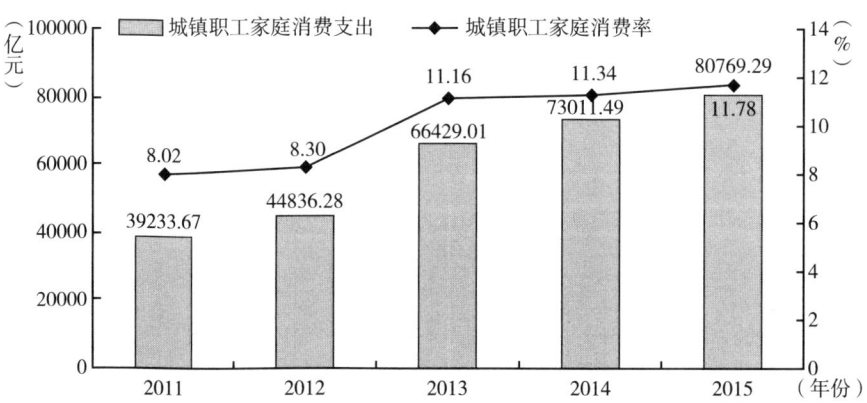

图22　2011～2015年全国城镇职工家庭消费支出总额与消费率变化情况

数据来源：根据国家统计局《中国统计年鉴（2016）》相关数据整理计算所得。

均现金消费支出在这一时期快速增长使其缩小了与非私企职工家庭的差距。2011年非私企职工家庭与私企职工家庭的人均现金消费支出之比（以私企职工家庭收入为1）为5.67∶1，2015年这一比例下降为2.31∶1。预计在"十三五"期间在我国职工家庭人均现金消费支出保持快速增长的同时，私企职工与非私企职工家庭的差距将会逐步缩小。

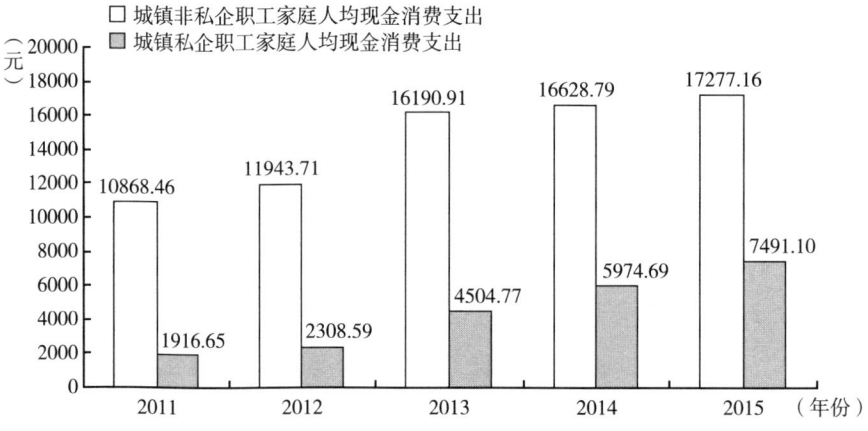

图23　2011～2015年全国城镇非私企职工家庭与私企职工家庭人均现金消费支出情况

数据来源：根据国家统计局《中国统计年鉴（2016）》相关数据整理计算所得。

(三)城镇职工家庭消费结构状况

从消费结构看,我国职工家庭消费支出结构在"十二五"期间基本保持稳定。2011~2015年,城镇职工家庭人均衣着消费支出比重为11%~12%,医疗保健消费支出比重为6%~7%,居住消费支出比重从2011年的9.01%下降至2015年的7.81%,教育文化娱乐消费支出比重从2011年的11.47%上升至2015年的12.36%。值得注意的是,我国城镇职工家庭的人均交通和通信消费支出在这一时期出现了快速上升,从2011年的12.16%上升到了2015年的16.84%(见图24)。

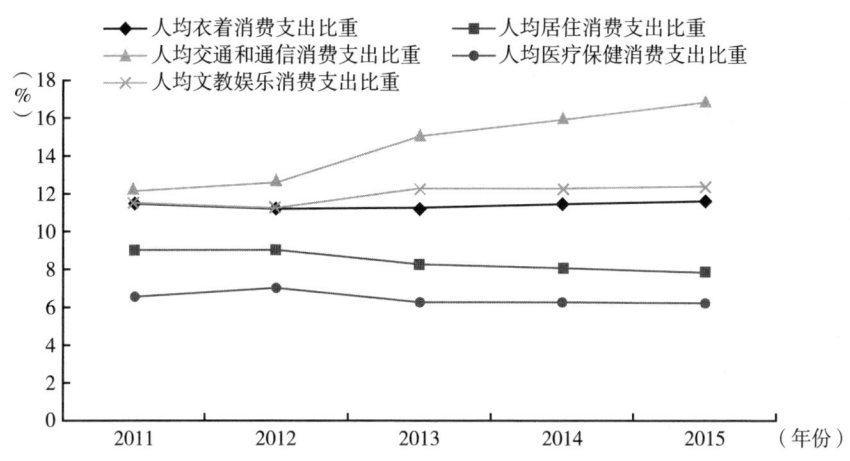

图24 2011~2015年中国城镇职工家庭各项消费支出比重走势

数据来源:根据国家统计局《中国统计年鉴(2016)》相关数据整理计算所得。

从交通消费支出来看,随着我国城镇职工家庭收入的不断增加,汽车价格下降,以及国家不断出台鼓励轿车进入家庭的政策,汽车正在快速进入普通家庭。从发达国家的发展经验来看,当一个国家或地区的人均GDP达到3000~10000美元时,汽车的消费将进入快速发展时期。我国目前已进入这一时期,汽车逐渐成为城镇职工家庭普遍使用的交通工具。除此以外,乘坐飞机、高铁、轨道交通出行越来越普及,也导致城镇职工家庭交通消费支出的快速增长。

随着信息技术的快速发展和网络的普及，城镇职工家庭的信息消费支出也不断增加。信息消费增长主要体现在两方面：一是智能手机、智能家电以及与信息硬件相关的产品消费出现高增长；二是手机游戏、手机文学等信息内容和信息载体的消费出现高增长。在"互联网+""工业4.0"等政策刺激下，物联网、云计算、大数据等信息技术的加速渗透，培育了移动互联网、跨境电商、智慧城市等新的信息消费热点。

"十二五"时期，我国城镇职工家庭的恩格尔系数出现下降的趋势，从2011年的39.68下降至2013年的36.38，2013~2015年恩格尔系数一直保持在36.5%左右（见图25）。恩格尔系数为食品支出占总消费支出的比重，它是消费结构的重要部分，也是衡量一个国家或地区居民生活水平的重要标志。可以看出，尽管食品支出目前仍然是城镇职工家庭消费的主要支出项目，但是随着城镇职工家庭收入水平的不断提升，消费中食品、衣着等物质消费将逐渐得到满足，城镇职工家庭的消费结构开始从量的增长阶段进入质的全面提升阶段。因此，在"十三五"时期，交通和通信、教育文化娱乐服务等消费支出在我国城镇职工家庭消费中的比重将会进一步上升，恩格尔系数也将继续表现出下降的趋势。

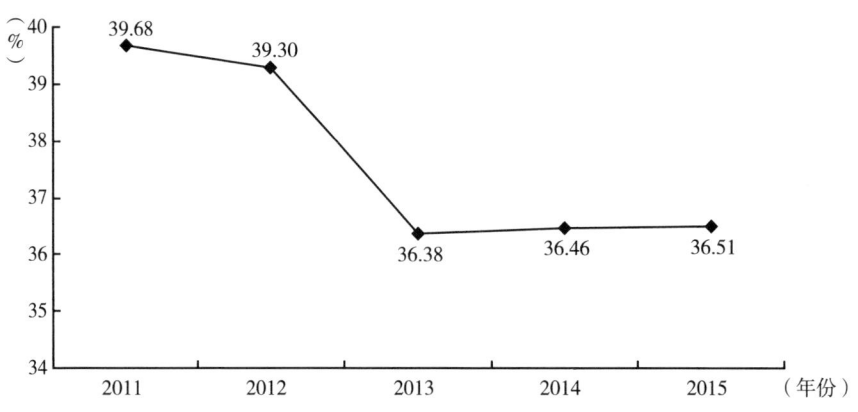

图25　2011~2015年中国城镇职工家庭恩格尔系数

数据来源：根据国家统计局《中国统计年鉴（2016）》相关数据整理计算所得。

五 政策建议

2016年是"十三五"规划的开局之年，也是供给侧结构性改革的元年。受世界经济复苏疲弱、中国经济发展周期调整、产能过剩依然严重等多重因素影响，中国经济增长仍面临下行压力，但随着中国坚持积极的财政政策，加大改革攻坚力度，经济增长呈现底部企稳迹象。为促进我国城镇职工家庭收入和消费的持续增长，笔者提出如下建议。

（一）确保职工家庭收入快速稳定增长，提高职工家庭消费能力

收入是消费的基础，要扩大消费，必须增加居民的收入。面对经济下行压力的挑战，我国应通过深化各个领域的改革，提升经济增长质量和效益，努力保持经济较快增长，可为职工家庭收入实现较快增长奠定良好的物质基础。此外，我国还应加快收入分配制度、税收体制等改革，提高企业退休人员基本养老金水平、城乡低保标准和社会优抚对象等人员的抚恤和生活补助标准，以及通过推动工资集体协商促进职工家庭工资合理增长。实质性增加职工家庭收入，让更多的工薪阶层成长为中等收入阶层，增强多数人的消费能力，才是提升职工家庭消费水平的根本条件。

（二）深化改革，稳定物价，降低物价上涨对城镇职工家庭消费的负面作用

物价上涨一方面会直接抑制消费，另一方面会使职工产生涨价预期。同时，物价变动也会对实际利率产生影响，从而进一步抑制消费。因此稳定物价、调整预期也应成为促进职工家庭消费的一项重要措施。政府应进一步稳定物价，特别是稳定近两年直接拉动CPI上行的食品和服务类价格指数，同时密切关注高油价对职工家庭燃料、交通运输的影响。此外，政府需要继续深化改革，一方面应通过产业政策调整将竞争机制引入垄断性行业中，扩大服务类消费品的供给渠道和规模；另一方面应逐步减弱物价

形成机制中的行政性，增强定价机制的灵活性，间接引导职工家庭形成合理的价格预期。

（三）保障农民工收入水平不断提高，提升农民工消费能力

一是切实保障农民工取得劳动报酬的权利，完善并落实工资支付规定，健全工资支付监控、工资保证金和欠薪应急周转金制度，探索建立欠薪保障金制度，落实清偿欠薪的施工总承包企业负责制，依法惩处拒不支付劳动报酬等违法犯罪行为，保障职工特别是农民工按时足额领到工资报酬。努力实现农民工与城镇就业人员同工同酬。二是推行终身职业技能培训制度，开展农民工免费接受职业培训行动，实施农民工职业技能提升计划，拓宽农民工就业渠道，使其收入来源更有保障。三是加快推进新型城镇化建设和户籍制度改革，尽快解决农民及其家庭的市民化问题。通过加大政府公共支出力度，配套推进安居工程、教育、医疗、社会保障等相关公共服务和社会福利政策，提升农民工群体的消费能力。

（四）通过供给侧结构性改革增加产品和服务供给，提升产品和服务品质，拓宽消费领域，提高职工家庭消费水平

一是以供给侧结构性改革为契机，顺应消费升级的发展趋势，增加服务供给。应更加注重服务市场细分，建立多层次的市场供给能力。引导传统服务业企业经营模式转型升级，鼓励和支持大型服务业企业依托优势发展连锁业态，大力发展"互联网＋"服务，不断提高服务业水平并扩大其规模，让职工家庭享受更加便利、更高水平的服务，从而促进城乡居民消费升级。二是加大个性化、多样化的新型消费供给力度，拓展服务、信息、健康养老、休闲旅游、文化体育、医疗保健、教育、绿色循环等新型消费领域。三是推进制造与服务融合，转型为"产品＋服务"的混合商业模式。强化质量支撑，倡导"工匠精神"，实施产品质量品牌提升工程，通过提升产品和服务品质以满足职工家庭的品质消费需求，促进新消费快速发展。

附表1 2002～2015年按收入等级分组的城镇居民家庭人均可支配收入

单位：元

年份	城镇居民中等偏下户（20%）人均可支配收入	城镇居民中等收入户（20%）人均可支配收入	城镇居民中等偏上收入户（20%）人均可支配收入
2002	4932.0	6656.8	8869.5
2003	5377.3	7278.8	9763.4
2004	6024.1	8166.5	11050.9
2005	6710.6	9190.1	12603.4
2006	7554.2	10269.7	14049.2
2007	8900.5	12042.3	16385.8
2008	10195.6	13984.2	19254.1
2009	11243.6	15399.9	21018.0
2010	12702.1	17224.0	23188.9
2011	14498.3	19544.9	26420.0
2012	16761.4	22419.1	29813.7
2013	17628.1	24172.9	32613.8
2014	19650.5	26650.6	35631.2
2015	21446.2	29105.2	38572.4

数据来源：国家统计局，《中国统计年鉴（2016）》。

附表2 2002～2015年城镇非私营企业与私营企业职工家庭人均可支配收入

年份	城镇非私营企业职工平均工资（元）	城镇私营企业职工平均工资（元）	城镇居民家庭平均每一就业者负担人数（人）	经过家庭人口赡养系数折算后的城镇非私营企业职工家庭人均工资（元）	经过家庭人口赡养系数折算后的城镇私营企业职工家庭人均工资（元）	城镇居民工资性收入占可支配收入比例（%）	城镇非私营企业职工家庭人均可支配收入（元）	城镇私营企业职工家庭人均可支配收入（元）
2002	—	—	1.9	—	—	74.52	—	—
2003	—	—	1.9	—	—	75.66	—	—
2004	—	—	1.9	—	—	75.92	—	—
2005	18200	—	2.0	9100.00	—	74.31	12245.76	—
2006	20856	—	1.9	10976.84	—	74.55	14723.64	—

续表

年份	城镇非私营企业职工平均工资（元）	城镇私营企业职工平均工资（元）	城镇居民家庭平均每一就业者负担人数（人）	经过家庭人口赡养系数折算后的城镇非私营企业职工家庭人均工资（元）	经过家庭人口赡养系数折算后的城镇私营企业职工家庭人均工资（元）	城镇居民工资性收入占可支配收入比例（%）	城镇非私营企业职工家庭人均可支配收入（元）	城镇私营企业职工家庭人均可支配收入（元）
2007	24721	—	1.9	13011.05	—	74.24	17525.28	—
2008	28898	—	2.0	14449.00	—	71.60	20180.26	—
2009	32244	18199	1.9	16970.53	9578.42	72.10	23539.12	13285.83
2010	36539	20759	1.9	19231.05	10925.79	71.73	26809.30	15231.24
2011	41799	24556	1.9	21999.47	12924.21	70.67	31132.06	18289.40
2012	46769	28752	1.9	24615.26	15132.63	70.57	34880.05	21443.07
2013	51483	32706	1.9	27096.32	17213.68	62.79	43157.13	27416.76
2014	56360	36390	1.9	29663.16	19152.63	62.19	47700.74	30798.97
2015	62029	39589	1.9	32646.84	20836.32	61.99	52666.24	33613.37

数据来源：根据国家统计局《中国统计年鉴（2016）》相关数据整理计算所得。

附表3　2002～2015年城镇非私营企业与私营企业职工结构

单位：万人，%

年份	城镇职工人数	城镇就业人员	个体户	城镇非私营企业就业人员	城镇私营企业就业人员	城镇非私营企业就业人员比重	城镇私营企业就业人员比重
2002	22890	25159	2269	20891	1999	91.27	8.73
2003	23853	26230	2377	21308	2545	89.33	10.67
2004	24772	27293	2521	21778	2994	87.91	12.09
2005	25611	28389	2778	22153	3458	86.50	13.50
2006	26618	29630	3012	22664	3954	85.15	14.85
2007	27643	30953	3310	23062	4581	83.43	16.57
2008	28494	32103	3609	23370	5124	82.02	17.98
2009	29077	33322	4245	23533	5544	80.93	19.07
2010	30220	34687	4467	24149	6071	79.91	20.09
2011	30687	35914	5227	23775	6912	77.48	22.52
2012	31459	37102	5643	23902	7557	75.98	24.02
2013	32098	38240	6142	23856	8242	74.32	25.68
2014	32301	39310	7009	22444	9857	69.48	30.52
2015	32610	40410	7800	21430	11180	65.72	34.28

数据来源：国家统计局，《中国统计年鉴（2016）》。

附表4 2003~2015年城镇职工消费水平

年份	国内生产总值（亿元）	城镇职工消费支出（元）	城镇职工消费率（%）	城镇职工家庭恩格尔系数(%)
2003	137422.00	13364.22	9.72	39.61
2004	161840.20	15332.51	9.47	40.23
2005	187318.90	17674.98	9.44	39.35
2006	219438.50	19801.12	9.02	38.70
2007	270232.30	23561.45	8.72	39.40
2008	319515.50	27350.04	8.56	41.06
2009	349081.40	30353.49	8.70	39.69
2010	413030.30	34918.82	8.45	38.66
2011	489300.60	39233.67	8.02	39.68
2012	540367.40	44836.28	8.30	39.30
2013	595244.40	66429.01	11.16	36.38
2014	643974.00	73011.49	11.34	36.46
2015	685505.80	80769.29	11.78	36.51

数据来源：根据国家统计局《中国统计年鉴（2016）》相关数据整理计算所得。

附表5 2003~2015年城镇职工人均可支配收入情况

单位：元

年份	城镇非私企职工人均可支配收入	城镇私企职工人均可支配收入	城镇职工人均可支配收入
2003	7278.80	3970.00	6925.77
2004	8166.50	4429.10	7714.79
2005	9190.10	4885.30	8608.87
2006	10269.70	5540.70	9567.23
2007	12042.30	6504.60	11124.59
2008	13984.20	7363.30	12793.58
2009	15399.90	8162.10	14019.90
2010	17224.00	9285.30	15629.17
2011	19544.90	10672.00	17546.35
2012	22419.10	12488.60	20033.62
2013	25410.20	14391.76	22580.93
2014	28800.38	16584.96	25072.71
2015	32642.86	19112.37	28004.07

数据来源：根据国家统计局《中国统计年鉴（2016）》相关数据整理计算所得。

附表6　2003~2015年城镇职工人均现金消费支出情况

单位：元

年份	城镇非私企职工家庭人均现金消费支出	城镇私企职工家庭人均现金消费支出	城镇职工家庭人均现金消费支出
2003	5224.05	378.69	5602.74
2004	5712.99	476.46	6189.45
2005	6321.36	579.97	6901.32
2006	6731.08	707.91	7438.99
2007	7589.78	933.70	8523.48
2008	8484.44	1114.08	9598.52
2009	9153.32	1285.68	10439.00
2010	10076.25	1478.62	11554.87
2011	10868.46	1916.65	12785.11
2012	11943.71	2308.59	14252.29
2013	16190.91	4504.77	20695.69
2014	16628.79	5974.69	22603.48
2015	17277.16	7491.10	24768.26

数据来源：根据国家统计局《中国统计年鉴（2016）》相关数据整理计算所得。

附表7　2003~2015年城镇职工各项消费支出比重

单位：%

年份	城镇职工家庭人均衣着消费支出比重	城镇职工家庭人均居住消费支出比重	城镇职工家庭人均交通通信消费支出比重	城镇职工家庭人均医疗保健消费支出比重	城镇职工家庭人均文教娱乐消费支出比重
2003	10.47	10.13	10.11	7.07	13.81
2004	10.08	9.94	10.54	7.16	13.76
2005	10.63	10.27	10.32	7.64	13.37
2006	11.06	10.21	10.70	7.46	13.13
2007	11.06	9.73	10.79	7.06	12.73
2008	10.83	10.35	10.22	7.25	11.12
2009	11.05	10.11	11.03	7.39	11.22
2010	11.14	10.06	12.37	6.81	11.13
2011	11.48	9.01	12.16	6.54	11.47
2012	11.18	8.94	12.61	6.97	11.26
2013	11.31	8.26	15.03	6.22	12.20
2014	11.46	8.04	15.91	6.22	12.28
2015	11.61	7.81	16.84	6.21	12.36

数据来源：根据国家统计局《中国统计年鉴（2016）》相关数据整理计算所得。

附表 8　2015 年各省份城镇非私营企业职工年均收支及差额

单位：元

省份	城镇居民家庭年人均工资性收入	城镇居民家庭年人均消费支出	城镇非私营企业就业人员平均工资性收入	调整后的非私营企业职工家庭年人均工资性收入	城镇非私营企业职工年均收支差额
北　京	32568.0	36642.0	111390	59887.10	23245.1
天　津	21060.4	26229.5	80090	43059.14	16829.6
河　北	16705.3	17586.6	50921	27376.88	9790.3
山　西	16561.8	15818.6	51803	26430.10	10611.5
内蒙古	18989.3	21876.5	57135	29300.00	7423.5
辽　宁	17126.7	21556.7	52332	26166.00	4609.3
吉　林	14791.8	17972.6	51558	25779.00	7806.4
黑龙江	14371.8	17152.1	48881	24440.50	7288.4
上　海	32010.0	36946.1	109174	58695.70	21749.6
江　苏	22460.5	24966.0	66196	35589.25	10623.2
浙　江	24947.7	28661.3	66668	35843.01	7181.7
安　徽	16928.7	17233.5	55139	28132.14	10898.6
福　建	20714.3	23520.2	57628	30982.80	7462.6
江　西	16834.9	16731.8	50932	25985.71	9253.9
山　东	20386.1	19853.8	57270	30790.32	10936.5
河　南	15624.3	17154.3	45403	23164.80	6010.5
湖　北	15571.6	18192.3	54367	27738.27	9546.0
湖　南	15902.8	19501.4	52357	26712.76	7211.4
广　东	26136.9	25673.1	65788	35369.89	9696.8
广　西	15163.1	16321.2	52982	27170.26	10849.1
海　南	17214.9	18448.4	57600	30967.74	12519.4
重　庆	15936.2	19742.3	60543	31047.69	11305.4
四　川	15242.3	19276.8	58915	30212.82	10936.0
贵　州	14166.2	16914.2	59701	30615.90	13701.7
云　南	14659.0	17675.0	52564	26955.90	9280.9
西　藏	20560.5	17022.0	97849	50178.97	33157.0
陕　西	15742.5	18463.9	54994	28202.05	9738.2
甘　肃	15189.3	17450.9	52942	27149.74	9698.9
青　海	16899.2	19200.6	61090	31328.21	12127.6
宁　夏	16884.7	18983.9	60380	30964.10	11980.2
新　疆	17943.3	19414.7	60117	30829.23	11414.5

数据来源：根据国家统计局《中国统计年鉴（2016）》相关数据整理计算所得。

附表9　2015年各省份城镇私营企业职工年均收支差额

单位：元

省份	城镇居民家庭年人均工资性收入	城镇居民家庭年人均现金消费支出	城镇私营企业就业人员平均工资性收入	调整后的私营企业职工家庭年人均工资性收入	城镇私营企业职工年均收支差额
北　京	32568.0	36642.0	58689.0	31553.23	-5088.8
天　津	21060.4	26229.5	53352.0	28683.87	2454.3
河　北	16705.3	17586.6	34084.0	18324.73	738.1
山　西	16561.8	15818.6	30195.0	15405.61	-413.0
内蒙古	18989.3	21876.5	35512.0	18211.28	-3665.2
辽　宁	17126.7	21556.7	33812.0	16906.00	-4650.7
吉　林	14791.8	17972.6	27774.0	13887.00	-4085.6
黑龙江	14371.8	17152.1	28586.0	14293.00	-2859.1
上　海	32010.0	36946.1	41762.0	22452.69	-14493.4
江　苏	22460.5	24966.0	43689.0	23488.71	-1477.3
浙　江	24947.7	28661.3	41272.0	22189.25	-6472.0
安　徽	16928.7	17233.5	37148.0	18953.06	1719.5
福　建	20714.3	23520.2	43385.0	23325.27	-194.9
江　西	16834.9	16731.8	33329.0	17004.59	272.8
山　东	20386.1	19853.8	43608.0	23445.16	3591.4
河　南	15624.3	17154.3	30546.0	15584.69	-1569.6
湖　北	15571.6	18192.3	31051.0	15842.35	-2349.9
湖　南	15902.8	19501.4	33033.0	16853.57	-2647.8
广　东	26136.9	25673.1	44838.0	24106.45	-1566.6
广　西	15163.1	16321.2	33519.0	17189.23	868.1
海　南	17214.9	18448.4	37093.0	19942.47	1494.1
重　庆	15936.2	19742.3	44213.0	22673.33	2931.0
四　川	15242.3	19276.8	35127.0	18013.85	-1263.0
贵　州	14166.2	16914.2	36044.0	18484.10	1569.9
云　南	14659.0	17675.0	35015.0	17956.41	281.4
陕　西	15742.5	18463.9	33220.0	17035.90	-1428.0
甘　肃	15189.3	17450.9	31091.0	15944.10	-1506.8
青　海	16899.2	19200.6	32248.0	16537.44	-2663.2
宁　夏	16884.7	18983.9	36322.0	18626.67	-357.2
新　疆	17943.3	19414.7	37598.0	19281.03	-133.7

数据来源：根据国家统计局《中国统计年鉴（2016）》相关数据整理计算所得。

参考文献

国家统计局:《中国经济统计年鉴（2016）》,中国统计出版社,2015。

国际劳工组织:《2013年世界劳工报告》,中国财政经济出版社,2014。

中华全国总工会劳动关系研究中心一线职工收入课题组:《当前企业一线职工工资收入调查》,《经济学动态》2013年第5期。

案例分析

东北地区职工状况调研报告

潘泰萍　郭宇强　张艳华*

摘　要：计划经济时期东北地区为我国的工业化、现代化做出过历史性的重大贡献。随着改革开放的不断深入，东北老工业基地的体制性、结构性矛盾日益显现，职工生活每况愈下。近几年，经济下行与去产能叠加，使职工的工资、就业与社保等问题凸显。2015年，东北三省实际年平均工资增长率远低于全国平均水平，产能过剩企业职工工资收入大幅度缩水，在岗职工工资不仅远远低于当地社会平均工资，一些国有企业职工只能拿到相当于最低工资水平的收入。从就业来看，第一产业职工从业比重仍处于较高水平，就业结构性矛盾比较突出，失业人员再就业、就业困难群体实现就业难度依然很大。养老保险的覆盖面加大，同时领取养老保险金的人数持续增长，在职职工的养老负担逐步加大，由于就业不稳定、收入偏低等原因，在职职工出现了断缴养老保险的现象。

---

* 潘泰萍，中国劳动关系学院教授，主要研究领域为劳动经济与劳动关系；郭宇强，中国劳动关系学院副教授，主要研究领域为工会与劳动关系；张艳华，中国劳动关系学院副教授，主要研究领域为劳动经济。

关键词： 东北地区职工工资　就业　养老保险

一　引言

  东北老工业基地是新中国工业的摇篮。新中国成立之后，东北地区成为国家投资建设的重点区域，国家在东北地区集中投资建设了具有相当规模的以能源、原材料、装备制造为主的战略产业和骨干企业。东北地区在我国工业化、现代化的进程中创造了辉煌的历史，为我国形成独立、完整的工业体系和国民经济体系，为改革开放和现代化建设，做出了历史性重大贡献。但是，在计划经济时期，由于东北地区一直承担着较高的指令性计划和较重的财政上缴任务，其所创造的利润和所提取的折旧大部分上缴国家，支援其他地区建设，自身资金积累和更新改造都比较慢，所以在这一阶段，东北地区在快速发展并为新中国的建设做出重大贡献的同时，也背上了沉重的历史包袱。

  改革开放后，在向市场经济转轨的初期，随着国家各项改革政策的出台，尤其是价格体制改革和国家对沿海地区的政策倾斜措施的实施，东北老工业基地的国有企业承担了相当一部分国家整体改革的成本。一方面产品和要素价格被逐渐放开，由于计划经济时期初始投资时的非市场化选择，使东北地区大量国有企业在市场竞争中处于先天劣势。东北地区国有企业比重很高，并且承担着大量的社会职能，在此情况下，让东北地区的国有企业与其他地区的非国有企业在市场经济的同一起跑线上去竞争，必然会导致东北地区处于劣势。另一方面国家政策开始更多地向沿海地区倾斜，许多重大产业项目放在东部沿海和西部地区，给东北地区的支持性政策极其有限。在这个过程中，东南沿海开始快速发展起来，而东北地区的发展却相对缓慢，工业经济效益逐年下降，亏损企业特别是国有亏损企业逐年增多，与沿海地区和其他地区相比经济发展差距逐年扩大。

  自20世纪90年代中后期以来，东北地区国有企业的长期低效率使国有企业的改革提上日程，国家和地方政府不得不对一部分国有企业采取破产、债转股、产权改革等措施,并实行减员增效等企业内部改革。大批员工下岗成为改革阵痛中支付的高昂成本,国有企业下岗人员最多的是辽宁省,1998年下岗职工为58.9万人,黑龙江为52.8万人,吉林为34万人。三省下岗职工占全国下岗职工总数的1/4,并且国有企业仍有大量富余人员需要转产安置。与此相伴随的是整个东北地区的职工平均生活水平下降。同期,中国的粮食出现了过剩而又不能动摇农业的基础地位,加上粮食体制改革的滞后,使得作为中国粮食生产区的东北地区又不得不从有限的财力中拿出一部分用于对粮食的补贴,更加限制了东北地区的发展,东北地区经济进一步衰退。

21世纪初,随着改革开放的不断深入,东北老工业基地的体制性、结构性矛盾日益显现,进一步发展面临着许多困难和问题,主要是市场化程度低,经济发展活力不足;所有制结构较为单一,国有经济比重偏高;产业结构调整缓慢,企业设备和技术老化;企业办社会等历史包袱沉重,社会保障和就业压力大;资源型城市主导产业衰退,接续产业亟待发展。这一系列错综复杂的矛盾和问题,单靠东北老工业基地自身解决是不现实的。2003年10月,中共中央、国务院下发《关于实施东北地区等老工业基地振兴战略的若干意见》,标志着实施振兴东北地区等老工业基地战略正式启动。

自2003年实施东北地区等老工业基地振兴战略之后,振兴东北地区等老工业基地工作取得了重要的阶段性成果:以国有企业改革为重点的体制机制创新取得重大突破,多种所有制经济蓬勃发展,经济结构进一步优化,自主创新能力显著提升,对外开放水平明显提高,基础设施条件得到改善,重点民生问题逐步解决,城乡面貌发生很大变化。但东北地区老工业基地的体制性、结构性等深层次矛盾还有待进一步解决,而且2008年的国际金融危机也给东北地区的发展造成了影响。为应对金融危机并推进东北地区老工业基地全面振兴,2009年9月,国务院下发《关于进一步实施东北地区等老工业基地振兴战略的若干意见》,提出九大类28条要求。

党中央、国务院决定实施东北地区等老工业基地振兴战略以来,东北地区经济社会发展取得巨大成就,但也面临新的挑战。2014年8月19日,针对东北地区经济增速持续回落，部分行业生产经营困难，一些深层次体制机制和结构性矛盾凸显等问题，国务院印发了《关于近期支持东北振兴若干重大政策举措的意见》，从激发市场活力、提升产业竞争力、推动城市转型等11个方面提出了支持东北振兴的35条具体举措。

2016年，国际政治经济形势纷繁复杂，我国经济发展进入新常态，东北地区经济下行压力增大，部分行业和企业生产经营困难，体制机制的深层次问题进一步显现，经济增长新动力不足和旧动力减弱的结构性矛盾突出，发展面临新的困难和挑战，主要体现在市场化程度不高、国有企业活力仍然不足、民营经济发展不充分；科技与经济发展融合不够，偏资源型、传统型、重化工型的产业结构和产品结构不适应市场变化，新兴产业发展偏慢；资源枯竭、产业衰退、结构单一地区（城市）转型面临较多困难，社会保障和民生压力较大；思想观念不够解放，基层地方党委和政府对经济发展新常态的适应引领能力有待进一步加强。这些矛盾和问题归根结底是体制机制问题，是产业结构、经济结构问题，解决这些问题归根结底要靠全面深化改革。

在此背景下，2016年2月，中共中央、国务院出台了《关于全面振兴东北地区等老工业基地的若干意见》，标志着新一轮东北振兴全面启动实施。此后，国家发改委等部门又先后出台了《推进东北地区等老工业基地振兴三年滚动实施方案》《关于深入推进实施新一轮东北振兴战略　加快推动东北地区经济企稳向好若干重要举措的意见》《东北振兴"十三五"规划》，这一系列文件共同构成了新一轮东北振兴的完整政策体系。特别是《东北振兴"十三五"规划》的出台，为加快实现东北振兴提供了重要指引和依据。可见，当前和今后一个时期，是推进东北老工业基地全面振兴的关键时期和重要战略机遇期。

二　2015年东北地区职工收入分配状况

经历了30多年的高速增长，中国经济进入增速换挡的新常态，在快速发展阶段蕴藏的各种社会矛盾逐渐凸显，收入分配问题首当其冲。国内关于收入差距的经验性研究、政策性研究可谓浩如烟海，但区域性收入分配状况尚未引起足够的关注。东北三省作为中国的老工业基地,在历史上为中国重工业的发展做出过重要贡献,今天其在市场经济转轨与产业结构转型的过程中出现了经营机制不灵活、产能过剩等一系列问题,经济增长放缓,近年来甚至出现了连续负增长的情况。以2010年不变价格计算,2011~2015年全国经济增速持续下降,GDP增长率由2011年的9.5%下降到2015年的6.9%。黑龙江省从2012年开始,实际GDP连续4年负增长,2015年增长率跌到-5.1%;辽宁与吉林两省也从2014年开始出现了负增长,增速远低于全国平均水平(见图1)。

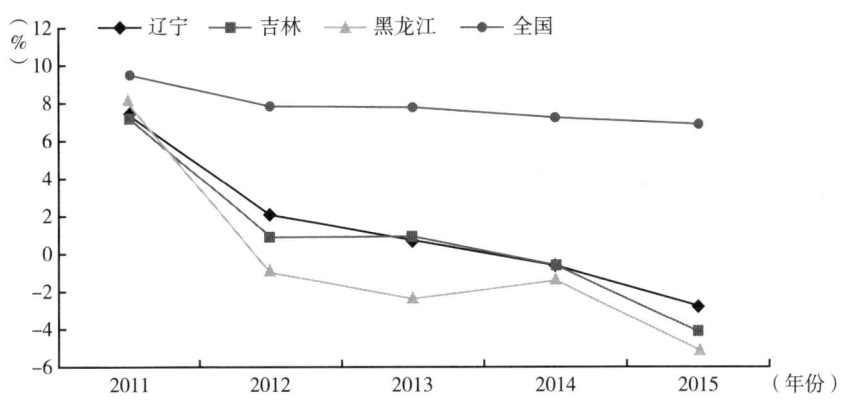

图1　2011~2015年东北三省及全国实际GDP增长率

数据来源:根据《中国统计年鉴(2016)》相关数据计算取得。

经济下滑最直接的影响便是职工的收入,收入分配不仅仅是经济问题,也是重要的政治问题,收入分配状况直接影响着地区社会经济的稳定运行。因此,在当前经济下行期,研究东北地区职工收入分配状况,对东北地区后续经济改革具有非常强的现实指导意义。

(一)2015年职工收入分配总体状况

1. 东北城镇单位就业人员平均工资

国家统计局提供的数据显示,东北三省城镇单位就业人员年平均工资近十年来总体呈上升趋势,且三省工资水平由低到高依次为黑龙江、吉林、辽宁，与其人均GDP的排序相同，十年间这一位次从未改变（见图2）。但是，这十年间东北三省与全国相比工资差距呈逐渐拉大态势。2015年黑龙江、吉林、辽宁三省城镇单位就业人员年平均工资水平分别为48881元、51558元和52332元，与全国平均工资分别相差13148元、10471元和9697元，而十年前这一差距分别仅为4962元、4463元和1491元。

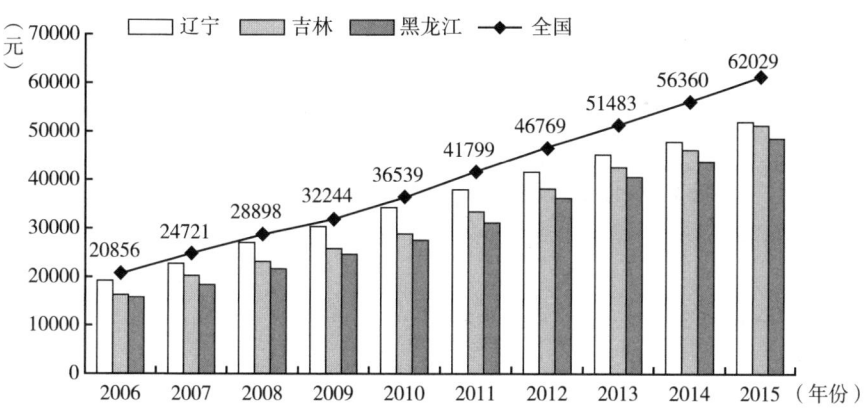

图2　东北三省及全国城镇单位就业人员平均工资

数据来源：根据《中国统计年鉴（2016）》相关数据计算取得。

上述工资水平只是名义工资，没有排除价格因素，如果剔除价格水平的影响，2015年黑龙江、吉林、辽宁三省实际平均工资比名义工资分别减少4845元、5042元和4142元，但三省的工资变动趋势以及工资水平相对位次都没有明显变化，和全国相比，实际工资差距也呈扩大趋势。

工资增长速度从根本上取决于经济发展的快慢，近年来全国经济增长放缓，主要是钢铁、煤炭、水泥等产业产能过剩所致，东北三省更是如此，由此导致各省工资增长率不断下滑。自2012年以来辽宁、吉林与全国城镇就业人员实际年平均工资增长率迅速下降，黑龙江也从2013年开始工资增长率呈现大幅度下滑。2015年黑龙江、吉林和辽宁三省实际年平均工资增长率分别为7.9%、8.6%和5.9%，远低于全国平均9.5%的增长率（见图4）。但与三省实际GDP的变化相比，三省的工资增长率远高于GDP的增长率，保障了城镇单位就业人员的基本生活水平。

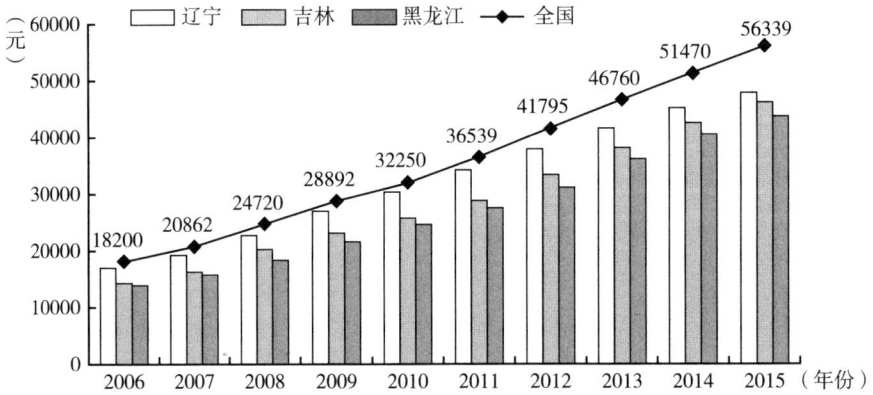

图3 东北三省及全国城镇单位就业人员实际平均工资

数据来源：根据《中国统计年鉴（2016）》相关数据计算取得。

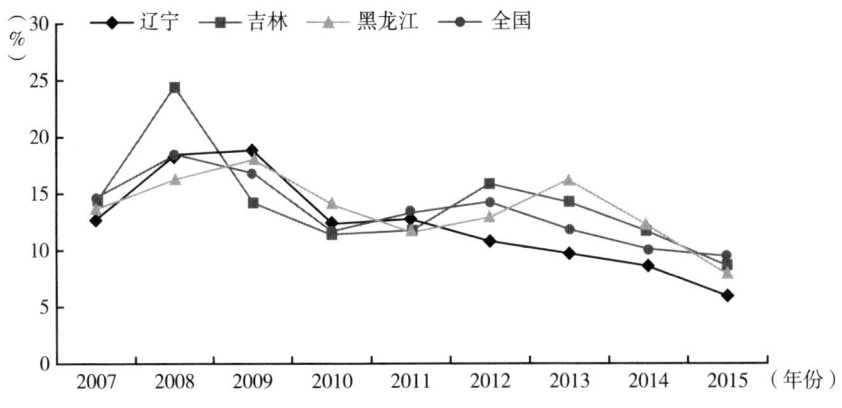

图4 东北三省及全国城镇就业人员实际年平均工资增长率

数据来源：根据《中国统计年鉴（2016）》相关数据计算取得。

2. 东北城镇职工平均工资水平

从目前国内职工统计口径来看，我国的职工队伍主要由两部分人员构成，一是城镇非私营单位就业人员，二是城镇私营单位就业人员。从数据来看，城镇全部就业人员数扣除个体就业人数之后的余额即通常所说的城镇职工人数。但在实际中，一直以来以城镇单位就业人员平均工资来代替全部职工的平均工资，这种做法在经济成分比较单一的计划经济时代尚可，在私营经济所占比重不断增加的市场经济条件下将难以准确地反映现实情况。

受历史、垄断等因素的影响，我国各地区城镇私营部门就业人员的工资远低于城镇单位就业人员的工资。例如，2015年辽宁、吉林、黑龙江三省私营单位就业人员平均工资仅是城镇单位就业人员平均工资的64.6%、53.9%和58.5%。显而易见，沿用城镇单位就业人员的工资来替代全部职工工资，必然造成全体职工工资的"被增长"。因此，本课题采用城镇单位就业人员工资与城镇私营部门就业人员工资按就业人数进行加权平均的方法来反映城镇职工的工资水平。加权平均后职工工资下降幅度与私营企业就业人员比重有一定相关关系，因吉林私营企业就业比重较高，职工工资下降幅度最大，达到17.4%，其次是辽宁，黑龙江职工工资下降最少，因其私营企业就业人员比重只有8.2%（见表1）。

表1　2015年东北三省城镇单位职工平均工资

单位：元，%

省份	私营单位就业人员平均工资	城镇单位就业人员平均工资	私营部门就业比重	城镇单位就业比重	加权平均工资	未加权的平均工资-加权平均工资	加权后职工工资下降百分比
辽宁	33812	52332	28.0	72.0	47147	5185	9.9
吉林	27774	51558	37.7	62.3	42590	8968	17.4
黑龙江	28586	48881	8.2	91.8	47218	1663	3.4
全国	39589	62029	38.2	61.8	53450	8579	13.8

数据来源：根据《中国统计年鉴（2016）》相关数据计算取得。

用同样的方法计算不同年份中东北三省全体职工的平均工资，即城镇单位就业人员与私营部门就业人员的加权平均工资（见图5），从图5中可以看出，东北三省中辽宁职工工资明显高于吉林与黑龙江省，吉林与黑龙江的职工工资基本持平，但2015年黑龙江省职工工资增长较快，基本与辽宁省持平。尽管东北三省职工工资增长趋势较为一致，但在加权平均后各省职工工资与城镇单位就业人员工资相比下降幅度有明显差异（见图6），辽宁与黑龙江省职工工资下降幅度有减小的趋势，特别是黑龙江，近几年工资下降幅度大为缩小，主要是黑龙江省近年来私营单位就业人员迅速缩减，致使城镇职工工资与城镇单位就业人员工资差距不断缩小。而吉林省职工工资与城镇单位就业人员工资相比下降幅度不断加大，即职工工资与全体城镇单位就业人员工资差距在不断拉大，其主要原因可能在于吉林省近年来私营部门就业增加较快。总体上来看，城镇职工与城镇单位就业人员工资差距较大，加权平均后的工资更能反映出职工真实的工资水平。区别职工工资与单位就业人员工资对于各省制定宏观经济政策、最低工资政策以及推进工资集体协商制度都具有重要的参考价值。

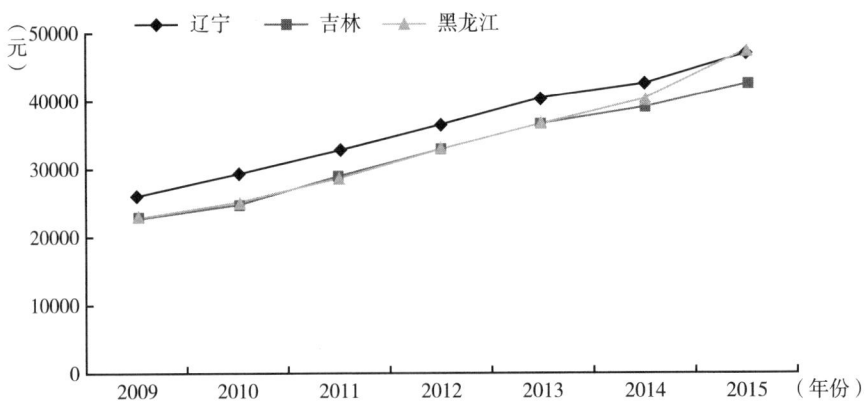

图5　2009~2015年东北三省职工平均工资

数据来源：根据《中国统计年鉴（2016）》相关数据计算取得。

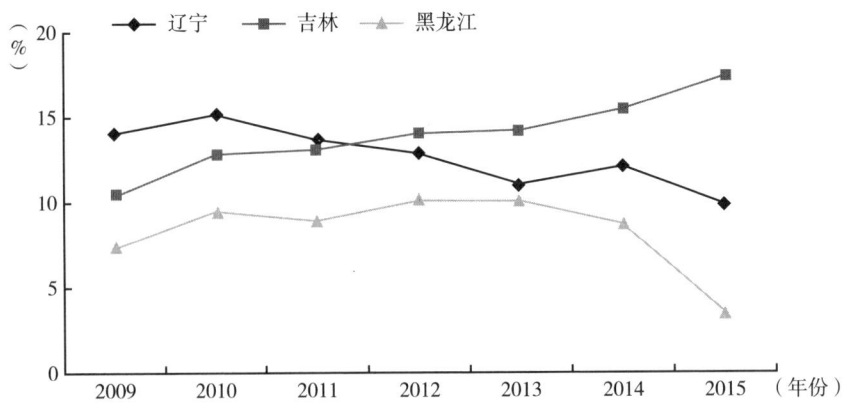

图6　2009~2015年东北三省职工加权后的平均工资增长情况

数据来源：根据《中国统计年鉴（2016）》相关数据计算取得。

(二)2015年东北三省收入分配结构

1. 东北三省不同所有制企业职工收入分配状况

改革开放以后,经济主体逐渐多元化,除国有企业、集体企业之外,股份有限公司、外商企业、私营企业等经营主体在经济发展中逐步成为重要的力量,不同所有制企业的产权划分不同、公司治理结构不同、经营规模不同等决定了收入分配的差异(见表2)。东北三省不同所有制企业的职工工资水平,反映了各个类型企业职工工资的差异化程度。从全国平均及东北三省来看,排在收入前三位的主要是外商投资企业、股份有限公司和国有企业,城镇集体企业、联营企业和其他内资企业职工的工资收入较低,这些企业经营机制不灵活、规模小、应对市场风险的能力弱,这些企业中的职工是受经济下行冲击最大的群体。辽宁与黑龙江集体企业职工年平均工资分别为34693元和39063元,折合每月平均工资分别为2891元和3255元,远低于两省3929元和3935元的职工平均工资水平,吉林联营企业职工年平均工资28828元,每月工资只有2402元,比本省职工平均工资水平低1147元(见图7)。

表2　2015年全国及东北三省分所有制企业职工工资水平的离散分析

单位:元

省　份	最高值－最低值	最高值/最低值	标准差
辽　宁	30862	1.89	11723
吉　林	29500	2.02	9456
黑龙江	19378	1.50	6217
全　国	29695	1.64	10733

数据来源:根据《中国统计年鉴(2016)》相关数据计算取得。

2. 东北三省不同行业职工收入分配状况

行业职工收入差距历来是我国收入分配差距最突出的一个问题,其中既有行业本身技术水平、人力资本水平所决定的合理因素,也有行业垄断以及

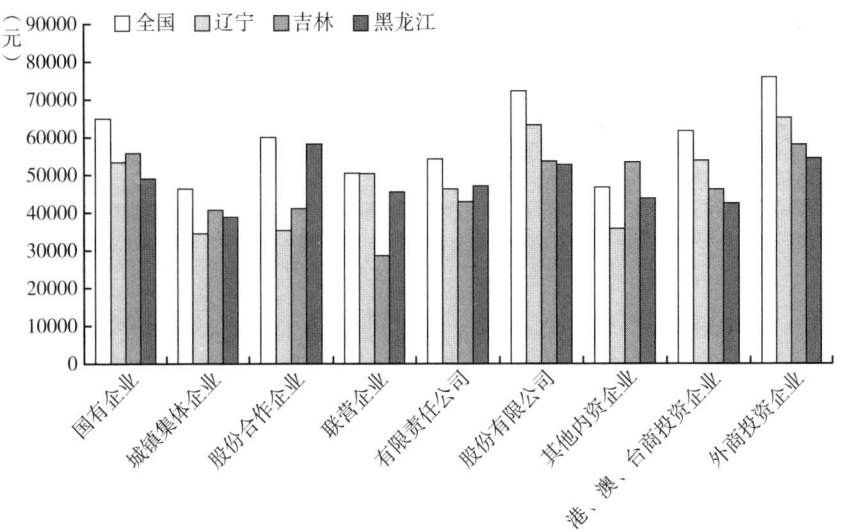

图7　2015年全国及东北三省分所有制城镇职工年平均工资

数据来源：根据《中国统计年鉴（2016）》相关数据计算取得。

劳动力市场分割所造成的不合理成分。东北三省各行业工资收入差距非常明显，各省收入排在前三位的行业均是信息传输、软件和信息技术服务业，金融业和科学研究与技术服务业。排在后五位的主要是农、林、牧、渔业，水利、环境和公共设施管理业，居民服务、修理和其他服务业，住宿和餐饮业与建筑业。辽宁、吉林、黑龙江三省城镇就业人员平均工资最高的行业分别是最低行业的5.8倍、2.5倍和2.3倍，行业工资分配差距由此可见一斑。工资高的行业多为资本、技术密集型行业，且带有一定的行政垄断色彩，工资低的行业普遍具有市场竞争激烈、规模小、从业人员技能比较缺乏、综合素质较低等特点，企业既无能力也无动力提高从业人员工资。

2015年，东北三省各行业城镇单位就业人员工资显著高于私营单位人员。在全部19个行业中，辽宁省城镇单位就业人员年均工资超过5万元的有10个行业，平均工资在4万~5万元的有5个行业；而在私营单位18个行业[①]，没

---

① 在公共管理、社会保障和社会组织中没有私营单位就业人员。

有一个行业从业人员年均工资超过5万元,只有2个行业年均工资在4万~5万元之间,10个行业在3万~4万元之间,6个行业在2万~3万元之间,农、林、牧、渔业就业人员年均工资只有26781元(见图8)。吉林省城镇单位就业人员年均工资超过5万元的行业也有10个,平均工资在4万~5万元的也是5个行业,但在私营单位中,没有一个行业从业人员年均工资超过4万元,多数行业就业人员工资在2万~3万元之间(见图9)。黑龙江与吉林的情况也大抵相同(见图10)。与全国类似,东北三省也存在明显的一二级劳动力市场分割的现象,私营部门工资福利低、社会保障水平差,由于户籍制度或体制性分割等原因,职工很难进入工资福利水平高的国有企事业单位或机关单位,导致当前职工即便同属一个行业,工资福利也有天壤之别。比如,在电力、热力、燃气及水的生产和供应行业,辽宁、吉林、黑龙江三省城镇单位从业人员的年均工资分别是私营部门从业人员工资的2.3倍、2.7倍和2.2倍。

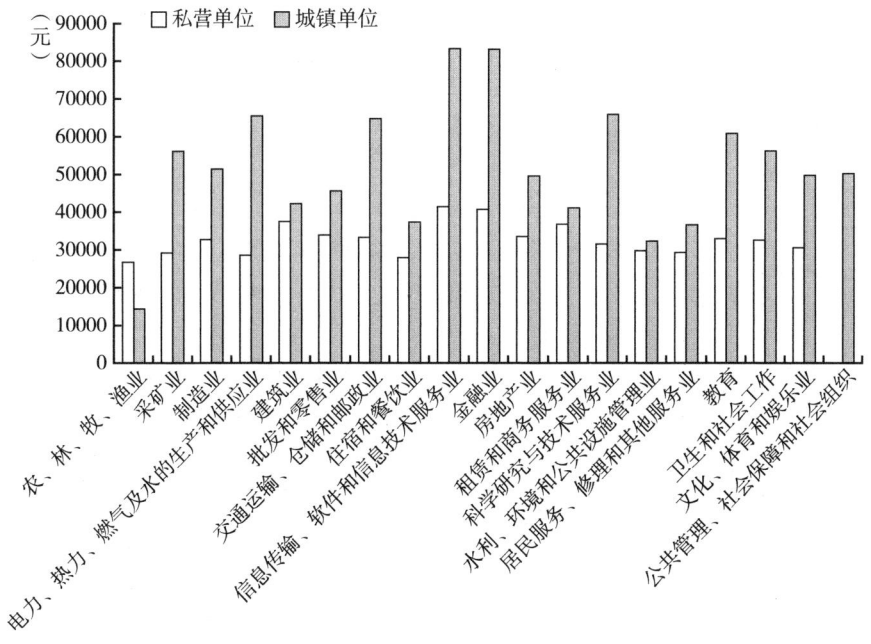

图8　2015年辽宁省各行业城镇单位及私营单位就业人员平均工资

数据来源:根据《中国统计年鉴(2016)》相关数据计算取得。

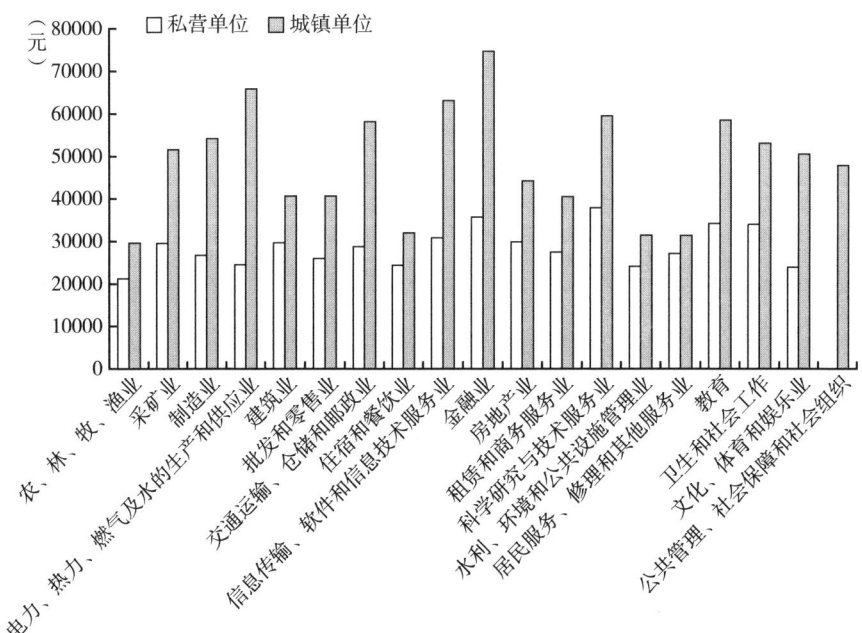

图9　2015年吉林省各行业城镇单位及私营单位就业人员平均工资

数据来源：根据《中国统计年鉴（2016）》相关数据计算取得。

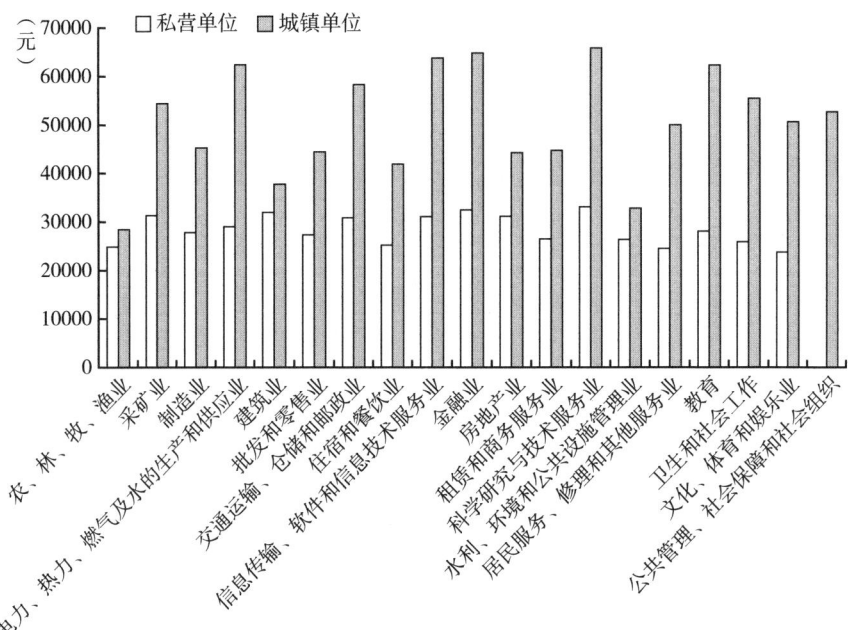

图10　2015年黑龙江省各行业城镇单位及私营单位就业人员平均工资

数据来源：根据《中国统计年鉴（2016）》相关数据计算取得。

3. 去产能行业职工收入分配状况

按照习近平总书记在 2015 年中央经济工作会议中的重要讲话精神，2016 年全国经济工作的重点是落实"十三五"规划建议要求，推进结构性改革，推动经济持续健康发展。东北地区作为产能过剩较为严重的地区，去产能的政策调整对职工的工作与生活产生了什么样的影响，带着这样的问题，课题组于 2016 年 5 月中旬，深入东北三省的沈阳与大连的 8 家企业进行了实地调查，被调查企业中有 5 家为国有企业，3 家为中外合资企业。其中 4 家国有企业和 2 家合资企业存在严重产能过剩的问题，职工的就业与工资收入受到较大影响。

A 企业是一家重型机械集团公司，公司很多产品主要供给对象是生产钢铁、煤炭、水泥的企业。自 2012 年以后，受这些行业产能过剩的影响，订单明显下降，有的项目签订合同后拿不到预付款，受影响比较大的部门包括生产钢铁、电厂设备的部门，从事装配、液压、盾构机生产的部门，生产矿业装备、破碎机的部门和生产铁粉的部门等。在公司生产部门的薪酬构成中绩效工资所占比重约为 50%，其余的岗位工资、技能工资、工龄工资与补贴约占 50%。订单减少直接影响的是职工的绩效工资，有不少部门绩效工资缩水约 1/3，有生产钢铁、电厂设备部门的职工介绍，2015 年其月薪为 6000 元左右，2016 年还不到 4000 元。

B 公司属于国内冶金装备的大型骨干企业，现有员工 2200 人，在岗职工 1800 人，在岗职工工资水平偏低，职工月平均应发工资 2400 元，扣除各项税费后剩 1600 元，仅为该地区社会平均工资的 1/3 左右，企业生产经营非常困难。为了减轻负担，企业对部分离退休年龄不足 5 年的职工实行了内部退养政策，这部分职工有 200 多人。内退职工每月只能拿到在岗时 85% ~ 90% 的基本工资，最低的每月只有 1000 元。

C 公司是我国重要的熔剂石灰石生产基地，于 1976 年底正式建成投产，主要为上游钢铁企业供应优质石灰石。受钢铁去产能的影响，石灰石的市场需求量下降，企业经营比较困难，出现亏损，公司职工工资水平有所下降，2014 年、2015 年和 2016 年 1 ~ 4 月职工月平均工资分别为 4663 元、4415 元和 4047 元，远低于当地平均工资水平，现在在家休息的职工月平均工资为 2917 元。

D 公司是一家机车车辆集团公司，公司的主要业务分为两块，一块是货车检修，另一块是货车整车制造。公司的货车主要是为钢铁、煤炭等企业提供运输服务。近年来受钢铁、煤炭等企业去产能的影响，需求量大幅度下滑。从 2014 年起，公司的货车制造业务跌入低谷，从调研人员现场车间参观的情况来看，整个车间空无一人，生产线处于全面停滞状态。另外，作为传统的核心业务，货车检修业务也从 2015 年开始经历了断崖式下跌，年亏损 8068 万元，2016 年的经营情况也不容乐观。调研时公司有 1/3 的职工处于停工状态，那些没有活干的从事机车制造的职工平均每人每月能拿到 1500 元左右的工资，这一工资水平大致相当于当地的最低工资水平。

E 公司是一家中日合资企业，主要生产水泥产品，公司具有较强的生产能力，工厂占地面积 50 万平方米，日产熟料 4500 吨，年产水泥 180 万吨。近 3 年，受经济形势影响，销售量持续下滑，2014 年销量为 165 万吨，2015 年销售量为 115 万吨，2016 年预计保持在 115 万吨，生产能力不到 70%。企业用工数呈现下降趋势，高峰期员工达到 550 人，目前从业人数为 280 人，还需要进一步裁员。公司尽管开展了工资集体协商工作，但是，工资水平相对当地社会平均工资而言，一直是偏低的。

F 公司是一家生产办公设备的企业，产品涉及激光打印机整机、打印机及复印机用硒鼓三个领域，公司多次受到国家、省、市各级政府的嘉奖。近年来，由于无纸化办公的推动、智能手机等设备普及、经济形势下滑等因素影响，企业的产品产量比高峰时下降了一半，企业开始逐步减少生产人员数量、合同到期自动解除，员工也从 1 万人减少为 3800 人。目前企业已经开始削减管理人员数量。企业虽然开展了工资集体协商制度，但去年承诺涨 5% 的工资，一直没有兑现，最后不了了之。

从上述产能过剩企业的情况来看，职工工资收入大幅度缩水，在岗职工工资不仅远远低于当地社会平均工资，一些国有企业实际处于停工状态的职工只能拿到相当于当地最低工资水平的收入，而合资企业的职工则更没有保障,许多人直接面临被裁员的风险。为了应对企业经营效益下滑的局面,多数企业对距离退休年龄在5年以内的职工采取了内部退养的办法,这些退养职工工资收入达不到当地最低工资水平,生活十分困难。

东北三省比较特殊的地方在于作为中国的老工业基地,现有的老牌国有企业多属重工业,历史上这些企业为国家工业的发展、劳动力就业做出过重要贡献,当前却普遍面临产能过剩、历史包袱过重、经营机制不灵活、产业结构转型升级困难等问题。近几年受国内市场需求下滑的影响,企业订单大幅度减少,经营效益下滑与企业厂办大集体等问题叠加,再加上刚性的用工机制,使得国有企业职工工资收入问题更加复杂。

(三)"十二五"期间职工收入分配的变化情况

从宏观上讲,职工工资收入水平和增长速度在根本上取决于GDP水平及其增长率,"十二五"期间全国经济下行明显,东北三省更为显著,GDP增长率经历了由高到低、由正到负的变化,其中黑龙江省尤为突出,五年中其GDP增长率断崖式下降,共下跌13.2个百分点。工资增长率与GDP的变化趋势相同,同样经历了快速下滑的变动,但由于工资具有较强刚性的原因,职工工资的变化相对于GDP的变化较为平缓,且工资的变动滞后于GDP变动1~2年的时间。正因为如此,工资增长率虽然下降,但尚未出现负增长的情况,职工工资的绝对量仍然处于缓慢上升的态势。

和全国相比,"十二五"期间东北三省职工工资增长较慢,不论是名义工资还是实际工资,与全国平均水平相比,差距呈"剪刀差"的形式逐渐拉大。2015年黑龙江、吉林、辽宁三省城镇单位就业人员年平均工资水平分别比全国平均工资低13148元、10471元和9697元。就三个省比较来看,由于黑龙江省经济下行更为严重,其城镇单位就业人员平均工资比辽宁和吉林更低。但是,城镇单位就业人员与城镇私营单位就业人员的加权平均工资显示,黑龙江省职工工资并不比吉林省低,而是与吉林省基本持平,在2015年甚至超过吉林,其主要原因可能在于黑龙江省的私营单位就业人员迅速减少,而吉林省私营单位就业人员比重不断增加,私营单位总体较低的工资水平拉低了吉林全省职工的平均工资。

东北地区不同所有制职工工资分化比较严重，收入比较高的外资企业、股份有限公司、国有企业年平均工资在50000元以上，收入比较低的集体企业、联营企业职工年均工资20000多元，辽宁与吉林省外资企业职工平均工资是集体企业、联营企业的2倍左右。不同行业之间职工工资离散程度更高，工资收入较高的信息行业、软件行业、金融行业工资收入数倍于工资较低的农林牧渔业、居民服务业、住宿餐饮业，辽宁省不同行业职工工资离散程度最高，城镇就业人员平均工资最高的行业是最低行业的5.8倍。另外，各行业城镇单位就业人员工资明显高于私营单位就业人员，城镇单位就业人员多数年均工资在5万元以上，而私营单位就业人员年均工资大多在3万元左右徘徊。

三 2015年东北地区职工就业状况

（一）东北地区职工整体就业状况

自1978年以来，东北三省的就业总量总体呈现持续增长的趋势。其中，辽宁省从1978年就业1254.1万人，增长到2014年的2562.2万人，增长了104.3%；吉林省从1978年就业645.38万人，增长到2014年的1447.17万人，增长了124.2%；黑龙江从1978年就业1006.9万人，增长到2014年的2079.7万人，增长了106.5%。

随着经济改革的推进，东北地区经济面临着较大压力。国有企业中存在的运行效率低下、内部冗员现象严重等问题日益显现，严重制约着企业经济效益的增长与竞争力的提升。20世纪90年代，国家开始推进经济结构调整和国有企业改革，实行下岗分流、减员增效成为当时国有企业改革的重要手段之一。作为拥有众多国有企业的东北三省，国有单位下岗人数较多（见表3）。1998年，辽宁、吉林、黑龙江的国有企业等下岗职工人数合计145.7万人，占全国的24.5%；1999年，东北三省的国有企业等下岗职工人数增长到179.3万人，占全国的27.5%；此后国有企业等下岗职工人数与比重开始下降。2002年，东北三省的国有企业等下岗职工人数合计为70.9万人，占全国的17.3%。

表3 1998~2004年东北地区国有企业、国有联营企业、国有独资公司下岗职工人数

单位：万人，%

地区	1998年	1999年	2000年	2001年	2002年	2003年	2004年
全国	594.8	652.5	657.2	515.4	409.9	260.2	153
辽宁	58.9	70.8	67.2	37.0	7.4	—	—
吉林	34.0	34.4	41.9	27.4	19.3	6.7	5.0
黑龙江	52.8	74.1	69.9	49.1	44.2	34.1	11.5
三省合计	145.7	179.3	179.0	113.5	70.9	40.8	16.5
占全国比重	24.5	27.5	27.2	22.0	17.3	—	—

数据来源：国家统计局，《中国劳动统计年鉴（2005）》。

解决下岗职工失业问题成为当时党和政府面临的一项重要任务。1995年，根据《国务院办公厅转发劳动部〈关于实施再就业工程报告〉的通知》，各级政府在全国开始实施再就业工程。1997年，党的十五大提出"实行鼓励兼并、规范破产、下岗分流、减员增效和再就业工程"，"党和政府要采取积极措施，依靠社会各方面的力量，关心和安排好下岗职工的生活，搞好职业培训，拓宽就业门路，推进再就业工程。各级政府采取了资金扶助、就业培训等多种支持方式，全力推进失业职工再就业和企业富余职工分流安置工作，并确保其基本生活保障。2005年，原劳动和社会保障部与财政部发出通知，要求在2005年底基本实现国有企业下岗职工基本生活保障制度向失业保险制度并轨，并妥善解决好并轨人员的再就业、社会保险关系接续、劳动关系处理和生活保障等问题。这些措施的推行与实施，确保了职工基本生活的需要，缓解了社会压力，推进了职工就业保障由传统的企业保障向现代社会保障制度的转变。

从登记失业率来看，东北三省的登记失业率从2001年开始呈现出上升趋势，辽宁省则上升速度更快，由2001年的3.2%上升到2002年的6.5%；

2005年开始呈现快速下降，2008年以来进入平稳下降状态（见图11）。考虑到东北三省存在着一定的隐性失业问题，各级政府在解决就业问题上仍面临较大的压力，这也是东北各级政府面临的重要挑战之一。

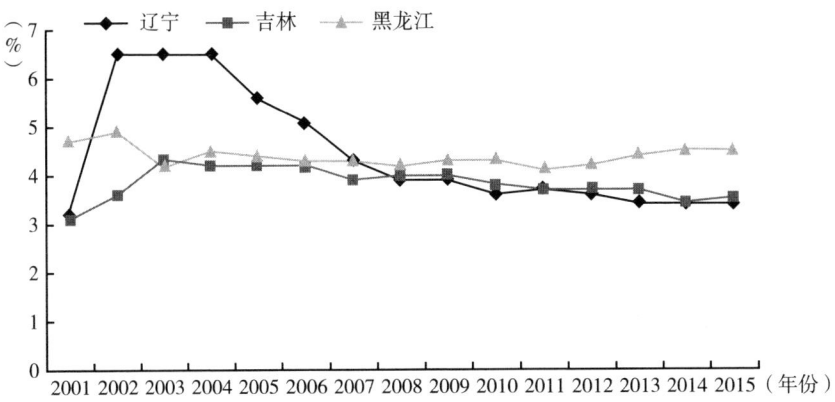

图11　2001～2015年东北三省登记失业率的变化

（二）东北三省就业结构分析

随着经济结构的调整，东北三省的就业结构发生较大变化，整体上呈现出第一产业从业比重逐步下降、第三产业从业比重逐步上升的趋势。这一变动过程体现了工业化进程中就业结构演进的一般规律。但是进一步分析可以发现，1998年前后，东北三省的第二产业从业人数出现明显下降，第一产业和第三产业人数出现一定增加。这与该时期进行的国有企业改革有密切关系，以重工业为主导的产业结构在调整过程中释放出来的大量劳动力进入第一产业和第三产业，导致第一产业的从业人数与比重还在一定程度上出现了增长，这种现象与就业结构的演进规律是不同的。

1. 辽宁就业结构变化

（1）辽宁三次产业从业人数分布。第二产业从业人数持续上升，在1993年达到历史最大值，为824.7万人；此后开始下降，2003年为568.8万人，此后又呈现上升趋势。第三产业整体上呈现上升趋势，1978年从业人数为225.4万人，低于第一和第二产业从业人数；到1999年第三产业从业人数为684.6万人，超过第一和第二产业从业人数；此后呈现快速增长趋势，2014年第三产业从业人数为1163.9万人（见图12）。

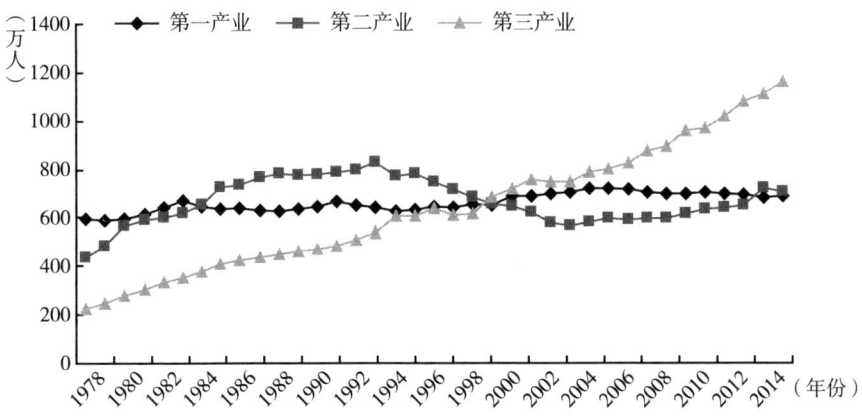

图12　1978～2014年辽宁三次产业从业人数变化

（2）辽宁三次产业人员所占比重分布。第二产业从业人员所占比重在1984年超过第一产业，此后持续增长；进入20世纪90年代后第二产业从业人员所占比重开始呈现下降趋势，2000年又低于第一产业从业人员所占比重；2013年再次超过第一产业从业人员所占比重。第三产业从业人员所占比重一直呈现上升趋势。1999年第一产业、第二产业、第三产业的从业人员所占比重分别为32.7%、33.0%和34.3%，第三产业从业人员所占比重首次超过第一和第二产业从业人员比重；2014年第三产业从业人员所占比重为45.4%（见图13）。

2.吉林就业结构变化

（1）吉林三次产业从业人数分布。第一产业从业人数呈现先增长，后下降的趋势，从业人数一直高于第二产业从业人数，2014年首次低于第三产业从业人数。第三产业从业人数呈现持续增长的态势，1995年从业人数为359.4万人，超过了第二产业从业人数（339.2万人）；2014年超过了第一产业从业人数。第二产业从业人数持续增长，在1992年达到352.6万人

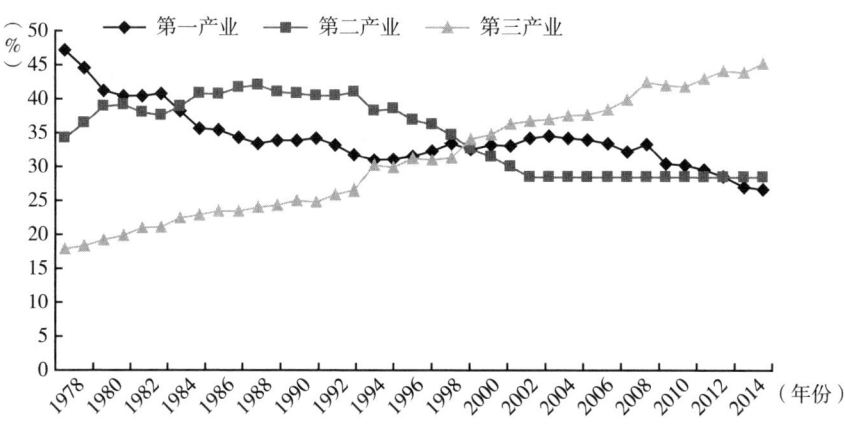

图 13　1978～2014 年辽宁三次产业从业人员所占比重变化

后开始下降，1997 年和 1998 年呈现快速下降，此后从业人数在较低水平徘徊，自 2004 年以后从业人数开始逐步回升（见图 14）。

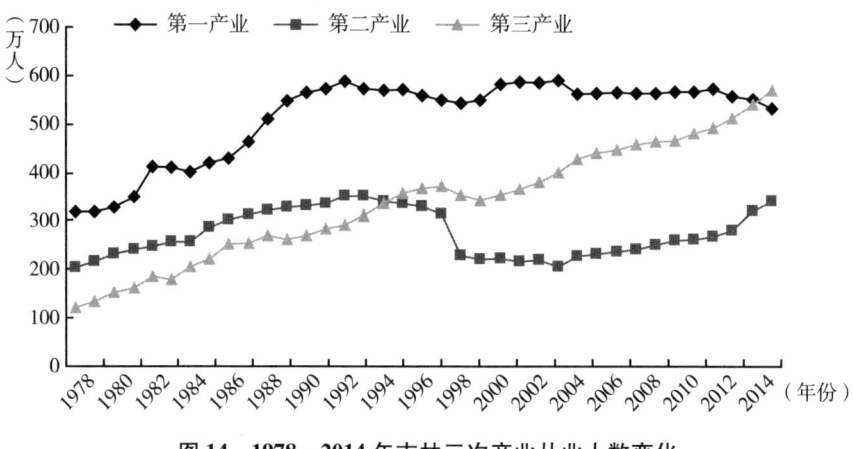

图 14　1978～2014 年吉林三次产业从业人数变化

（2）吉林三次产业从业人员所占比重分布。第一产业从业人员所占比重呈现下降趋势，第二产业从业人员所占比重呈现出先下降后上升的趋势，第三产业从业人员所占比重呈现上升趋势。2014 年，吉林的三次产业从业人员所占比重分别为 36.9%、23.8% 和 39.3%。总体而言，吉林省第一产业从业人员所占比重较大，第三产业从业人员所占比重仍旧较小（见图 15）。

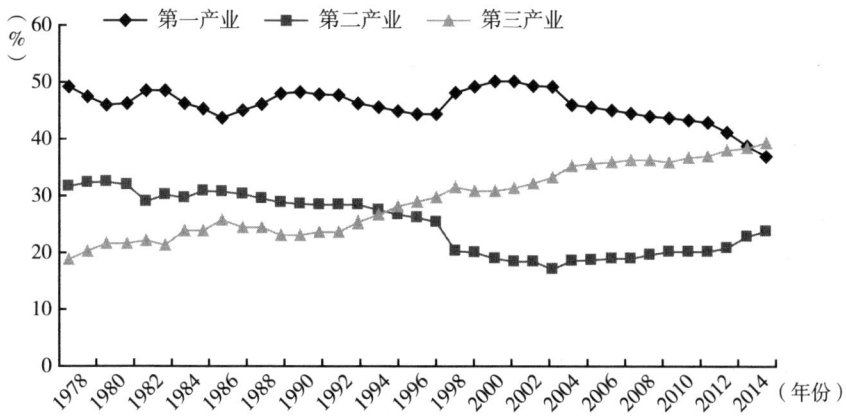

图 15 1978~2014 年吉林三次产业从业人员所占比重变化

3. 黑龙江就业结构变化

（1）黑龙江三次产业从业人数分布。第一产业的从业人数较多，一直高于第二、三产业从业人数。① 第二产业从业人数在 20 世纪 90 年代初期呈现平稳状态，1994 年达到最高值 535.9 万人；1998 年从业人数快速下降到 386.7 万人；此后进入稳步下降状态；2003 年达到阶段低值 316.9 万人，然后开始稳步回升。第三产业从业人数整体呈现持续增长，1997 年从业人数达到 554.1 万人，超过第二产业从业人数；此后从业人数开始下降，2001 年为低值 449.3 万人；2002 年后持续增长（见图 16）。

（2）黑龙江三次产业从业人员所占比重分布。第一产业从业人员所占比重保持较高水平，高于第二产业和第三产业从业人员所占比重。第二产业从业人员所占比重在 20 世纪 90 年代初中期处于平稳状态，后期开始呈现快速下降，从 1997 年的 31.0% 快速下降到 1998 年的 22.7%；此后呈现缓慢下降的趋势。第三产业从业人员所占比重呈现上升趋势，1997 年达到 33.6%，超过第二产业从业人员比重；此后呈现先下降后回升的趋势（见图 17）。

---

① 黑龙江从 1998 年起，从业人员中不含城镇单位离岗职工；而乡村劳动力与农业普查数据衔接后，第一产业变化较大，与以前年份不具有可比性。

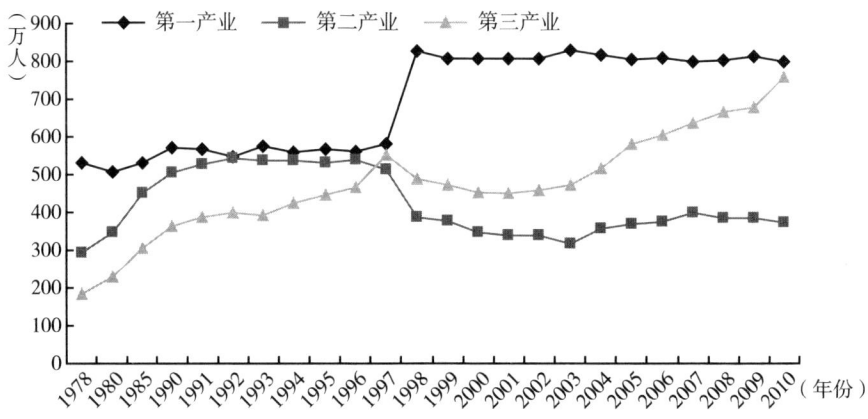

图16　1978~2010年黑龙江三次产业从业人数变化

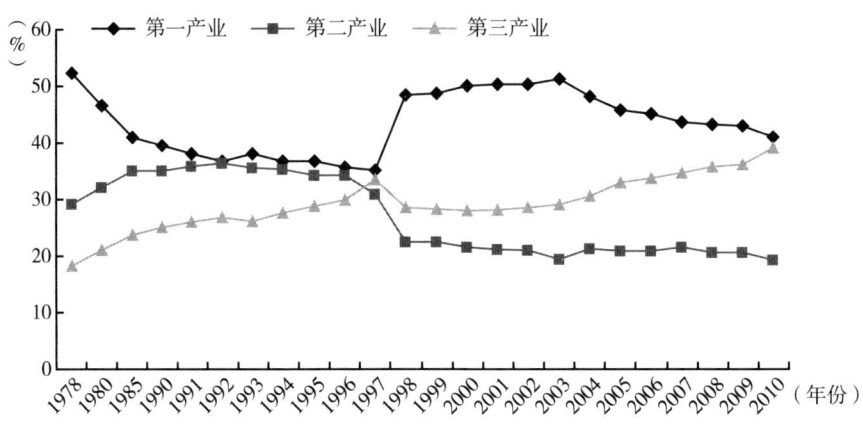

图17　1978~2010年黑龙江三次产业从业人员所占比重变化

(三)东北三省在岗职工数及其分布

1. 辽宁在岗职工状况

2006~2013年,辽宁在岗职工总数呈现一定下降趋势,由2006年596.7万人下降到2012年的572.3万人,2013年有一定增长,达到648.1万人(见表4)。国有单位、城镇集体单位的在岗职工人数与所占比重均不断下降,其他单位的从业人数与所占比重快速上升,2013年其他单位的在岗职工比重超过50%。

表4 2006~2013年辽宁在岗职工总数与构成

单位:万人,%

年份	总数	人数			比重		
		国有单位	城镇集体单位	其他单位	国有单位	城镇集体单位	其他单位
2006	596.7	335.8	97.9	163	56.3	16.4	27.3
2007	582.4	327.7	89.6	165.1	56.3	15.4	28.3
2008	585.6	327.2	82.3	176.1	55.9	14.1	30.1
2009	572.1	303.2	72.9	196.1	53.0	12.7	34.3
2010	572.8	300.4	68.5	204.0	52.4	12.0	35.6
2011	557.2	294.6	32.1	230.5	52.9	5.8	41.4
2012	572.3	298.8	33.0	240.6	52.2	5.8	42.0
2013	648.1	279.8	34.6	333.7	43.2	5.3	51.5

数据来源:《辽宁统计年鉴》。

2. 吉林在岗职工状况

2006~2012年,吉林在岗职工总数呈现先下降、后上升的趋势。国有单位的在岗职工人数也呈现出先下降、后上升的特征,在岗职工所占比重则持续下降;集体单位的在岗职工人数与所占比重快速下降;其他单位的在岗职工人数快速上升,所占比重也上升较快(见表5)。

表5 2006~2012年吉林在岗职工总数与构成

单位:万人,%

年份	总数	人数			比重		
		国有单位	集体单位	其他单位	国有单位	集体单位	其他单位
2006	259.94	171.14	19.18	69.62	65.8	7.4	26.8
2007	256.52	165.94	15.86	74.72	64.7	6.2	29.1
2008	255.83	164.94	14.34	76.55	64.5	5.6	29.9
2009	257.9	160.19	13.85	83.86	62.1	5.4	32.5
2010	259.51	161.25	13.36	84.90	62.1	5.1	32.7
2011	267.57	163.45	9.09	95.03	61.1	3.4	35.5
2012	274.33	163.30	8.59	102.44	59.5	3.1	37.3

数据来源:《吉林统计年鉴》。

3. 黑龙江在岗职工状况

2010~2014年，黑龙江在岗职工总数呈现下降趋势。国有单位在岗职工人数为先增长、后下降，职工所占比重快速下降；集体单位从业人员与所占比重持续下降；其他单位在岗职工人数与所占比重快速上升（见表6）。

表6 2010~2014年黑龙江在岗职工总数与构成

单位：万人，%

年份	总数	人数			比重		
		国有单位	集体单位	其他单位	国有单位	集体单位	其他单位
2010	460.0	332.4	22.0	105.6	72.3	6.6	23.0
2011	466.2	333.6	16.1	116.5	71.6	4.8	25.0
2012	470.9	335.4	15.3	120.2	71.2	4.6	25.5
2013	467.4	291.9	15.8	159.7	62.5	5.4	34.2
2014	450.9	277.1	14.7	159.1	61.5	5.3	35.3

数据来源：《黑龙江统计年鉴》。

通过以上分析可以发现，东北三省国有单位就业人数与所占比重呈现下降趋势，但是下降趋势缓慢，这说明国有单位仍旧是吸纳劳动力的主体，而非国有单位吸纳劳动力数量不足。这体现出国有单位在东北地区占有重要的经济地位。但是以装备制造业为主的产业属于资本密集型产业，对劳动力的吸纳能力有限。政府应转变观念，积极采取多种措施，推动非国有经济发展，充分发挥非国有单位在解决职工就业、拉动经济增长、提高经济效益等方面的积极作用。

（四）东北三省各行业在岗职工人数状况

东北三省在岗职工人数在各行业的分布与产业结构有密切关系（见表7）。

1. 东北三省在岗职工以制造业、建筑业、采矿业为主

辽宁制造业在岗职工人数为175.9万人，所占比重为27.1%；建筑业在岗职工人数为94.5万人，比重为14.6%。吉林制造业在岗职工人数为

86.7万人,所占比重为25.9%;建筑业在岗职工人数为33.2万人,所占比重为9.9%。黑龙江制造业在岗职工人数为61.3万人,所占比重为13.6%;采矿业在岗职工人数为36.0万人,所占比重为8.0%。

2. 教育行业是在岗职工人数分布比较密集的行业

辽宁教育行业在岗职工人数为56.8万人,所占比重为8.8%;吉林省教育行业在岗职工人数为36.6万人,所占比重为10.9%;黑龙江省教育行业在岗职工人数为45.4万人,所占比重为10.1%。

从以上数据可以看出,东北三省各行业在岗职工人数与其产业结构密切相关。东北三省作为我国的工业基地,以工业、装备制造业等为主,拥有一支人数众多、技术熟练、业务水平较高的工程技术类职工队伍,这是东北地区振兴的重要技术力量。此外,较为发达的教育产业有助于为东北地区的发展提供人才与智力支持。

表7 2014年东北三省各行业在岗职工人数

单位:万人,%

行业	辽宁 人数	辽宁 比重	吉林 人数	吉林 比重	黑龙江 人数	黑龙江 比重
农、林、牧、渔业	22.7	3.5	13.3	4.0	71.1	15.8
采矿业	33.2	5.1	14.3	4.3	36.0	8.0
制造业	175.9	27.1	86.7	25.9	61.3	13.6
电力、燃气及水的生产和供应业	15.8	2.4	13.5	4.0	18.1	4.0
建筑业	94.5	14.6	33.2	9.9	33.8	7.5
批发和零售业	26.4	4.1	12.5	3.7	18.8	4.2
交通运输、仓储及邮政业	37.0	5.7	16.4	4.9	27.7	6.1
住宿和餐饮业	7.8	1.2	3.0	0.9	4.5	1.0
信息传输、计算机服务和软件业	12.2	1.9	6.6	2.0	7.6	1.7
金融业	18.7	2.9	11.5	3.4	16.9	3.7
房地产业	13.3	2.1	6.3	1.9	6.0	1.3
租赁和商务服务业	12.7	2.0	5.8	1.7	6.2	1.4
科学研究和技术服务业	16.1	2.5	7.9	2.4	11.5	2.6
水利、环境和公共设施管理业	13.6	2.1	8.2	2.5	10.1	2.2
居民服务、修理和其他服务业	2.7	0.4	1.7	0.5	4.2	0.9
教育	56.8	8.8	36.6	10.9	45.4	10.1

续表

行业	辽宁		吉林		黑龙江	
	人数	比重	人数	比重	人数	比重
卫生和社会工作	31.7	4.9	18.0	5.4	22.6	5.0
文化、体育和娱乐业	5.4	0.8	3.5	1.0	4.1	0.9
公共管理、社会保障和社会组织	51.8	8.0	35.6	10.6	44.9	10.0
总计	648.1	100.0	334.6	100.0	450.8	100.0

数据来源：《辽宁统计年鉴（2015）》《吉林统计年鉴（2015）》《黑龙江统计年鉴（2015）》。

（五）"十二五"期间职工就业的总体情况

"十二五"期间，东北三省职工就业总量持续增长；就业结构持续优化，第三产业吸纳能力持续增强，第一产业从业比重仍处于较高水平；技术进步与产业优化升级，对技能人才提出了新的要求，结构化矛盾仍较突出；失业人员再就业、就业困难群体实现就业难度依然很大；在岗职工人数在各行业的分布与产业结构有密切关系，制造业、建筑业、采矿业、教育、交通运输等是职工人数分布较多的行业。

四 东北三省职工养老保险发展状况

养老保险是社会保障体系的重要组成部分，对于促进经济发展、增进社会福利、推动社会和谐与进步具有重要意义。作为我国重工业基地的东北三省，面临着人口老龄化、产业结构调整等因素影响，职工养老保险事业在取得一定成绩的同时也面临着新的挑战，这对社会保障制度体系的运行与管理提出了新的要求。

（一）参加基本养老保险人数情况

1. 东北三省的参保人数持续增长

辽宁2010年底参保人数为1496.9万人，2015年底的人数为1780.2万人，增长了18.9%；吉林2010年底参保人数为599.5万人，2015年底参加养老保险的人数为693.6万人，增长了15.7%；黑龙江2010年底参保人数为952.2万人，2015年底参加养老保险的人数为1118.0万人，增长了17.4%（见表8）。这说明，2010~2015年东北三省的城镇职工养老保险工作持续推进，取得了一定的成绩。

2. 东北三省在职职工的抚养负担在逐步增大

（1）从参保人数的增长率来看，2010~2015年，辽宁、吉林和黑龙江的城镇职工参保人数增长率分别为11.3%、6.9%和9.8%，同期三省的退休人数增长率分别为35.5%、32.2%和29.8%，职工参保人数增长率远低于退休人数增长率。

（2）从养老保险抚养比①来看，辽宁、吉林、黑龙江的养老保险抚养比均呈现下降趋势。辽宁从2.2下降到1.8，下降较为缓慢；吉林从1.9下降到1.5，下降幅度较大；黑龙江从1.6下降到1.4，达到较低水平。这与近年来在国有企业改革、产业转型升级等过程中采取的职工离职、买断工龄、提前退休等措施有一定的关系。其带来的结果是在职职工的抚养负担与压力会逐步增大。

表8 2010~2015年东北三省参加城镇职工基本养老保险人数

单位：万人

省　份	年份	总数	在职职工人数	退休人数	抚养比
辽　宁	2010	1496.9	1024.2	472.7	2.2
	2011	1556.6	1070.1	486.5	2.2
	2012	1609.2	1098.8	510.4	2.2
	2013	1729.5	1171.7	557.8	2.1
	2014	1769.2	1167.3	601.9	1.9
	2015	1780.2	1139.7	640.5	1.8

① 本文养老保险抚养比是根据参加城镇职工基本养老保险人数计算的。

续表

省份	年份	总数	在职职工人数	退休人数	抚养比
吉林	2010	599.5	392.9	206.6	1.9
	2011	617.5	396.4	221.1	1.8
	2012	632.2	397.6	234.6	1.7
	2013	655.2	406.8	248.4	1.6
	2014	676.7	415.6	261.1	1.6
	2015	693.6	420.0	273.7	1.5
黑龙江	2010	952.2	589.2	363.0	1.6
	2011	981.0	601.0	380.0	1.6
	2012	1013.0	611.4	401.6	1.5
	2013	1062.1	639.9	422.2	1.5
	2014	1090.1	646.7	443.4	1.5
	2015	1118.0	646.9	471.1	1.4

数据来源：根据相关年份《中国统计年鉴》数据整理所得。

（二）养老保险基金收支情况

2010～2015年，东北三省养老保险基金收入、支出持续增长，但支出增长超过了收入增长，养老保险基金面临较大的支付压力。其中，辽宁在2010年养老保险基金收入为834.1亿元，2015年收入为1630.2亿元，增长了95.4%；2010年养老保险基金支出为755.8亿元，2015年支出为1743.2亿元，增长了130.6%。吉林在2010年养老保险基金收入为289.8亿元，2015年收入为569.2亿元，增长了96.4%；2010年养老保险基金支出252.8亿元，2015年支出为609.9亿元，增长了141.3%。黑龙江在2010年养老保险基金收入为524.1亿元，2015年收入为1030.7亿元，增长了96.7%；2010年养老保险基金支出为500.1亿元，2015年支出为1223.2亿元，增长了144.6%（见表9）。

东北三省的养老保障水平各有差异。其中，辽宁养老保障水平[①]由2010

---

① 养老保障水平仅指养老保险基金支出与GDP之比。

年的 4.1% 提高到 2015 年的 6.1%，增长了 2 个百分点；吉林的养老保障水平由 2010 年的 2.9% 提高到 2015 年的 4.3%，增长了 1.4 个百分点；黑龙江的养老保障水平由 2010 年的 4.8% 提高到 2015 年的 8.1%，增长了 3.3 个百分点，黑龙江的保障水平相对较高。从整体上看，东北三省的养老保障均处于较低水平，各省仍有很大提升空间。

表 9　2010~2015 年东北三省城镇职工基本养老保险基金收支情况

单位：亿元，%

省份	年份	基金收入	基金支出	累计结余	GDP	养老保障水平
辽宁	2010	834.1	755.8	739.3	18457.3	4.1
	2011	1039.0	883.1	895.1	22226.7	4.0
	2012	1212.3	1052.6	1054.9	24846.4	4.2
	2013	1422.2	1251.1	1226.6	27077.7	4.6
	2014	1534.2	1477.9	1283.8	28626.6	5.2
	2015	1630.2	1743.2	1170.8	28700.0	6.1
吉林	2010	289.8	252.8	351.8	8667.6	2.9
	2011	350.4	308.1	394.1	10568.8	2.9
	2012	390.6	377.6	407.1	11939.2	3.2
	2013	462.8	448.2	421.6	13046.3	3.4
	2014	519.2	516.9	423.9	13803.1	3.7
	2015	569.2	609.9	383.1	14274.1	4.3
黑龙江	2010	524.1	500.1	479.0	10368.6	4.8
	2011	591.9	603.9	467.0	12582.0	4.8
	2012	720.2	717.2	469.9	13691.6	5.2
	2013	845.6	886	429.5	14454.9	6.1
	2014	922.2	1028.3	323.3	15039.4	6.8
	2015	1030.7	1223.2	130.9	15083.7	8.1

数据来源：根据相关年份《中国统计年鉴》数据整理所得。

（三）"十二五"期间东北三省职工养老保险的总体情况

参加养老保险人口规模持续扩大，领取养老保险金的人数持续增长，在职职工的养老负担逐步加大。由于就业不稳定、收入偏低等原因，在职职工存在断缴养老保险的现象。退休职工出现异地养老模式，异地领取养老金、享受养老服务的现象开始出现。养老保险基金收入和支出持续增长，但支出增长幅度超过了收入增长幅度；辽宁和吉林的养老保险基金在2015年出现收支倒挂，黑龙江在2011年、2013~2015年均出现收支倒挂，养老保险基金面临较大的支付压力；企业养老保险金持续增长，但仍处于较低水平；养老保险的服务层次较低、服务内容与模式单一，其运行效率、服务质量、信息化水平有待进一步提高。

五 "十三五"期间东北三省职工状况变动趋势的基本判断

（一）职工收入状况变动趋势基本判断

职工工资收入状况主要取决于经济增长的宏观形势，而宏观经济形势的变化又取决于国家及地方经济发展战略。自2016年以来，中共中央、国务院密集出台了一系列促进东北振兴的重要文件，足见中央对于振兴东北经济的决心，这无疑给东北下一步的大发展带来了契机。这些文件主要强调了四个方面的重点工作，即着力完善体制机制、着力推进结构调整、着力鼓励创新创业、着力保障和改善民生。这些文件对当前东北主要面临的问题具有较强的指向性，如国有企业经营机制不灵活，煤炭、钢铁企业产能严重过剩，私营企业创新能力不足，失业人员与老龄人口保障性不足等。因此，对症下药必然会对东北经济的新一轮发展产生积极的推动作用。

但是，应该看到中国经济已进入新常态，结构调整在加快，潜在增长率趋于下降，国家战略的具体实施与落实需要较长的时间，各项政策制度之间的协调与磨合也需要一定的适应期。按照国家发改委东北等老工业基地振兴司司长周建平的说法，东北当前经济形势可以概括为20个字，即"增速偏低，仍在筑底，困难较大，分化加大，亮点不少"，因此笔者认为中长期东北发展具有良好的政策环境，短期经济形势不容乐观，据此推断"十三五"时期前几年东北三省职工工资不会有明显增长，基本能够维持现状，到"十三五"末期，随着各项政策制度的贯彻落实，政策效果逐步显现，经济运行会稳中有升，相应的职工工资会有较大幅度的提高。

（二）职工就业状况变动趋势基本判断

"十三五"期间，政府会继续深入推进实施新一轮东北振兴战略、推进东北地区的经济持续发展。2016年11月，国务院批准《东北振兴"十三五"规划》，深化国有企业改革、加快民营企业发展、推动传统产业升级、培养新动能等是其中的重要举措。在这种宏观政策与经济环境下，东北地区的就业总量将会继续保持一定的增长；企业发展与技术升级等将对人员的素质提出更高要求，结构性矛盾会更加显著；移动互联网、移动支付等领域的迅速兴起会推进快递服务人员、网络购物服务人员、专车司机等成为新兴就业群体，对其管理与服务向着规范化、有序化方向发展；人口老龄化带来的养老产业多层次增长，以及家庭教育观念、生活理念的变化等会推进教育、生活服务、旅游休闲等相关产业的持续增长与升级，将会吸纳更多的就业人员；机器人、人工智能产业的发展，在减少生产人员的同时会催生相关的技术支持、咨询服务等服务领域的人员需求，应开拓相关领域的培训与人才储备工作；国有企业中的"4050"人员就业能力仍旧较弱，就业稳定性较差，应是政府扶持的重点就业群体。

（三）职工养老保险状况变动趋势基本判断

参加养老保险人口规模会持续增长，但增长空间有限；由于医疗保障水平提高、人均寿命延长等因素，领取养老保险金的人数持续增长，并且领取年限也会不断增加；考虑到人口流动等因素的影响，采取异地或者境外养老模式的人口规模会进一步扩大，异地领取养老金、享受养老服务将成为一种普遍现象，这将对养老保障的服务与管理提出新挑战；政府会持续扩大社会保障公共财政支出；养老保险基金面临较大的支付压力，推进地方养老金的投资与运营将成为基金保值增值的重要发展方向；根据经济发展、劳动就业、社会保障需求、国内外比较等因素变化，调整养老保险费率可能会成为一种政策调节工具；养老保险的经办效率与水平进一步提升；多样化、多层次、多模式的养老服务将成为发展的重点领域；政府将会采取措施推进商业养老保险健康、有序、快速发展。

大连市金普新区职工状况调研报告

窦学伟 叶鹏飞[*]

摘 要: 通过对大连市金普新区57家企业1046名职工的问卷调查,本研究探讨了2016年度职工的基本状况和工作满意度情况。研究发现,大连市金普新区在以日韩为主的外资企业中,职工的工作条件较好、社会保障水平较高、工作环境比较安全,职工对区总工会的认知程度高,对工会工作和工作质量的满意度比较理想。

关键词: 职工状况 问卷调查 满意度

2016年是"十三五"规划的第一年,也是我国进入经济增速下行期后的转折年。经济增长态势与劳动关系的和谐稳定密切相关,在某种意义上,经济增长的态势越不好,和谐劳动关系的压力就越大,经济结构的变化可能成为劳动关系矛盾的新增长点。

在此背景下,笔者通过系统地收集数据和信息监测,尤其是工作质量、劳动条件、生活状况和工作满意度等数据信息,及时全面地了解职工状况和心理状态,建立来自职工视角的需求调查制度和工作评价机制,掌握劳动关系的变化,为科学研究和政策咨询提供参考。

作为一项长期研究计划的探索,本次调研选取大连市金普新区为试点。如果说大连市是东北地区经济发展的龙头城市,那么金普新区则是大连市经济发

---

[*] 窦学伟,中国劳动关系学院讲师,主要研究领域为劳工社会学与劳动关系;叶鹏飞,中国劳动关系学院工会学院副院长、副教授,主要研究领域为社会分层、工会改革与企业社会工作。

展最重要的引擎。金普新区的前身"大连经济技术开发区",是我国最早的国家级经济开发区之一,以日资为主的外向型经济极为发达,同时也是我国劳动关系领域的热点区域和劳动关系研究的焦点区域。当然,更重要的是,2016年9月,金普新区总工会与中国劳动关系学院签署协议,成为学院的实践基地和战略合作伙伴。这种战略合作伙伴关系为本次调研提供了充分的便利。

大连市金普新区成立于2014年,包括大连市金州区全部行政区域和大连市普兰店区部分地区,总面积约2299平方公里,常住人口达158万人。金普新区是我国的第10个国家级新区,而其前身——大连市经济技术开发区则是我国第一个经济技术开发区。作为改革开放的排头兵,金普新区发展轨迹同整个国家的发展轨迹如出一辙。在过去三十多年里,金普新区逐步形成了以装备制造、生物医药、汽车制造及零部件、电子信息和化工等产业为主,产业链齐全完整的以日韩投资为主的外向型经济结构。在全国经济步入下行期和东北地区经济深陷低增长甚至负增长的困境下,大连市和金普新区都难以独善其身。大连市统计局数据显示,自2013年以来,大连市GDP增速处于单边下滑状态,2015年已经跌至4.2%。[①] 笔者实地调研时也发现,相当数量的企业经营业绩下滑,逐年削减产能和裁减员工,甚至闭厂歇业。

在这次调查中,笔者不仅要搜集数据、分析数据和说明问题,而且还要追求建构一种既科学规范又具有实践性和可行性的研究方法和测量工具。从这个意义上讲,本次调查具有实验和探索的性质。

一 研究方法

(一)样本分布

本研究的抽样分为两个阶段(企业和职工),两个阶段都采用配额抽样的方法。样本容量为1046人(见表1)。

[①] 参见大连市统计局网站,http://www.stats.dl.gov.cn/。

大连市金普新区职工状况调研报告

表1　样本分布

单位：人，%

分类		男		女		小计	
		人数	占比	人数	占比	人数	占比
企业性质	国有企业（含国有控股）	43	4.1	38	3.6	81	7.7
	私营、民营企业	51	4.9	47	4.5	98	9.4
	港澳台投资或合资企业	24	2.3	16	1.5	40	3.8
	日本独资或合资企业	230	22.0	395	37.8	625	59.8
	欧美独资或合资企业	71	6.8	64	6.1	135	12.9
	其他	25	2.4	42	4.0	67	6.4
行业	制造业	424	40.5	573	54.8	997	95.3
	建筑业	5	0.5	5	0.5	10	1.0
	交通运输及仓储业	6	0.6	12	1.1	18	1.7
	住宿和餐饮业	9	0.9	12	1.1	21	2.0
合计		444	42.4	602	57.6	1046	100

在1046个有效样本中，男性受访者有444个，占42.4%；女性受访者有602个，占57.6%。日本独资或合资企业的受访者有625个，占59.8%；欧美投资或合资企业的受访者有135个，占12.9%，有外资背景企业的受访者合计占72.7%。制造业占据绝对优势，有997个受访者，占95.3%。样本的分布情况说明本研究的数据分析结果对于讨论以外资为主的制造业职工状况具有一定解释力。

从企业来看，受访者来自57家企业，其中日本独资或合资企业有21家，占36.8%；14家欧美投资或合资企业，占24.6%；私营或民营企业有9家，占15.8%；韩资企业有7家，占12.3%；另外港澳台投资或合资企业有4家，国有企业有2家。从产业类型看，有52家企业属于制造业，2家属于住宿和餐饮业，2家属于交通运输及仓储业，1家属于建筑业。

从受访者的个人情况来看，平均年龄为35.8岁，最小为20岁，最大为58岁，年龄中值为35岁；在本企业工龄平均为11年，最短1年，最长34年，工龄中值为10年。样本的年龄和工龄基本服从正态分布。

在本次调查中，受访者基本为本地户口，绝大多数是正式职工或合同制职工。在回答户籍问题的1033个有效样本中,本地户籍有876人,约占85%;在回答用工制度问题的1045个有效样本中,本企业的正式职工或合同制职工有1012人,合计占96.8%,其余为派遣工。

在回答学历问题的1037个有效样本中,高中学历的受访者比例最大,有317人,占30.6%;大专学历的受访者有276人,占26.6%;本科学历的受访者有232人,占22.4%。大专和本科学历的受访者合计占49%。除了学历偏高,受访者的岗位层级也相对偏高(见表2)。

表2 受访者岗位分布

单位:人,%

岗位种类	人数	占比	岗位种类	人数	占比
领导或高层管理人员	18	1.7	技术工人	60	5.8
中层管理人员	122	11.8	普通工人	281	27.2
专业技术人员	87	8.4	清洁工、勤杂工或保安等	8	0.8
普通职员或办事人员	284	27.5	总 计	1034	100.0
基层管理人员	174	16.8			

在回答用工岗位问题的1034个有效样本中,受访者中普通工人和技术工人的比例不大,两者合计341人,仅占1/3左右。与之相比,普通职员或办事人员达到27.5%,各级管理人员的比例达到30.3%,专业技术人员的比例也达到了8.4%。

以上数据表明,本研究的有效样本分布偏高,主要表现在年龄结构年轻化、本地户口的正式职工多、大专及以上学历比重大、工作岗位层级偏高等方面。之所以抽中一个学历和工作稳定性较高、岗位也比较高端的职工群体,可能有以下两个原因:一是金普新区企业以高端职工为主,样本反映了真实的分布状况;二是抽样控制不够和自填式问卷的限制,导致样本严重偏误。从稳健方面考虑,笔者不以样本数据推论总体情况。但这并不意味着本研究毫无意义,它对于了解当前职工的工作状况和满意度至少提供了一种较高标准,仍有不小的参考价值。

（二）研究内容

本次调查的主要内容包括基本信息、工作情况与劳动条件、集体协商与企业民主管理、职工一般社会心理特征和职工满意度等方面。

基本信息包括受访者个人基本信息和受访者所在单位基本信息两部分，受访者个人信息包括受访者的性别、年龄、教育水平、政治面貌、户籍状况和收入等，受访者所在单位的基本信息包括单位全称、资本性质和所在行业。

工作情况与劳动条件包含工龄、就业身份、岗位工种、劳动合同、培训活动、工作环境、工伤职业病、工作时间、工资指导线、"五险一金"和消费状况。这部分变量的测量比较全面，问题设计相对比较合理，但也有进一步改进的空间。

集体协商与企业民主管理主要涉及职工"权益保障"机制，包括集体协商、职代会、工会、劳动争议和对工会以及劳动关系的满意度。

职工一般社会心理特征包括职工对企业的责任感和热爱、社会公平的认知和评价、职工生活压力、对收入分层和社会地位的认知，以及对工资增长的期待等问题。

职工满意度以"体面劳动"和"工作质量"为主要参考概念，借鉴其测量项目进行设计。"体面劳动"概念是由国际劳工组织总干事胡安·索马维亚于1999年在第87届国际劳工大会上首次提出的，"旨在促进男女在自由、公平、安全和具备人格尊严的条件下，获得体面的、生产性的可持续工作机会，其核心是促进实现工作中的权利、就业平等、社会保护和社会对话"。体面劳动概念包含就业机会、不可接受的工作、足够的收入和生产性的工作、体面的工作时间、工作的稳定性和安全性、就业中的公平待遇、安全的工作环境、社会保护、工作和家庭生活的平衡、社会对话和工作场所关系、体面工作的经济和社会背景11个维度共计40个测量指标。

工作质量概念包含单个工作的特点，也包含更广泛的工作环境的特点，如内在工作质量和技能，终身学习和职业发展，性别平等，健康和工作安全，灵活性和安全性，劳动力市场进入和包容性，工作组织和工作与生活平衡，社会对话和员工参与，多样性和非歧视，整体经济表现和生产率10个维度共计31项测量指标。本研究在梳理相关文献的基础上，将本来适用于考察"宏观层次"（以国家为测量单位和分析单位）的工作质量改造为适用于考察"微观层次"（以职工为测量单位和分析单位）的指标体系。

本次调查的指标体系包括对工作本身的评价（工作期望、工作适合度、权责匹配度、挑战性、自我实现或成就感、工作胜任感、安全感与稳定性、工作环境、工作手段、工作时间、自主权或对劳动过程的控制、工作的安全或带来的职业伤害），对薪酬和工作回报的评价（收入或薪酬、奖惩制度的公平合理、社会保障、福利待遇、精神奖励、加班工资、奖金和休假等），对管理水平的评价（领导者能力、规章制度、制度效率、参与管理和领导者公平性等），对晋升、学习和发展机会的评价（晋升机会、学习机会），对同事和人际关系的评价以及对企业的总体满意度。

二 研究发现

（一）工作情况和劳动条件

1. 绝对收入不高，收入水平受教育和岗位类型影响

从绝对收入来看，职工的收入水平并不高。数据显示，受访者的平均月收入集中在2000～5000元，计有852人，占回答该问题1033个有效样本的82.5%。其中，3000～4000元的比例最大，有336人；其次为2000～3000元，有326人，占31.6%。

本调研的样本特征对受访者工作状况和工作条件产生了一定影响。进一步分析发现，受访者的收入与受教育程度和岗位类型存在较强的相关关系。受教育程度越高、岗位越高端（管理或者技术层级越高），受访者的收入就越高。这两组变量的相关系数都是0.53（Gamma系数）。由于Gamma系数具有PRE意义，在预测和估计收入的高低时，如果事先知道教育程度的高低或者岗位的差别，那么可以减少53%的误差。

2. 劳动合同签订率高,社会保障水平高

研究发现,在回答用工制度问题的1045个有效样本中,与企业签署劳动合同的受访者有1007人,占96.4%。其中,无固定期限合同为615人。同时,超过90%的受访者表示自己保存了劳动合同。在工龄问题上,受访者回答在本企业工作的平均时间为11年,中位值是10年。这两个数据也反映了受访职工的工作稳定性。

受访者所在企业为其购买社会保险的比例非常高,"五险一金"的缴纳比例普遍高于95%。受访职工对基本社会保险的依赖程度很高。但其他的补充保险缴纳和购买的比例明显不足,尤其是补充养老保险和企业年金,其中有补充养老保险的不超过6%,有企业年金和其他商业补充保险的比例大约为1/5(见表3)。

表3 企业为受访者缴纳社会保险与补充保险情况

单位:人,%

险 种		参加		没参加		没听说		有效答题人数
		人数	占比	人数	占比	人数	占比	
	基本养老保险	1016	98.3	16	1.5	2	0.2	1034
五险一金	社会医疗保险	1017	98.5	13	1.3	3	0.3	1033
	失业保险	968	95.0	46	4.5	5	0.5	1019
	工伤保险	1016	98.4	13	1.3	3	0.3	1032
	生育保险	974	96.1	34	3.4	6	0.6	1014
	住房公积金	967	95.6	29	3.9	6	0.6	1012
补充险	补充养老保险	51	5.9	623	71.5	197	22.6	871
	企业年金	197	22.0	541	60.4	157	17.5	895
	其他商业补充保险	185	20.0	562	60.9	168	18.2	923

3. 发展性活动开展率较高,但仍有很大提升空间

有90.3%的受访者在过去一年中接受过安全生产知识培训,约82.7%的受访者参加过文体活动;而接受过业务技术技能培训和法律知识宣传与培训的受访者分别为69.8%和69.0%;唯有劳动竞赛,作为传统的职工活动,参加的职工比例只有37%(见表4)。

表4 受访者参加发展性活动情况

单位：人，%

活动类型	参加		没参加		没听说		有效答题人数
	人数	占比	人数	占比	人数	占比	
业务技术技能培训	634	69.8	243	26.8	31	3.4	908
劳动竞赛	311	37.1	451	53.8	77	9.2	839
安全生产知识培训	891	90.3	92	9.3	4	0.4	987
文体活动	779	82.7	151	16.0	12	1.3	942
法律知识宣传和培训	620	69.0	229	25.5	49	5.5	898

4. 工作环境良好，比较充分地考虑到职工健康

从数据来看，受访者的工作环境比较安全，职工的健康可以得到有效保障。在回答职工健康问题的1005个受访者中，只有39个受访者报告患有因从事职业劳动造成职业病或曾经遭遇过工伤。

在各种影响职工健康的工作环境中，绝大多数职工认为有相应的防护措施。在职工的工作场所中，他们面临的最主要风险来自噪声污染，其次是粉尘污染和机器故障隐患，高温、低温作业和有毒有害气体的风险差不多。在职工的工作场所中，他们面临的最主要风险来自噪声污染，41.6%的受访者表示工作环境存在这种风险，其中大部分人采取了防护措施；其次是粉尘污染和机器故障隐患，其比例分别为32.1%和30.2%；高温、低温作业和有毒有害气体接触的风险差不多，比例分别为25.0%和23.9%（见表5）。

表5 受访者工作环境

单位：人，%

工作环境	存在风险有防护		存在风险无防护		不存在风险		有效答题人数
	人数	占比	人数	占比	人数	占比	
高温低温作业	220	24.1	8	0.9	683	75.0	911
粉尘污染	271	29.5	24	2.6	625	67.9	920
噪声污染	363	38.1	34	3.6	557	58.4	954
有毒有害气体	203	22.2	16	1.7	696	76.1	915
机器故障隐患	265	29.3	8	0.9	631	69.8	904
其他	55	10.3	10	1.9	467	87.8	532

从总体上来看，虽然暴露在各种工业风险下的职工比例并不大，而且大部分有防护措施，但是这种风险的存在对职工的健康仍然是一种威胁。不仅要努力降低职工工作环境中的各种风险，而且要采取切实有效的措施在不可避免的情况下加强防护。

5. 工作时间与加班符合法律规定

绝大多数受访者报告的工作时间符合"每周五天，每天8小时，每周40小时"的法律规定。有1040名受访者回答，上一周平均上班天数为5.2天，中值和众数皆为5天；其中，828名受访者回答上周上班天数为5天，占79.6%。有1025名受访者回答，上周平均上班42小时，中值和众数都是40小时；其中721名受访者表示上周上班40小时，占70.3%。这说明受访者的工作时间基本遵循劳动法的相关规定，不过，仍有近20%的受访者回答上周工作天数为6天或者7天，25%以上的受访者表示上周工作时间超过40小时，最多的达到84小时。

在加班问题上，在回答"过去一个月是否有加班"时，有452个受访者回答加过班，占44%；在422个有效回答中，上月加班的平均时间为19小时。有超过3/4的受访者认为加班可以获得足额加班费，这是最主要的加班补偿方式。回答没有任何形式的补偿的只有15人，不足2%。

进一步分析发现，岗位性质和教育水平跟上班时间和加班时间都有较强的相关。教育水平越高，上班时间和加班时间越少。工作的技术含量越低以及工作的层级越低，职工工作时间和加班时间就越多（见表6）。

表6 相关系数矩阵（Gamma 系数）

上班时间	岗位性质	教育水平
上周上班天数	0.25	-0.20
上周上班小时	0.20	-0.23
上月加班小时	0.13	-0.16

注：本研究不追求推论总体，因此没有报告显著性水平。本表格将时间变量和岗位性质视为定序变量。

（二）职工权益保障机制

在调查中，笔者主要考察了"工资集体协商""工会建设""职工代表大会"三种职工权益保障机制。数据显示，职工的权益保障机制健全，运转有效。

1. 工资集体协商

数据显示，有超过80%的受访者表示所在企业曾经开展过工资集体协商，同样超过80%的受访者认为工资集体协商是可行的，职工的工资应该由工会代表职工与企业协商确定。

在集体合同与职工权益保障关系方面，认为集体合同非常有用的仅有30.9%，认为有一定好处的有38.6%，两者相加接近七成。这说明职工对集体协商和集体合同的认同程度比较高。不过企业工会对集体合同的传达程度还不够，曾经看过集体合同文本的受访者不到50%，没看过但听说过相关内容的有7.6%，两者相加不足六成。这说明职工对集体协商和集体合同的认同程度比较高，但企业工会对集体合同的传达程度还不够，宣传力度还需要加强。

2. 工会认知、评价与期待

在工会建设方面，绝大多数受访者是工会会员，受访者对企业工会和区总工会的认知程度比较高，对企业工会和区总工会的评价也比较高。在回答工会工作相关问题的1044个有效样本中，843个受访者是工会会员，占八成以上。受访者对所在企业工会工作的总体评价以满意为主，比较满意和非常满意的有903人，占86.5%；知道本企业工会主席名字的受访者超过97%；知道本企业工会主席或其他工会干部联系电话的接近82%；知道本企业工会办公具体地点的接近95%。

受访者对区总工会的认知和评价都比较高。知道金普新区总工会办公地址的受访者接近3/4；对金普新区总工会工作的总体评价为比较满意和非常满意的有865人，占82.9%；受访者对工会组织的信任程度为非常信任和比较信任的有838人，占八成以上。在认可和信任的基础上，受访者认为目前工会组织"联系职工群众"的情况比较好,认为联系密切的有513人,占49.1%;认为有些联系的有305人,占29.2%;认为联系较少和不联系的占21.7%。

受访者对工会工作也寄予厚望。受访者认为在接下来的一年里,区总工会应当重点加强的工作排前三位的分别是"维护职工劳动权益""开展技术技能培训""开展困难职工帮扶"工作,分别有48.8%、38.8%和36.6%的受访者选择(见表7)。这三项工作恰好对应工会的"维权、服务和帮扶"三大职能。

表7 区总工会应该重点加强的工作

单位:人,%

工会工作	选择人数	占比	答题人数
提供创业服务	290	28.0	1036
开展技术技能培训	401	38.8	1033
开展困难职工帮扶	378	36.6	1033
举办各类文体活动	211	20.4	1034
加强安全生产监督	199	19.2	1036
开展工资集体协商	275	26.6	1034
加强工会组建	57	5.5	1036
开展法律援助	219	21.2	1033
维护职工劳动权益	505	48.8	1035
弘扬劳模精神、劳动精神	38	3.7	1027
开展劳动竞赛	22	2.1	1035
女工保护	215	20.8	1034
其他	2	0.2	1000

职工在遇到权益受损的情形时,可以采取的方法是多元的。其中,最主要的方法有3个,即"找工会""找劳动关系仲裁机构""自己找单位协商",三者所占比例分别为73.9%、53.8%和42.0%(见表8)。

表 8　权益受损后寻求解决的办法

单位：人，%

办　法	选择人数	占比	答题人数
忍了算了	23	2.2	1043
自己找单位协商	438	42.0	1043
找同乡或亲友	15	1.4	1071
找党组织或团组织	53	5.1	1039
找工会	770	73.9	1042
找政府有关部门	236	22.6	1044
找劳动关系仲裁机构	561	53.8	1043
提起法律诉讼	275	26.4	1042
寻求新闻媒体曝光	78	7.5	1040
利用互联网、微信、微博	46	4.4	1043
上访	8	0.8	1000
组织起来讨说法	36	3.5	1029

这组数据表明，劳动权益受损"找工会"的理念已经在金普新区工人中普遍建立起来，找工会是职工首选的维权方法。除此之外，还可以看出，金普新区职工依法维权的理念比较深入，除了"找劳动关系仲裁机构"外，选择"提起法律诉讼"和"找政府有关部门"的比例都超过了20%。期望通过"找同乡或亲友"和"组织起来讨说法"的维权方式比例小，合计不超过5%，而选择以"寻求新闻媒体曝光"的维权方式比例也只有7.5%。

3.职工代表大会

在工会之外，职工代表大会也是职工权益保障机制之一。在本次调查中，有超过97%的受访者所在企业召开过职工代表大会或职工大会，有36.8%的受访者就是职工代表；有71.3%的受访者认为职工代表大会在维护职工权益方面作用很大或者比较大。

（三）劳动关系状况与社会心理

从调查数据来看，受访者普遍认为，本企业内部的劳动关系状况相对稳定，但在一般社会心理方面则表现为非常焦虑。

1. 相对稳定的劳动关系

在过去的一年里，受访样本中曾与所在企业发生过劳动争议的不足2%，曾经遭遇欠薪的只有0.5%。在1041名受访者中，有919个受访者认为自己与本企业劳动关系融洽，占88.3%。

在职工看来，劳动关系不和谐的表现主要体现在"工人工资低、增长速度慢"和"单位内部收入差距太大"上，两者所占比例分别为73.6%和37.6%，远远超过其他表现所占的比例（见表9）。

表9　劳动关系不和谐的表现

单位：人，%

不和谐的表现	选择人数	占比	答题人数
工人工资低、增长速度慢	733	73.6	996
单位内部收入差距太大	374	37.6	995
工人无权参与企业管理	86	8.6	1000
工作时间太长、休息权无法保障	91	9.1	1000
领导、管理者不尊重职工	138	13.9	993
劳动争议得不到有效解决	110	11.0	1000
工作环境差，存在安全健康隐患	120	12.0	1000
工人的合法权益得不到落实	116	11.6	1000
工会不能有效发挥作用	87	8.7	1000
其　他	10	1.0	1000

在职工看来，影响职工与企业关系的最主要的因素依次是"相互理解不够""缺乏沟通渠道""收入和福利待遇差距很大"，三个因素所占的比例分别为48.9%、43.4%和42.7%（见表10）。

表10　影响劳动关系的因素

单位：人，%

因素选项	选择人数	占比	答题人数
领导、管理者不尊重职工	274	27.1	1011
领导、管理者不关心职工疾苦	230	22.7	1013
职工没有民主参与的权利	195	19.3	1010
收入和福利待遇差距很大	432	42.7	1012
相互理解不够	494	48.9	1010
缺乏沟通渠道	439	43.4	1012
其　他	6	0.6	1000

总的来说，职工认为企业是关心职工个人的，但仍有相当比例的受访者并不这样认为。超过50%的受访者表示企业非常关心或比较关心职工的个人利益和发展，认为企业不关心的比例为13%，另有1/3的受访职工回答"一般"。有89.5%的受访者表示关心企业的发展和利益，这一比例远远大于职工认为企业对其关心的比例。与此同时，有45%的受访者认为，职工的爱岗敬业程度比过去提高了；认为没有变化的有21.7%；认为降低了的比例有21.8%。这些数据从某种程度上反映了职工心理上的不平衡状态，也从另一个侧面反映出职工与企业的关系。

有35.6%的受访者认为2017年较为合理的工资增长率为7%~9%，37.3%的受访者认为合理的工资增长率在10%以上，而认为合理的增长率在4%~6%的比例为17.8%，在1%~3%的比例为6.5%，认为不增长或负增长的比例为2.8%。这一结果显示出职工对工资增长的迫切要求。虽然经济下行给企业经营状况造成了一定影响，但主要受影响的还是职工的生活成本和再生产成本。可见，职工生计需求增长与企业盈利水平下降之间的矛盾将成为未来影响劳动关系和谐的关键因素。

有超过55%的受访者认为自己目前在生活上有压力，认为有一点压力的占42.4%，认为没有压力的不到2%。在经济下行期，企业应当首先保障职工的生计需求。这既是和谐劳动关系的前提条件，也是平稳渡过发展困境的有利条件。

2.比较焦虑的社会心理

在1036个有效答题中，认为目前社会总体的劳动关系比较和谐与非常和谐的有337人，占32.5%；认为一般的有510人，占49.2%；认为很不和谐或非常不和谐的有149人，占14.4%。这种比例分布与职工对本企业劳动关系和谐程度的认知截然不同，企业内的劳动关系要比社会一般的劳动关系更加和谐。

受访者对社会公平的认同度比较低。在1033个受访者中，认为目前我国社会总体很不公平或不太公平的有535个，占比超过了一半；认为比较公平和很公平的有335人，占1/3左右；说不清的有163个，占15.8%。有

765名受访者认为自己目前的收入在本地处于下等或中等偏下的水平，比例为74.1%。对自己的收入很不满意和不太满意的有505人，占比接近48.9%；对自己的收入表示非常满意和比较满意的仅为12.4%。

职工认为社会不公平的主要表现为"收入分配不公平"和"贪污腐败严重"，两者的比例都在50%以上；而"弱势群体得不到帮助""教育资源分配不公""富二代官二代占有更多资源"三项所占比例在1/3左右（见表11）。

表11 社会不公平的主要表现

单位：人，%

社会不公平的表现	选择人数	占比	答题人数
收入分配不公平	559	54.9	1018
贪污腐败严重	548	53.8	1019
教育资源分配不公	350	34.4	1017
富二代、官二代占有更多资源	308	30.3	1017
弱势群体得不到帮助	363	35.7	1017
普通群体没有表达意见的方式	218	21.4	1019
年轻人没有发展的机会	118	11.6	1017
其他	3	0.3	1000

受访者最担心的问题是"看病太贵，害怕生病"，所占比例是70.1%；其次为"物价太高"，所占比例接近六成；再次是"收入太低""子女教育和就业问题"，这两项所占的比例均超过四成（见表12）。这几个问题反映出职工最紧迫的危机感，即"看病难、物价高、收入低和子女发展问题"。

数据显示，受访职工处于一种比较严重的焦虑状态。例如，认为社会总体的劳动关系和谐比例仅为1/3左右，这与职工对本企业劳动关系和谐程度的认知截然不同，而企业内的劳动关系要比社会一般的劳动关系更加和谐；受访职工对社会公平的认同度比较低，认为目前我国社会总体很不公平或不太公平的比例超过了一半；接近3/4的受访者认为自己目前的收入在本地处于下等或中等偏下的水平；受访职工对自己收入不满意的接近一半。

表12 职工最担心的问题

职工最担心的问题	选择人数	占比	答题人数
工作不稳定,害怕失业	312	30.0	1040
看病太贵,害怕生病	730	70.1	1041
收入太低	421	40.4	1042
婚姻危机	14	1.3	1043
物价太高	617	59.3	1040
养老金没保障	150	14.4	1042
子女教育和就业问题	418	40.2	1040
其 他	5	0.5	1039

（四）职工满意度

本次调查的指标体系包括对工作本身的评价,对薪酬及工作回报的评价,对管理水平的评价,对晋升、学习等发展机会的评价,对同事及人际关系的评价,就业状况和职业安全与健康7个维度。这7个维度分别设计17、15、14、5、10、11和9个题目,共计81题。本研究按照5点测量法设计题目,即每个题目都设置了从"非常不同意"到"非常同意"5个选项,要求受访者选择最适合自己的选项。受访者在每一个题目和维度上的得分都在1~5分之间,得分越高说明满意度越高。

在项目鉴别分析中,有5个问题的显著性水平超过了0.05,予以删除。这5个题目分别是"距上次我受表扬已经过了很久了"（$p = 0.88$）、"我有太多本职工作之外的事情要做"（$p = 0.26$）、"我工作晋升的机会太少了"（$p = 0.68$）、"我目前的工作岗位基本不涉及职业安全或健康问题"（$p = 0.28$）和"入职之初,我曾经接受过职业安全与健康的培训和教育"（$p = 0.54$）。另外,还有26个问题与其他项目的相关性很低,也在分析中被删除。这样进入因子的题目总计有50个,7个维度的题目分别为10、11、7、4、5、7和6个。

指标体系中的7个维度都通过了KMO检验和Bartlett检验。其中,发展机会、人际关系、就业状况和职业安全的KMO值在0.6~0.8之间,而且

Bartlett 检验的显著性水平均低于 0.001，基本适合做因子分析。其他维度的 KMO 值都在 0.8 以上，而且 Bartlett 检验的显著性水平也都低于 0.001，比较适合或者非常适合做因子分析（见表 13）。

表 13　因子分析汇总

维　度	题目数量	KMO	Bartlett	因子数	方差贡献(%)
工作本身	10	0.806	2989*	3	63.1
薪酬及工作回报	11	0.862	3854*	3	62.0
管理水平	7	0.853	3095*	2	69.4
晋升、学习等发展机会	4	0.719	1475*	1	63.5
同事及人际关系	5	0.726	1346*	2	71.8
就业状况	7	0.617	1891*	3	72.5
职业安全	6	0.775	2165*	2	66.8

注：* $p \leq 0.001$。

从方差贡献来看，使用主因子分析提取若干因子，其方差贡献均超过了 60%，从学术研究的实践经验来看，比较理想，即承认提取的因子基本涵盖了原变量的信息。

1. 对工作本身的满意度

对工作本身的满意度包含了 10 个题目，用主因子分析法提取了 3 个主因子，可以解释 63.1% 的总方差。这三个因子分别被命名为"成就满足""胜任能力""激情乐趣"，分别指工作给职工带来的成就感、满足感、期待和能力的发挥，职工对自身能力与工作的匹配情况的满意程度，以及职工在工作中的激情与兴趣。成就满足因子包含"我这份工作很有前途和发展空间""公司目前提供给我的工作符合自己的期望""在这份工作中，我的能力和特长得到了发挥""这份工作做好了可以给我很多成就感""在这份工作中，我可以自由安排工作时间和内容"5 个题目；胜任能力因子包含"我的能力完全可以胜任这份工作""我认为自己拥有足够的能力和技巧完成工作任务""我对目前工作需要使用的工具或方法得心应手"3 个题目；激情乐趣因子包含"这份工作一点挑战性都没有"和"我很少从这份工作中感受到乐趣"2个题目。

经过检验,可以看出职工对工作本身的满意度比较高,得分达到3.5130分。具体到3个因子,职工对自身的胜任能力与工作的匹配程度最为满意,达到4.0452分,而对工作中的激情乐趣满意程度最低,为2.9381分（见表14）。

表14 职工对工作本身的满意度得分

	职工身份	成就满足	胜任能力	激情乐趣	工作本身
性别	男性	3.4218	3.9930	2.9640	3.5016
	女性	3.4249	4.0835	2.9191	3.5213
岗位	高层管理人员	3.7250	3.7500	2.8438	3.5563
	中层管理人员	3.6545	4.0193	2.9876	3.6306
	专业技术人员	3.5140	4.0388	2.8605	3.5407
	办事人员	3.5403	4.0719	2.9065	3.5730
	基层管理人员	3.4246	4.0585	2.8450	3.4988
	技术性工人	3.5400	4.2333	2.8083	3.6017
	普通工人	3.1230	3.9892	3.0558	3.3694
	临时工	3.8500	4.4167	3.1875	3.8875
文化程度	初中及以下	3.3407	4.1446	2.9894	3.5116
	高中	3.3312	4.0346	2.9610	3.4682
	大专	3.5212	4.0243	2.8869	3.5453
	本科及以上	3.4939	4.0054	2.9271	3.5340
企业性质	国有企业	3.6625	3.8125	2.6438	3.5038
	私营企业	3.6716	4.0456	3.0526	3.6600
	港澳台投资	3.6054	3.9730	2.9189	3.5784
	日本投资	3.3392	4.0996	2.9688	3.4933
	欧美投资	3.4697	3.8838	2.9394	3.4879
	韩国投资	3.3600	4.1897	2.8538	3.5077
总计(N=1018)		3.4236	4.0452	2.9381	3.5130
ANOVA					
性别		0.004	4.433**	1.388	0.408
岗位		11.695***	1.813	3.235***	6.367***
文化程度		5.016***	1.752	1.299	1.435
企业性质		6.500***	4.929***	5.204***	2.168*

注：$*p \leq 0.1$，$**p \leq 0.05$，$***p \leq 0.01$。

加入分类变量后①可以发现，总体来说，职工的性别和文化程度与工作本身的满意度相关不显著，岗位和企业性质与工作本身的相关比较显著。岗位不同，职工对工作本身的满意度也不同，满意度最高的是临时工，其次是中层管理人员，再次是技术性工人，满意度最低的是普通工人；私营企业职工的满意度最高，满意度最低的是日资和欧美资企业。

具体到三个因子上，性别与成就满足的相关不显著，但岗位、文化程度和企业性质与成就满足的相关非常显著。然而，令人不解的是，临时工的成就满足感最高，其中的原因还有待进一步深入了解；高层管理者和中层管理者随后；普通工人的成就满足感最低。从文化程度来看，具有大专文化程度职工的成就满足感最高，最低的是具有高中文化程度的职工；从企业性质来看，私营企业和国有企业的职工的成就满足感高于其他所有制企业的职工，日本投资和韩国投资企业的职工的成就满足感最低。

岗位和文化程度与胜任能力的相关不显著，但性别与企业性质和胜任能力的相关比较显著。女职工在胜任能力方面的满意度高于男职工；韩资企业职工在胜任能力方面的满意度最高，其次是日资企业，最低的是国有企业。

性别和文化程度与激情乐趣的相关不显著，岗位性质和企业性质与激情乐趣相关非常显著。从数据来看，临时工和普通工人在激情乐趣方面的满意度最高，最低的是技术性工人和高层管理人员。私营企业职工在激情乐趣方面的满意度高于其他企业，国有企业职工在这方面的满意度是最低的。

2. 对薪酬及工作回报的满意度

对工作回报的满意度包含了 11 个题目，本研究使用主因子分析法提取了 3 个主因子，可以解释 62.0% 的总方差。这 3 个因子分别被命名为"收入状况""保障福利""奖赏回报"，分别指职工对收入的总体满意度，对社会保障和社会福利的满意度，以及对工作获得的奖励的满意度。收入状况因子包括"与社会一般工资水平相比，我对自己的收入感到很满意""与公司其他的员工比较，我对自己的收入感到很满意""我对自己的工资收入比较

---

① 本研究将职工的性别、岗位、文化程度和所在企业性质作为分类变量来全面考察职工的满意度。

满意""我的收入相对于我的能力和工作绩效而言是公平的"4个问题；保障福利因子包括"我对公司提供的社会保险和保障体系感到满意""我对公司提供的各种福利待遇感到满意""我对公司的休假制度比较满意""我总是能够及时足额拿到应发的工资"4个问题；奖赏回报因子包括"我感觉我的工作没有得到公平的评价和赏识""在做出成绩的时候，我常常受到表扬和鼓励""在我的公司，能力强工资就会比较高，能力差工资就低"3个问题。

从总体上看，职工对薪酬工作回报的满意度比较高，得分达到3.3510分；从3个因子分别来看，职工对保障福利的满意程度最高，分数为3.9632分；对收入状况和奖赏回报的满意程度相差不多，分别为2.9761分和3.0346分（见表15）。

表15 职工对薪酬工作回报的满意度得分

职工身份		收入状况	保障福利	奖赏回报	工作回报
性别	男性	3.0029	3.9766	3.0710	3.3756
	女性	2.9565	3.9535	3.0080	3.3331
岗位	高层管理人员	3.5938	3.8281	3.3542	3.6136
	中层管理人员	3.2479	3.9750	3.0861	3.4682
	专业技术人员	2.9448	3.9448	3.1085	3.3531
	办事人员	2.9774	3.9549	2.9507	3.3256
	基层管理人员	2.9911	3.9719	2.9921	3.3480
	技术性工人	3.0500	4.1500	3.1222	3.4697
	普通工人	2.8114	3.9359	3.0554	3.2868
	临时工	2.7813	3.9063	3.2500	3.3182
文化程度	初中及以下	3.0556	4.0675	3.0265	3.4156
	高中	2.8570	3.9379	2.9434	3.2736
	大专	3.0027	3.9350	3.0623	3.3580
	本科及以上	3.0337	3.9459	3.1238	3.3900
企业性质	国有企业	3.2000	3.9531	3.3083	3.5034
	私营企业	3.3883	3.8750	3.2376	3.5242
	港澳台投资	3.0811	3.8986	3.0721	3.3759
	日本投资	2.8740	4.0095	2.9896	3.3184
	欧美投资	3.0229	3.8760	3.0433	3.3387
	韩国投资	2.9023	3.8828	2.7813	3.2259

续表

职工身份	收入状况	保障福利	奖赏回报	工作回报
总计(N=1013)	2.9761	3.9632	3.0346	3.3510
ANOVA				
性别	0.784	0.298	2.695*	1.539
岗位类型	5.021***	0.873	2.221**	2.453**
教育水平	3.228**	1.926	4.350***	3.482**
资本性质	8.343***	1.640	8.679***	4.469***

注：$*p \leq 0.1$，$**p \leq 0.05$，$***p \leq 0.01$。

引入分类变量后，性别与薪酬及工作回报的满意度相关不显著，而文化程度、岗位和企业性质与薪酬及工作回报的满意度相关比较显著。具体来说，管理层级越高、工作的技术性越高，其对工作回报的满意度会越高，因此对薪酬及工作回报满意度最高的是高层管理人员，最低的则是普通工人。在文化程度方面，除去初中及以下文化程度的职工对薪酬及工作回报最满意之外，其他三个文化程度基本上呈现一种文化程度越高，对薪酬及工作回报满意度越高的现象。从企业性质来说，私营企业和国有企业职工对薪酬及工作回报的满意度最高，韩国投资、日本投资和欧美投资企业的职工对薪酬及工作回报的满意度比较低。

从三个因子单独来看，性别与收入状况因子相关不显著，与其他三个分类变量相关显著。高层管理人员对收入状况的满意度最高，其次是中层管理人员，最低的是普通工人和临时工；初中及以下文化程度职工对收入状况的满意度最高，而高中文化程度的职工在收入状况因子上的满意度最低；私营企业和国企职工在收入状况上的满意度最高，日资和韩资企业职工在收入状况因子上的满意度最低。

四个分类变量与保障福利的相关都不显著，这说明无论哪种类型的职工，对保障福利的满意度都相对较高。而四个分类变量与奖赏回报因子的相关都是显著的。男职工对奖赏回报的满意度高于女职工；高层管理人员对奖赏回报的满意度最高，最低的是办事人员；本科及以上文化程度的职工对奖赏回报的满意度最高，最低的是高中文化程度的职工；国有企业和私营企业职工对奖赏回报的满意度最高,最低的是韩资和日资企业。

3. 对管理水平的满意度

对管理水平的满意度包含了 7 个题目,本研究使用主因子分析法提取了 2 个主因子,可以解释 69.4% 的总方差。这两个因子分别被命名为"意见沟通""管理能力",分别指职工与上司的沟通状况和职工对企业制度与管理状况的满意度。意见沟通因子包括"我的上司在工作中会不断采纳我的意见和建议""在我的部门,上级制定决策时重视员工的意见和建议""必要时,我可以同部门主管直接进行沟通""在工作中,若有重大事情会影响我的工作,经常会有人征求我的意见"4 个问题;管理能力因子包括"我公司的规章制度比较健全、合理""我公司的管理工作比较有效率"和"我公司的管理者能力大比较强"3 个问题。

总的来说,职工对企业的管理水平是相当满意的,得分为 3.7655 分,其中职工对企业管理能力的评价更高一些,分值为 3.9427 分,职工对意见沟通的满意度分数略低,分数为 3.6326 分(见表 16)。

表 16 职工对管理水平的满意度

	职工身份	意见沟通	管理能力	管理水平
性别	男性	3.6350	3.8679	3.7348
	女性	3.6308	3.9971	3.7878
岗位	高层管理人员	3.7969	3.7708	3.7857
	中层管理人员	3.8411	3.9350	3.8814
	专业技术人员	3.7791	3.8295	3.8007
	办事人员	3.7282	3.9806	3.8364
	基层管理人员	3.6518	3.9683	3.7874
	技术性工人	3.5792	4.0556	3.7833
	普通工人	3.3986	3.9263	3.6247
	临时工	3.4375	3.5000	3.4643
文化程度	初中及以下	3.5492	4.0213	3.7515
	高中	3.5518	3.9857	3.7378
	大专	3.7161	3.9292	3.8074
	本科及以上	3.7045	3.8430	3.7639

续表

职工身份		意见沟通	管理能力	管理水平
企业性质	国有企业	3.5531	3.8250	3.6696
	私营企业	3.7853	3.9891	3.8727
	港澳台投资	3.7973	3.9459	3.8610
	日本投资	3.6132	4.0033	3.7804
	欧美投资	3.5558	3.7513	3.6396
	韩国投资	3.7617	3.8490	3.7991
总计（N=1007）		3.6326	3.9427	3.7655
ANOVA				
性别		0.007	7.471***	1.482
岗位类型		6.315***	1.164	2.919***
教育水平		3.611*	2.535**	0.538
资本性质		6.315***	1.164	2.919***

注：$*p \leq 0.1$，$**p \leq 0.05$，$***p \leq 0.01$。

引入分类变量后发现，性别与文化程度和管理水平因子相关不显著，但是岗位和企业性质与管理水平因子的相关比较显著。比较而言，中高层管理者对管理水平的满意度比较高，而普通工人和临时工对管理水平的满意度比较低。私营企业职工对管理水平的满意度最高，国有企业和欧美投资企业职工对管理水平的满意度比较低。

从两个因子单独来看，性别与意见沟通因子相关不显著，但另外三项与意见沟通因子的相关比较显著。中层管理人员和高层管理人员对意见沟通比较满意，而普通工人和临时工在意见沟通上的满意度是比较低的。基本上文化程度越高，职工对意见沟通因子的满意度越高。港澳台投资企业和私营企业职工在意见沟通上的满意度较高。

性别和文化程度对企业管理能力的满意度显著不同。具体来说，女职工对企业管理能力的满意度高于男职工；职工的学历越高对企业管理能力的满意度越低，两者基本呈现负相关的关系。

4. 对晋升、学习等发展机会的满意度

晋升、学习等发展机会的满意度包含了4个题目，即"公司提供比较多的学习和培训机会，正是我需要的""在工作中可以学习到很多新东西、新知识""在这工作的人可以和在别的地方一样发展迅速""那些在工作中表现出色的人都获得了公平晋升的机会"。本研究使用主因子分析法提取了1个主因子，可以解释63.5%的总方差。

职工对晋升、学习等发展机会的满意度比较高，分值为3.3589。只有企业性质与晋升、学习及发展机会因子相关显著，私营企业和国有企业职工对发展机会的满意度明显高于其他外资企业。

5. 对同事及人际关系的满意度

对同事及人际关系的满意度包含了5个题目，本研究使用主因子分析法提取了2个主因子，可以解释71.8%的总方差。这两个因子分别是正面评价和负面评价，反映了职工对人际关系中正反两个方面的满意度。正面评价包括"我的同事注重沟通，交流比较顺畅，尊重彼此的意见""我公司的人际交往看上去很不错""我身边的同事工作的积极性、能动性和责任感都很强"3个问题；负面评价包括"我在工作中经常与人发生口角、误会或矛盾""与我共事的人能力都不行，工作起来质量差效率低"2个问题。

总的来说，职工对同事及人际关系的满意度一般，分数为3.0562分（见表17），其中正面评价因子的得分远远高于负面评价因子的得分。本研究引入分类变量后发现，岗位和企业性质与职工在同事及人际关系上的满意度相关比较显著。高层管理人员的满意度比其他岗位的职工满意度都要高，管理层级和技术性越高则同事及人际关系上的满意度越高；私营企业和国有企业职工在人际关系上的满意度高于外资企业职工，最低的是欧美资企业职工。

6. 对就业状况的满意度

对就业状况的满意度包含了7个题目，本研究使用主因子分析法提取了3个主因子，可以解释72.5%的总方差。这三个因子分别是就业稳定、就业

表17 职工对晋升、学习等发展机会的满意度

职工身份		正面评价	负面评价	人际关系	晋升发展机会
性别	男性	3.8624	1.8962	3.0759	3.3451
	女性	3.9160	1.7307	3.0419	3.3690
岗位	高层管理人员	3.9167	2.4688	3.3375	3.6250
	中层管理人员	3.8964	1.8235	3.0672	3.4685
	专业技术人员	3.8643	1.9419	3.0953	3.3285
	办事人员	3.8637	1.7117	3.0029	3.3605
	基层管理人员	3.8889	1.8393	3.0690	3.3343
	技术性工人	3.9278	1.6417	3.0133	3.5167
	普通工人	3.9227	1.8116	3.0783	3.2808
	临时工	3.9583	1.6250	3.0250	3.5000
文化程度	初中及以下	4.0089	1.7154	3.0915	3.4415
	高中	3.9178	1.8043	3.0724	3.3529
	大专	3.8542	1.7831	3.0257	3.3690
	本科及以上	3.8176	1.8807	3.0428	3.2912
企业性质	国有企业	3.9417	1.8688	3.1125	3.6125
	私营企业	4.0580	1.9293	3.2065	3.7769
	港澳台投资	3.8108	1.8108	3.0108	3.3378
	日本投资	3.9160	1.7388	3.0451	3.3083
	欧美投资	3.6412	1.9733	2.9740	3.2519
	韩国投资	3.9479	1.7500	3.0687	3.1445
总计（N=1007）		3.8934	1.8004	3.0562	3.3589
ANOVA					
	性别	1.530	10.246 ***	1.614	0.234
	岗位类型	0.206	2.870 ***	2.009 *	1.444
	教育水平	3.285 *	1.516	1.149	1.347
	资本性质	5.219 ***	2.517 **	3.872 ***	9.460 ***

注：$*p \leqslant 0.1$，$**p \leqslant 0.05$，$***p \leqslant 0.01$。

公平与失业风险，反映了职工对工作稳定性、求职公平性与失业风险的满意度。就业稳定因子包括"我的能力很强，就算公司裁员也不会把我裁掉""我目前的工作很稳定，毫不担心失业问题""如果失去了这份工作，我可以很轻松找到相应的工作"3个问题；求职公平性包括"在获得这份工作时，我没有遭遇不公平的情况""在获得这份工作时，我没有遇到歧视的情况"2个问题；失业风险包括"我很担心失去这份工作""如果失业了，我有点担心自己的生活保障问题"2个问题。

职工对就业状况的满意度得分为 3.3543 分，在就业公平因子上的满意度最高，为 3.9686 分，而在就业稳定方面的满意度最低，为 2.8851 分。

引入分类变量后发现，文化程度和企业性质与就业状况相关比较显著。本科及以上文化程度的职工对就业状况的满意度最高，而大专文化程度的职工对就业状况的满意度最低；港澳台投资企业职工对就业状况的满意度最高，而国有企业职工对就业状况的满意度最低。

表 18 职工对就业状况的满意度

	职工身份	就业稳定	就业公平	失业风险	就业状况
性别	男性	2.9021	3.9396	3.4573	3.3571
	女性	2.8729	3.9897	3.4338	3.3522
岗位	高层管理人员	3.2708	4.3438	3.1563	3.5446
	中层管理人员	3.1158	4.0381	3.2203	3.4092
	专业技术人员	3.0194	3.9651	3.4186	3.4037
	办事人员	2.9063	4.0365	3.3102	3.3446
	基层管理人员	2.7771	3.9940	3.5301	3.3399
	技术性工人	2.6611	3.9417	3.6250	3.3024
	普通工人	2.8128	3.8406	3.6051	3.3328
	临时工	2.9583	4.0000	3.4375	3.3929
文化程度	初中及以下	2.7943	4.0319	3.5133	3.3533
	高中	2.7800	3.9158	3.6205	3.3446
	大专	2.8352	3.9539	3.3635	3.3057
	本科及以上	3.1433	4.0021	3.2583	3.4215
企业性质	国有企业	2.6458	3.7375	3.3750	3.1661
	私营企业	2.8514	4.0109	3.3859	3.3354
	港澳台投资	3.1944	3.9583	3.5139	3.5040
	日本投资	2.8682	3.9867	3.5166	3.3730
	欧美投资	3.0513	4.0269	3.2346	3.3824
	韩国投资	2.8802	3.9141	3.3125	3.2991
总计(N=1004)		2.8851	3.9686	3.4437	3.3543
ANOVA					
性别		0.333	0.794	0.178	0.021
岗位类型		3.904***	1.626	4.358***	0.755
教育水平		11.933***	0.829	9.232***	2.068*
资本性质		3.854***	1.365***	2.896**	2.969**

注：*$p \leq 0.1$，**$p \leq 0.05$，***$p \leq 0.01$。

具体到三个因子上，岗位类型、文化程度和资本性质与就业稳定因子相关比较显著。高层管理人员在就业稳定因子上的满意度最高，技术性工人、基层管理人员和普通工人在就业稳定因子上的满意度比较低；港澳台投资企业和欧美资企业职工在就业稳定因子上的满意度较高，而国有企业职工在就业稳定因子上的满意度比较低。

企业性质与就业公平因子相关比较显著，欧美投资企业和私营企业职工在就业公平上的满意度比较高。

岗位、文化程度和企业性质与职工在失业风险因子上的满意度相关比较显著。技术性工人和普通工人在这个因子上的满意度比较高，而高层管理人员和中层管理人员的满意度比较低；文化程度越高的职工在失业风险上的满意度越低；港澳台投资企业和日本投资企业职工在失业风险因子上的满意度最高，最低的是欧美投资企业。

7. 对职业安全的满意度

对职业安全的满意度包含了6个题目，本研究使用主因子分析法提取了2个主因子，可以解释66.8%的总方差。这两个因子分别被命名为"精神压力"和"身体安全"，前者包括"我这份工作给我带来的精神压力很大""我这份工作太紧张了，常常处于应接不暇的状态""有时感觉自己处于崩溃的边缘，不想干了"3个问题；身体安全包括"前不久，我身边发生过职业安全事故""我的工作面临严重的职业安全和健康风险""在获得这份工作时，我没有遇到歧视的情况"3个问题。

职工对职业安全的满意度并不高，得分仅为2.6763分，其中对精神压力的满意度得分为2.5704分，对身体健康的满意度为2.7822分（见表19）。岗位、文化程度和企业性质与职业安全因子相关显著。高层管理人员在职业安全上的满意度高于其他岗位；初中及以下文化程度职工在职业安全因子上的满意度高于其他文化程度的职工；港澳台投资企业职工在职业安全因子上的满意度高于其他企业。从两个因子来看，性别与企业性质和精神压力因子相关显著，女职工在精神压力上的满意度高于男职工，而港澳台投资企业职工在精神压力上的满意度高于其他企业。四个分类变量与身体健康因子的相关都是显著的。男职工在身体健康因子上的满意度高于女职工；高层管理人员的满意度高于其他岗位；初高中文化程度职工的满意度高于大专以上文化程度的职工；欧美资企业和港澳台投资企业的满意度高于其他企业，而韩资企业的职工在身体健康因子上的满意度最低。

表 19　职工对职业安全的满意度

职工身份		精神压力	身体健康	职业安全
性别	男性	2.5047	2.8215	2.6631
	女性	2.6180	2.7537	2.6859
岗位	高层管理人员	3.1250	3.1042	3.1146
	中层管理人员	2.6158	2.7175	2.6667
	专业技术人员	2.5814	2.7248	2.6531
	办事人员	2.4842	2.7019	2.5931
	基层管理人员	2.5848	2.7824	2.6836
	技术性工人	2.3556	2.6444	2.5000
	普通工人	2.6365	2.9215	2.7790
	临时工	2.6667	2.6667	2.6667
文化程度	初中及以下	2.6578	2.8788	2.7683
	高中	2.5570	2.8015	2.6793
	大专	2.4932	2.7159	2.6046
	本科及以上	2.6061	2.7576	2.6818
企业性质	国有企业	2.3417	2.7292	2.5354
	私营企业	2.6300	2.7656	2.6978
	港澳台投资	2.6852	2.8889	2.7870
	日本投资	2.6385	2.7877	2.7131
	欧美投资	2.3641	2.9154	2.6397
	韩国投资	2.4844	2.4896	2.4870
总计（N=1004）		2.5704	2.7822	2.6763
ANOVA				
	性别	3.139*	2.662*	0.281
	岗位类型	1.616	3.658***	3.165***
	教育水平	1.133	2.495*	2.222*
	资本性质	2.777**	4.004***	2.399**

注：$*p \leqslant 0.1$，$**p \leqslant 0.05$，$***p \leqslant 0.01$。

8. 小结

（1）在 7 个维度方面中，职工对管理水平的满意度是最高的，得分为 3.7655 分；其次是工作本身，得分为 3.5130 分；得分最低即最不满意的是职业安全，得分为 2.6763 分。

（2）在 16 个因子中，职工对胜任能力的满意度最高，分数达到 4.0452 分；在就业公平和保障福利因子上，职工的满意度都接近 4 分，仅次于胜任能力；职工在职业安全的两个因子上的得分是最低的，即满意度最低。

（3）从性别来看，男职工的满意度比女职工的满意度高的因子有身体安全、人际关系负面评价和奖赏回报，而女职工的满意度高于男职工的因子有精神压力、管理能力和胜任能力；在其他的因子上，男女职工的差别并不显著。

（4）从岗位来看，管理岗位的层级和技术上的高度与职工的满意度相关往往都很显著，而且往往管理层级越高、技术性越高，职工的满意度越高。这一点在 7 个维度方面都有体现。令人感到不解的是，虽然在绝大多数因子上，临时工和普通工人的满意度都比较低，但在成就满足、激情乐趣等工作本身的维度上，他们的满意度确实是最高的。

（5）从文化程度来看，其与职工的满意度相关。大专及以上文化程度的职工满意度高于高中及以下文化程度的因子包括成就满足、收入状况、奖赏回报、意见沟通、就业稳定等；高中及以下文化程度的职工满意度高于大专及以上文化程度职工的因子包括管理能力、失业风险和身体健康。另外，在奖赏回报上，高中文化程度的职工得分最低；在职业安全上，初中及以下文化程度的职工得分最高。

（6）从企业性质来看，私营企业职工在各个因子上的满意度往往比较高，而日资企业和韩资企业的满意度往往比较低；国有企业职工在大多数因子上的满意度比较高，但在就业稳定和就业公平因子上的得分相对比较低。

三 政策建议

本研究的目的是通过系统地收集数据和信息监测，尤其是工作质量、劳动条件、生活状况和工作满意度等数据信息，及时全面地了解职工状况和心理状态，建立来自职工视角的需求调查制度和工作评价机制，掌握劳动关系的变化态势，为科学研究和政策咨询提供参考。在调查研究和数据分析的基础上，本研究从以下几个方面对今后的工会工作提出一些建议。

（一）加大宣传力度，创新工作方法

无论是企业工会还是区总工会，与工人保持紧密联系是工作的重要内容。数据显示，工会对自身的宣传力度还不够，职工对工会的了解还不充分。工会理应适应互联网时代的传播特点和职工特点，在工作方法上不断创新，力争达到有效而广泛的传播。

（二）根据企业性质建立类别化的工作机制

研究发现，企业资本来源不同，其职工的状况和满意度也有所差别。金普新区总工会以外企联盟为依托，形成了良好的工作机制。在接下来的工作中，建议在外企联盟内部根据资本的差别分别建立工作机制，并加强对私营企业职工的关注和工作力度。

（三）建立健全劳动关系的监测和预警机制

虽然数据显示，职工对本企业劳动关系的满意程度比较高，但是从职工对社会总体劳动关系的认知来看，其对本企业劳动关系的满意程度有不少的水分。为此建议，企业工会应当建立一套完善有效的劳动关系监测和预警机制，收集企业经营状况、缴纳社保金状况、人员流动情况等信息，加强危机把控，在矛盾未爆发之时采取有效行动。

（四）加强劳动关系领域的社会组织建设

2016年全总成立社会联络部之后，加强劳动关系领域的社会组织建设和管理成为工会的一项重要工作。劳动关系领域的社会组织作为工会工作的延伸，承担体制内工会难以从事的业务。与此同时，劳动关系领域的社会组织具有更灵活的组织和工作方法，如果使用得当，可以起到相当好的社会效果，更好地为职工提供服务和权益保障。

重要文献选编

国务院及各部委有关职工状况的政策文件

国务院批转发展改革委等部门关于深化收入分配制度改革若干意见的通知

国发〔2013〕6号

各省、自治区、直辖市人民政府，国务院各部委、各直属机构：

国务院同意发展改革委、财政部、人力资源社会保障部《关于深化收入分配制度改革的若干意见》，现转发给你们，请认真贯彻执行。

收入分配制度是经济社会发展中一项带有根本性、基础性的制度安排，是社会主义市场经济体制的重要基石。改革开放以来，我国收入分配制度改革不断推进，与基本国情、发展阶段相适应的收入分配制度基本建立。同时，收入分配领域仍存在一些亟待解决的突出问题，城乡区域发展差距和居民收入分配差距依然较大，收入分配秩序不规范，隐性收入、非法收入问题比较突出，部分群众生活比较困难。当前，我国已经进入全面建成小康社会的决定性阶段，按照党的十八大提出的千方百计增加居民收入的战略部署，要继续深化收入分配制度改革，优化收入分配结构，调动各方面积极性，促进经济发展方式转变，维护社会公平正义与和谐稳定，实现发展成果由人民共享，为全面建成小康社会奠定扎实基础。

我国仍处于并将长期处于社会主义初级阶段，当前收入分配领域出现的问题是发展中的矛盾、前进中的问题，必须通过促进发展、深化改革来逐步加以解决。解决这些问题，也是城乡居民在收入普遍增加、生活不断改善过程中的新要求新期待。同时也应该看到，深化收入分配制度改革，是一项十分艰巨复杂的系统工程，不可能一蹴而就，必须从我国基本国情和发展阶段出发，立足当前、着眼长远、克难攻坚、有序推进。

深化收入分配制度改革，要坚持共同发展、共享成果。倡导勤劳致富、支持创业创新、保护合法经营，在不断创造社会财富、增强综合国力的同时，普遍提高人民富裕程度。坚持注重效率、维护公平。初次分配和再分配都要兼顾效率和公平，初次分配要注重效率，创造机会公平的竞争环境，维护劳动收入的主体地位；再分配要更加注重公平，提高公共资源配置效率，缩小收入差距。坚持市场调节、政府调控。充分发挥市场机制在要素配置和价格形成中的基础性作用，更好地发挥政府对收入分配的调控作用，规范收入分配秩序，增加低收入者收入，调节过高收入。坚持积极而为、量力而行。妥善处理好改革发展稳定的关系，着力解决人民群众反映突出的矛盾和问题，突出增量改革，带动存量调整。

各地区、各部门要深入学习和全面贯彻落实党的十八大精神，充分认识深化收入分配制度改革的重大意义，将其列入重要议事日程，建立统筹协调机制，把落实收入分配政策、增加城乡居民收入、缩小收入分配差距、规范收入分配秩序作为重要任务。各有关部门要围绕重点任务，明确工作责任，抓紧研究出台配套方案和实施细则，及时跟踪评估政策实施效果。各地区要结合本地实际，制定具体措施，确保改革各项任务落到实处。要坚持正确的舆论导向，引导社会预期，回应群众关切，凝聚各方共识，形成改革合力，为深化收入分配制度改革营造良好的社会环境。

国务院
2013年2月3日

关于深化收入分配制度改革的若干意见（节选）

发展改革委　财政部　人力资源社会保障部

为贯彻落实党的十八大提出的"实现发展成果由人民共享，必须深化收入分配制度改革"要求，深入推进"十二五"规划实施，完善收入分配结构和制度，增加城乡居民收入，缩小收入分配差距，规范收入分配秩序，现提出以下意见：

一、充分认识深化收入分配制度改革的重要性和艰巨性

改革开放以来，我国收入分配制度改革逐步推进，破除了传统计划经济体制下平均主义的分配方式，在坚持按劳分配为主体的基础上，允许和鼓励资本、技术、管理等要素按贡献参与分配，不断加大收入分配调节力度。经过三十多年的探索与实践，按劳分配为主体、多种分配方式并存的分配制度基本确立，以税收、社会保障、转移支付为主要手段的再分配调节框架初步形成，有力地推动了社会主义市场经济体制的建立，极大地促进了国民经济快速发展，城乡居民人均实际收入平均每十年翻一番，家庭财产稳定增加，人民生活水平显著提高。实践证明，我国收入分配制度是与基本国情、发展阶段总体相适应的。

特别是党的十六大以来，按照科学发展观和构建社会主义和谐社会的要求，充分发挥再分配调节功能，加大对保障和改善民生的投入，彻底取消农业税，大幅增加涉农补贴，全面实施免费义务教育，加快建立社会保障体系，深入推进医药卫生体制改革，大力加强保障性住房建设，城乡最低生活保障标准和扶贫标准大幅提升，企业退休人员基本养老金水平持续提高，近年来农村居民收入增速快于城镇居民，城乡收入差距缩小态势开始显现，居民收入占国民收入比重有所提高，收入分配制度改革取得新的进展。

同时，也要看到收入分配领域仍存在一些亟待解决的突出问题，主要是城乡区域发展差距和居民收入分配差距依然较大，收入分配秩序不规范，隐性收入、非法收入问题比较突出，部分群众生活比较困难，宏观收入分配格局有待优化。这些问题的产生，既与我国基本国情、发展阶段密切相关，具

有一定的客观必然性和阶段性特征，也与收入分配及相关领域的体制改革不到位、政策不落实等直接相关。

当前，我国已经进入全面建成小康社会的决定性阶段。深化收入分配制度改革，优化收入分配结构，构建扩大消费需求的长效机制，是加快转变经济发展方式的迫切需要；深化收入分配制度改革，切实解决一些领域分配不公问题，防止收入分配差距过大，规范收入分配秩序，是维护社会公平正义与和谐稳定的根本举措；深化收入分配制度改革，处理好劳动与资本、城市与农村、政府与市场等重大关系，推动相关领域改革向纵深发展，是完善社会主义市场经济体制的重要内容；深化收入分配制度改革，使发展成果更多更公平惠及全体人民，为逐步实现共同富裕奠定物质基础和制度基础，是体现社会主义本质的必然要求。

我国仍处于并将长期处于社会主义初级阶段，是世界上人口最多的发展中国家，区域之间发展条件差异大，城乡二元结构短期内难以根本改变，工业化、信息化、城镇化和农业现代化还在深入发展。要充分认识到，当前收入分配领域出现的问题是发展中的矛盾、前进中的问题，必须通过促进发展、深化改革来逐步加以解决。解决这些问题，也是城乡居民在收入普遍增加、生活不断改善过程中的新要求新期待。同时也应该看到，深化收入分配制度改革，是一项十分艰巨复杂的系统工程，涉及方方面面利益调整，不可能一蹴而就，必须从我国基本国情和发展阶段出发，立足当前、着眼长远、克难攻坚、有序推进。

二、准确把握深化收入分配制度改革的总体要求和主要目标

1. 总体要求

全面贯彻落实党的十八大精神，以邓小平理论、"三个代表"重要思想、科学发展观为指导，立足基本国情，坚持以经济建设为中心，在发展中调整收入分配结构，着力创造公开、公平、公正的体制环境，坚持按劳分配为主体、多种分配方式并存，坚持初次分配和再分配调节并重，继续完善劳动、资本、技术、管理等要素按贡献参与分配的初次分配机制，加快健全以税收、社会保障、转移支付为主要手段的再分配调节机制，以增加城乡居民收入、缩小收入分配差距、规范收入分配秩序为重点，努力实现居民收入增长和经济发展同步，劳动报酬增长和劳动生产率提高同步，逐步形成合理有序的收入分配格局，促进经济持续健康发展和社会和谐稳定。

2. 主要目标

——城乡居民收入实现倍增。到 2020 年实现城乡居民人均实际收入比 2010 年翻一番，力争中低收入者收入增长更快一些，人民生活水平全面提高。

——收入分配差距逐步缩小。城乡、区域和居民之间收入差距较大的问题得到有效缓解，扶贫对象大幅减少，中等收入群体持续扩大，"橄榄形"分配结构逐步形成。

——收入分配秩序明显改善。合法收入得到有力保护，过高收入得到合理调节，隐性收入得到有效规范，非法收入予以坚决取缔。

——收入分配格局趋于合理。居民收入在国民收入分配中的比重、劳动报酬在初次分配中的比重逐步提高，社会保障和就业等民生支出占财政支出比重明显提升。

三、继续完善初次分配机制

完善劳动、资本、技术、管理等要素按贡献参与分配的初次分配机制。实施就业优先战略和更加积极的就业政策，扩大就业创业规模，创造平等就业环境，提升劳动者获取收入能力，实现更高质量的就业。深化工资制度改革，完善企业、机关、事业单位工资决定和增长机制。推动各种所有制经济依法平等使用生产要素、公平参与市场竞争、同等受到法律保护，形成主要由市场决定生产要素价格的机制。

3. 促进就业机会公平

大力支持服务业、劳动密集型企业、小型微型企业和创新型科技企业发展，创造更多就业岗位。完善税费减免和公益性岗位、岗位培训、社会保险、技能鉴定补贴等政策，促进以高校毕业生为重点的青年、农村转移劳动力、城镇困难人员、退役军人就业。完善和落实小额担保贷款、财政贴息等鼓励自主创业政策。借鉴推广公务员招考的办法，完善和落实事业单位公开招聘制度,在国有企业全面推行分级分类的公开招聘制度,切实做到信息公开、过程公开、结果公开。

4. 提高劳动者职业技能

健全面向全体劳动者的职业培训制度,足额提取并合理使用企业职工教育培训经费,保障职工带薪最短培训时间。新增财政教育投入向职业教育倾斜,逐步实行中等职业教育免费制度。建立健全向农民工免费提供职业教育和技能培训制度。完善社会化职业技能培训、考核、鉴定、认证体系,规范职业技能鉴定收费标准。提高技能人才经济待遇和社会地位。

5. 促进中低收入职工工资合理增长

建立反映劳动力市场供求关系和企业经济效益的工资决定及正常增长机制。完善工资指导线制度,建立统一规范的企业薪酬调查和信息发布制度。根据经济发展、物价变动等因素,适时调整最低工资标准,到2015年绝大多数地区最低工资标准达到当地城镇从业人员平均工资的40%以上。研究发布部分行业最低工资标准。以非公有制企业为重点,积极稳妥推行工资集体协商和行业性、区域性工资集体协商,到2015年,集体合同签订率达到80%,逐步解决一些行业企业职工工资过低的问题。落实新修订的劳动合同法,研究出台劳务派遣规定等配套规章,严格规范劳务派遣用工行为,依法保障被派遣劳动者的同工同酬权利。

6. 加强国有企业高管薪酬管理

对部分过高收入行业的国有及国有控股企业,严格实行企业工资总额和工资水平双重调控政策,逐步缩小行业工资收入差距。建立与企业领导人分类管理相适应、选任方式相匹配的企业高管人员差异化薪酬分配制度,综合考虑当期业绩和持续发展,建立健全根据经营管理绩效、风险和责任确定薪酬的制度,对行政任命的国有企业高管人员薪酬水平实行限高,推广薪酬延期支付和追索扣回制度。缩小国有企业内部分配差距,高管人员薪酬增幅应低于企业职工平均工资增幅。对非国有金融企业和上市公司高管薪酬,通过完善公司治理结构,增强董事会、薪酬委员会和股东大会在抑制畸高薪酬方面的作用。

7. 完善机关事业单位工资制度

建立公务员和企业相当人员工资水平调查比较制度，完善科学合理的职务与职级并行制度，适当提高基层公务员工资水平；调整优化工资结构，降低津贴补贴所占比例，提高基本工资占比；提高艰苦边远地区津贴标准，抓紧研究地区附加津贴实施方案。结合分类推进事业单位改革，建立健全符合事业单位特点、体现岗位绩效和分级分类管理的工资分配制度。

8. 健全技术要素参与分配机制

建立健全以实际贡献为评价标准的科技创新人才薪酬制度，鼓励企事业单位对紧缺急需的高层次、高技能人才实行协议工资、项目工资等。加强知识产权保护，完善有利于科技成果转移转化的分配政策，探索建立科技成果入股、岗位分红权激励等多种分配办法，保障技术成果在分配中的应得份额。完善高层次、高技能人才特殊津贴制度。允许和鼓励品牌、创意等参与收入分配。

9. 多渠道增加居民财产性收入

加快发展多层次资本市场，落实上市公司分红制度，强化监管措施，保护投资者特别是中小投资者合法权益。推进利率市场化改革，适度扩大存贷款利率浮动范围，保护存款人权益。严格规范银行收费行为。丰富债券基金、货币基金等基金产品。支持有条件的企业实施员工持股计划。拓宽居民租金、股息、红利等增收渠道。

10. 建立健全国有资本收益分享机制

全面建立覆盖全部国有企业、分级管理的国有资本经营预算和收益分享制度，合理分配和使用国有资本收益，扩大国有资本收益上交范围。适当提高中央企业国有资本收益上交比例，"十二五"期间在现有比例上再提高5个百分点左右，新增部分的一定比例用于社会保障等民生支出。

11. 完善公共资源占用及其收益分配机制

建立健全资源有偿使用制度和生态环境补偿机制。完善公开公平公正的国有土地、海域、森林、矿产、水等公共资源出让机制，加强对自然垄断行业的监管，防止通过不正当手段无偿或低价占有和使用公共资源。建立健全

六、推动形成公开透明、公正合理的收入分配秩序

大力整顿和规范收入分配秩序，加强制度建设，健全法律法规，加强执法监管，加大反腐力度，加强信息公开，实行社会监督，加强基础工作，提升技术保障，保护合法收入，规范隐性收入，取缔非法收入。

26. 加快收入分配相关领域立法

研究出台社会救助、慈善事业、扶贫开发、企业工资支付保障、集体协商、国有资本经营预算、财政转移支付管理等方面法律法规，及时修订完善土地管理、矿产资源管理、税收征管、房产税等方面法律法规。建立健全财产登记制度，完善财产法律保护制度，保障公民合法财产权益。

27. 维护劳动者合法权益

健全工资支付保障机制，将拖欠工资问题突出的领域和容易发生拖欠的行业纳入重点监控范围，完善与企业信用等级挂钩的差别化工资保证金缴纳办法。落实清偿欠薪的工程总承包企业负责制、行政司法联动打击恶意欠薪制度、保障工资支付属地政府负责制度。完善劳动争议处理机制，加大劳动保障监察执法力度。

28. 清理规范工资外收入

严格规范党政机关各种津贴补贴和奖金发放行为，抓紧出台规范改革性补贴的实施意见。加强事业单位创收管理，规范科研课题和研发项目经费管理使用，严格公务招待费审批和核算等制度规定。严格控制国有及国有控股企业高管人员职务消费，规范车辆配备和使用、业务招待、考察培训等职务消费项目和标准，职务消费接受职工民主监督，相关账目要公开透明。

29. 加强领导干部收入管理

全面落实《关于领导干部报告个人有关事项的规定》，严格执行各级领导干部如实报告收入、房产、投资、配偶子女从业等情况的规定，对隐报瞒报、弄虚作假等行为，通过抽查、核查，及时纠正，严肃处理。继续规范领导干部离职、辞职或退（离）休后的个人从业行为，严格按照有关程序、条件和要求办理兼职任职审批事项。

30. 严格规范非税收入

按照正税清费的原则,继续推进费改税,进一步清理整顿各种行政事业性收费和政府性基金,坚决取消不合法、不合理的收费和基金项目,收费项目适当降低收费标准。建立健全政府非税收入收缴管理制度。

中华人民共和国劳动和社会保障部令

（第21号）

《最低工资规定》已于2003年12月30日经劳动和社会保障部第7次部务会议通过，现予公布，自2004年3月1日起施行。

部　长　郑斯林

二〇〇四年一月二十日

最低工资规定

第一条 为了维护劳动者取得劳动报酬的合法权益，保障劳动者个人及其家庭成员的基本生活，根据劳动法和国务院有关规定，制定本规定。

第二条 本规定适用于在中华人民共和国境内的企业、民办非企业单位、有雇工的个体工商户（以下统称用人单位）和与之形成劳动关系的劳动者。

国家机关、事业单位、社会团体和与之建立劳动合同关系的劳动者，依照本规定执行。

第三条 本规定所称最低工资标准，是指劳动者在法定工作时间或依法签订的劳动合同约定的工作时间内提供了正常劳动的前提下，用人单位依法应支付的最低劳动报酬。

本规定所称正常劳动，是指劳动者按依法签订的劳动合同约定，在法定工作时间或劳动合同约定的工作时间内从事的劳动。劳动者依法享受带薪年休假、探亲假、婚丧假、生育（产）假、节育手术假等国家规定的假期间，以及法定工作时间内依法参加社会活动期间，视为提供了正常劳动。

第四条 县级以上地方人民政府劳动保障行政部门负责对本行政区域内用人单位执行本规定情况进行监督检查。

各级工会组织依法对本规定执行情况进行监督，发现用人单位支付劳动者工资违反本规定的，有权要求当地劳动保障行政部门处理。

第五条 最低工资标准一般采取月最低工资标准和小时最低工资标准的形式。月最低工资标准适用于全日制就业劳动者，小时最低工资标准适用于非全日制就业劳动者。

第六条 确定和调整月最低工资标准，应参考当地就业者及其赡养人口的最低生活费用、城镇居民消费价格指数、职工个人缴纳的社会保险费和住房公积金、职工平均工资、经济发展水平、就业状况等因素。

确定和调整小时最低工资标准，应在颁布的月最低工资标准的基础上，考虑单位应缴纳的基本养老保险费和基本医疗保险费因素，同时还应适当考虑非全日制劳动者在工作稳定性、劳动条件和劳动强度、福利等方面与全日制就业人员之间的差异。

月最低工资标准和小时最低工资标准具体测算方法见附件。

第七条 省、自治区、直辖市范围内的不同行政区域可以有不同的最低工资标准。

第八条 最低工资标准的确定和调整方案，由省、自治区、直辖市人民政府劳动保障行政部门会同同级工会、企业联合会/企业家协会研究拟订，并将拟订的方案报送劳动保障部。方案内容包括最低工资确定和调整的依据、适用范围、拟订标准和说明。劳动保障部在收到拟订方案后，应征求全国总工会、中国企业联合会/企业家协会的意见。

劳动保障部对方案可以提出修订意见，若在方案收到后14日内未提出修订意见的，视为同意。

第九条 省、自治区、直辖市劳动保障行政部门应将本地区最低工资标准方案报省、自治区、直辖市人民政府批准，并在批准后7日内在当地政府公报上和至少一种全地区性报纸上发布。省、自治区、直辖市劳动保障行政部门应在发布后10日内将最低工资标准报劳动保障部。

第十条 最低工资标准发布实施后，如本规定第六条所规定的相关因素发生变化，应当适时调整。最低工资标准每两年至少调整一次。

第十一条 用人单位应在最低工资标准发布后10日内将该标准向本单位全体劳动者公示。

第十二条 在劳动者提供正常劳动的情况下，用人单位应支付给劳动者的工资在剔除下列各项以后，不得低于当地最低工资标准：

（一）延长工作时间工资；

（二）中班、夜班、高温、低温、井下、有毒有害等特殊工作环境、条件下的津贴；

（三）法律、法规和国家规定的劳动者福利待遇等。

实行计件工资或提成工资等工资形式的用人单位，在科学合理的劳动定额基础上，其支付劳动者的工资不得低于相应的最低工资标准。

劳动者由于本人原因造成在法定工作时间内或依法签订的劳动合同约定的工作时间内未提供正常劳动的，不适用于本条规定。

第十三条 用人单位违反本规定第十一条规定的，由劳动保障行政部门责令其限期改正；违反本规定第十二条规定的，由劳动保障行政部门责令其限期补发所欠劳动者工资，并可责令其按所欠工资的 1 至 5 倍支付劳动者赔偿金。

第十四条 劳动者与用人单位之间就执行最低工资标准发生争议，按劳动争议处理有关规定处理。

第十五条 本规定自 2004 年 3 月 1 日起实施。1993 年 11 月 24 日原劳动部发布的《企业最低工资规定》同时废止。

附件：最低工资标准测算方法（略）

关于深入贯彻《退役士兵安置条例》扎实做好退役士兵安置工作的意见(节选)

民政部　总参谋部　中央组织部　中央宣传部　中央编办
教育部　财政部　人力资源社会保障部　国资委
税务总局　工商总局　公务员局

中共中央、国务院、中央军委对退役士兵安置改革做出重大决策部署，2011年10月29日，新修订的《中华人民共和国兵役法》、《退役士兵安置条例》公布，标志着以扶持就业为主，自主就业、安排工作、退休、供养等多种方式相结合的退役士兵安置制度基本建立，退役士兵安置工作进入新的历史时期。为贯彻落实《中华人民共和国兵役法》、《退役士兵安置条例》，有序推进退役士兵安置改革，现提出以下意见：

一、全力推进自主就业退役士兵免费教育培训

（一）认真贯彻落实《退役士兵安置条例》、《国务院关于加强职业培训促进就业的意见》（国发〔2010〕36号）和《国务院　中央军委关于加强退役士兵职业教育和技能培训工作的通知》（国发〔2010〕42号）等法规政策，健全制度机制，全力推进实施退役士兵免费教育培训，切实落实退役士兵教育资助和职业培训补贴政策，提高退役士兵就业能力。

（二）按照"政府主导、个人自愿、城乡一体、免费参加"的基本要求，通过政府组织、购买服务等多种方式，最大限度满足退役士兵接受各类职业教育和技能培训的需求。

（三）坚持统筹衔接待遇政策的原则，退役1年内的自主就业退役士兵可按规定免费参加教育培训；退役1年以上考入全日制普通高等学校或者参加职业培训的，按规定给予资助或者补贴。

（四）要把促进退役士兵稳定就业作为教育培训工作出发点，建立健全退役士兵教育培训的目标考核体系以及机构年检制度，增强教育培训的针对性和实用性，切实提高退役士兵就业竞争力。

（五）努力创新教育培训形式和内容，鼓励有条件的职业教育和技能培训机构、企业承担教育培训任务，提供实训实习条件，鼓励各地开展有针对性的创业培训，提高退役士兵创业成功率。

（六）完善退役士兵参加高等教育考试加分、在校大学生士兵复学优待等优惠政策，鼓励高等职业学校及专升本培养院校采取单列计划、单独划线、对口招生等措施，引导更多退役士兵继续深造、更多大学生应征入伍。

二、大力扶持自主就业退役士兵就业创业

（一）按照城乡一体的原则，将《国务院办公厅转发民政部等部门关于扶持城镇退役士兵自谋职业优惠政策意见的通知》（国办发〔2004〕10号）规定的就业服务、教育优待、小额贷款、个体经营减免费用和税收等各方面优惠政策，调整适用于所有自主就业退役士兵。其中，由原来规定按接收自谋职业退役士兵比例免征企业的营业税、城市维护建设税、教育费附加和企业所得税，调整为3年内按企业实际新接收安置退役士兵人数予以定额依次扣减营业税、城市维护建设税、教育费附加和企业所得税。定额标准为每人每年4000元，最高可上浮50%。对退役士兵从事个体经营的，3年内限额减免营业税、城市维护建设税、教育费附加和个人所得税，限额标准为每户每年8000元，最高上浮20%。各省、自治区、直辖市人民政府根据本地区实际情况在此幅度内确定具体定额、限额标准，并报财政部和税务总局备案。

（二）各地要认真研究制定操作性强的扶持就业创业措施办法，将扶持优惠政策落到实处；各级公共就业和人才服务机构要为退役士兵提供就业指导和服务，搭建信息网络平台，采取组织职业介绍、就业推荐、专场招聘会等方式，扶持退役士兵自主就业；要结合当地产业发展和创业项目，出台优惠政策，鼓励有创业要求、具备创业条件的退役士兵创业。

三、采取有力措施保障符合政府安排工作条件的退役士兵就业

（一）加大《中华人民共和国兵役法》、《退役士兵安置条例》和《国务院关于进一步做好城镇退役士兵安置工作的通知》（国发〔2005〕23号）等法律法规政策的贯彻执行力度，强化保障措施，按规定为符合政府安排工作条件的退役士兵提供就业机会。

（二）机关、团体、企业事业单位及各类社会组织，不分单位性质和组织形式，都有依法接收安置退役士兵的责任和义务，特别是中央国家机关和国有大中型企业要带头履行好接收安置任务。任何部门、行业和单位不得下发针对退役士兵的歧视性文件，严禁以劳务派遣等形式代替接收安置。

（三）地方各级民政部门要会同机构编制、人力资源社会保障、国有资产管理等部门，按照国防义务均衡负担原则，科学合理拟订安置计划并报同级人民政府下达。退役士兵安排工作任务重的县（市），可以由上一级地方人民政府在本行政区域内统筹安排。

（四）在招录公务员、参照公务员法管理机关（单位）工作人员，招聘事业单位工作人员时，要确保同等条件下优先录用（聘用）符合政府安排工作条件的退役士兵。边疆、民族地区乡镇机关招录公务员时，可拿出一定数量的职位，招录符合职位要求、政府安排工作的退役士兵。退役士兵报考公务员、应聘事业单位职位的，在军队服现役经历视为基层工作经历，服现役年限计算为工龄。财政支付工资的各类工勤辅助岗位遇有空缺时，应当首先用于接收由政府安排的符合岗位条件的退役士兵。

（五）国有、国有控股和国有资本占主导地位企业在新招录职工时应拿出5%的工作岗位，在符合政府安排工作条件的退役士兵之间公开竞争，用人单位择优招录。确有困难的国有企业，经当地政府批准后，可适当降低接收比例。

（六）各用人单位要切实保障安排工作退役士兵的待遇落实，要及时签订劳动合同或聘用合同，尽快安排上岗，依法合理确定工资福利，按照国家有关规定接续养老、医疗、失业等社会保险关系，保证享受本单位同等条件人员的同等待遇，军龄10年以上的应当签订无固定期限劳动合同。

（此文由国务院办公厅和中央军委办公厅于2013年7月10日以国办发〔2013〕78号文转发）

国务院关于进一步做好新形势下就业创业工作的意见(节选)

国发〔2015〕23号

各省、自治区、直辖市人民政府,国务院各部委、各直属机构:

就业事关经济发展和民生改善大局。党中央、国务院高度重视,坚持把稳定和扩大就业作为宏观调控的重要目标,大力实施就业优先战略,积极深化行政审批制度和商事制度改革,推动大众创业、万众创新,创业带动就业倍增效应进一步释放,就业局势总体稳定。但也要看到,随着我国经济发展进入新常态,就业总量压力依然存在,结构性矛盾更加凸显。大众创业、万众创新是富民之道、强国之举,有利于产业、企业、分配等多方面结构优化。面对就业压力加大形势,必须着力培育大众创业、万众创新的新引擎,实施更加积极的就业政策,把创业和就业结合起来,以创业创新带动就业,催生经济社会发展新动力,为促进民生改善、经济结构调整和社会和谐稳定提供新动能。现就进一步做好就业创业工作提出以下意见:

一、深入实施就业优先战略

(一)坚持扩大就业发展战略。把稳定和扩大就业作为经济运行合理区间的下限,将城镇新增就业、调查失业率作为宏观调控重要指标,纳入国民经济和社会发展规划及年度计划。合理确定经济增长速度和发展模式,科学把握宏观调控的方向和力度,以稳增长促就业,以鼓励创业就业带动经济增长。加强财税、金融、产业、贸易等经济政策与就业政策的配套衔接,建立宏观经济政策对就业影响评价机制。建立公共投资和重大项目建设带动就业评估机制,同等条件下对创造就业岗位多、岗位质量好的项目优先安排。

(二)发展吸纳就业能力强的产业。创新服务业发展模式和业态,支持发展商业特许经营、连锁经营,大力发展金融租赁、节能环保、电子商务、现代物流等生产性服务业和旅游休闲、健康养老、家庭服务、社会工作、文化体育等生活性服务业,打造新的经济增长点,提高服务业就业比重。加快创新驱动发展，推进产业转型升级，培育战略性新兴产业和先进制造业，提高劳动密集型产业附加值；结合实施区域发展总体战略，引导具有成本优势的资源加工型、劳动密集型产业和具有市场需求的资本密集型、技术密集型产业向中西部地区转移，挖掘第二产业就业潜力。推进农业现代化，加快转变农业发展方式，培养新型职业农民，鼓励有文化、有技术、有市场经济观念的各类城乡劳动者根据市场需求到农村就业创业。

（三）发挥小微企业就业主渠道作用。引导银行业金融机构针对小微企业经营特点和融资需求特征，创新产品和服务。发展政府支持的融资性担保机构和再担保机构，完善风险分担机制，为小微企业提供融资支持。落实支持小微企业发展的税收政策，加强市场监管执法和知识产权保护，对小微企业急需获得授权的核心专利申请优先审查。发挥新型载体聚集发展的优势，引入竞争机制，开展小微企业创业创新基地城市示范，中央财政给予综合奖励。创新政府采购支持方式，消除中小企业享受相关优惠政策面临的条件认定、企业资质等不合理限制门槛。指导企业改善用工管理，对小微企业新招用劳动者，符合相关条件的，按规定给予就业创业支持，不断提高小微企业带动就业能力。

（四）积极预防和有效调控失业风险。落实调整失业保险费率政策，减轻企业和个人负担，稳定就业岗位。将失业保险基金支持企业稳岗政策实施范围由兼并重组企业、化解产能过剩企业、淘汰落后产能企业等三类企业扩大到所有符合条件的企业。生产经营困难企业可通过与职工进行集体协商，采取在岗培训、轮班工作、弹性工时、协商薪酬等办法不裁员或少裁员。对确实要裁员的，应制定人员安置方案，实施专项就业帮扶行动，妥善处理劳动关系和社会保险接续，促进失业人员尽快再就业。淘汰落后产能奖励资金、依据兼并重组政策规定支付给企业的土地补偿费要优先用于职工安置。完善失业监测预警机制，建立应对失业风险的就业应急预案。

二、积极推进创业带动就业

（五）营造宽松便捷的准入环境。深化商事制度改革，进一步落实注册资本登记制度改革，坚决推行工商营业执照、组织机构代码证、税务登记证

"三证合一"，年内出台推进"三证合一"登记制度改革意见和统一社会信用代码方案，实现"一照一码"。继续优化登记方式，放松经营范围登记管制，支持各地结合实际放宽新注册企业场所登记条件限制，推动"一址多照"、集群注册等住所登记改革，分行业、分业态释放住所资源。运用大数据加强对市场主体的服务和监管。依托企业信用信息公示系统，实现政策集中公示、扶持申请导航、享受扶持信息公示。建立小微企业目录，对小微企业发展状况开展抽样统计。推动修订与商事制度改革不衔接、不配套的法律、法规和政策性文件。全面完成清理非行政许可审批事项，再取消下放一批制约经济发展、束缚企业活力等含金量高的行政许可事项，全面清理中央设定、地方实施的行政审批事项，大幅减少投资项目前置审批。对保留的审批事项，规范审批行为，明确标准，缩短流程，限时办结，推广"一个窗口"受理、网上并联审批等方式。

（六）培育创业创新公共平台。抓住新技术革命和产业变革的重要机遇，适应创业创新主体大众化趋势，大力发展技术转移转化、科技金融、认证认可、检验检测等科技服务业，总结推广创客空间、创业咖啡、创新工场等新型孵化模式，加快发展市场化、专业化、集成化、网络化的众创空间，实现创新与创业、线上与线下、孵化与投资相结合，为创业者提供低成本、便利化、全要素、开放式的综合服务平台和发展空间。落实科技企业孵化器、大学科技园的税收优惠政策，对符合条件的众创空间等新型孵化机构适用科技企业孵化器税收优惠政策。有条件的地方可对众创空间的房租、宽带网络、公共软件等给予适当补贴，或通过盘活商业用房、闲置厂房等资源提供成本较低的场所。可在符合土地利用总体规划和城乡规划前提下，或利用原有经批准的各类园区，建设创业基地，为创业者提供服务，打造一批创业示范基地。鼓励企业由传统的管控型组织转型为新型创业平台，让员工成为平台上的创业者，形成市场主导、风投参与、企业孵化的创业生态系统。

（七）拓宽创业投融资渠道。运用财税政策，支持风险投资、创业投资、天使投资等发展。运用市场机制，引导社会资金和金融资本支持创业活动，壮大创业投资规模。按照政府引导、市场化运作、专业化管理的原则，加快设立国家中小企业发展基金和国家新兴产业创业投资引导基金,带动社会资本共同加大对中小企业创业创新的投入,促进初创期科技型中小企业成长,支持新兴产业领域早中期、初创期企业发展。鼓励地方设立创业投资引导等基金。发挥多层次资本市场作用,加快创业板等资本市场改革,强化全国中小企业股份转让系统融资、交易等功能,规范发展服务小微企业的区域性股权市场。开展股权众筹融资试点,推动多渠道股权融资,积极探索和规范发展互联网金融,发展新型金融机构和融资服务机构,促进大众创业。

(八)支持创业担保贷款发展。将小额担保贷款调整为创业担保贷款,针对有创业要求、具备一定创业条件但缺乏创业资金的就业重点群体和困难人员,提高其金融服务可获得性,明确支持对象、标准和条件,贷款最高额度由针对不同群体的5万元、8万元、10万元不等统一调整为10万元。鼓励金融机构参照贷款基础利率,结合风险分担情况,合理确定贷款利率水平,对个人发放的创业担保贷款,在贷款基础利率基础上上浮3个百分点以内的,由财政给予贴息。简化程序,细化措施,健全贷款发放考核办法和财政贴息资金规范管理约束机制,提高代偿效率,完善担保基金呆坏账核销办法。

(九)加大减税降费力度。实施更加积极的促进就业创业税收优惠政策,将企业吸纳就业税收优惠的人员范围由失业一年以上人员调整为失业半年以上人员。高校毕业生、登记失业人员等重点群体创办个体工商户、个人独资企业的,可依法享受税收减免政策。抓紧推广中关村国家自主创新示范区税收试点政策,将职工教育经费税前扣除试点政策、企业转增股本分期缴纳个人所得税试点政策、股权奖励分期缴纳个人所得税试点政策推广至全国范围。全面清理涉企行政事业性收费、政府性基金、具有强制垄断性的经营服务性收费、行业协会商会涉企收费,落实涉企收费清单管理制度和创业负担举报反馈机制。

(十)调动科研人员创业积极性。探索高校、科研院所等事业单位专业技术人员在职创业、离岗创业有关政策。对于离岗创业的,经原单位同意,可在3年内保留人事关系,与原单位其他在岗人员同等享有参加职称评聘、岗位等级晋升和社会保险等方面的权利。原单位应当根据专业技术人员创业的实际情况，与其签订或变更聘用合同，明确权利义务。加快推进中央级事业单位科技成果使用、处置和收益管理改革试点政策推广。鼓励利用财政性资金设立的科研机构、普通高校、职业院校，通过合作实施、转让、许可和投资等方式，向高校毕业生创设的小微企业优先转移科技成果。完善科技人员创业股权激励政策，放宽股权奖励、股权出售的企业设立年限和盈利水平限制。

（十一）鼓励农村劳动力创业。支持农民工返乡创业，发展农民合作社、家庭农场等新型农业经营主体，落实定向减税和普遍性降费政策。依托现有各类园区等存量资源，整合创建一批农民工返乡创业园，强化财政扶持和金融服务。将农民创业与发展县域经济结合起来，大力发展农产品加工、休闲农业、乡村旅游、农村服务业等劳动密集型产业项目，促进农村一二三产业融合。依托基层就业和社会保障服务设施等公共平台，提供创业指导和服务。鼓励各类企业和社会机构利用现有资源，搭建一批农业创业创新示范基地和见习基地，培训一批农民创业创新辅导员。支持农民网上创业，大力发展"互联网＋"和电子商务，积极组织创新创业农民与企业、小康村、市场和园区对接，推进农村青年创业富民行动。

（十二）营造大众创业良好氛围。支持举办创业训练营、创业创新大赛、创新成果和创业项目展示推介等活动，搭建创业者交流平台，培育创业文化，营造鼓励创业、宽容失败的良好社会氛围，让大众创业、万众创新蔚然成风。对劳动者创办社会组织、从事网络创业符合条件的，给予相应创业扶持政策。推进创业型城市创建，对政策落实好、创业环境优、工作成效显著的，按规定予以表彰。

三、统筹推进高校毕业生等重点群体就业

（十三）鼓励高校毕业生多渠道就业。把高校毕业生就业摆在就业工作首位。完善工资待遇进一步向基层倾斜的办法，健全高校毕业生到基层工作的服务保障机制，鼓励毕业生到乡镇特别是困难乡镇机关事业单位工作。对高校毕业生到中西部地区、艰苦边远地区和老工业基地县以下基层单位就业、履行一定服务期限的，按规定给予学费补偿和国家助学贷款代偿。结合政府购买服务工作的推进，在基层特别是街道（乡镇）、社区（村）购买一批公共管理和社会服务岗位，优先用于吸纳高校毕业生就业。对小微企业新招用毕业年度高校毕业生，签订1年以上劳动合同并缴纳社会保险费的，给予1年社会保险补贴。落实完善见习补贴政策，对见习期满留用率达到50%以上的见习单位，适当提高见习补贴标准。将求职补贴调整为求职创业补贴，对象范围扩展到已获得国家助学贷款的毕业年度高校毕业生。深入实施大学生创业引领计划、离校未就业高校毕业生就业促进计划，整合发展高校毕业生就业创业基金，完善管理体制和市场化运行机制，实现基金滚动使用，为高校毕业生就业创业提供支持。积极支持和鼓励高校毕业生投身现代农业建设。对高校毕业生申报从事灵活就业的，按规定纳入各项社会保险，各级公共就业人才服务机构要提供人事、劳动保障代理服务。技师学院高级工班、预备技师班和特殊教育院校职业教育类毕业生可参照高校毕业生享受相关就业补贴政策。

（十四）加强对困难人员的就业援助。合理确定就业困难人员范围，规范认定程序，加强实名制动态管理和分类帮扶。坚持市场导向，鼓励其到企业就业、自主创业或灵活就业。对用人单位招用就业困难人员，签订劳动合同并缴纳社会保险费的，在一定期限内给予社会保险补贴。对就业困难人员灵活就业并缴纳社会保险费的，给予一定比例的社会保险补贴。对通过市场渠道确实难以实现就业的，可通过公益性岗位予以托底安置，并给予社会保险补贴及适当岗位补贴。社会保险补贴和岗位补贴期限最长不超过3年，对初次核定享受补贴政策时距退休年龄不足5年的人员，可延长至退休。规范公益性岗位开发和管理，科学设定公益性岗位总量，适度控制岗位规模，制定岗位申报评估办法，严格按照法律规定安排就业困难人员，不得用于安排非就业困难人员。加强对就业困难人员在岗情况的管理和工作考核，建立定期核查机制，完善就业困难人员享受扶持政策期满退出办法，做好退出后的政策衔接和就业服务。依法大力推进残疾人按比例就业，加大对用人单位安置残疾人的补贴和奖励力度，建立用人单位按比例安排残疾人就业公示制度。加快完善残疾人集中就业单位扶持政策,推进残疾人辅助性就业和灵活就业。加大对困难人员就业援助力度,确保零就业家庭、最低生活保障家庭等困难家庭至少有一人就业。对就业困难人员较集中的地区,上级政府要强化帮扶责任,加大产业、项目、资金、人才等支持力度。

(十五)推进农村劳动力转移就业。结合新型城镇化建设和户籍制度改革,建立健全城乡劳动者平等就业制度,进一步清理针对农民工就业的歧视性规定。完善职业培训、就业服务、劳动维权"三位一体"的工作机制,加强农民工输出输入地劳务对接,特别是对劳动力资源较为丰富的老少边穷地区,充分发挥各类公共就业服务机构和人力资源服务机构作用,积极开展有组织的劳务输出,加强对转移就业农民工的跟踪服务,有针对性地帮助其解决实际困难,推进农村富余劳动力有序外出就业和就地就近转移就业。做好被征地农民就业工作,在制定征地补偿安置方案时,要明确促进被征地农民就业的具体措施。

(十六)促进退役军人就业。扶持自主择业军转干部、自主就业退役士兵就业创业,落实各项优惠政策,组织实施教育培训,加强就业指导和服务,搭建就业创业服务平台。对符合政府安排工作条件的退役士官、义务兵,要确保岗位落实,细化完善公务员招录和事业单位招聘时同等条件优先录用(聘用),以及国有、国有控股和国有资本占主导地位企业按比例预留岗位择优招录的措施。退役士兵报考公务员、应聘事业单位职位的,在军队服现役经历视为基层工作经历,服现役年限计算为工作年限。调整完善促进军转干部及随军家属就业税收政策。

四、加强就业创业服务和职业培训

(十七)强化公共就业创业服务。健全覆盖城乡的公共就业创业服务体系,提高服务均等化、标准化和专业化水平。完善公共就业服务体系的创业服务功能,充分发挥公共就业服务、中小企业服务、高校毕业生就业指导等机构的作用,为创业者提供项目开发、开业指导、融资服务、跟踪扶持等服务,创新服务内容和方式。健全公共就业创业服务经费保障机制,切实将县级以上公共就业创业服务机构和县级以下(不含县级)基层公共就业创业服务平台经费纳入同级财政预算。将职业介绍补贴和扶持公共就业服务补助合并调整为就业创业服务补贴，支持各地按照精准发力、绩效管理的原则，加强公共就业创业服务能力建设，向社会力量购买基本就业创业服务成果。创新就业创业服务供给模式，形成多元参与、公平竞争格局，提高服务质量和效率。

（十八）加快公共就业服务信息化。按照统一建设、省级集中、业务协同、资源共享的原则，逐步建成以省级为基础、全国一体化的就业信息化格局。建立省级集中的就业信息资源库，加强信息系统应用，实现就业管理和就业服务工作全程信息化。推进公共就业信息服务平台建设，实现各类就业信息统一发布，健全全国就业信息监测平台。推进就业信息共享开放，支持社会服务机构利用政府数据开展专业化就业服务，推动政府、社会协同提升公共就业服务水平。

（十九）加强人力资源市场建设。加快建立统一规范灵活的人力资源市场，消除城乡、行业、身份、性别、残疾等影响平等就业的制度障碍和就业歧视，形成有利于公平就业的制度环境。健全统一的市场监管体系，推进人力资源市场诚信体系建设和标准化建设。加强对企业招聘行为、职业中介活动的规范，及时纠正招聘过程中的歧视、限制及欺诈等行为。建立国有企事业单位公开招聘制度，推动实现招聘信息公开、过程公开和结果公开。加快发展人力资源服务业，规范发展人事代理、人才推荐、人员培训、劳务派遣等人力资源服务，提升服务供给能力和水平。完善党政机关、企事业单位、社会各方面人才顺畅流动的制度体系。

（二十）加强职业培训和创业培训。顺应产业结构迈向中高端水平、缓解就业结构性矛盾的需求，优化高校学科专业结构，加快发展现代职业教育，大规模开展职业培训，加大创业培训力度。利用各类创业培训资源，开发针对不同创业群体、创业活动不同阶段特点的创业培训项目，把创新创业课程纳入国民教育体系。重点实施农民工职业技能提升和失业人员转业转岗培训，增强其就业创业和职业转换能力。尊重劳动者培训意愿，引导劳动者自主选择培训项目、培训方式和培训机构。发挥企业主体作用，支持企业以新招用青年劳动者和新转岗人员为重点开展新型学徒制培训。强化基础能力建设，创新培训模式，建立高水平、专兼职的创业培训师资队伍，提升培训质量，落实职业培训补贴政策，合理确定补贴标准。推进职业资格管理改革，完善有利于劳动者成长成才的培养、评价和激励机制，畅通技能人才职业上升通道，推动形成劳动、技能等要素按贡献参与分配的机制，使技能劳动者获得与其能力业绩相适应的工资待遇。

（二十一）建立健全失业保险、社会救助与就业的联动机制。进一步完善失业保险制度，充分发挥失业保险保生活、防失业、促就业的作用，鼓励领取失业保险金人员尽快实现就业或自主创业。对实现就业或自主创业的最低生活保障对象，在核算家庭收入时，可以扣减必要的就业成本。

（二十二）完善失业登记办法。在法定劳动年龄内、有劳动能力和就业要求、处于无业状态的城镇常住人员，可以到常住地的公共就业服务机构进行失业登记。各地公共就业服务机构要为登记失业的各类人员提供均等化的政策咨询、职业指导、职业介绍等公共就业服务和普惠性就业政策，并逐步使外来劳动者与当地户籍人口享有同等的就业扶持政策。将《就业失业登记证》调整为《就业创业证》，免费发放，作为劳动者享受公共就业服务及就业扶持政策的凭证。有条件的地方可积极推动社会保障卡在就业领域的应用。

国务院

2015年4月27日

国务院办公厅关于支持农民工等人员返乡创业的意见（节选）

国办发〔2015〕47号国办发〔2015〕96号

各省、自治区、直辖市人民政府，国务院各部委、各直属机构：

支持农民工、大学生和退役士兵等人员返乡创业，通过大众创业、万众创新使广袤乡镇百业兴旺，可以促就业、增收入，打开新型工业化和农业现代化、城镇化和新农村建设协同发展新局面。根据《中共中央国务院关于加大改革创新力度加快农业现代化建设的若干意见》和《国务院关于进一步做好新形势下就业创业工作的意见》（国发〔2015〕23号）要求，为进一步做好农民工等人员返乡创业工作，经国务院同意，现提出如下意见：

一、总体要求

（一）指导思想。全面贯彻落实党的十八大和十八届二中、三中、四中全会精神，按照党中央、国务院决策部署，加强统筹谋划，健全体制机制，整合创业资源，完善扶持政策，优化创业环境，以人力资本、社会资本的提升、扩散、共享为纽带，加快建立多层次多样化的返乡创业格局，全面激发农民工等人员返乡创业热情，创造更多就地就近就业机会，加快输出地新型工业化、城镇化进程，全面汇入大众创业、万众创新热潮，加快培育经济社会发展新动力，催生民生改善、经济结构调整和社会和谐稳定新动能。

（二）基本原则。

——坚持普惠性与扶持性政策相结合。既要保证返乡创业人员平等享受普惠性政策，又要根据其抗风险能力弱等特点，落实完善差别化的扶持性政策，努力促进他们成功创业。

——坚持盘活存量与创造增量并举。要用好用活已有园区、项目、资金等存量资源全面支持返乡创业，同时积极探索公共创业服务新方法、新路径，开发增量资源，加大对返乡创业的支持力度。

——坚持政府引导与市场主导协同。要加强政府引导，按照绿色、集约、实用的原则，创造良好的创业环境，更要充分发挥市场的决定性作用，支持返乡创业企业与龙头企业、市场中介服务机构等共同打造充满活力的创业生态系统。

——坚持输入地与输出地发展联动。要推进创新创业资源跨地区整合，促进输入地与输出地在政策、服务、市场等方面的联动对接，扩大返乡创业市场空间，延长返乡创业产业链条。

二、主要任务

（三）促进产业转移带动返乡创业。鼓励输入地在产业升级过程中对口帮扶输出地建设承接产业园区，引导劳动密集型产业转移，大力发展相关配套产业，带动农民工等人员返乡创业。鼓励已经成功创业的农民工等人员，顺应产业转移的趋势和潮流，充分挖掘和利用输出地资源和要素方面的比较优势，把适合的产业转移到家乡再创业、再发展。

（四）推动输出地产业升级带动返乡创业。鼓励积累了一定资金、技术和管理经验的农民工等人员，学习借鉴发达地区的产业组织形式、经营管理方式，顺应输出地消费结构、产业结构升级的市场需求，抓住机遇创业兴业，把小门面、小作坊升级为特色店、连锁店、品牌店。

（五）鼓励输出地资源嫁接输入地市场带动返乡创业。鼓励农民工等人员发挥既熟悉输入地市场又熟悉输出地资源的优势，借力"互联网＋"信息技术发展现代商业，通过对少数民族传统手工艺品、绿色农产品等输出地特色产品的挖掘、升级、品牌化，实现输出地产品与输入地市场的嫁接。

（六）引导一二三产业融合发展带动返乡创业。统筹发展县域经济，引导返乡农民工等人员融入区域专业市场、示范带和块状经济，打造具有区域特色的优势产业集群。鼓励创业基础好、创业能力强的返乡人员，充分开发乡村、乡土、乡韵潜在价值，发展休闲农业、林下经济和乡村旅游，促进农村一二三产业融合发展，拓展创业空间。以少数民族特色村镇为平台和载体，大力发展民族风情旅游业，带动民族地区创业。

（七）支持新型农业经营主体发展带动返乡创业。鼓励返乡人员共创农民合作社、家庭农场、农业产业化龙头企业、林场等新型农业经营主体，围绕规模种养、农产品加工、农村服务业以及农技推广、林下经济、贸易营销、农资配送、信息咨询等合作建立营销渠道，合作打造特色品牌，合作分散市场风险。

三、健全基础设施和创业服务体系

（八）加强基层服务平台和互联网创业线上线下基础设施建设。切实加大人力财力投入，进一步推进县乡基层就业和社会保障服务平台、中小企业公共服务平台、农村基层综合公共服务平台、农村社区公共服务综合信息平台的建设，使其成为加强和优化农村基层公共服务的重要基础设施。支持电信企业加大互联网和移动互联网建设投入，改善县乡互联网服务，加快提速降费，建设高速畅通、覆盖城乡、质优价廉、服务便捷的宽带网络基础设施和服务体系。继续深化和扩大电子商务进农村综合示范县工作，推动信息入户，引导和鼓励电子商务交易平台渠道下沉，带动返乡人员依托其平台和经营网络创业。加大交通物流等基础设施投入，支持乡镇政府、农村集体经济组织与社会资本合作共建智能电商物流仓储基地，健全县、乡、村三级农村物流基础设施网络，鼓励物流企业完善物流下乡体系，提升冷链物流配送能力，畅通农产品进城与工业品下乡的双向流通渠道。

（九）依托存量资源整合发展农民工返乡创业园。各地要在调查分析农民工等人员返乡创业总体状况和基本需求基础上，结合推进新型工业化、信息化、城镇化、农业现代化和绿色化同步发展的实际需要，对农民工返乡创业园布局做出安排。依托现有各类合规开发园区、农业产业园，盘活闲置厂房等存量资源，支持和引导地方整合发展一批重点面向初创期"种子培育"的返乡创业孵化基地、引导早中期创业企业集群发展的返乡创业园区，聚集创业要素，降低创业成本。挖掘现有物业设施利用潜力，整合利用零散空地等存量资源，并注意与城乡基础设施建设、发展电子商务和完善物流基础设施等统筹结合。属于非农业态的农民工返乡创业园，应按照城乡规划要求，结合老城或镇村改造、农村集体经营性建设用地或农村宅基地盘整进行开发建设。属于农林牧渔业态的农民工返乡创业园，在不改变农地、集体林地、草场、水面权属和用途前提下，允许建设方通过与权属方签订合约的方式整合资源开发建设。

（十）强化返乡农民工等人员创业培训工作。紧密结合返乡农民工等人员创业特点、需求和地域经济特色，编制实施专项培训计划，整合现有培训资源，开发有针对性的培训项目，加强创业师资队伍建设，采取培训机构面授、远程网络互动等方式有效开展创业培训，扩大培训覆盖范围，提高培训的可获得性，并按规定给予创业培训补贴。建立健全创业辅导制度，加强创业导师队伍建设，从有经验和行业资源的成功企业家、职业经理人、电商辅导员、天使投资人、返乡创业带头人当中选拔一批创业导师，为返乡创业农民工等人员提供创业辅导。支持返乡创业培训实习基地建设，动员知名乡镇企业、农产品加工企业、休闲农业企业和专业市场等为返乡创业人员提供创业见习、实习和实训服务，加强输出地与东部地区对口协作，组织返乡创业农民工等人员定期到东部企业实习，为其学习和增强管理经验提供支持。发挥好驻贫困村"第一书记"和驻村工作队作用，帮助开展返乡农民工教育培训，做好贫困乡村创业致富带头人培训。

（十一）完善农民工等人员返乡创业公共服务。各地应本着"政府提供平台、平台集聚资源、资源服务创业"的思路，依托基层公共平台集聚政府公共资源和社会其他各方资源，组织开展专项活动，为农民工等人员返乡创业提供服务。统筹考虑社保、住房、教育、医疗等公共服务制度改革，及时将返乡创业农民工等人员纳入公共服务范围。依托基层就业和社会保障服务平台，做好返乡人员创业服务、社保关系转移接续等工作，确保其各项社保关系顺畅转移接入。及时将电子商务等新兴业态创业人员纳入社保覆盖范围。探索完善返乡创业人员社会兜底保障机制，降低创业风险。深化农村社区建设试点，提升农村社区支持返乡创业和吸纳就业的能力，逐步建立城乡社区农民工服务衔接机制。

（十二）改善返乡创业市场中介服务。运用政府向社会力量购买服务的机制，调动教育培训机构、创业服务企业、电子商务平台、行业协会、群团组织等社会各方参与积极性，帮助返乡创业农民工等人员解决企业开办、经营、发展过程中遇到的能力不足、经验不足、资源不足等难题。培育和壮大专业化市场中介服务机构，提供市场分析、管理辅导等深度服务，帮助返乡创业人员改善管理、开拓市场。鼓励大型市场中介服务机构跨区域拓展，推动输出地形成专业化、社会化、网络化的市场中介服务体系。

（十三）引导返乡创业与万众创新对接。引导和支持龙头企业建立市场化的创新创业促进机制，加速资金、技术和服务扩散，带动和支持返乡创业人员依托其相关产业链创业发展。鼓励大型科研院所建立开放式创新创业服务平台，吸引返乡创业农民工等各类创业者围绕其创新成果创业，加速科技成果资本化、产业化步伐。鼓励社会资本特别是龙头企业加大投入，结合其自身发展壮大需要，建设发展市场化、专业化的众创空间，促进创新创意与企业发展、市场需求和社会资本有效对接。鼓励发达地区众创空间加速向输出地扩展、复制，不断输出新的创业理念，集聚创业活力，帮助返乡农民工等人员解决创业难题。推行科技特派员制度，建设一批"星创天地"，为农民工等人员返乡创业提供科技服务，实现返乡创业与万众创新有序对接、联动发展。

四、政策措施

（十四）降低返乡创业门槛。深化商事制度改革，落实注册资本登记制度改革，优化返乡创业登记方式，简化创业住所（经营场所）登记手续，推动"一址多照"、集群注册等住所登记制度改革。放宽经营范围，鼓励返乡农民工等人员投资农村基础设施和在农村兴办各类事业。对政府主导、财政支持的农村公益性工程和项目，可采取购买服务、政府与社会资本合作等方式，引导农民工等人员创设的企业和社会组织参与建设、管护和运营。对能够商业化运营的农村服务业，向社会资本全面开放。制定鼓励社会资本参与农村建设目录，探索建立乡镇政府职能转移目录，鼓励返乡创业人员参与建设或承担公共服务项目，支持返乡人员创设的企业参加政府采购。将农民工等人员返乡创业纳入社会信用体系，建立健全返乡创业市场交易规则和服务监管机制，促进公共管理水平提升和交易成本下降。取消和下放涉及返乡创业的行政许可审批事项，全面清理并切实取消非行政许可审批事项，减少返乡创业投资项目前置审批。

（十五）落实定向减税和普遍性降费政策。农民工等人员返乡创业，符合政策规定条件的，可适用财政部、国家税务总局《关于小型微利企业所得税优惠政策的通知》（财税〔2015〕34号）、《关于进一步支持小微企业增值税和营业税政策的通知》（财税〔2014〕71号）、《关于对小微企业免征有关政府性基金的通知》（财税〔2014〕122号）和《人力资源社会保障部财政部关于调整失业保险费率有关问题的通知》（人社部发〔2015〕24号）的政策规定，享受减征企业所得税、免征增值税、营业税、教育费附加、地方教育附加、水利建设基金、文化事业建设费、残疾人就业保障金等税费减免和降低失业保险费率政策。各级财政、税务、人力资源社会保障部门要密切配合，严格按照上述政策规定和《国务院关于税收等优惠政策相关事项的通知》（国发〔2015〕25号）要求，切实抓好工作落实，确保优惠政策落地并落实到位。

（十六）加大财政支持力度。充分发挥财政资金的杠杆引导作用，加大对返乡创业的财政支持力度。对返乡农民工等人员创办的新型农业经营主体，符合农业补贴政策支持条件的，可按规定同等享受相应的政策支持。对农民工等人员返乡创办的企业，招用就业困难人员、毕业年度高校毕业生的，按规定给予社会保险补贴。对符合就业困难人员条件，从事灵活就业的，给予一定的社会保险补贴。对具备各项支农惠农资金、小微企业发展资金等其他扶持政策规定条件的，要及时纳入扶持范围，便捷申请程序，简化审批流程，建立健全政策受益人信息联网查验机制。经工商登记注册的网络商户从业人员，同等享受各项就业创业扶持政策；未经工商登记注册的网络商户从业人员，可认定为灵活就业人员，同等享受灵活就业人员扶持政策。

（十七）强化返乡创业金融服务。加强政府引导，运用创业投资类基金，吸引社会资本加大对农民工等人员返乡创业初创期、早中期的支持力度。在返乡创业较为集中、产业特色突出的地区，探索发行专项中小微企业集合债券、公司债券，开展股权众筹融资试点，扩大直接融资规模。进一步提高返乡创业的金融可获得性，加快发展村镇银行、农村信用社等中小金融机构和小额贷款公司等机构，完善返乡创业信用评价机制，扩大抵押物范围，鼓励银行业金融机构开发符合农民工等人员返乡创业需求特点的金融产品和金融服务，加大对返乡创业的信贷支持和服务力度。大力发展农村普惠金融，引导加大涉农资金投放，运用金融服务"三农"发展的相关政策措施，支持农民工等人员返乡创业。落实创业担保贷款政策，优化贷款审批流程，对符合条件的返乡创业人员，可按规定给予创业担保贷款，财政部门按规定安排贷款贴息所需资金。

（十八）完善返乡创业园支持政策。农民工返乡创业园的建设资金由建设方自筹；以土地租赁方式进行农民工返乡创业园建设的，形成的固定资产归建设方所有；物业经营收益按相关各方合约分配。对整合发展农民工返乡创业园，地方政府可在不增加财政预算支出总规模、不改变专项资金用途前提下，合理调整支出结构，安排相应的财政引导资金，以投资补助、贷款贴息等恰当方式给予政策支持。鼓励银行业金融机构在有效防范风险的基础上，积极创新金融产品和服务方式，加大对农民工返乡创业园区基础设施建设和产业集群发展等方面的金融支持。有关方面可安排相应项目给予对口支持，帮助返乡创业园完善水、电、交通、物流、通信、宽带网络等基础设施。适当放宽返乡创业园用电用水用地标准，吸引更多返乡人员入园创业。

国务院办公厅
2015 年 6 月 17 日

国务院关于建立统一的企业职工基本养老保险制度的决定

国发〔1997〕26号

各省、自治区、直辖市人民政府，国务院各部委、各直属机构：

近年来，各地区和有关部门按照《国务院关于深化企业职工养老保险制度改革的通知》（国发〔1995〕6号）要求，制定了社会统筹与个人账户相结合的养老保险制度改革方案，建立了职工基本养老保险个人账户，促进了养老保险新机制的形成，保障了离退休人员的基本生活，企业职工养老保险制度改革取得了新的进展。但是，由于这项改革仍处在试点阶段，目前还存在基本养老保险制度不统一、企业负担重、统筹层次低、管理制度不健全等问题，必须按照党中央、国务院确定的目标和原则，进一步加快改革步伐，建立统一的企业职工基本养老保险制度，促进经济与社会健康发展。为此，国务院在总结近几年改革试点经验的基础上做出如下决定：

一、到本世纪末，要基本建立起适应社会主义市场经济体制要求，适用城镇各类企业职工和个体劳动者，资金来源多渠道、保障方式多层次、社会统筹与个人账户相结合、权利与义务相对应、管理服务社会化的养老保险体系。企业职工养老保险要贯彻社会互济与自我保障相结合、公平与效率相结合、行政管理与基金管理分开等原则，保障水平要与我国社会生产力发展水平及各方面的承受能力相适应。

二、各级人民政府要把社会保险事业纳入本地区国民经济与社会发展计划，贯彻基本养老保险只能保障退休人员基本生活的原则，把改革企业职工养老保险制度与建立多层次的社会保障体系紧密结合起来，确保离退休人员基本养老金和失业人员失业救济金的发放，积极推行城市居民最低生活保障制度。为使离退休人员的生活随着经济与社会发展不断得到改善，体现按劳分配原则和地区发展水平及企业经济效益的差异，各地区和有关部门要在国家政策指导下大力发展企业补充养老保险，同时发挥商业保险的补充作用。

三、企业缴纳基本养老保险费（以下简称企业缴费）的比例，一般不得超过企业工资总额的20%（包括划入个人账户的部分），具体比例由省、自治区、直辖市人民政府确定。少数省、自治区、直辖市因离退休人数较多、养老保险负担过重，确需超过企业工资总额20%的，应报劳动部、财政部审批。个人缴纳基本养老保险费（以下简称个人缴费）的比例，1997年不得低于本人缴费工资的4%，1998年起每两年提高1个百分点，最终达到本人缴费工资的8%。有条件的地区和工资增长较快的年份，个人缴费比例提高的速度应适当加快。

四、按本人缴费工资11%的数额为职工建立基本养老保险个人账户，个人缴费全部记入个人账户，其余部分从企业缴费中划入。随着个人缴费比例的提高，企业划入的部分要逐步降至3%。个人账户储存额，每年参考银行同期存款利率计算利息。个人账户储存额只用于职工养老，不得提前支取。职工调动时，个人账户全部随同转移。职工或退休人员死亡，个人账户中的个人缴费部分可以继承。

五、本决定实施后参加工作的职工、个人缴费年限累计满15年的，退休后按月发给基本养老金。基本养老金由基础养老金和个人账户养老金组成。退休时的基础养老金月标准为省、自治区、直辖市或地（市）上年度职工月平均工资的20%，个人账户养老金月标准为本人账户储存额除以120。个人缴费年限累计不满15年的，退休后不享受基础养老金待遇，其个人账户储存额一次支付给本人。

本决定实施前已经离退休的人员，仍按国家原来的规定发给养老金，同时执行养老金调整办法。各地区和有关部门要按照国家规定进一步完善基本养老金正常调整机制，认真抓好落实。

本决定实施前参加工作、实施后退休且个人缴费和视同缴费年限累计满15年的人员，按照新老办法平衡衔接、待遇水平基本平衡等原则，在发给基础养老金和个人账户养老金的基础上再确定过渡性养老金，过渡性养老金从养老保险基金中解决。具体办法，由劳动部会同有关部门制订并指导实施。

六、进一步扩大养老保险的覆盖范围，基本养老保险制度要逐步扩大到城镇所有企业及其职工。城镇个体劳动者也要逐步实行基本养老保险制度，其缴费比例和待遇水平由省、自治区、直辖市人民政府参照本决定精神确定。

七、抓紧制定企业职工养老保险基金管理条例，加强对养老保险基金的管理。基本养老保险基金实行收支两条线管理，要保证专款专用，全部用于职工养老保险，严禁挤占挪用和挥霍浪费。基金结余额，除预留相当于2个月的支付费用外，应全部购买国家债券和存入专户，严格禁止投入其他金融和经营性事业。要建立健全社会保险基金监督机构，财政、审计部门要依法加强监督，确保基金的安全。

八、为有利于提高基本养老保险基金的统筹层次和加强宏观调控，要逐步由县级统筹向省或省授权的地区统筹过渡。待全国基本实现省级统筹后，原经国务院批准由有关部门和单位组织统筹的企业，参加所在地区的社会统筹。

九、提高社会保险管理服务的社会化水平，尽快将目前由企业发放养老金改为社会化发放，积极创造条件将离退休人员的管理服务工作逐步由企业转向社会，减轻企业的社会事务负担。各级社会保险机构要进一步加强基础建设，改进和完善服务与管理工作，不断提高工作效率和服务质量，促进养老保险制度的改革。

十、实行企业化管理的事业单位，原则上按照企业养老保险制度执行。

建立统一的企业职工基本养老保险制度是深化社会保险制度改革的重要步骤，关系改革、发展和稳定的全局。各地区和有关部门要予以高度重视，切实加强领导，精心组织实施。劳动部要会同国家体改委等有关部门加强工作指导和监督检查，及时研究解决工作中遇到的问题，确保本决定的贯彻实施。

一九九七年七月十六日

国务院关于完善企业职工基本养老保险制度的决定

国发〔2005〕38号

各省、自治区、直辖市人民政府，国务院各部委、各直属机构：

近年来，各地区和有关部门按照党中央、国务院关于完善企业职工基本养老保险制度的部署和要求，以确保企业离退休人员基本养老金按时足额发放为中心，努力扩大基本养老保险覆盖范围，切实加强基本养老保险基金征缴，积极推进企业退休人员社会化管理服务，各项工作取得明显成效，为促进改革、发展和维护社会稳定发挥了重要作用。但是，随着人口老龄化、就业方式多样化和城市化的发展，现行企业职工基本养老保险制度还存在个人账户没有做实、计发办法不尽合理、覆盖范围不够广泛等不适应的问题，需要加以改革和完善。为此，在充分调查研究和总结东北三省完善城镇社会保障体系试点经验的基础上，国务院对完善企业职工基本养老保险制度做出如下决定：

一、**完善企业职工基本养老保险制度的指导思想和主要任务**。以邓小平理论和"三个代表"重要思想为指导，认真贯彻党的十六大和十六届三中、四中、五中全会精神，按照落实科学发展观和构建社会主义和谐社会的要求，统筹考虑当前和长远的关系，坚持覆盖广泛、水平适当、结构合理、基金平衡的原则，完善政策，健全机制，加强管理，建立起适合我国国情，实现可持续发展的基本养老保险制度。主要任务是：确保基本养老金按时足额发放，保障离退休人员基本生活；逐步做实个人账户，完善社会统筹与个人账户相结合的基本制度；统一城镇个体工商户和灵活就业人员参保缴费政策，扩大覆盖范围；改革基本养老金计发办法，建立参保缴费的激励约束机制；根据经济发展水平和各方面承受能力，合理确定基本养老金水平；建立多层次养老保险体系，划清中央与地方、政府与企业及个人的责任；加强基本养老保险基金征缴和监管，完善多渠道筹资机制；进一步做好退休人员社会化管理工作,提高服务水平。

二、确保基本养老金按时足额发放。要继续把确保企业离退休人员基本养老金按时足额发放作为首要任务,进一步完善各项政策和工作机制,确保离退休人员基本养老金按时足额发放,不得发生新的基本养老金拖欠,切实保障离退休人员的合法权益。对过去拖欠的基本养老金,各地要根据《中共中央办公厅国务院办公厅关于进一步做好补发拖欠基本养老金和企业调整工资工作的通知》要求,认真加以解决。

三、扩大基本养老保险覆盖范围。城镇各类企业职工、个体工商户和灵活就业人员都要参加企业职工基本养老保险。当前及今后一个时期,要以非公有制企业、城镇个体工商户和灵活就业人员参保工作为重点,扩大基本养老保险覆盖范围。要进一步落实国家有关社会保险补贴政策,帮助就业困难人员参保缴费。城镇个体工商户和灵活就业人员参加基本养老保险的缴费基数为当地上年度在岗职工平均工资,缴费比例为20%,其中8%记入个人账户,退休后按企业职工基本养老金计发办法计发基本养老金。

四、逐步做实个人账户。做实个人账户,积累基本养老保险基金,是应对人口老龄化的重要举措,也是实现企业职工基本养老保险制度可持续发展的重要保证。要继续抓好东北三省做实个人账户试点工作,抓紧研究制订其他地区扩大做实个人账户试点的具体方案,报国务院批准后实施。国家制订个人账户基金管理和投资运营办法,实现保值增值。

五、加强基本养老保险基金征缴与监管。要全面落实《社会保险费征缴暂行条例》的各项规定,严格执行社会保险登记和缴费申报制度,强化社会保险稽核和劳动保障监察执法工作,努力提高征缴率。凡是参加企业职工基本养老保险的单位和个人,都必须按时足额缴纳基本养老保险费;对拒缴、瞒报少缴基本养老保险费的,要依法处理;对欠缴基本养老保险费的,要采取各种措施,加大追缴力度,确保基本养老保险基金应收尽收。各地要按照建立公共财政的要求,积极调整财政支出结构,加大对社会保障的资金投入。

基本养老保险基金要纳入财政专户,实行收支两条线管理,严禁挤占挪用。要制定和完善社会保险基金监督管理的法律法规，实现依法监督。各省、自治区、直辖市人民政府要完善工作机制，保证基金监管制度的顺利实施。要继续发挥审计监督、社会监督和舆论监督的作用，共同维护基金安全。

六、改革基本养老金计发办法。为与做实个人账户相衔接，从2006年1月1日起，个人账户的规模统一由本人缴费工资的11%调整为8%，全部由个人缴费形成，单位缴费不再划入个人账户。同时，进一步完善鼓励职工参保缴费的激励约束机制，相应调整基本养老金计发办法。

《国务院关于建立统一的企业职工基本养老保险制度的决定》（国发〔1997〕26号）实施后参加工作、缴费年限（含视同缴费年限，下同）累计满15年的人员，退休后按月发给基本养老金。基本养老金由基础养老金和个人账户养老金组成。退休时的基础养老金月标准以当地上年度在岗职工月平均工资和本人指数化月平均缴费工资的平均值为基数，缴费每满1年发给1%。个人账户养老金月标准为个人账户储存额除以计发月数，计发月数根据职工退休时城镇人口平均预期寿命、本人退休年龄、利息等因素确定。（详见附件）

国发〔1997〕26号文件实施前参加工作，本决定实施后退休且缴费年限累计满15年的人员，在发给基础养老金和个人账户养老金的基础上，再发给过渡性养老金。各省、自治区、直辖市人民政府要按照待遇水平合理衔接、新老政策平稳过渡的原则，在认真测算的基础上，制订具体的过渡办法，并报劳动保障部、财政部备案。

本决定实施后到达退休年龄但缴费年限累计不满15年的人员，不发给基础养老金；个人账户储存额一次性支付给本人，终止基本养老保险关系。

本决定实施前已经离退休的人员，仍按国家原来的规定发给基本养老金，同时执行基本养老金调整办法。

七、建立基本养老金正常调整机制。根据职工工资和物价变动等情况，国务院适时调整企业退休人员基本养老金水平，调整幅度为省、自治区、直辖市当地企业在岗职工平均工资年增长率的一定比例。各地根据本地实际情况提出具体调整方案，报劳动保障部、财政部审批后实施。

八、加快提高统筹层次。进一步加强省级基金预算管理，明确省、市、县各级人民政府的责任，建立健全省级基金调剂制度，加大基金调剂力度。在完善市级统筹的基础上，尽快提高统筹层次，实现省级统筹，为构建全国统一的劳动力市场和促进人员合理流动创造条件。

九、发展企业年金。为建立多层次的养老保险体系，增强企业的人才竞争能力，更好地保障企业职工退休后的生活，具备条件的企业可为职工建立企业年金。企业年金基金实行完全积累，采取市场化的方式进行管理和运营。要切实做好企业年金基金监管工作，实现规范运作，切实维护企业和职工的利益。

十、做好退休人员社会化管理服务工作。要按照建立独立于企业事业单位之外社会保障体系的要求，继续做好企业退休人员社会化管理工作。要加强街道、社区劳动保障工作平台建设，加快公共老年服务设施和服务网络建设，条件具备的地方，可开展老年护理服务，兴建退休人员公寓，为退休人员提供更多更好的服务，不断提高退休人员的生活质量。

十一、不断提高社会保险管理服务水平。要高度重视社会保险经办能力建设，加快社会保障信息服务网络建设步伐，建立高效运转的经办管理服务体系，把社会保险的政策落到实处。各级社会保险经办机构要完善管理制度，制定技术标准，规范业务流程，实现规范化、信息化和专业化管理。同时，要加强人员培训，提高政治和业务素质，不断提高工作效率和服务质量。

完善企业职工基本养老保险制度是构建社会主义和谐社会的重要内容，事关改革发展稳定的大局。各地区和有关部门要高度重视，加强领导，精心组织实施，研究制订具体的实施意见和办法，并报劳动保障部备案。劳动保障部要会同有关部门加强指导和监督检查，及时研究解决工作中遇到的问题，确保本决定的贯彻实施。

本决定自发布之日起实施，已有规定与本决定不一致的，按本决定执行。

附件：个人账户养老金计发月数表

退休年龄	计发月数	退休年龄	计发月数
40	233	56	164
41	230	57	158
42	226	58	152
43	223	59	145
44	220	60	139
45	216	61	132
46	212	62	125
47	207	63	117
48	204	64	109
49	199	65	101
50	195	66	93
51	190	67	84
52	185	68	75
53	180	69	65
54	175	70	56
55	170		

国务院

二〇〇五年十二月三日

国务院关于机关事业单位工作人员养老保险制度改革的决定

国发〔2015〕2号

各省、自治区、直辖市人民政府，国务院各部委、各直属机构：

按照党的十八大和十八届三中、四中全会精神，根据《中华人民共和国社会保险法》等相关规定，为统筹城乡社会保障体系建设，建立更加公平、可持续的养老保险制度，国务院决定改革机关事业单位工作人员养老保险制度。

一、改革的目标和基本原则。以邓小平理论、"三个代表"重要思想、科学发展观为指导，深入贯彻党的十八大、十八届三中、四中全会精神和党中央、国务院决策部署，坚持全覆盖、保基本、多层次、可持续方针，以增强公平性、适应流动性、保证可持续性为重点，改革现行机关事业单位工作人员退休保障制度，逐步建立独立于机关事业单位之外、资金来源多渠道、保障方式多层次、管理服务社会化的养老保险体系。改革应遵循以下基本原则：

（一）公平与效率相结合。既体现国民收入再分配更加注重公平的要求，又体现工作人员之间贡献大小差别，建立待遇与缴费挂钩机制，多缴多得、长缴多得，提高单位和职工参保缴费的积极性。

（二）权利与义务相对应。机关事业单位工作人员要按照国家规定切实履行缴费义务，享受相应的养老保险待遇，形成责任共担、统筹互济的养老保险筹资和分配机制。

（三）保障水平与经济发展水平相适应。立足社会主义初级阶段基本国情，合理确定基本养老保险筹资和待遇水平，切实保障退休人员基本生活，促进基本养老保险制度可持续发展。

（四）改革前与改革后待遇水平相衔接。立足增量改革，实现平稳过渡。对改革前已退休人员，保持现有待遇并参加今后的待遇调整；对改革后参加工作的人员,通过建立新机制,实现待遇的合理衔接;对改革前参加工作、改革后退休的人员,通过实行过渡性措施,保持待遇水平不降低。

(五)解决突出矛盾与保证可持续发展相促进。统筹规划、合理安排、量力而行,准确把握改革的节奏和力度,先行解决目前城镇职工基本养老保险制度不统一的突出矛盾,再结合养老保险顶层设计,坚持精算平衡,逐步完善相关制度和政策。

二、改革的范围。本决定适用于按照公务员法管理的单位、参照公务员法管理的机关(单位)、事业单位及其编制内的工作人员。

三、实行社会统筹与个人账户相结合的基本养老保险制度。基本养老保险费由单位和个人共同负担。单位缴纳基本养老保险费(以下简称单位缴费)的比例为本单位工资总额的20%,个人缴纳基本养老保险费(以下简称个人缴费)的比例为本人缴费工资的8%,由单位代扣。按本人缴费工资8%的数额建立基本养老保险个人账户,全部由个人缴费形成。个人工资超过当地上年度在岗职工平均工资300%以上的部分,不计入个人缴费工资基数;低于当地上年度在岗职工平均工资60%的,按当地在岗职工平均工资的60%计算个人缴费工资基数。

个人账户储存额只用于工作人员养老,不得提前支取,每年按照国家统一公布的记账利率计算利息,免征利息税。参保人员死亡的,个人账户余额可以依法继承。

四、改革基本养老金计发办法。本决定实施后参加工作、个人缴费年限累计满15年的人员,退休后按月发给基本养老金。基本养老金由基础养老金和个人账户养老金组成。退休时的基础养老金月标准以当地上年度在岗职工月平均工资和本人指数化月平均缴费工资的平均值为基数,缴费每满1年发给1%。个人账户养老金月标准为个人账户储存额除以计发月数,计发月数根据本人退休时城镇人口平均预期寿命、本人退休年龄、利息等因素确定(详见附件)。

本决定实施前参加工作、实施后退休且缴费年限(含视同缴费年限,下同)累计满15年的人员,按照合理衔接、平稳过渡的原则,在发给基础养老金和个人账户养老金的基础上,再依据视同缴费年限长短发给过渡性养老金。具体办法由人力资源社会保障部会同有关部门制定并指导实施。

本决定实施后达到退休年龄但个人缴费年限累计不满 15 年的人员,其基本养老保险关系处理和基本养老金计发比照《实施〈中华人民共和国社会保险法〉若干规定》(人力资源和社会保障部令第 13 号)执行。

本决定实施前已经退休的人员,继续按照国家规定的原待遇标准发放基本养老金,同时执行基本养老金调整办法。

机关事业单位离休人员仍按照国家统一规定发给离休费,并调整相关待遇。

五、建立基本养老金正常调整机制。根据职工工资增长和物价变动等情况,统筹安排机关事业单位和企业退休人员的基本养老金调整,逐步建立兼顾各类人员的养老保险待遇正常调整机制,分享经济社会发展成果,保障退休人员基本生活。

六、加强基金管理和监督。建立健全基本养老保险基金省级统筹;暂不具备条件的,可先实行省级基金调剂制度,明确各级人民政府征收、管理和支付的责任。机关事业单位基本养老保险基金单独建账,与企业职工基本养老保险基金分别管理使用。基金实行严格的预算管理,纳入社会保障基金财政专户,实行收支两条线管理,专款专用。依法加强基金监管,确保基金安全。

七、做好养老保险关系转移接续工作。参保人员在同一统筹范围内的机关事业单位之间流动,只转移养老保险关系,不转移基金。参保人员跨统筹范围流动或在机关事业单位与企业之间流动,在转移养老保险关系的同时,基本养老保险个人账户储存额随同转移,并以本人改革后各年度实际缴费工资为基数,按 12% 的总和转移基金,参保缴费不足 1 年的,按实际缴费月数计算转移基金。转移后基本养老保险缴费年限(含视同缴费年限)、个人账户储存额累计计算。

八、建立职业年金制度。机关事业单位在参加基本养老保险的基础上,应当为其工作人员建立职业年金。单位按本单位工资总额的 8% 缴费,个人按本人缴费工资的4%缴费。工作人员退休后，按月领取职业年金待遇。职业年金的具体办法由人力资源社会保障部、财政部制定。

九、建立健全确保养老金发放的筹资机制。机关事业单位及其工作人员应按规定及时足额缴纳养老保险费。各级社会保险征缴机构应切实加强基金征缴，做到应收尽收。各级政府应积极调整和优化财政支出结构，加大社会保障资金投入，确保基本养老金按时足额发放，同时为建立职业年金制度提供相应的经费保障，确保机关事业单位养老保险制度改革平稳推进。

十、逐步实行社会化管理服务。提高机关事业单位社会保险社会化管理服务水平，普遍发放全国统一的社会保障卡，实行基本养老金社会化发放。加强街道、社区人力资源社会保障工作平台建设，加快老年服务设施和服务网络建设，为退休人员提供方便快捷的服务。

十一、提高社会保险经办管理水平。各地要根据机关事业单位工作人员养老保险制度改革的实际需要，加强社会保险经办机构能力建设，适当充实工作人员，提供必要的经费和服务设施。人力资源社会保障部负责在京中央国家机关及所属事业单位基本养老保险的管理工作，同时集中受托管理其职业年金基金。中央国家机关所属京外单位的基本养老保险实行属地化管理。社会保险经办机构应做好机关事业单位养老保险参保登记、缴费申报、关系转移、待遇核定和支付等工作。要按照国家统一制定的业务经办流程和信息管理系统建设要求，建立健全管理制度，由省级统一集中管理数据资源，实现规范化、信息化和专业化管理，不断提高工作效率和服务质量。

十二、加强组织领导。改革机关事业单位工作人员养老保险制度，直接关系广大机关事业单位工作人员的切身利益，是一项涉及面广、政策性强的工作。各地区、各部门要充分认识改革工作的重大意义，切实加强领导，精心组织实施，向机关事业单位工作人员和社会各界准确解读改革的目标和政策，正确引导舆论，确保此项改革顺利进行。各地区、各部门要按照本决定制定具体的实施意见和办法，报人力资源社会保障部、财政部备案后实施。人力资源社会保障部要会同有关部门制定贯彻本决定的实施意见，加强对改革工作的协调和指导，及时研究解决改革中遇到的问题，确保本决定的贯彻实施。

本决定自 2014 年 10 月 1 日起实施,已有规定与本决定不一致的,按照本决定执行。

国务院

2015 年 1 月 3 日

附件

个人账户养老金计发月数表

退休年龄	计发月数	退休年龄	计发月数
40	233	56	164
41	230	57	158
42	226	58	152
43	223	59	145
44	220	60	139
45	216	61	132
46	212	62	125
47	207	63	117
48	204	64	109
49	199	65	101
50	195	66	93
51	190	67	84
52	185	68	75
53	180	69	65
54	175	70	56
55	170		

关于城镇企业职工基本养老保险关系转移接续若干问题的通知

人社部规〔2016〕5号

各省、自治区、直辖市及新疆生产建设兵团人力资源社会保障厅（局）：

国务院办公厅转发的人力资源社会保障部、财政部《城镇企业职工基本养老保险关系转移接续暂行办法》（国办发〔2009〕66号，以下简称《暂行办法》）实施以来，跨省流动就业人员的养老保险关系转移接续工作总体运行平稳，较好地保障了参保人员的养老保险权益。但在实施过程中，也出现了一些新情况和新问题，导致部分参保人员养老保险关系转移接续存在困难。为进一步做好城镇企业职工养老保险关系转移接续工作，现就有关问题通知如下：

一、关于视同缴费年限计算地问题。参保人员待遇领取地按照《暂行办法》第六条和第十二条执行，即，基本养老保险关系在户籍所在地的，由户籍所在地负责办理待遇领取手续；基本养老保险关系不在户籍所在地，而在其基本养老保险关系所在地累计缴费年限满10年的，在该地办理待遇领取手续；基本养老保险关系不在户籍所在地，且在其基本养老保险关系所在地累计缴费年限不满10年的，将其基本养老保险关系转回上一个缴费年限满10年的原参保地办理待遇领取手续；基本养老保险关系不在户籍所在地，且在每个参保地的累计缴费年限均不满10年的，将其基本养老保险关系及相应资金归集到户籍所在地，由户籍所在地按规定办理待遇领取手续。缴费年限，除另有特殊规定外，均包括视同缴费年限。

一地（以省、自治区、直辖市为单位）的累计缴费年限包括在本地的实际缴费年限和计算在本地的视同缴费年限。其中，曾经在机关事业单位和企业工作的视同缴费年限，计算为当时工作地的视同缴费年限；在多地有视同缴费年限的，分别计算为各地的视同缴费年限。

二、关于缴费信息历史遗留问题的处理。由于各地政策或建立个人账户时间不一致等客观原因,参保人员在跨省转移接续养老保险关系时,转出地无法按月提供1998年1月1日之前缴费信息或者提供的1998年1月1日之前缴费信息无法在转入地计发待遇的,转入地应根据转出地提供的缴费时间记录,结合档案记载将相应年度计为视同缴费年限。

三、关于临时基本养老保险缴费账户的管理。 参保人员在建立临时基本养老保险缴费账户地按照社会保险法规定,缴纳建立临时基本养老保险缴费账户前应缴未缴的养老保险费的,其临时基本养老保险缴费账户性质不予改变,转移接续养老保险关系时按照临时基本养老保险缴费账户的规定全额转移。

参保人员在建立临时基本养老保险缴费账户期间再次跨省流动就业的,封存原临时基本养老保险缴费账户,待达到待遇领取条件时,由待遇领取地社会保险经办机构统一归集原临时养老保险关系。

四、关于一次性缴纳养老保险费的转移。 跨省流动就业人员转移接续养老保险关系时,对于符合国家规定一次性缴纳养老保险费超过3年(含)的,转出地应向转入地提供人民法院、审计部门、实施劳动保障监察的行政部门或劳动争议仲裁委员会出具的具有法律效力证明一次性缴费期间存在劳动关系的相应文书。

五、关于重复领取基本养老金的处理。 《暂行办法》实施之后重复领取基本养老金的参保人员,由本人与社会保险经办机构协商确定保留其中一个养老保险关系并继续领取待遇,其他的养老保险关系应予以清理,个人账户剩余部分一次性退还本人。

六、关于退役军人养老保险关系转移接续。 军人退役基本养老保险关系转移至安置地后,安置地应为其办理登记手续并接续养老保险关系,退役养老保险补助年限计算为安置地的实际参保缴费年限。

退役军人跨省流动就业的,其在1998年1月1日至2005年12月31日间的退役养老保险补助,转出地应按11%计算转移资金,并相应调整个人账户记录,所需资金从统筹基金中列支。

七、关于城镇企业成建制跨省转移养老保险关系的处理。 城镇企业成建制跨省转移,按照《暂行办法》的规定转移接续养老保险关系。在省级政府主导下的规模以上企业成建制转移,可根据两省协商,妥善转移接续养老保险关系。

八、关于户籍所在地社会保险经办机构归集责任。跨省流动就业人员未在户籍地参保,但按国家规定达到待遇领取条件时待遇领取地为户籍地的,户籍地社会保险经办机构应为参保人员办理登记手续并办理养老保险关系转移接续手续,将各地的养老保险关系归集至户籍地,并核发相应的养老保险待遇。

九、本通知从印发之日起执行。人力资源社会保障部《关于贯彻落实国务院办公厅转发城镇企业职工基本养老保险关系转移接续暂行办法的通知》(人社部发〔2009〕187号)、《关于印发城镇企业职工基本养老保险关系转移接续若干具体问题意见的通知》(人社部发〔2010〕70号)、《人力资源社会保障部办公厅关于职工基本养老保险关系转移接续有关问题的函》(人社厅函〔2013〕250号)与本通知不一致的,以本通知为准。参保人员已经按照原有规定办理退休手续的,不再予以调整。

人力资源社会保障部

2016年11月28日

国务院办公厅关于转发人力资源社会保障部财政部城镇企业职工基本养老保险关系转移接续暂行办法的通知

国办发〔2009〕66号

各省、自治区、直辖市人民政府,国务院各部委、各直属机构:

人力资源社会保障部、财政部《城镇企业职工基本养老保险关系转移接续暂行办法》已经国务院同意,现转发给你们,请结合实际,认真贯彻执行。

国务院办公厅

二〇〇九年十二月二十八日

城镇企业职工基本养老保险关系转移接续暂行办法

第一条 为切实保障参加城镇企业职工基本养老保险人员(以下简称参保人员)的合法权益,促进人力资源合理配置和有序流动,保证参保人员跨省、自治区、直辖市(以下简称跨省)流动并在城镇就业时基本养老保险关系的顺畅转移接续,制定本办法。

第二条 本办法适用于参加城镇企业职工基本养老保险的所有人员,包括农民工。已经按国家规定领取基本养老保险待遇的人员,不再转移基本养老保险关系。

第三条 参保人员跨省流动就业的,由原参保所在地社会保险经办机构(以下简称社保经办机构)开具参保缴费凭证,其基本养老保险关系应随同转移到新参保地。参保人员达到基本养老保险待遇领取条件的,其在各地的参保缴费年限合并计算,个人账户储存额(含本息,下同)累计计算;未达到待遇领取年龄前,不得终止基本养老保险关系并办理退保手续;其中出国定居和到香港、澳门、台湾地区定居的,按国家有关规定执行。

第四条 参保人员跨省流动就业转移基本养老保险关系时,按下列方法计算转移资金:

(一)个人账户储存额:1998年1月1日之前按个人缴费累计本息计算转移,1998年1月1日后按计入个人账户的全部储存额计算转移。

(二)统筹基金(单位缴费):以本人1998年1月1日后各年度实际缴费工资为基数,按12%的总和转移,参保缴费不足1年的,按实际缴费月数计算转移。

第五条 参保人员跨省流动就业,其基本养老保险关系转移接续按下列规定办理:

(一)参保人员返回户籍所在地(指省、自治区、直辖市,下同)就业参保的,户籍所在地的相关社保经办机构应为其及时办理转移接续手续。

(二)参保人员未返回户籍所在地就业参保的,由新参保地的社保经办机构为其及时办理转移接续手续。但对男性年满50周岁和女性年满40周岁的,应在原参保地继续保留基本养老保险关系,同时在新参保地建立临时基本养老保险缴费账户,记录单位和个人全部缴费。参保人员再次跨省流动就业或在新参保地达到待遇领取条件时,将临时基本养老保险缴费账户中的全部缴费本息,转移归集到原参保地或待遇领取地。

(三)参保人员经县级以上党委组织部门、人力资源社会保障行政部门批准调动,且与调入单位建立劳动关系并缴纳基本养老保险费的,不受以上年龄规定限制,应在调入地及时办理基本养老保险关系转移接续手续。

第六条 跨省流动就业的参保人员达到待遇领取条件时,按下列规定确定其待遇领取地:

(一)基本养老保险关系在户籍所在地的,由户籍所在地负责办理待遇领取手续,享受基本养老保险待遇。

(二)基本养老保险关系不在户籍所在地,而在其基本养老保险关系所在地累计缴费年限满10年的,在该地办理待遇领取手续,享受当地基本养老保险待遇。

（三）基本养老保险关系不在户籍所在地，且在其基本养老保险关系所在地累计缴费年限不满10年的，将其基本养老保险关系转回上一个缴费年限满10年的原参保地办理待遇领取手续，享受基本养老保险待遇。

（四）基本养老保险关系不在户籍所在地，且在每个参保地的累计缴费年限均不满10年的，将其基本养老保险关系及相应资金归集到户籍所在地，由户籍所在地按规定办理待遇领取手续，享受基本养老保险待遇。

第七条 参保人员转移接续基本养老保险关系后，符合待遇领取条件的，按照《国务院关于完善企业职工基本养老保险制度的决定》（国发〔2005〕38号）的规定，以本人各年度缴费工资、缴费年限和待遇领取地对应的各年度在岗职工平均工资计算其基本养老金。

第八条 参保人员跨省流动就业的，按下列程序办理基本养老保险关系转移接续手续：

（一）参保人员在新就业地按规定建立基本养老保险关系和缴费后，由用人单位或参保人员向新参保地社保经办机构提出基本养老保险关系转移接续的书面申请。

（二）新参保地社保经办机构在15个工作日内，审核转移接续申请，对符合本办法规定条件的，向参保人员原基本养老保险关系所在地的社保经办机构发出同意接收函，并提供相关信息；对不符合转移接续条件的，向申请单位或参保人员做出书面说明。

（三）原基本养老保险关系所在地社保经办机构在接到同意接收函的15个工作日内，办理好转移接续的各项手续。

（四）新参保地社保经办机构在收到参保人员原基本养老保险关系所在地社保经办机构转移的基本养老保险关系和资金后，应在15个工作日内办结有关手续，并将确认情况及时通知用人单位或参保人员。

第九条 农民工中断就业或返乡没有继续缴费的，由原参保地社保经办机构保留其基本养老保险关系，保存其全部参保缴费记录及个人账户，个人账户储存额继续按规定计息。农民工返回城镇就业并继续参保缴费的，无论其回到原参保地就业还是到其他城镇就业，均按前述规定累计计算其缴费年限，合并计算其个人账户储存额，符合待遇领取条件的，与城镇职工同样享受基本养老保险待遇；农民工不再返回城镇就业的，其在城镇参保缴费记录及个人账户全部有效，并根据农民工的实际情况，或在其达到规定领取条件时享受城镇职工基本养老保险待遇，或转入新型农村社会养老保险。

农民工在城镇参加企业职工基本养老保险与在农村参加新型农村社会养老保险的衔接政策，另行研究制定。

第十条　建立全国县级以上社保经办机构联系方式信息库，并向社会公布，方便参保人员查询参保缴费情况，办理基本养老保险关系转移接续手续。加快建立全国统一的基本养老保险参保缴费信息查询服务系统，发行全国通用的社会保障卡，为参保人员查询参保缴费信息提供便捷有效的技术服务。

第十一条　各地已制定的跨省基本养老保险关系转移接续相关政策与本办法规定不符的，以本办法规定为准。在省、自治区、直辖市内的基本养老保险关系转移接续办法，由各省级人民政府参照本办法制定，并报人力资源社会保障部备案。

第十二条　本办法所称缴费年限，除另有特殊规定外，均包括视同缴费年限。

第十三条　本办法从 2010 年 1 月 1 日起施行。

国务院办公厅关于加强安全生产监管执法的通知（节选）

国办发〔2015〕20号

各省、自治区、直辖市人民政府，国务院各部委、各直属机构：

为贯彻落实党的十八大、十八届二中、三中、四中全会精神和党中央、国务院有关决策部署，按照全面推进依法治国的要求，着力强化安全生产法治建设，严格执行安全生产法等法律法规，切实维护人民群众生命财产安全和健康权益，经国务院同意，现就加强安全生产监管执法有关要求通知如下：

一、健全完善安全生产法律法规和标准体系

（一）加快制修订相关法律法规。抓紧制定安全生产法实施条例等配套法规，积极推动矿山安全法、消防法、道路交通安全法、海上交通安全法、铁路法等相关法律修订出台，加快煤矿安全监察、石油天然气管道保护、民用航空安全保卫、重大设备监理、高毒物品与高危粉尘作业劳动保护、安全生产应急管理等有关法规的研究论证和制修订工作。各省级人民政府要推动安全生产地方性法规、规章制修订工作，健全安全生产法治保障体系。

（二）制定完善安全生产标准。国务院安全生产监督管理部门要加强统筹协调，会同有关部门制定实施安全生产标准发展规划和年度计划，加快制修订安全生产强制性国家标准，逐步缩减推荐性标准。其他负有安全生产监督管理职责的部门要建立完善行业安全管理标准，并在制修订其他行业和技术标准时充分考虑安全生产的要求。要根据经济社会发展和安全生产实际需要，科学建立和优化工作程序，尽可能缩短相关标准出台期限，对于安全生产工作急需标准要按照特事特办原则，加快完成制修订工作并及时向社会公布。

（三）及时做好相关规章制度修改完善工作。加强调查研究，准确把握和研判安全生产形势、特点和规律，认真调查分析每一起生产安全事故，深入剖析事故发生的技术原因和管理原因，有针对性地健全和完善相关规章制度。对事故调查反映出相关法规规章有漏洞和缺陷的，要在事故结案后立即启动制修订工作。要按照深化行政审批制度改革的要求，及时做好有关地方和部门规章及规范性文件清理工作，既要简政放权，又要确保安全准入门槛不降低、安全监管不放松。

二、依法落实安全生产责任

（四）建立完善安全监管责任制。依法加快建立生产经营单位负责、职工参与、政府监管、行业自律和社会监督的安全生产工作机制。全面建立"党政同责、一岗双责、齐抓共管"的安全生产责任体系，落实属地监管责任。负有安全生产监督管理职责的部门要加强对有关行业领域的监督管理，形成综合监管和行业监管合力，提高监管效能，切实做到管行业必须管安全、管业务必须管安全、管生产经营必须管安全。加强安全生产目标责任考核，各级安全生产监督管理部门要定期向同级组织部门报送安全生产情况，将其纳入领导干部政绩业绩考核内容，严格落实安全生产"一票否决"制度。

（五）督促落实企业安全生产主体责任。督促企业严格履行法定责任和义务，建立健全安全生产管理机构，按规定配齐安全生产管理人员和注册安全工程师，切实做到安全生产责任到位、投入到位、培训到位、基础管理到位和应急救援到位。国有大中型企业和规模以上企业要建立安全生产委员会，主任由董事长或总经理担任，董事长、党委书记、总经理对安全生产工作均负有领导责任，企业领导班子成员和管理人员实行安全生产"一岗双责"。所有企业都要建立生产安全风险警示和预防应急公告制度，完善风险排查、评估、预警和防控机制，加强风险预控管理，按规定将本单位重大危险源及相关安全措施、应急措施报有关地方人民政府安全生产监督管理部门和有关部门备案。

（六）进一步严格事故调查处理。各类生产安全事故发生后，各级人民政府必须按照事故等级和管辖权限，依法开展事故调查，并通知同级人民检察院介入调查。完善事故查处挂牌督办制度，按规定由省级、市级和县级人民政府分别负责查处的重大、较大和一般事故，分别由上一级人民政府安全生产委员会负责挂牌督办、审核把关。对性质严重、影响恶劣的重大事故，经国务院批准后，成立国务院事故调查组或由国务院授权有关部门组织事故调查组进行调查。对典型的较大事故，可由国务院安全生产委员会直接督办。建立事故调查处理信息通报和整改措施落实情况评估制度，所有事故都要在规定时限内结案并依法及时向社会全文公布事故调查报告，同时由负责查处事故的地方人民政府在事故结案1年后及时组织开展评估，评估情况报上级人民政府安全生产委员会办公室备案。

三、创新安全生产监管执法机制

（七）加强重点监管执法。地方各级人民政府和负有安全生产监督管理职责的部门要根据辖区、行业领域安全生产实际情况，分别筛选确定重点监管的市、县、乡镇（街道）、行政村（社区）和生产经营单位，实行跟踪监管、直接指导。国务院安全生产监督管理部门要组织各地区排查梳理高危企业分布情况和近5年来事故发生情况，确定重点监管对象，纳入国家重点监管调度范围并实行动态管理。进一步加强部门联合监管执法，做到密切配合、协调联动，依法严肃查处突出问题，并通过暗访暗查、约谈曝光、专家会诊、警示教育等方式督促整改。

（八）加强源头监管和治理。地方各级人民政府要将安全生产和职业病防治纳入经济社会发展规划，实现同步协调发展。各有关部门要进一步加强有关建设项目规划、设计环节的安全把关，防止从源头上产生隐患。建立岗位安全知识、职业病危害防护知识和实际操作技能考核制度，全面推行教考分离，对发生事故的要依法倒查企业安全生产培训制度落实情况。深入开展企业安全生产标准化建设，对不符合安全生产条件的企业要依法责令停产整顿，直至关闭退出。督促企业加强生产经营场所职业病危害源头治理，防止职业病发生。地方各级安全生产监督管理部门要建立与企业联网的隐患排查治理信息系统，实行企业自查自报自改与政府监督检查并网衔接，并建立健全线下配套监管制度，实现分级分类、互联互通、闭环管理。

各地区、各有关部门要充分认识进一步加强安全生产监管执法的重要意义，切实强化组织领导，积极抓好工作落实。各级领导干部要做尊法学法守法用法的模范，带头厉行法治、依法办事，运用法治思维和法治方式解决安全生产问题。国务院安全生产监督管理部门要会同有关部门认真开展监督检查，促进安全生产监管执法措施的落实，重大情况及时向国务院报告。

国务院办公厅

2015年4月2日

中共中央 国务院关于推进安全生产领域改革发展的意见

（2016年12月9日）

安全生产是关系人民群众生命财产安全的大事，是经济社会协调健康发展的标志，是党和政府对人民利益高度负责的要求。党中央、国务院历来高度重视安全生产工作，党的十八大以来做出一系列重大决策部署，推动全国安全生产工作取得积极进展。同时也要看到，当前我国正处在工业化、城镇化持续推进过程中，生产经营规模不断扩大，传统和新型生产经营方式并存，各类事故隐患和安全风险交织叠加，安全生产基础薄弱、监管体制机制和法律制度不完善、企业主体责任落实不力等问题依然突出，生产安全事故易发多发，尤其是重特大安全事故频发势头尚未得到有效遏制，一些事故发生呈现由高危行业领域向其他行业领域蔓延趋势，直接危及生产安全和公共安全。为进一步加强安全生产工作，现就推进安全生产领域改革发展提出如下意见。

一、总体要求

（一）指导思想。全面贯彻党的十八大和十八届三中、四中、五中、六中全会精神，以邓小平理论、"三个代表"重要思想、科学发展观为指导，深入贯彻习近平总书记系列重要讲话精神和治国理政新理念新思想新战略，进一步增强"四个意识"，紧紧围绕统筹推进"五位一体"总体布局和协调推进"四个全面"战略布局，牢固树立新发展理念，坚持安全发展，坚守发展决不能以牺牲安全为代价这条不可逾越的红线，以防范遏制重特大生产安全事故为重点，坚持安全第一、预防为主、综合治理的方针，加强领导、改革创新、协调联动、齐抓共管，着力强化企业安全生产主体责任，着力堵塞监督管理漏洞，着力解决不遵守法律法规的问题，依靠严密的责任体系、严格的法治措施、有效的体制机制、有力的基础保障和完善的系统治理，切实增强安全防范治理能力，大力提升我国安全生产整体水平，确保人民群众安康幸福、共享改革发展和社会文明进步成果。

（二）基本原则

——坚持安全发展。贯彻以人民为中心的发展思想，始终把人的生命安全放在首位，正确处理安全与发展的关系，大力实施安全发展战略，为经济社会发展提供强有力的安全保障。

——坚持改革创新。不断推进安全生产理论创新、制度创新、体制机制创新、科技创新和文化创新，增强企业内生动力，激发全社会创新活力，破解安全生产难题，推动安全生产与经济社会协调发展。

——坚持依法监管。大力弘扬社会主义法治精神，运用法治思维和法治方式，深化安全生产监管执法体制改革，完善安全生产法律法规和标准体系，严格规范公正文明执法，增强监管执法效能，提高安全生产法治化水平。

——坚持源头防范。严格安全生产市场准入，经济社会发展要以安全为前提，把安全生产贯穿城乡规划布局、设计、建设、管理和企业生产经营活动全过程。构建风险分级管控和隐患排查治理双重预防工作机制，严防风险演变、隐患升级导致生产安全事故发生。

——坚持系统治理。严密层级治理和行业治理、政府治理、社会治理相结合的安全生产治理体系，组织动员各方面力量实施社会共治。综合运用法律、行政、经济、市场等手段，落实人防、技防、物防措施，提升全社会安全生产治理能力。

（三）目标任务。到2020年，安全生产监管体制机制基本成熟，法律制度基本完善，全国生产安全事故总量明显减少，职业病危害防治取得积极进展，重特大生产安全事故频发势头得到有效遏制，安全生产整体水平与全面建成小康社会目标相适应。到2030年，实现安全生产治理体系和治理能力现代化，全民安全文明素质全面提升，安全生产保障能力显著增强，为实现中华民族伟大复兴的中国梦奠定稳固可靠的安全生产基础。

二、健全落实安全生产责任制

（四）明确地方党委和政府领导责任。坚持党政同责、一岗双责、齐抓共管、失职追责，完善安全生产责任体系。地方各级党委和政府要始终把安全生产摆在重要位置，加强组织领导。党政主要负责人是本地区安全生产第一责任人，班子其他成员对分管范围内的安全生产工作负领导责任。地方各级安全生产委员会主任由政府主要负责人担任，成员由同级党委和政府及相关部门负责人组成。

地方各级党委要认真贯彻执行党的安全生产方针，在统揽本地区经济社会发展全局中同步推进安全生产工作，定期研究决定安全生产重大问题。加强安全生产监管机构领导班子、干部队伍建设。严格安全生产履职绩效考核和失职责任追究。强化安全生产宣传教育和舆论引导。发挥人大对安全生产工作的监督促进作用、政协对安全生产工作的民主监督作用。推动组织、宣传、政法、机构编制等单位支持保障安全生产工作。动员社会各界积极参与、支持、监督安全生产工作。

地方各级政府要把安全生产纳入经济社会发展总体规划，制定实施安全生产专项规划，健全安全投入保障制度。及时研究部署安全生产工作，严格落实属地监管责任。充分发挥安全生产委员会作用，实施安全生产责任目标管理。建立安全生产巡查制度，督促各部门和下级政府履职尽责。加强安全生产监管执法能力建设，推进安全科技创新，提升信息化管理水平。严格安全准入标准，指导管控安全风险，督促整治重大隐患，强化源头治理。加强应急管理，完善安全生产应急救援体系。依法依规开展事故调查处理，督促落实问题整改。

（五）明确部门监管责任。按照管行业必须管安全、管业务必须管安全、管生产经营必须管安全和谁主管谁负责的原则，厘清安全生产综合监管与行业监管的关系，明确各有关部门安全生产和职业健康工作职责，并落实到部门工作职责规定中。安全生产监督管理部门负责安全生产法规标准和政策规划制定修订、执法监督、事故调查处理、应急救援管理、统计分析、宣传教育培训等综合性工作，承担职责范围内行业领域安全生产和职业健康监管执法职责。负有安全生产监督管理职责的有关部门依法依规履行相关行业领域安全生产和职业健康监管职责，强化监管执法，严厉查处违法违规行为。其他行业领域主管部门负有安全生产管理责任，要将安全生产工作作为行业领域管理的重要内容，从行业规划、产业政策、法规标准、行政许可等方面加强行业安全生产工作，指导督促企事业单位加强安全管理。党委和政府其他有关部门要在职责范围内为安全生产工作提供支持保障，共同推进安全发展。

（六）严格落实企业主体责任。企业对本单位安全生产和职业健康工作负全面责任，要严格履行安全生产法定责任，建立健全自我约束、持续改进的内生机制。企业实行全员安全生产责任制度，法定代表人和实际控制人同为安全生产第一责任人，主要技术负责人负有安全生产技术决策和指挥权，强化部门安全生产职责，落实一岗双责。完善落实混合所有制企业以及跨地区、多层级和境外中资企业投资主体的安全生产责任。建立企业全过程安全生产和职业健康管理制度，做到安全责任、管理、投入、培训和应急救援"五到位"。国有企业要发挥安全生产工作示范带头作用，自觉接受属地监管。

（七）健全责任考核机制。建立与全面建成小康社会相适应和体现安全发展水平的考核评价体系。完善考核制度，统筹整合、科学设定安全生产考核指标，加大安全生产在社会治安综合治理、精神文明建设等考核中的权重。各级政府要对同级安全生产委员会成员单位和下级政府实施严格的安全生产工作责任考核，实行过程考核与结果考核相结合。各地区各单位要建立安全生产绩效与履职评定、职务晋升、奖励惩处挂钩制度，严格落实安全生产"一票否决"制度。

（八）严格责任追究制度。实行党政领导干部任期安全生产责任制，日常工作依责尽职、发生事故依责追究。依法依规制定各有关部门安全生产权力和责任清单，尽职照单免责、失职照单问责。建立企业生产经营全过程安全责任追溯制度。严肃查处安全生产领域项目审批、行政许可、监管执法中的失职渎职和权钱交易等腐败行为。严格事故直报制度，对瞒报、谎报、漏报、迟报事故的单位和个人依法依规追责。对被追究刑事责任的生产经营者依法实施相应的职业禁入，对事故发生负有重大责任的社会服务机构和人员依法严肃追究法律责任，并依法实施相应的行业禁入。

三、改革安全监管监察体制

（九）完善监督管理体制。加强各级安全生产委员会组织领导，充分发挥其统筹协调作用，切实解决突出矛盾和问题。各级安全生产监督管理部门承担本级安全生产委员会日常工作，负责指导协调、监督检查、巡查考核本级政府有关部门和下级政府安全生产工作，履行综合监管职责。负有安全生产监督管理职责的部门，依照有关法律法规和部门职责，健全安全生产监管体制，严格落实监管职责。相关部门按照各自职责建立完善安全生产工作机制，形成齐抓共管格局。坚持管安全生产必须管职业健康，建立安全生产和职业健康一体化监管执法体制。

（十）改革重点行业领域安全监管监察体制。依托国家煤矿安全监察体制，加强非煤矿山安全生产监管监察，优化安全监察机构布局，将国家煤矿安全监察机构负责的安全生产行政许可事项移交给地方政府承担。着重加强危险化学品安全监管体制改革和力量建设，明确和落实危险化学品建设项目立项、规划、设计、施工及生产、储存、使用、销售、运输、废弃处置等环节的法定安全监管责任，建立有力的协调联动机制，消除监管空白。完善海洋石油安全生产监督管理体制机制，实行政企分开。理顺民航、铁路、电力等行业跨区域监管体制，明确行业监管、区域监管与地方监管职责。

（十一）进一步完善地方监管执法体制。地方各级党委和政府要将安全生产监督管理部门作为政府工作部门和行政执法机构，加强安全生产执法队伍建设，强化行政执法职能。统筹加强安全监管力量，重点充实市、县两级安全生产监管执法人员，强化乡镇（街道）安全生产监管力量建设。完善各类开发区、工业园区、港区、风景区等功能区安全生产监管体制，明确负责安全生产监督管理的机构，以及港区安全生产地方监管和部门监管责任。

（十二）健全应急救援管理体制。按照政事分开原则，推进安全生产应急救援管理体制改革，强化行政管理职能，提高组织协调能力和现场救援时效。健全省、市、县三级安全生产应急救援管理工作机制，建设联动互通的应急救援指挥平台。依托公安消防、大型企业、工业园区等应急救援力量，加强矿山和危险化学品等应急救援基地和队伍建设,实行区域化应急救援资源共享。

四、大力推进依法治理

(十三)健全法律法规体系。建立健全安全生产法律法规立改废释工作协调机制。加强涉及安全生产相关法规一致性审查,增强安全生产法制建设的系统性、可操作性。制定安全生产中长期立法规划,加快制定修订安全生产法配套法规。加强安全生产和职业健康法律法规衔接融合。研究修改刑法有关条款,将生产经营过程中极易导致重大生产安全事故的违法行为列入刑法调整范围。制定完善高危行业领域安全规程。设区的市根据立法法的立法精神,加强安全生产地方性法规建设,解决区域性安全生产突出问题。

(十四)完善标准体系。加快安全生产标准制定修订和整合,建立以强制性国家标准为主体的安全生产标准体系。鼓励依法成立的社会团体和企业制定更加严格规范的安全生产标准,结合国情积极借鉴实施国际先进标准。国务院安全生产监督管理部门负责生产经营单位职业危害预防治理国家标准制定发布工作;统筹提出安全生产强制性国家标准立项计划,有关部门按照职责分工组织起草、审查、实施和监督执行,国务院标准化行政主管部门负责及时立项、编号、对外通报、批准并发布。

(十五)严格安全准入制度。严格高危行业领域安全准入条件。按照强化监管与便民服务相结合原则,科学设置安全生产行政许可事项和办理程序,优化工作流程,简化办事环节,实施网上公开办理,接受社会监督。对与人民群众生命财产安全直接相关的行政许可事项,依法严格管理。对取消、下放、移交的行政许可事项,要加强事中事后安全监管。

(十六)规范监管执法行为。完善安全生产监管执法制度,明确每个生产经营单位安全生产监督和管理主体,制定实施执法计划,完善执法程序规定,依法严格查处各类违法违规行为。建立行政执法和刑事司法衔接制度,负有安全生产监督管理职责的部门要加强与公安、检察院、法院等协调配合,完善安全生产违法线索通报、案件移送与协查机制。

对违法行为当事人拒不执行安全生产行政执法决定的，负有安全生产监督管理职责的部门应依法申请司法机关强制执行。完善司法机关参与事故调查机制，严肃查处违法犯罪行为。研究建立安全生产民事和行政公益诉讼制度。

（十七）完善执法监督机制。各级人大常委会要定期检查安全生产法律法规实施情况，开展专题询问。各级政协要围绕安全生产突出问题开展民主监督和协商调研。建立执法行为审议制度和重大行政执法决策机制，评估执法效果，防止滥用职权。健全领导干部非法干预安全生产监管执法的记录、通报和责任追究制度。完善安全生产执法纠错和执法信息公开制度，加强社会监督和舆论监督，保证执法严明、有错必纠。

（十八）健全监管执法保障体系。制定安全生产监管监察能力建设规划，明确监管执法装备及现场执法和应急救援用车配备标准，加强监管执法技术支撑体系建设，保障监管执法需要。建立完善负有安全生产监督管理职责的部门监管执法经费保障机制，将监管执法经费纳入同级财政全额保障范围。加强监管执法制度化、标准化、信息化建设，确保规范高效监管执法。建立安全生产监管执法人员依法履行法定职责制度，激励保证监管执法人员忠于职守、履职尽责。严格监管执法人员资格管理，制定安全生产监管执法人员录用标准，提高专业监管执法人员比例。建立健全安全生产监管执法人员凡进必考、入职培训、持证上岗和定期轮训制度。统一安全生产执法标志标识和制式服装。

（十九）完善事故调查处理机制。坚持问责与整改并重，充分发挥事故查处对加强和改进安全生产工作的促进作用。完善生产安全事故调查组组长负责制。健全典型事故提级调查、跨地区协同调查和工作督导机制。建立事故调查分析技术支撑体系，所有事故调查报告要设立技术和管理问题专篇，详细分析原因并全文发布，做好解读，回应公众关切。对事故调查发现有漏洞、缺陷的有关法律法规和标准制度，及时启动制定修订工作。建立事故暴露问题整改督办制度，事故结案后一年内，负责事故调查的地方政府和国务院有关部门要组织开展评估，及时向社会公开，对履职不力、整改措施不落实的，依法依规严肃追究有关单位和人员责任。

五、建立安全预防控制体系

（二十）加强安全风险管控。地方各级政府要建立完善安全风险评估与论证机制，科学合理确定企业选址和基础设施建设、居民生活区空间布局。高危项目审批必须把安全生产作为前置条件，城乡规划布局、设计、建设、管理等各项工作必须以安全为前提，实行重大安全风险"一票否决"。加强新材料、新工艺、新业态安全风险评估和管控。紧密结合供给侧结构性改革，推动高危产业转型升级。位置相邻、行业相近、业态相似的地区和行业要建立完善重大安全风险联防联控机制。构建国家、省、市、县四级重大危险源信息管理体系，对重点行业、重点区域、重点企业实行风险预警控制，有效防范重特大生产安全事故。

（二十一）强化企业预防措施。企业要定期开展风险评估和危害辨识。针对高危工艺、设备、物品、场所和岗位，建立分级管控制度，制定落实安全操作规程。树立隐患就是事故的观念，建立健全隐患排查治理制度、重大隐患治理情况向负有安全生产监督管理职责的部门和企业职代会"双报告"制度，实行自查自改自报闭环管理。严格执行安全生产和职业健康"三同时"制度。大力推进企业安全生产标准化建设，实现安全管理、操作行为、设备设施和作业环境的标准化。开展经常性的应急演练和人员避险自救培训，着力提升现场应急处置能力。

（二十二）建立隐患治理监督机制。制定生产安全事故隐患分级和排查治理标准。负有安全生产监督管理职责的部门要建立与企业隐患排查治理系统联网的信息平台，完善线上线下配套监管制度。强化隐患排查治理监督执法，对重大隐患整改不到位的企业依法采取停产停业、停止施工、停止供电和查封扣押等强制措施，按规定给予上限经济处罚，对构成犯罪的要移交司法机关依法追究刑事责任。严格重大隐患挂牌督办制度，对整改和督办不力的纳入政府核查问责范围，实行约谈告诫、公开曝光，情节严重的依法依规追究相关人员责任。

（二十三）强化城市运行安全保障。定期排查区域内安全风险点、危险源，落实管控措施，构建系统性、现代化的城市安全保障体系，推进安全发展示范城市建设。提高基础设施安全配置标准，重点加强对城市高层建筑、大型综合体、隧道桥梁、管线管廊、轨道交通、燃气、电力设施及电梯、游乐设施等的检测维护。完善大型群众性活动安全管理制度，加强人员密集场所安全监管。加强公安、民政、国土资源、住房城乡建设、交通运输、水利、农业、安全监管、气象、地震等相关部门的协调联动，严防自然灾害引发事故。

（二十四）加强重点领域工程治理。深入推进对煤矿瓦斯、水害等重大灾害以及矿山采空区、尾矿库的工程治理。加快实施人口密集区域的危险化学品和化工企业生产、仓储场所安全搬迁工程。深化油气开采、输送、炼化、码头接卸等领域安全整治。实施高速公路、乡村公路和急弯陡坡、临水临崖危险路段公路安全生命防护工程建设。加强高速铁路、跨海大桥、海底隧道、铁路浮桥、航运枢纽、港口等防灾监测、安全检测及防护系统建设。完善长途客运车辆、旅游客车、危险物品运输车辆和船舶生产制造标准，提高安全性能，强制安装智能视频监控报警、防碰撞和整车整船安全运行监管技术装备，对已运行的要加快安全技术装备改造升级。

（二十五）建立完善职业病防治体系。将职业病防治纳入各级政府民生工程及安全生产工作考核体系，制定职业病防治中长期规划，实施职业健康促进计划。加快职业病危害严重企业技术改造、转型升级和淘汰退出，加强高危粉尘、高毒物品等职业病危害源头治理。健全职业健康监管支撑保障体系，加强职业健康技术服务机构、职业病诊断鉴定机构和职业健康体检机构建设，强化职业病危害基础研究、预防控制、诊断鉴定、综合治疗能力。完善相关规定，扩大职业病患者救治范围，将职业病失能人员纳入社会保障范围，对符合条件的职业病患者落实医疗与生活救助措施。加强企业职业健康监管执法，督促落实职业病危害告知、日常监测、定期报告、防护保障和职业健康体检等制度措施，落实职业病防治主体责任。

各地区各部门要加强组织领导，严格实行领导干部安全生产工作责任制，根据本意见提出的任务和要求，结合实际认真研究制定实施办法，抓紧出台推进安全生产领域改革发展的具体政策措施，明确责任分工和时间进度要求，确保各项改革举措和工作要求落实到位。贯彻落实情况要及时向党中央、国务院报告，同时抄送国务院安全生产委员会办公室。中央全面深化改革领导小组办公室将适时牵头组织开展专项监督检查。

国务院办公厅关于印发安全生产"十三五"规划的通知（节选）

国办发〔2017〕3号

各省、自治区、直辖市人民政府，国务院各部委、各直属机构：

《安全生产"十三五"规划》已经国务院同意，现印发给你们，请认真贯彻执行。

国务院办公厅
2017年1月12日

安全生产"十三五"规划

为贯彻落实党中央、国务院关于加强安全生产工作的决策部署，根据《中华人民共和国安全生产法》等法律法规和《中华人民共和国国民经济和社会发展第十三个五年规划纲要》，制定本规划。

二、指导思想、基本原则和规划目标

（一）指导思想。

全面贯彻党的十八大和十八届三中、四中、五中、六中全会精神，深入学习贯彻习近平总书记系列重要讲话精神，认真落实党中央、国务院决策部署，紧紧围绕统筹推进"五位一体"总体布局和协调推进"四个全面"战略布局，弘扬安全发展理念，遵循安全生产客观规律，主动适应经济发展新常态，科学统筹经济社会发展与安全生产，坚持改革创新、依法监管、源头防范、系统治理，着力完善体制机制，着力健全责任体系，着力加强法治建设，着力强化基础保障，大力提升整体安全生产水平，有效防范遏制各类生产安全事故，为全面建成小康社会创造良好稳定的安全生产环境。

(二)基本原则。

改革引领,创新驱动。坚持目标导向和问题导向,全面推进安全生产领域改革发展,加快安全生产理论创新、制度创新、体制创新、机制创新、科技创新和文化创新,推动安全生产与经济社会协调发展。

依法治理,系统建设。弘扬社会主义法治精神,坚持运用法治思维和法治方式,完善安全生产法律法规标准体系,强化执法的严肃性、权威性,发挥科学技术的保障作用,推进科技支撑、应急救援和宣教培训等体系建设。

预防为主,源头管控。实施安全发展战略,把安全生产贯穿于规划、设计、建设、管理、生产、经营等各环节,严格安全生产市场准入,不断完善风险分级管控和隐患排查治理双重预防机制,有效控制事故风险。

社会协同,齐抓共管。完善"党政统一领导、部门依法监管、企业全面负责、群众参与监督、全社会广泛支持"的安全生产工作格局,综合运用法律、行政、经济、市场等手段,不断提升安全生产社会共治的能力与水平。

(三)规划目标。

到2020年,安全生产理论体系更加完善,安全生产责任体系更加严密,安全监管体制机制基本成熟,安全生产法律法规标准体系更加健全,全社会安全文明程度明显提升,事故总量显著减少,重特大事故得到有效遏制,职业病危害防治取得积极进展,安全生产总体水平与全面建成小康社会目标相适应。

专栏1 "十三五"安全生产指标

序号	指标名称	降幅
1	生产安全事故起数	10%
2	生产安全事故死亡人数	10%
3	重特大事故起数	20%
4	重特大事故死亡人数	22%
5	亿元国内生产总值生产安全事故死亡率	30%
6	工矿商贸就业人员十万人生产安全事故死亡率	19%

续表

序号	指标名称	降幅
7	煤矿百万吨死亡率	15%
8	营运车辆万车死亡率	6%
9	万台特种设备死亡人数	20%

注：降幅为2020年末较2015年末下降的幅度。

三、主要任务

（一）构建更加严密的责任体系。

1. 强化企业主体责任。

落实企业主要负责人对本单位安全生产和职业健康工作的全面责任，完善落实混合所有制、境外中资企业安全生产责任。督促企业依法设置安全生产管理机构，配备安全生产管理人员和注册安全工程师。严格实行企业全员安全生产责任制，明确各岗位的责任人员、责任范围和考核标准，加强对安全生产责任制落实情况的监督考核。完善企业从业人员安全生产教育培训制度。严格执行新建改建扩建工程项目安全设施、职业健康"三同时"（同时设计、同时施工、同时投入生产和使用）制度。制定安全风险辨识与管理指南，完善重大危险源登记建档、检测、评估、监控制度。健全隐患分类分级标准，建立隐患排查治理第三方评价制度以及隐患自查自改自报的管理制度。严格落实企业安全生产条件，保障安全投入，推动企业安全生产标准化达标升级，实现安全管理、操作行为、设备设施、作业环境标准化。鼓励企业建立与国际接轨的安全管理体系。

2. 落实安全监督管理责任。

坚持"党政同责、一岗双责、齐抓共管、失职追责"和"管行业必须管安全、管业务必须管安全、管生产经营必须管安全"，强化地方各级党委、政府对安全生产工作的领导，把安全生产列入重要议事日程，纳入本地区经济社会发展总体规划，推动安全生产与经济社会协调发展。厘清安全生产综合监管与行业监管的关系，依法依规制定安全生产权力和责任清单，明确省、市、县负有安全生产监督管理职责部门的执法责任和监管范围，落实各有关部门的安全监管责任。完善矿山、危险化学品、道路交通、海洋石油等重点行业领域安全监管体制。落实开发区、工业园区、港区、风景区等功能区安全监管责任。健全联合执法、派驻执法、委托执法等机制，消除监管盲区和监管漏洞，解决交叉执法、重复执法等问题。

3. 严格目标考核与责任追究。

实行党政领导干部任期安全生产责任制，严格各级人民政府对同级安全生产委员会成员单位和下级政府的安全生产工作责任考核。把安全生产纳入经济社会发展和干部政绩业绩考核评价体系，加大安全生产工作的考核权重，严格落实"一票否决"制度。建立安全生产巡查制度，督促各部门和下级政府履职尽责。加快企业安全生产诚信体系建设，完善安全生产不良信用记录及失信行为惩戒机制，在项目核准、政府供应土地、资金政策等方面加大对失信企业的惩治力度。建立生产安全事故重大责任人员职业禁入制度。推动企业建立安全生产责任量化评估结果与薪酬挂钩制度。

（二）强化安全生产依法治理。

1. 完善法律法规标准体系。

加强安全生产立法顶层设计，制定安全生产中长期立法规划，增强安全生产法制建设的系统性。建立健全安全生产法律法规立改废释并举的工作协调机制，实行安全生产法律法规执行效果评估制度。加强安全生产与职业健康法律法规衔接融合。加快制修订社会高度关注、实践急需、条件相对成熟的重点行业领域专项和配套法规。加强安全生产地方性法规建设，推动将生产经营过程中极易导致重特大生产安全事故的违法行为纳入刑事追究范围，提高违法成本。完善安全生产法律法规解读、公众互动交流信息平台，健全普法宣传教育机制。

2. 加大监管执法力度。

完善安全监管监察执法的制度规范，确定执法的主体、方式、程序、频次和覆盖面。统一安全生产执法标志标识和制式服装。健全执法标准，规范执法文书。建立安全生产行政执法裁量基准制度。建立定区域、定人员、定责任的安全监管监察执法机制。加强对安全生产强制性标准执行情况的监管监察执法。实行安全生产与职业卫生一体化监管执法。完善安全生产行政执法与刑事司法衔接机制，健全线索通报、案件移送、协助调查等制度，依法惩治安全生产领域的违法行为。全面落实行政执法责任制，建立执法行为审议和重大行政执法决策机制，评估执法效果，防止滥用职权。健全执法全过程记录和信息公开制度，公开执法检查内容、过程和结果，定期发布重点监管对象名录。改进事故调查处理工作，完善事故调查处理规则，加强技术与原因分析，强化事故查处挂牌督办、提级调查等措施，落实事故整改措施监督检查和总结评估制度。

3. 健全审批许可制度。

深化行政审批和安全准入改革，简化程序，严格标准。编制安全生产行政审批事项服务指南，制定审查工作细则，规范行政审批的程序、标准和内容，及时公开行政审批事项的受理、进展情况和结果。推动安全生产同类审批事项合并审查。改革安全生产专业技术服务机构资质管理办法，明晰各级安全监管监察部门、生产经营单位和专业技术服务机构的职责。加快培育安全生产专业技术服务机构，严格专业技术服务机构和人员从业规范。健全专业技术服务机构服务信息公开、资质条件公告、守信激励和失信惩戒等制度，加强日常监督检查。建立政府购买安全生产服务制度，引入第三方提供安全监管监察执法技术支撑。实行企业自主选择专业技术服务机构。专业技术服务机构依法执业并对技术服务结果负责。

4. 提高监管监察执法效能。

制定安全监管监察能力建设标准，实施安全监管监察能力建设规划。完善各级安全监管监察部门执法工作条件，加快形成与监督检查、取证听证、调查处理全过程相配套的执法能力。建立与经济社会发展、企业数量、安全形势相适应的执法力量配备以及工作经费和条件保障机制。严格执法人员资格管理，制定安全监管监察执法人员选拔和专业能力标准，建立以依法履职为核心的执法人员能力评价体系。定期开展安全监管监察执法效果评估。强化安全生产基层执法力量，优化安全监管监察执法人员结构。开展以现场实操为主的基层执法人员实训，每3年对全国安全监管监察执法人员轮训一遍。

（三）坚决遏制重特大事故。

加快构建风险等级管控、隐患排查治理两条防线，对重点领域、重点区域、重点部位、重点环节和重大危险源，采取有效的技术、工程和管理控制措施，健全监测预警应急机制，切实降低重特大事故发生频次和危害后果，最大限度减少人员伤亡和财产损失。

煤矿 依法推动高瓦斯、煤与瓦斯突出、水文地质条件复杂且不清、冲击地压等灾害严重的不安全矿井有序退出。完善基于区域特征、煤种煤质、安全生产条件、产能等因素的小煤矿淘汰退出机制。新建、改扩建、整合技改矿井全面实现采掘机械化。优化井下生产布局，减少井下作业人员。推进煤矿致灾因素排查治理。强化煤矿安全监测监控和瓦斯超限风险管控，优先推行瓦斯抽采、区域治理，促进煤矿瓦斯规模化抽采利用。构建水害防治工作体系，落实"防、堵、疏、排、截"五项综合治理措施，提升基础、技术、现场和应急管理水平。强化煤矿粉尘防控，推进煤矿粉尘"抑、减、捕"等源头治理。加强对爆炸性粉尘的管理和监测监控，严格对明火、自燃及机电设备等高温热源的排查管控，杜绝重大灾害隐患的牵引叠加。推动企业健全矿井风险防控技术体系，建立矿井重大灾害预警、设备故障诊断系统。

危险化学品 推进重点地区制定化工行业安全发展规划。加快实施人口密集区域危险化学品和化工企业生产、仓储场所安全搬迁工程。开展危险化学品专项整治和综合治理。推进化工园区和涉及危险化学品的重大风险功能区区域定量风险评估，科学确定风险容量，推动实现区域安全管理一体化。强化高风险工艺、高危物质、重大危险源管控。健全危险化学品生产、储存、使用、经营、运输和废弃处置等环节的信息共享机制。建立危险化学品发货和装载查验、登记、核准制度。加强危险化学品建设项目立项、规划选址、设计、建设、试生产和运行监管。完善危险化学品分类分级监管机制。推进新工艺安全风险分析和评估。建立化工安全仪表系统安全标志认证制度。推行全球化学品统一分类和标签制度。

工贸行业 推动工贸企业健全安全管理体系，实行分类分级差异化监管。完善受限空间、交叉检修等作业安全操作规范。深化金属冶炼、粉尘防爆、涉氨制冷等重点领域环节专项治理。在冶金企业、涉危涉爆场所推广高危工艺智能化控制和在线监测监控。推动劳动密集型企业作业场所科学布局，实施空间物理隔离和安全技术改造。

道路交通 开展道路交通安全隐患专项治理。落实新建、改扩建道路建设项目安全设施"三同时"制度，推广新建、改扩建道路建设项目安全风险评估制度。加强班线途经道路的安全适应性评估。完善客货运输车辆安全配置标准。开展车辆运输车、液体危险货物运输车等安全治理。强化电动车辆生产、销售、登记、上路行驶等环节的安全监管，严禁未经许可非法生产低速电动车等车辆。加强对道路运输重点管控车辆及其驾驶人的动态监管。完善危险货物运输安全管理和监督检查体系。落实接驳运输、按规定时间停车休息等制度。规范非营运大客车注册登记管理，严厉打击非法改装、非法营运、超速超员、超限超载等违法行为。改革大中型客货车驾驶人职业培训考试机制，加强营运客货车驾驶人职业教育。

建筑施工 完善建筑施工安全管理制度，强化建设、勘察、设计、施工和工程监理安全责任。加强施工现场安全管理，严厉打击建筑施工转包、违法发包分包和违反工程建设强制性标准等行为。强化深基坑、高支模等危险性较大的分部分项工程安全管理。严格建筑勘察、设计、施工和监理单位资质管理，严禁无资质或超越资质等级范围承揽业务。建立市场准入、违规行为查处、诚信体系建设、施工事故处罚相结合的管理制度。

铁路交通 推进铁路线路安全保护区划定和管理工作。加强"公跨铁"立交桥和铁路沿线安全综合治理。严格铁路施工、维修、设备制造、新线开通、危险货物运输等环节安全管控。加快铁路道口"平改立"，消除城区铁路平交道口，推进线路封闭工作。强化高铁设备运行状态数据的监测、采集和运用，严控高速铁路、长大桥梁、长大隧道安全风险。

民航运输 加快航空安全保障体系建设，提高航空安全监控、技术装备支撑和应急处置等能力。推进《中国民航航空安全方案》实施，完善民航业安全绩效评估系统，健全航空安全预警预防机制。规范通用航空作业管理,完善安全管理机制。健全适航审定组织体系。强化危险品运输安全管理。开展安保审计和航空安保管理体系建设。

(四)推进职业病危害源头治理。

1. 夯实职业病危害防护基础。

开展职业病危害基本情况普查。完善职业病危害项目申报信息网络,构建职业病危害信息动态更新机制,健全职业卫生信息监测和统计制度。将职业病危害防治纳入企业安全生产标准化范围,推进职业卫生基础建设。加大职业病危害防治资金投入,加大对重点行业领域小微型企业职业病危害治理的支持和帮扶力度。加快职业病防治新工艺、新技术、新设备、新材料的推广应用。强化用人单位职业卫生管理,推动企业建立职业卫生监督员制度。完善职业卫生监管执法基本装备指导目录。严格执行职业病危害项目申报、工作场所职业病危害因素检测结果和防护措施公告制度,到2020年重点行业用人单位主要负责人和职业卫生管理人员的职业卫生培训率均达到95%以上。

2. 加强作业场所职业病危害管控。

突出作业场所高危粉尘和高毒物质危害预防和控制,有效遏制尘肺病和职业中毒。开展职业病危害风险评估,建立分类分级监管机制,强化职业病危害高风险企业重点监管。建立职业病危害防治名录管理制度,依法限制或淘汰职业病危害严重的技术、工艺、设备、材料,推动职业病危害严重企业技术改造、转型升级或淘汰退出。开展矿山、化工、金属冶炼、建材、电子制造等重点行业领域职业卫生专项治理。严格落实作业场所职业病危害告知、日常监测、定期报告、防护保障和健康体检等制度措施。

3. 提高防治技术支撑水平。

构建国家、省、市、县四级职业病危害防治技术支撑网络。开展职业病危害因素鉴别分析、人体损伤鉴定等基础性研究,研发推广典型职业病危害作业的预防控制关键技术与装备,加快培育职业病危害防治专业队伍。加强职业病危害因素现场识别、职业病诊断鉴定技术保障、职业病综合治疗和康复能力建设。建设全国职业卫生大数据平台。建立国家职业卫生管理人员服务管理网络。

中华人民共和国职业病防治法（2016年修正）
中华人民共和国主席令

（第四十八号）

《全国人民代表大会常务委员会关于修改〈中华人民共和国节约能源法〉等六部法律的决定》已由中华人民共和国第十二届全国人民代表大会常务委员会第二十一次会议于2016年7月2日通过，现予公布。

《全国人民代表大会常务委员会关于修改〈中华人民共和国节约能源法〉等六部法律的决定》对《中华人民共和国节约能源法》《中华人民共和国水法》《中华人民共和国防洪法》《中华人民共和国职业病防治法》《中华人民共和国航道法》所做的修改，自公布之日起施行；对《中华人民共和国环境影响评价法》所做的修改，自2016年9月1日起施行。

中华人民共和国主席　习近平
2016年7月2日

第十二届全国人民代表大会常务委员会第二十一次会议决定对《中华人民共和国职业病防治法》作如下修改：

1. 将第十七条第一款修改为："新建、扩建、改建建设项目和技术改造、技术引进项目（以下统称建设项目）可能产生职业病危害的，建设单位在可行性论证阶段应当进行职业病危害预评价。"

增加一款，作为第二款："医疗机构建设项目可能产生放射性职业病危害的，建设单位应当向卫生行政部门提交放射性职业病危害预评价报告。卫生行政部门应当自收到预评价报告之日起三十日内，做出审核决定并书面通知建设单位。未提交预评价报告或者预评价报告未经卫生行政部门审核同意的，不得开工建设。"

2. 将第十八条第二款修改为："建设项目的职业病防护设施设计应当符

合国家职业卫生标准和卫生要求；其中，医疗机构放射性职业病危害严重的建设项目的防护设施设计，应当经卫生行政部门审查同意后，方可施工。"

第三款修改为："建设项目在竣工验收前，建设单位应当进行职业病危害控制效果评价。"

增加一款，作为第四款："医疗机构可能产生放射性职业病危害的建设项目竣工验收时，其放射性职业病防护设施经卫生行政部门验收合格后，方可投入使用；其他建设项目的职业病防护设施应当由建设单位负责依法组织验收，验收合格后，方可投入生产和使用。安全生产监督管理部门应当加强对建设单位组织的验收活动和验收结果的监督核查。"

3. 删去第十九条。

4. 第六十八条改为第六十七条，将其中的"安全生产监督管理部门"修改为"卫生行政部门、安全生产监督管理部门"。

5. 第七十条改为第六十九条，修改为："建设单位违反本法规定，有下列行为之一的，由安全生产监督管理部门和卫生行政部门依据职责分工给予警告，责令限期改正；逾期不改正的，处十万元以上五十万元以下的罚款；情节严重的，责令停止产生职业病危害的作业，或者提请有关人民政府按照国务院规定的权限责令停建、关闭：

（一）未按照规定进行职业病危害预评价的；

（二）医疗机构可能产生放射性职业病危害的建设项目未按照规定提交放射性职业病危害预评价报告，或者放射性职业病危害预评价报告未经卫生行政部门审核同意，开工建设的；

（三）建设项目的职业病防护设施未按照规定与主体工程同时设计、同时施工、同时投入生产和使用的；

（四）建设项目的职业病防护设施设计不符合国家职业卫生标准和卫生要求，或者医疗机构放射性职业病危害严重的建设项目的防护设施设计未经卫生行政部门审查同意擅自施工的；

（五）未按照规定对职业病防护设施进行职业病危害控制效果评价的；

（六）建设项目竣工投入生产和使用前，职业病防护设施未按照规定验收合格的。"

6. 删去第八十四条。

中华人民共和国职业病防治法（节选）

2001年10月27日第九届全国人民代表大会常务委员会第二十四次会议通过

根据2011年12月31日第十一届全国人民代表大会常务委员会第二十四次会议《关于修改〈中华人民共和国职业病防治法〉的决定》修正

根据2016年7月2日第十二届全国人民代表大会常务委员会第二十一次会议通过关于修改《中华人民共和国职业病防治法》等六部法律的决定

总　则

第一条　为了预防、控制和消除职业病危害，防治职业病，保护劳动者健康及其相关权益，促进经济社会发展，根据宪法，制定本法。

第二条　本法适用于中华人民共和国领域内的职业病防治活动。

本法所称职业病，是指企业、事业单位和个体经济组织等用人单位的劳动者在职业活动中，因接触粉尘、放射性物质和其他有毒、有害因素而引起的疾病。

职业病的分类和目录由国务院卫生行政部门会同国务院安全生产监督管理部门、劳动保障行政部门制定、调整并公布。

第三条　职业病防治工作坚持预防为主、防治结合的方针，建立用人单位负责、行政机关监管、行业自律、职工参与和社会监督的机制，实行分类管理、综合治理。

第四条　劳动者依法享有职业卫生保护的权利。

用人单位应当为劳动者创造符合国家职业卫生标准和卫生要求的工作环境和条件，并采取措施保障劳动者获得职业卫生保护。

工会组织依法对职业病防治工作进行监督，维护劳动者的合法权益。用人单位制定或者修改有关职业病防治的规章制度，应当听取工会组织的意见。

第五条 用人单位应当建立、健全职业病防治责任制,加强对职业病防治的管理,提高职业病防治水平,对本单位产生的职业病危害承担责任。

第六条 用人单位的主要负责人对本单位的职业病防治工作全面负责。

第七条 用人单位必须依法参加工伤保险。

国务院和县级以上地方人民政府劳动保障行政部门应当加强对工伤保险的监督管理,确保劳动者依法享受工伤保险待遇。

第八条 国家鼓励和支持研制、开发、推广、应用有利于职业病防治和保护劳动者健康的新技术、新工艺、新设备、新材料,加强对职业病的机理和发生规律的基础研究,提高职业病防治科学技术水平;积极采用有效的职业病防治技术、工艺、设备、材料;限制使用或者淘汰职业病危害严重的技术、工艺、设备、材料。

国家鼓励和支持职业病医疗康复机构的建设。

第九条 国家实行职业卫生监督制度。

国务院安全生产监督管理部门、卫生行政部门、劳动保障行政部门依照本法和国务院确定的职责,负责全国职业病防治的监督管理工作。国务院有关部门在各自的职责范围内负责职业病防治的有关监督管理工作。

县级以上地方人民政府安全生产监督管理部门、卫生行政部门、劳动保障行政部门依据各自职责,负责本行政区域内职业病防治的监督管理工作。县级以上地方人民政府有关部门在各自的职责范围内负责职业病防治的有关监督管理工作。

县级以上人民政府安全生产监督管理部门、卫生行政部门、劳动保障行政部门(以下统称职业卫生监督管理部门)应当加强沟通,密切配合,按照各自职责分工,依法行使职权,承担责任。

第十条 国务院和县级以上地方人民政府应当制定职业病防治规划,将其纳入国民经济和社会发展计划,并组织实施。

县级以上地方人民政府统一负责、领导、组织、协调本行政区域的职业病防治工作,建立健全职业病防治工作体制、机制,统一领导、指挥职业卫生突发事件应对工作；加强职业病防治能力建设和服务体系建设，完善、落实职业病防治工作责任制。

乡、民族乡、镇的人民政府应当认真执行本法，支持职业卫生监督管理部门依法履行职责。

第十一条 县级以上人民政府职业卫生监督管理部门应当加强对职业病防治的宣传教育，普及职业病防治的知识，增强用人单位的职业病防治观念，提高劳动者的职业健康意识、自我保护意识和行使职业卫生保护权利的能力。

第十二条 有关防治职业病的国家职业卫生标准，由国务院卫生行政部门组织制定并公布。

国务院卫生行政部门应当组织开展重点职业病监测和专项调查，对职业健康风险进行评估，为制定职业卫生标准和职业病防治政策提供科学依据。

县级以上地方人民政府卫生行政部门应当定期对本行政区域的职业病防治情况进行统计和调查分析。

第十三条 任何单位和个人有权对违反本法的行为进行检举和控告。有关部门收到相关的检举和控告后，应当及时处理。

对防治职业病成绩显著的单位和个人，给予奖励。

《职业病诊断与鉴定管理办法》

卫生部令（第91号）

《职业病诊断与鉴定管理办法》已于2013年1月9日经卫生部部务会审议通过，现予公布，自2013年4月10日起施行。

部长　陈竺

2013年2月19日

职业病诊断与鉴定管理办法

第一章　总则

第一条　为了规范职业病诊断与鉴定工作，加强职业病诊断与鉴定管理，根据《中华人民共和国职业病防治法》（以下简称《职业病防治法》），制定本办法。

第二条　职业病诊断与鉴定工作应当按照《职业病防治法》、本办法的有关规定及国家职业病诊断标准进行，遵循科学、公正、及时、便民的原则。

第三条　职业病诊断机构的设置必须适应职业病防治工作实际需要，充分利用现有医疗卫生资源，实现区域覆盖。

第四条　各地要加强职业病诊断机构能力建设，提供必要的保障条件，配备相关的人员、设备和工作经费，以满足职业病诊断工作的需要。

第二章　诊断机构

第五条　省、自治区、直辖市人民政府卫生行政部门（以下简称省级卫生行政部门）应当结合本行政区域职业病防治工作制定职业病诊断机构设置规划，报省级人民政府批准后实施。

第六条　职业病诊断机构应当具备下列条件：

（一）持有《医疗机构执业许可证》；

（二）具有相应的诊疗科目及与开展职业病诊断相适应的职业病诊断医师等相关医疗卫生技术人员；

（三）具有与开展职业病诊断相适应的场所和仪器、设备；

（四）具有健全的职业病诊断质量管理制度。

第七条 医疗卫生机构申请开展职业病诊断，应当向省级卫生行政部门提交以下资料：

（一）职业病诊断机构申请表；

（二）《医疗机构执业许可证》及副本的复印件；

（三）与申请开展的职业病诊断项目相关的诊疗科目及相关资料；

（四）与申请项目相适应的职业病诊断医师等相关医疗卫生技术人员情况；

（五）与申请项目相适应的场所和仪器、设备清单；

（六）职业病诊断质量管理制度有关资料；

（七）省级卫生行政部门规定提交的其他资料。

第八条 省级卫生行政部门收到申请材料后，应当在五个工作日内做出是否受理的决定，不受理的应当说明理由并书面通知申请单位。

决定受理的，省级卫生行政部门应当及时组织专家组进行技术评审。专家组应当自卫生行政部门受理申请之日起六十日内完成和提交技术评审报告，并对提交的技术评审报告负责。

第九条 省级卫生行政部门应当自收到技术评审报告之日起二十个工作日内，做出是否批准的决定。

对批准的申请单位颁发职业病诊断机构批准证书；不批准的应当说明理由并书面通知申请单位。

职业病诊断机构批准证书有效期为五年。

第十条 职业病诊断机构需要延续依法取得的职业病诊断机构批准证书有效期的，应当在批准证书有效期届满三十日前，向原批准机关申请延续。经原批准机关审核合格的，延续批准证书。

第十一条 符合本办法第六条规定的公立医疗卫生机构可以申请开展职业病诊断工作。

设区的市没有医疗卫生机构申请开展职业病诊断的，省级卫生行政部门应当根据职业病诊断工作的需要，指定公立医疗卫生机构承担职业病诊断工作，并使其在规定时间内达到本办法第六条规定的条件。

第十二条 职业病诊断机构的职责是：

（一）在批准的职业病诊断项目范围内开展职业病诊断；

（二）报告职业病；

（三）报告职业病诊断工作情况；

（四）承担《职业病防治法》中规定的其他职责。

第十三条 职业病诊断机构依法独立行使诊断权，并对其做出的职业病诊断结论负责。

第十四条 职业病诊断机构应当建立和健全职业病诊断管理制度，加强职业病诊断医师等有关医疗卫生人员技术培训和政策、法律培训，并采取措施改善职业病诊断工作条件，提高职业病诊断服务质量和水平。

第十五条 职业病诊断机构应当公开职业病诊断程序，方便劳动者进行职业病诊断。

职业病诊断机构及其相关工作人员应当尊重、关心、爱护劳动者，保护劳动者的隐私。

第十六条 从事职业病诊断的医师应当具备下列条件，并取得省级卫生行政部门颁发的职业病诊断资格证书：

（一）具有医师执业证书；

（二）具有中级以上卫生专业技术职务任职资格；

（三）熟悉职业病防治法律法规和职业病诊断标准；

（四）从事职业病诊断、鉴定相关工作三年以上；

（五）按规定参加职业病诊断医师相应专业的培训，并考核合格。

第十七条 职业病诊断医师应当依法在其资质范围内从事职业病诊断工作，不得从事超出其资质范围的职业病诊断工作。

第十八条 省级卫生行政部门应当向社会公布本行政区域内职业病诊断机构名单、地址、诊断项目等相关信息。

第三章 诊断

第十九条 劳动者可以选择用人单位所在地、本人户籍所在地或者经常居住地的职业病诊断机构进行职业病诊断。

第二十条 职业病诊断机构应当按照《职业病防治法》、本办法的有关规定和国家职业病诊断标准，依据劳动者的职业史、职业病危害接触史和工作场所职业病危害因素情况、临床表现以及辅助检查结果等，进行综合分析，作出诊断结论。

第二十一条 职业病诊断需要以下资料：

（一）劳动者职业史和职业病危害接触史（包括在岗时间、工种、岗位、接触的职业病危害因素名称等）；

（二）劳动者职业健康检查结果；

（三）工作场所职业病危害因素检测结果；

（四）职业性放射性疾病诊断还需要个人剂量监测档案等资料；

（五）与诊断有关的其他资料。

第二十二条 劳动者依法要求进行职业病诊断的，职业病诊断机构应当接诊，并告知劳动者职业病诊断的程序和所需材料。劳动者应当填写《职业病诊断就诊登记表》，并提交其掌握的本办法第二十一条规定的职业病诊断资料。

第二十三条 在确认劳动者职业史、职业病危害接触史时，当事人对劳动关系、工种、工作岗位或者在岗时间有争议的，职业病诊断机构应当告知当事人依法向用人单位所在地的劳动人事争议仲裁委员会申请仲裁。

第二十四条 职业病诊断机构进行职业病诊断时，应当书面通知劳动者所在的用人单位提供其掌握的本办法第二十一条规定的职业病诊断资料，用人单位应当在接到通知后的十日内如实提供。

第二十五条 用人单位未在规定时间内提供职业病诊断所需要资料的，职业病诊断机构可以依法提请安全生产监督管理部门督促用人单位提供。

第二十六条　劳动者对用人单位提供的工作场所职业病危害因素检测结果等资料有异议，或者因劳动者的用人单位解散、破产，无用人单位提供上述资料的，职业病诊断机构应当依法提请用人单位所在地安全生产监督管理部门进行调查。

职业病诊断机构在安全生产监督管理部门做出调查结论或者判定前应当中止职业病诊断。

第二十七条　职业病诊断机构需要了解工作场所职业病危害因素情况时，可以对工作场所进行现场调查，也可以依法提请安全生产监督管理部门组织现场调查。

第二十八条　经安全生产监督管理部门督促，用人单位仍不提供工作场所职业病危害因素检测结果、职业健康监护档案等资料或者提供资料不全的，职业病诊断机构应当结合劳动者的临床表现、辅助检查结果和劳动者的职业史、职业病危害接触史，并参考劳动者自述、安全生产监督管理部门提供的日常监督检查信息等，做出职业病诊断结论。仍不能做出职业病诊断的，应当提出相关医学意见或者建议。

第二十九条　职业病诊断机构在进行职业病诊断时，应当组织三名以上单数职业病诊断医师进行集体诊断。职业病诊断医师应当独立分析、判断、提出诊断意见，任何单位和个人无权干预。

第三十条　职业病诊断机构在进行职业病诊断时，诊断医师对诊断结论有意见分歧的，应当根据半数以上诊断医师的一致意见形成诊断结论，对不同意见应当如实记录。参加诊断的职业病诊断医师不得弃权。

第三十一条　职业病诊断机构可以根据诊断需要，聘请其他单位职业病诊断医师参加诊断。必要时，可以邀请相关专业专家提供咨询意见。

第三十二条　职业病诊断机构做出职业病诊断结论后，应当出具职业病诊断证明书。

职业病诊断证明书应当包括以下内容：

（一）劳动者、用人单位基本信息；

（二）诊断结论。确诊为职业病的，应当载明职业病的名称、程度（期别）、处理意见；

（三）诊断时间。

职业病诊断证明书应当由参加诊断的医师共同签署，并经职业病诊断机构审核盖章。

职业病诊断证明书一式三份，劳动者、用人单位各一份，诊断机构存档一份。

职业病诊断证明书的格式由卫生部统一规定。

第三十三条　职业病诊断机构应当建立职业病诊断档案并永久保存，档案应当包括：

（一）职业病诊断证明书；

（二）职业病诊断过程记录，包括参加诊断的人员、时间、地点、讨论内容及诊断结论；

（三）用人单位、劳动者和相关部门、机构提交的有关资料；

（四）临床检查与实验室检验等资料；

（五）与诊断有关的其他资料。

第三十四条　职业病诊断机构发现职业病病人或者疑似职业病病人时，应当及时向所在地卫生行政部门和安全生产监督管理部门报告。

确诊为职业病的，职业病诊断机构可以根据需要，向相关监管部门、用人单位提出专业建议。

第三十五条　未取得职业病诊断资质的医疗卫生机构，在诊疗活动中怀疑劳动者健康损害可能与其所从事的职业有关时，应当及时告知劳动者到职业病诊断机构进行职业病诊断。

第四章　鉴定

第三十六条　当事人对职业病诊断机构做出的职业病诊断结论有异议的，可以在接到职业病诊断证明书之日起三十日内，向职业病诊断机构所在地设区的市级卫生行政部门申请鉴定。

设区的市级职业病诊断鉴定委员会负责职业病诊断争议的首次鉴定。

当事人对设区的市级职业病鉴定结论不服的，可以在接到鉴定书之日起十五日内，向原鉴定组织所在地省级卫生行政部门申请再鉴定。

职业病鉴定实行两级鉴定制，省级职业病鉴定结论为最终鉴定。

第三十七条 卫生行政部门可以指定办事机构，具体承担职业病鉴定的组织和日常性工作。职业病鉴定办事机构的职责是：

（一）接受当事人申请；

（二）组织当事人或者接受当事人委托抽取职业病鉴定专家；

（三）组织职业病鉴定会议，负责会议记录、职业病鉴定相关文书的收发及其他事务性工作；

（四）建立并管理职业病鉴定档案；

（五）承担卫生行政部门委托的有关职业病鉴定的其他工作。

职业病诊断机构不能作为职业病鉴定办事机构。

第三十八条 设区的市级以上地方卫生行政部门应当向社会公布本行政区域内依法承担职业病鉴定工作的办事机构的名称、工作时间、地点和鉴定工作程序。

第三十九条 省级卫生行政部门应当设立职业病鉴定专家库（以下简称专家库），并根据实际工作需要及时调整其成员。专家库可以按照专业类别进行分组。

第四十条 专家库应当以取得各类职业病诊断资格的医师为主要成员，吸收临床相关学科、职业卫生、放射卫生等相关专业的专家组成。专家应当具备下列条件：

（一）具有良好的业务素质和职业道德；

（二）具有相关专业的高级专业技术职务任职资格；

（三）熟悉职业病防治法律法规和职业病诊断标准；

（四）身体健康，能够胜任职业病鉴定工作。

第四十一条 参加职业病鉴定的专家，应当由申请鉴定的当事人或者当事人委托的职业病鉴定办事机构从专家库中按照专业类别以随机抽取的方式确定。抽取的专家组成职业病鉴定专家组（以下简称专家组）。

经当事人同意，职业病鉴定办事机构可以根据鉴定需要聘请本省、自治区、直辖市以外的相关专业专家作为专家组成员,并有表决权。

第四十二条 专家组人数为五人以上单数,其中相关专业职业病诊断医师应当为本次专家人数的半数以上。疑难病例应当增加专家组人数,充分听取意见。专家组设组长一名,由专家组成员推举产生。

职业病鉴定会议由专家组组长主持。

第四十三条 参与职业病鉴定的专家有下列情形之一的,应当回避:

(一)是职业病鉴定当事人或者当事人近亲属的;

(二)已参加当事人职业病诊断或者首次鉴定的;

(三)与职业病鉴定当事人有利害关系的;

(四)与职业病鉴定当事人有其他关系,可能影响鉴定公正的。

第四十四条 当事人申请职业病鉴定时,应当提供以下资料:

(一)职业病鉴定申请书;

(二)职业病诊断证明书,申请省级鉴定的还应当提交市级职业病鉴定书;

(三)卫生行政部门要求提供的其他有关资料。

第四十五条 职业病鉴定办事机构应当自收到申请资料之日起五个工作日内完成资料审核,对资料齐全的发给受理通知书;资料不全的,应当书面通知当事人补充。资料补充齐全的,应当受理申请并组织鉴定。

职业病鉴定办事机构收到当事人鉴定申请之后,根据需要可以向原职业病诊断机构或者首次职业病鉴定的办事机构调阅有关的诊断、鉴定资料。原职业病诊断机构或者首次职业病鉴定办事机构应当在接到通知之日起十五日内提交。

职业病鉴定办事机构应当在受理鉴定申请之日起六十日内组织鉴定、形成鉴定结论,并在鉴定结论形成后十五日内出具职业病鉴定书。

第四十六条 根据职业病鉴定工作需要,职业病鉴定办事机构可以向有关单位调取与职业病诊断、鉴定有关的资料,有关单位应当如实、及时提供。

专家组应当听取当事人的陈述和申辩,必要时可以组织进行医学检查。

需要了解被鉴定人的工作场所职业病危害因素情况时，职业病鉴定办事机构根据专家组的意见可以对工作场所进行现场调查，或者依法提请安全生产监督管理部门组织现场调查。依法提请安全生产监督管理部门组织现场调查的，在现场调查结论或者判定做出前，职业病鉴定应当中止。

职业病鉴定应当遵循客观、公正的原则，专家组进行职业病鉴定时，可以邀请有关单位人员旁听职业病鉴定会。所有参与职业病鉴定的人员应当依法保护被鉴定人的个人隐私。

第四十七条 专家组应当认真审阅鉴定资料，依照有关规定和职业病诊断标准，经充分合议后，根据专业知识独立进行鉴定。在事实清楚的基础上，进行综合分析，作出鉴定结论，并制作鉴定书。

鉴定结论应当经专家组三分之二以上成员通过。

第四十八条 职业病鉴定书应当包括以下内容：

（一）劳动者、用人单位的基本信息及鉴定事由；

（二）鉴定结论及其依据，如果为职业病，应当注明职业病名称、程度（期别）；

（三）鉴定时间。

鉴定书加盖职业病诊断鉴定委员会印章。

首次鉴定的职业病鉴定书一式四份，劳动者、用人单位、原诊断机构各一份，职业病鉴定办事机构存档一份；再次鉴定的职业病鉴定书一式五份，劳动者、用人单位、原诊断机构、首次职业病鉴定办事机构各一份，再次职业病鉴定办事机构存档一份。

职业病鉴定书的格式由卫生部统一规定。

第四十九条 职业病鉴定书应当于鉴定结论做出之日起二十日内由职业病鉴定办事机构送达当事人。

第五十条 鉴定结论与诊断结论或者首次鉴定结论不一致的，职业病鉴定办事机构应当及时向相关卫生行政部门和安全生产监督管理部门报告。

第五十一条 职业病鉴定办事机构应当如实记录职业病鉴定过程，内容应当包括：

（一）专家组的组成；

（二）鉴定时间；

（三）鉴定所用资料；

（四）鉴定专家的发言及其鉴定意见；

（五）表决情况；

（六）经鉴定专家签字的鉴定结论；

（七）与鉴定有关的其他资料。

有当事人陈述和申辩的，应当如实记录。

鉴定结束后，鉴定记录应当随同职业病鉴定书一并由职业病鉴定办事机构存档，永久保存。

第五章　监督管理

第五十二条　县级以上地方卫生行政部门应当制定职业病诊断机构年度监督检查计划，定期对职业病诊断机构进行监督检查，检查内容包括：

（一）法律法规、标准的执行情况；

（二）规章制度建立情况；

（三）人员、岗位职责落实和培训等情况；

（四）职业病报告情况等。

省级卫生行政部门每年应当至少组织一次监督检查；设区的市级卫生行政部门每年应当至少组织一次监督检查并不定期抽查；县级卫生行政部门负责日常监督检查。

第五十三条　设区的市级以上地方卫生行政部门应当加强对职业病鉴定办事机构的监督管理，对职业病鉴定工作程序、制度落实情况及职业病报告等相关工作情况进行监督检查。

第五十四条　省级卫生行政部门负责对职业病诊断机构进行定期考核。

第六章　法律责任

第五十五条　医疗卫生机构未经批准擅自从事职业病诊断的，由县级以上地方卫生行政部门按照《职业病防治法》第八十条的规定进行处罚。

第五十六条　职业病诊断机构有下列行为之一的，由县级以上地方卫生行政部门按照《职业病防治法》第八十一条的规定进行处罚：

（一）超出批准范围从事职业病诊断的；

（二）不按照《职业病防治法》规定履行法定职责的；

（三）出具虚假证明文件的。

第五十七条　职业病诊断机构未按照规定报告职业病、疑似职业病的，由县级以上地方卫生行政部门按照《职业病防治法》第七十五条的规定进行处罚。

第五十八条　职业病诊断机构违反本办法规定，有下列情形之一的，由县级以上地方卫生行政部门责令限期改正；逾期不改正的，给予警告，并可以根据情节轻重处以二万元以下的罚款：

（一）未建立职业病诊断管理制度；

（二）不按照规定向劳动者公开职业病诊断程序；

（三）泄露劳动者涉及个人隐私的有关信息、资料；

（四）其他违反本办法的行为。

第五十九条　职业病诊断鉴定委员会组成人员收受职业病诊断争议当事人的财物或者其他好处的，由省级卫生行政部门按照《职业病防治法》第八十二条的规定进行处罚。

第六十条　县级以上地方卫生行政部门及其工作人员未依法履行职责，按照《职业病防治法》第八十五条第二款的规定进行处理。

第七章　附则

第六十一条　职业病诊断、鉴定的费用由用人单位承担。

第六十二条　本办法由卫生部解释。

第六十三条　本办法自 2013 年 4 月 10 日起施行。2002 年 3 月 28 日卫生部公布的《职业病诊断与鉴定管理办法》同时废止。

关于印发《职业病危害因素分类目录》的通知

国卫疾控发〔2015〕92号

各省、自治区、直辖市卫生计生委、安全生产监督管理局、人力资源社会保障厅（局）、总工会，新疆生产建设兵团卫生局、安全生产监督管理局、人力资源社会保障局、工会，中国疾病预防控制中心：

为贯彻落实《职业病防治法》，切实保障劳动者健康权益，根据职业病防治工作需要，国家卫生计生委、安全监管总局、人力资源社会保障部和全国总工会联合组织对职业病危害因素分类目录进行了修订。现将《职业病危害因素分类目录》印发给你们（可从国家卫生计生委网站下载），从即日起施行。

2002年3月11日原卫生部印发的《职业病危害因素分类目录》同时废止。

国家卫生计生委　人力资源社会保障部

安全监管总局　全国总工会

2015年11月17日

职业病危害因素分类目录

一、粉尘

序号	名称	CAS号
1	矽尘（游离SiO_2含量≥10%）	14808-60-7
2	煤尘	
3	石墨粉尘	7782-42-5
4	炭黑粉尘	1333-86-4
5	石棉粉尘	1332-21-4
6	滑石粉尘	14807-96-6

续表

序号	名称	CAS号
7	水泥粉尘	
8	云母粉尘	12001-26-2
9	陶土粉尘	
10	铝尘	7429-90-5
11	电焊烟尘	
12	铸造粉尘	
13	白炭黑粉尘	112926-00-8
14	白云石粉尘	
15	玻璃钢粉尘	
16	玻璃棉粉尘	65997-17-3
17	茶尘	
18	大理石粉尘	1317-65-3
19	二氧化钛粉尘	13463-67-7
20	沸石粉尘	
21	谷物粉尘(游离SiO_2含量<10%)	
22	硅灰石粉尘	13983-17-0
23	硅藻土粉尘(游离SiO_2含量<10%)	61790-53-2
24	活性炭粉尘	64365-11-3
25	聚丙烯粉尘	9003-07-0
26	聚丙烯腈纤维粉尘	
27	聚氯乙烯粉尘	9002-86-2
28	聚乙烯粉尘	9002-88-4
29	矿渣棉粉尘	
30	麻尘(亚麻、黄麻和苎麻)(游离SiO_2含量<10%)	
31	棉尘	
32	木粉尘	
33	膨润土粉尘	1302-78-9
34	皮毛粉尘	
35	桑蚕丝尘	
36	砂轮磨尘	
37	石膏粉尘(硫酸钙)	10101-41-4
38	石灰石粉尘	1317-65-3
39	碳化硅粉尘	409-21-2
40	碳纤维粉尘	

续表

序号	名　　称	CAS 号
41	稀土粉尘(游离 SiO_2 含量<10%)	
42	烟草尘	
43	岩棉粉尘	
44	萤石混合性粉尘	
45	珍珠岩粉尘	93763－70－3
46	蛭石粉尘	
47	重晶石粉尘(硫酸钡)	7727－43－7
48	锡及其化合物粉尘	7440－31－5(锡)
49	铁及其化合物粉尘	7439－89－6(铁)
50	锑及其化合物粉尘	7440－36－0(锑)
51	硬质合金粉尘	
52	以上未提及的可导致职业病的其他粉尘	

二、化学因素

序号	名　　称	CAS 号
1	铅及其化合物(不包括四乙基铅)	7439－92－1(铅)
2	汞及其化合物	7439－97－6(汞)
3	锰及其化合物	7439－96－5(锰)
4	镉及其化合物	7440－43－9(镉)
5	铍及其化合物	7440－41－7(铍)
6	铊及其化合物	7440－28－0(铊)
7	钡及其化合物	7440－39－3(钡)
8	钒及其化合物	7440－62－6(钒)
9	磷及其化合物(磷化氢、磷化锌、磷化铝、有机磷单列)	7723－14－0(磷)
10	砷及其化合物(砷化氢单列)	7440－38－2(砷)
11	铀及其化合物	7440－61－1(铀)
12	砷化氢	7784－42－1
13	氯气	7782－50－5
14	二氧化硫	7446－9－5
15	光气(碳酰氯)	75－44－5
16	氨	7664－41－7
17	偏二甲基肼(1,1－二甲基肼)	57－14－7
18	氮氧化合物	
19	一氧化碳	630－08－0

续表

序号	名　称	CAS 号
20	二硫化碳	75-15-0
21	硫化氢	7783-6-4
22	磷化氢、磷化锌、磷化铝	7803-51-2、1314-84-7、20859-73-8
23	氟及其无机化合物	7782-41-4(氟)
24	氰及其腈类化合物	460-19-5(氰)
25	四乙基铅	78-00-2
26	有机锡	
27	羰基镍	13463-39-3
28	苯	71-43-2
29	甲苯	108-88-3
30	二甲苯	1330-20-7
31	正己烷	110-54-3
32	汽油	
33	一甲胺	74-89-5
34	有机氟聚合物单体及其热裂解物	
35	二氯乙烷	1300-21-6
36	四氯化碳	56-23-5
37	氯乙烯	1975-1-4
38	三氯乙烯	1979-1-6
39	氯丙烯	107-05-1
40	氯丁二烯	126-99-8
41	苯的氨基及硝基化合物(不含三硝基甲苯)	
42	三硝基甲苯	118-96-7
43	甲醇	67-56-1
44	酚	108-95-2
45	五氯酚及其钠盐	87-86-5(五氯酚)
46	甲醛	50-00-0
47	硫酸二甲酯	77-78-1
48	丙烯酰胺	1979-6-1
49	二甲基甲酰胺	1968-12-2
50	有机磷	
51	氨基甲酸酯类	
52	杀虫脒	19750-95-9

续表

序号	名　称	CAS 号
53	溴甲烷	74-83-9
54	拟除虫菊酯	
55	铟及其化合物	7440-74-6(铟)
56	溴丙烷(1-溴丙烷;2-溴丙烷)	106-94-5;75-26-3
57	碘甲烷	74-88-4
58	氯乙酸	1979-11-8
59	环氧乙烷	75-21-8
60	氨基磺酸铵	7773-06-0
61	氯化铵烟	12125-02-9(氯化铵)
62	氯磺酸	7790-94-5
63	氢氧化铵	1336-21-6
64	碳酸铵	506-87-6
65	α-氯乙酰苯	532-27-4
66	对特丁基甲苯	98-51-1
67	二乙烯基苯	1321-74-0
68	过氧化苯甲酰	94-36-0
69	乙苯	100-41-4
70	碲化铋	1304-82-1
71	铂化物	
72	1,3-丁二烯	106-99-0
73	苯乙烯	100-42-5
74	丁烯	25167-67-3
75	二聚环戊二烯	77-73-6
76	邻氯苯乙烯(氯乙烯苯)	2039-87-4
77	乙炔	74-86-2
78	1,1-二甲基-4,4′-联吡啶鎓盐二氯化物(百草枯)	1910-42-5
79	2-N-二丁氨基乙醇	102-81-8
80	2-二乙氨基乙醇	100-37-8
81	乙醇胺(氨基乙醇)	141-43-5
82	异丙醇胺(1-氨基-2-二丙醇)	78-96-6
83	1,3-二氯-2-丙醇	96-23-1
84	苯乙醇	60-12-18
85	丙醇	71-23-8
86	丙烯醇	107-18-6

续表

序号	名　　称	CAS 号
87	丁醇	71-36-3
88	环己醇	108-93-0
89	己二醇	107-41-5
90	糠醇	98-00-0
91	氯乙醇	107-07-3
92	乙二醇	107-21-1
93	异丙醇	67-63-0
94	正戊醇	71-41-0
95	重氮甲烷	334-88-3
96	多氯萘	70776-03-3
97	蒽	120-12-7
98	六氯萘	1335-87-1
99	氯萘	90-13-1
100	萘	91-20-3
101	萘烷	91-17-8
102	硝基萘	86-57-7
103	蒽醌及其染料	84-65-1(蒽醌)
104	二苯胍	102-06-7
105	对苯二胺	106-50-3
106	对溴苯胺	106-40-1
107	卤化水杨酰苯胺(N-水杨酰苯胺)	
108	硝基萘胺	776-34-1
109	对苯二甲酸二甲酯	120-61-6
110	邻苯二甲酸二丁酯	84-74-2
111	邻苯二甲酸二甲酯	131-11-3
112	磷酸二丁基苯酯	2528-36-1
113	磷酸三邻甲苯酯	78-30-8
114	三甲苯磷酸酯	1330-78-5
115	1,2,3-苯三酚(焦棓酚)	87-66-1
116	4,6-二硝基邻苯甲酚	534-52-1
117	N,N-二甲基-3-氨基苯酚	99-07-0
118	对氨基酚	123-30-8
119	多氯酚	
120	二甲苯酚	108-68-9

续表

序号	名　　称	CAS 号
121	二氯酚	120-83-2
122	二硝基苯酚	51-28-5
123	甲酚	1319-77-3
124	甲基氨基酚	55-55-0
125	间苯二酚	108-46-3
126	邻仲丁基苯酚	89-72-5
127	萘酚	1321-67-1
128	氢醌(对苯二酚)	123-31-9
129	三硝基酚(苦味酸)	88-89-1
130	氰氨化钙	156-62-7
131	碳酸钙	471-34-1
132	氧化钙	1305-78-8
133	锆及其化合物	7440-67-7(锆)
134	铬及其化合物	7440-47-3(铬)
135	钴及其氧化物	7440-48-4
136	二甲基二氯硅烷	75-78-5
137	三氯氢硅	10025-78-2
138	四氯化硅	10026-04-7
139	环氧丙烷	75-56-9
140	环氧氯丙烷	106-89-8
141	柴油	
142	焦炉逸散物	
143	煤焦油	8007-45-2
144	煤焦油沥青	65996-93-2
145	木馏油(焦油)	8001-58-9
146	石蜡烟	
147	石油沥青	8052-42-4
148	苯肼	100-63-0
149	甲基肼	60-34-4
150	肼	302-01-2
151	聚氯乙烯热解物	7647-01-0
152	锂及其化合物	7439-93-2(锂)
153	联苯胺(4,4′-二氨基联苯)	92-87-5
154	3,3-二甲基联苯胺	119-93-7

续表

序号	名　　称	CAS 号
155	多氯联苯	1336-36-3
156	多溴联苯	59536-65-1
157	联苯	92-52-4
158	氯联苯(54%氯)	11097-69-1
159	甲硫醇	74-93-1
160	乙硫醇	75-08-1
161	正丁基硫醇	109-79-5
162	二甲基亚砜	67-68-5
163	二氯化砜(磺酰氯)	7791-25-5
164	过硫酸盐(过硫酸钾、过硫酸钠、过硫酸铵等)	
165	硫酸及三氧化硫	7664-93-9
166	六氟化硫	2551-62-4
167	亚硫酸钠	7757-83-7
168	2-溴乙氧基苯	589-10-6
169	苄基氯	100-44-7
170	苄基溴(溴甲苯)	100-39-0
171	多氯苯	
172	二氯苯	106-46-7
173	氯苯	108-90-7
174	溴苯	108-86-1
175	1,1-二氯乙烯	75-35-4
176	1,2-二氯乙烯(顺式)	540-59-0
177	1,3-二氯丙烯	542-75-6
178	二氯乙炔	7572-29-4
179	六氯丁二烯	87-68-3
180	六氯环戊二烯	77-47-4
181	四氯乙烯	127-18-4
182	1,1,1-三氯乙烷	71-55-6
183	1,2,3-三氯丙烷	96-18-4
184	1,2-二氯丙烷	78-87-5
185	1,3-二氯丙烷	142-28-9
186	二氯二氟甲烷	75-71-8
187	二氯甲烷	75-09-2
188	二溴氯丙烷	35407

续表

序号	名　　称	CAS 号
189	六氯乙烷	67-72-1
190	氯仿(三氯甲烷)	67-66-3
191	氯甲烷	74-87-3
192	氯乙烷	75-00-3
193	氯乙酰氯	79-40-9
194	三氯一氟甲烷	75-69-4
195	四氯乙烷	79-34-5
196	四溴化碳	558-13-4
197	五氟氯乙烷	76-15-3
198	溴乙烷	74-96-4
199	铝酸钠	1302-42-7
200	二氧化氯	10049-04-4
201	氯化氢及盐酸	7647-01-0
202	氯酸钾	3811-04-9
203	氯酸钠	7775-09-9
204	三氟化氯	7790-91-2
205	氯甲醚	107-30-2
206	苯基醚(二苯醚)	101-84-8
207	二丙二醇甲醚	34590-94-8
208	二氯乙醚	111-44-4
209	二缩水甘油醚	
210	邻茴香胺	90-04-0
211	双氯甲醚	542-88-1
212	乙醚	60-29-7
213	正丁基缩水甘油醚	2426-08-6
214	钼酸	13462-95-8
215	钼酸铵	13106-76-8
216	钼酸钠	7631-95-0
217	三氧化钼	1313-27-5
218	氢氧化钠	1310-73-2
219	碳酸钠(纯碱)	3313-92-6
220	镍及其化合物(羰基镍单列)	
221	癸硼烷	17702-41-9
222	硼烷	

续表

序号	名　　称	CAS 号
223	三氟化硼	7637-07-2
224	三氯化硼	10294-34-5
225	乙硼烷	19287-45-7
226	2-氯苯基羟胺	10468-16-3
227	3-氯苯基羟胺	10468-17-4
228	4-氯苯基羟胺	823-86-9
229	苯基羟胺(苯胲)	100-65-2
230	巴豆醛(丁烯醛)	4170-30-3
231	丙酮醛(甲基乙二醛)	78-98-8
232	丙烯醛	107-02-8
233	丁醛	123-72-8
234	糠醛	98-01-1
235	氯乙醛	107-20-0
236	羟基香茅醛	107-75-5
237	三氯乙醛	75-87-6
238	乙醛	75-07-0
239	氢氧化铯	21351-79-1
240	氯化苄烷胺(洁尔灭)	8001-54-5
241	双-(二甲基硫代氨基甲酰基)二硫化物(秋兰姆、福美双)	137-26-8
242	α-萘硫脲(安妥)	86-88-4
243	3-(1-丙酮基苄基)-4-羟基香豆素(杀鼠灵)	81-81-2
244	酚醛树脂	9003-35-4
245	环氧树脂	38891-59-7
246	脲醛树脂	25104-55-6
247	三聚氰胺甲醛树脂	9003-08-1
248	1,2,4-苯三酸酐	552-30-7
249	邻苯二甲酸酐	85-44-9
250	马来酸酐	108-31-6
251	乙酸酐	108-24-7
252	丙酸	79-09-4
253	对苯二甲酸	100-21-0
254	氟乙酸钠	62-74-8
255	甲基丙烯酸	79-41-4
256	甲酸	64-18-6

续表

序号	名　称	CAS 号
257	羟基乙酸	79-14-1
258	巯基乙酸	68-11-1
259	三甲基己二酸	3937-59-5
260	三氯乙酸	76-03-9
261	乙酸	64-19-7
262	正香草酸(高香草酸)	306-08-1
263	四氯化钛	7550-45-0
264	钽及其化合物	7440-25-7(钽)
265	锑及其化合物	7440-36-0(锑)
266	五羰基铁	13463-40-6
267	2-己酮	591-78-6
268	3,5,5-三甲基-2-环己烯-1-酮(异佛尔酮)	78-59-1
269	丙酮	67-64-1
270	丁酮	78-93-3
271	二乙基甲酮	96-22-0
272	二异丁基甲酮	108-83-8
273	环己酮	108-94-1
274	环戊酮	120-92-3
275	六氟丙酮	684-16-2
276	氯丙酮	78-95-5
277	双丙酮醇	123-42-2
278	乙基另戊基甲酮(5-甲基-3-庚酮)	541-85-5
279	乙基戊基甲酮	106-68-3
280	乙烯酮	463-51-4
281	异亚丙基丙酮	141-79-7
282	铜及其化合物	
283	丙烷	74-98-6
284	环己烷	110-82-7
285	甲烷	74-82-8
286	壬烷	111-84-2
287	辛烷	111-65-9
288	正庚烷	142-82-5
289	正戊烷	109-66-0
290	2-乙氧基乙醇	110-80-5

续表

序号	名称	CAS 号
291	甲氧基乙醇	109－86－4
292	围涎树碱	
293	二硫化硒	56093－45－9
294	硒化氢	7783－07－5
295	钨及其不溶性化合物	7740－33－7(钨)
296	硒及其化合物(六氟化硒、硒化氢单列)	7782－49－2(硒)
297	二氧化锡	1332－29－2
298	N,N－二甲基乙酰胺	127－19－5
299	N－3,4二氯苯基丙酰胺(敌稗)	709－98－8
300	氟乙酰胺	640－19－7
301	己内酰胺	105－60－2
302	环四次甲基四硝胺(奥克托今)	2691－41－0
303	环三次甲基三硝铵(黑索今)	121－82－4
304	硝化甘油	55－63－0
305	氯化锌烟	7646－85－7(氯化锌)
306	氧化锌	1314－13－2
307	氢溴酸(溴化氢)	10035－10－6
308	臭氧	10028－15－6
309	过氧化氢	7722－84－1
310	钾盐镁矾	
311	丙烯基芥子油	
312	多次甲基多苯基异氰酸酯	57029－46－6
313	二苯基甲烷二异氰酸酯	101－68－8
314	甲苯－2,4－二异氰酸酯(TDI)	584－84－9
315	六亚甲基二异氰酸酯(HDI)(1,6－己二异氰酸酯)	822－06－0
316	萘二异氰酸酯	3173－72－6
317	异佛尔酮二异氰酸酯	4098－71－9
318	异氰酸甲酯	624－83－9
319	氧化银	20667－12－3
320	甲氧氯	72－43－5
321	2－氨基吡啶	504－29－0
322	N－乙基吗啉	100－74－3
323	吖啶	260－94－6
324	苯绕蒽酮	82－05－3

续表

序号	名　称	CAS 号
325	吡啶	110-86-1
326	二噁烷	123-91-1
327	呋喃	110-00-9
328	吗啉	110-91-8
329	四氢呋喃	109-99-9
330	茚	95-13-6
331	四氢化锗	7782-65-2
332	二乙烯二胺(哌嗪)	110-85-0
333	1,6-己二胺	124-09-4
334	二甲胺	124-40-3
335	二乙烯三胺	111-40-0
336	二异丙胺基氯乙烷	96-79-7
337	环己胺	108-91-8
338	氯乙基胺	689-98-5
339	三乙烯四胺	112-24-3
340	烯丙胺	107-11-9
341	乙胺	75-04-7
342	乙二胺	107-15-3
343	异丙胺	75-31-0
344	正丁胺	109-73-9
345	1,1-二氯-1-硝基乙烷	594-72-9
346	硝基丙烷	25322-01-4
347	三氯硝基甲烷(氯化苦)	76-06-2
348	硝基甲烷	75-52-5
349	硝基乙烷	79-24-3
350	1,3-二甲基丁基乙酸酯(乙酸仲己酯)	108-84-9
351	2-甲氧基乙基乙酸酯	110-49-6
352	2-乙氧基乙基乙酸酯	111-15-9
353	n-乳酸正丁酯	138-22-7
354	丙烯酸甲酯	96-33-3

续表

序号	名　称	CAS 号
355	丙烯酸正丁酯	141–32–2
356	甲基丙烯酸甲酯（异丁烯酸甲酯）	80–62–6
357	甲基丙烯酸缩水甘油酯	106–91–2
358	甲酸丁酯	592–84–7
359	甲酸甲酯	107–31–3
360	甲酸乙酯	109–94–4
361	氯甲酸甲酯	79–22–1
362	氯甲酸三氯甲酯（双光气）	503–38–8
363	三氟甲基次氟酸酯	
364	亚硝酸乙酯	109–95–5
365	乙二醇二硝酸酯	628–96–6
366	乙基硫代磺酸乙酯	682–91–7
367	乙酸苄酯	140–11–4
368	乙酸丙酯	109–60–4
369	乙酸丁酯	123–86–4
370	乙酸甲酯	79–20–9
371	乙酸戊酯	628–63–7
372	乙酸乙烯酯	108–05–4
373	乙酸乙酯	141–78–6
374	乙酸异丙酯	108–21–4
375	以上未提及的可导致职业病的其他化学因素	

三、物理因素

序号	名　称	序号	名　称
1	噪声	9	微波
2	高温	10	紫外线
3	低气压	11	红外线
4	高气压	12	工频电磁场
5	高原低氧	13	高频电磁场
6	振动	14	超高频电磁场
7	激光	15	以上未提及的可导致职业病的其他物理因素
8	低温		

四、放射性因素

序号	名称	备注
1	密封放射源产生的电离辐射	主要产生 γ、中子等射线
2	非密封放射性物质	可产生 α、β、γ 射线或中子
3	X 射线装置（含 CT 机）产生的电离辐射	X 射线
4	加速器产生的电离辐射	可产生电子射线、X 射线、质子、重离子、中子以及感生放射性等
5	中子发生器产生的电离辐射	主要是中子、γ 射线等
6	氡及其短寿命子体	限于矿工高氡暴露
7	铀及其化合物	
8	以上未提及的可导致职业病的其他放射性因素	

五、生物因素

序号	名称	备注
1	艾滋病病毒	限于医疗卫生人员及人民警察
2	布鲁氏菌	
3	伯氏疏螺旋体	
4	森林脑炎病毒	
5	炭疽芽孢杆菌	
6	以上未提及的可导致职业病的其他生物因素	

六、其他因素

序号	名称	备注
1	金属烟	
2	井下不良作业条件	限于井下工人
3	刮研作业	限于手工刮研作业人员

图书在版编目(CIP)数据

中国职工状况研究报告.2017/燕晓飞主编.--北京：社会科学文献出版社，2017.12
ISBN 978-7-5201-1888-0

Ⅰ.①中… Ⅱ.①燕… Ⅲ.①职工构成-研究报告-中国-2017 Ⅳ.①D412.7

中国版本图书馆CIP数据核字（2017）第297881号

中国职工状况研究报告（2017）

主　　编／燕晓飞

出 版 人／谢寿光
项目统筹／任文武
责任编辑／高　启　高振华

出　　版／社会科学文献出版社·区域与发展出版中心（010）59367143
　　　　　地址：北京市北三环中路甲29号院华龙大厦　邮编：100029
　　　　　网址：www.ssap.com.cn
发　　行／市场营销中心（010）59367081　59367018
印　　装／三河市尚艺印装有限公司

规　　格／开　本：787mm×1092mm　1/16
　　　　　印　张：25.5　字　数：388千字
版　　次／2017年12月第1版　2017年12月第1次印刷
书　　号／ISBN 978-7-5201-1888-0
定　　价／88.00元

本书如有印装质量问题，请与读者服务中心（010-59367028）联系

▲ 版权所有 翻印必究